权威·前沿·原创

皮书系列为
"十二五""十三五"国家重点图书出版规划项目

中国社会科学院创新工程学术出版资助项目

经济蓝皮书夏季号
BLUE BOOK OF
CHINA'S ECONOMY(SUMMER)

中国经济增长报告
（2015~2016）

ANNUAL REPORT ON CHINA'S ECONOMIC GROWTH
(2015-2016)

结构性改革与经济二次转型
Structural Reform and Second Economic Transformation

主　编／李　扬
执行主编／张　平　刘霞辉
副 主 编／袁富华　张自然

社会科学文献出版社
SOCIAL SCIENCES ACADEMIC PRESS (CHINA)

图书在版编目(CIP)数据

中国经济增长报告.2015~2016：结构性改革与经济二次转型/李扬主编.--北京：社会科学文献出版社，2016.9（2017.3重印）
（经济蓝皮书夏季号）
ISBN 978-7-5097-9735-8

Ⅰ.①中⋯ Ⅱ.①李⋯ Ⅲ.①中国经济-经济增长-研究报告-2015-2016②中国经济-经济改革-研究报告-2015-2016③中国经济-转型经济-研究报告-2015-2016 Ⅳ.①F124.1

中国版本图书馆 CIP 数据核字（2016）第 223179 号

经济蓝皮书夏季号
中国经济增长报告（2015~2016）
——结构性改革与经济二次转型

主　　编／李　扬
执行主编／张　平　刘霞辉
副 主 编／袁富华　张自然

出 版 人／谢寿光
项目统筹／周　丽　冯咏梅
责任编辑／冯咏梅

出　　版／社会科学文献出版社·经济与管理出版分社（010）59367226
　　　　　地址：北京市北三环中路甲29号院华龙大厦　邮编：100029
　　　　　网址：www.ssap.com.cn
发　　行／市场营销中心（010）59367081　59367018
印　　装／北京京华虎彩印刷有限公司
规　　格／开本：787mm×1092mm　1/16
　　　　　印张：23.25　字数：352千字
版　　次／2016年9月第1版　2017年3月第2次印刷
书　　号／ISBN 978-7-5097-9735-8
定　　价／98.00元

皮书序列号／B-2010-152

本书如有印装质量问题，请与读者服务中心（010-59367028）联系

▲ 版权所有 翻印必究

本书得到以下资助：

中国社会科学院创新工程"中国经济新增长阶段的主要特征与结构调整研究"和"中国经济增长理论与应用研究"；国家社会科学基金重大招标课题"加快经济结构调整与促进经济自主协调发展研究"（批准文号：12&ZD084）；国家社会科学基金重点课题"中国城市规模、空间聚集与管理模式研究"（批准文号：15AJL013）和"中国经济结构性减速、转型风险与国家生产系统效率提升研究"（批准文号：14AJL006）。

特此致谢。

经济蓝皮书（夏季号）编委会

主　　编　李　扬

执行主编　张　平　刘霞辉

副 主 编　袁富华　张自然

编 委 会（按姓氏笔画顺序）

马　岩　王宏淼　付敏杰　仲继银　刘霞辉
汤铎铎　李　扬　吴延兵　辛　超　汪红驹
张小溪　张　平　张自然　张晓晶　张　鹏
张　磊　陆明涛　陈昌兵　林跃勤　岳清唐
赵志君　袁富华　郭　路　黄志钢　常　欣
楠　玉　魏　枫

执行编委　张自然　袁富华

主要编撰者简介

李 扬 1981年、1984年、1989年分别于安徽大学、复旦大学、中国人民大学获经济学学士、硕士、博士学位。1998~1999年，美国哥伦比亚大学访问学者。

中国社会科学院原副院长、经济学部主任、国家金融与发展实验室理事长。中国社会科学院首批学部委员。研究员，博士生导师。第十二届全国人大代表，全国人大财经委员会委员。中国博士后科学基金会副理事长。第三任中国人民银行货币政策委员会委员。2011年被评为国际欧亚科学院院士。

中国金融学会副会长，中国财政学会副会长，中国国际金融学会副会长，中国城市金融学会副会长，中国海洋研究会副理事长。

曾五次获得"孙冶方经济科学奖"著作奖和论文奖。已出版专著、译著23部，发表论文400余篇，主编大型金融工具书6部。主持国际合作、国家及部委以上研究项目40余项。

张 平 中国社会科学院经济研究所副所长、研究员，中国社会科学院研究生院教授、博士生导师。参加和主持与世界银行、亚洲开发银行、世界劳工组织等的多项国际合作、社会科学基金重点课题及国家交办的课题。负责中国社会科学院重大课题"中国经济增长的前沿"及国家社会科学基金重大招标课题"我国经济结构战略性调整和增长方式转变""加快经济结构调整与促进经济自主协调发展研究"等。四次获得"孙冶方经济科学奖"。出版专著若干部，在《经济研究》等核心期刊上发表或合作发表论文数十篇，共计百余万字。

刘霞辉　中国社会科学院经济研究所研究员，中国社会科学院研究生院教授、博士生导师。承担和主持多项国家社会科学基金重大招标课题及中国社会科学院、中国社会科学院经济研究所重大课题研究。在《经济研究》等核心期刊上发表论文多篇。主要专著有《改革年代的经济增长与结构变迁》、《中国经济增长前沿》（合著）。

袁富华　中国社会科学院经济研究所经济增长理论研究室主任、研究员，中国社会科学院研究生院教授。承担和主持多项国家社会科学基金项目。在《经济研究》等核心期刊上发表论文多篇。主要专著有《中国经济增长潜力分析》等。

张自然　中国社会科学院经济研究所研究员，中国社会科学院研究生院教授。两次主持国家社会科学基金重点项目。作为主要成员参与了多项国家社会科学基金重大招标课题。在《经济研究》《经济学（季刊）》《经济学动态》等学术期刊上发表论文多篇。主要专著有《中国城市化模式、演进机制和可持续发展研究》等。

摘　要

本报告共分为三部分，第一部分为总报告，第二部分为宏观经济专题报告，第三部分为区域经济发展前景报告。

总报告回顾了2015~2016年中国宏观经济的经验事实，认为受人口结构变化、大规模工业化进程结束以及城市化推进等诸多经济社会因素的影响，"十三五"时期中国经济增长将进入结构性减速通道。中国的经济调整，不仅要重视周期波动的熨平，而且要重视长期结构性问题的纾解。进一步，基于劳动生产率因素分解和生产函数的计算表明，"十三五"时期中国经济潜在增长率将维持在6.3%~6.8%的水平。2016年是"十三五"规划的开局之年，也是中央确定的供给侧结构性改革正式实施的一年，如果能成功推进供给侧结构性改革，中国则能顺利完成经济二次转型，并在一个较长时期内保持中速增长。

宏观经济专题报告探讨了产业发展、知识部门与可持续城市化，经济增长之动因以及区域经济增长动力差异及均衡稳定增长。

区域经济发展前景报告通过对1990~2016年中国各省区市发展前景进行分析，得出了中国30个省区市1990~2016年的发展前景指数与排名情况，以及经济增长、增长可持续性、政府效率和人民生活4个一级指标的发展前景指数与排名情况。分析结果表明，上海市、北京市、江苏省、浙江省多年来处于发展前景的第一级。除了发展前景方面西部地区改善优于东部地区和中部地区、人民生活方面西部地区改善优于中部地区和东部地区外，经济增长、增长可持续性和政府效率等方面均是东部地区改善优于中部地区和西部地区。区域分化加剧，宜通过构建"经济带"的区域经济政策来促进区域协调发展。近三年具体指标权重的变化反映了我国经济从高速发展转向中高速发展过程中，涉及的人均 GDP、农村居民家庭人均年纯收入、全社会劳动生产率、养老保险、消费水平和创新等与经济发展阶段密切相关的指标的重要程度，客观指标则如实反映了现实经济的关注点，即从关注城市化发展转向关注经济发展的实际效果，也就是人均 GDP 所代表的经济发展水平和城乡人民的实际收入水平。

关键词：供给侧改革　结构转型　效率模式重塑　发展前景

Abstract

This report is composed of three parts: Part I is a general report on the macro-economy, part II is studies on macro-economy, and part III is a report on regional economic development prospects.

The general report reviews the experiences and facts of China's macro-economy during 2015 - 2016, which indicates that during the 13th Five Year China's economic growth will enter a structural reduction path because its economy is affected by the changes of many economic and social factors such as the change of population structure, end of large-scale industrialization and urbanization promotion. China's economic adjustment, not only need to pay attention to the fluctuation of ironing relief but also need to pay more attention to the long-term structural problems. Further more, through decomposition of labor productivity factor and calculation to production function, it is found that, during the 13th Five Year China's potential growth rate is generally maintained at the level of 6.3% - 6.8%. The 13th Five Year starts from the year of 2016, it is also the beginning year that the central government defines the supply side of the structural reform as the formal implementation, if the supply side structural reforms can be promoted successfully, China's economy can successfully have completed the second economic transformation, and maintain the high level of economic growth in a longer period time.

The studies on macro-economy discuss the industrial development, the knowledge sector and sustainable urbanization, the driving power of economic growth based on innovation, regional growth momentum and the balanced economic growth etc.

The report on regional economic development prospects analyzes the development prospects of China's 30 provinces during 1990 - 2016, calculates development prospect indices for each province and its ranks during these years, and concludes the development indices and ranks of each primary indicator, including economic growth, the sustainability of growth, government efficiency, and people's lives. It could be found that Shanghai, Beijing, Jiangsu and Zhejiang are classified in the first levels for a long time. Compared to the Central and Eastern region, it is better in the Western which improves the development prospects and people's lives while economic growth and growth sustainability and efficiency of the government in several aspects are Eastern area improvement is better than that of the Central and Western area. Regional differentiation, it is appropriate to build the "economic zone" by the regional economic policies to promote regional coordinated development. By comparing the weight of the specific indicators in the past three years, it reflects that the development of China's economy is changing from the high speed to the middle-high speed, and this indicates the critical significance of indicators including GDP per capita, household net income of rural households, whole-society productivity, pension, consumption levels and innovation, which objectively and faithfully reflects the concentrations of real economics that have been changed from the development of urbanization to the real effects of economics. In another words, GDP per capita reflects the level of economic development and the real income level.

Keywords: Supply-side Reform; Structure Transformation; Efficiency Mode Remodeling; Development Prospect

目 录

Ⅰ 总报告

B.1 宏观经济平稳，再探中国效率模式和区域发展 …………… 001
  一　2016年宏观经济平稳 ………………………………… 002
  二　经济转型与效率模式重塑 …………………………… 010
  三　区域发展状况与发展前景展望 ……………………… 017
  四　政策建议 ……………………………………………… 025

Ⅱ 宏观经济专题报告

B.2 产业发展、知识部门与可持续城市化 …………………… 029
B.3 经济增长之动因
  ——关于创新的思考 ……………………………………… 058
B.4 区域经济增长动力差异及均衡稳定增长 ………………… 069

Ⅲ 区域经济发展前景报告

B.5 1990~2016年中国各省区市发展前景评价
　　——区域分化和协调发展 …………………………………… 096

B.6 参考文献 ………………………………………………………… 348

CONTENTS

I General Report

B.1 Macro-economy Stability, Regional Development and China's
Efficiency Mode Reexploration / 001
   1. Empirical Facts and Outlook in 2016 / 002
   2. Economic Transformation and Efficiency Mode Remodeling / 010
   3. Regional Development Status and Development Prospect / 017
   4. Policy Suggestion / 025

II Studies on Macro-economy

B.2 Industry Development, Knowledge Sector and Sustainable
Urbanization / 029
B.3 The Motive of Economic Growth
   —*Thinking on Innovation* / 058
B.4 Dynamic Difference of Regional Economic Growth and
Balanced and Stable Growth / 069

III Report on Regional Economic Development Prospects

B.5 An Assessment of Development Prospects of China's Provincial
Regions in 1990-2016
   —*Regional Differentiation and Coordinated Development* / 096

B.6 References / 348

总 报 告
General Report

B.1
宏观经济平稳，再探中国效率模式和区域发展[*]

中国经济增长前沿课题组

摘　要： 受人口结构变化、大规模工业化进程结束以及城市化推进等诸多经济社会因素的影响，"十三五"时期中国经济增长将进入结构性减速通道。与以往不同的是，中国的经济调整，不仅要重视周期波动的熨平，而且要重视长期结构性问题的纾解。进一步，基于劳动生产率因素分解和生产函数的计算表明，"十三五"时期中国经济潜在增长率将维持在6.3%～6.8%。2016年是"十三五"规划的开局之年，也是中央确定的供给侧结构性改革正式实施的一年，如果能成功推进供

---

[*] 中国经济增长前沿课题组负责人为张平、刘霞辉、袁富华。本报告执笔人为张自然、刘霞辉、楠玉、袁富华、张平。参加讨论的人员有裴长洪、张连城、赵志君、仲继垠、王宏淼、吴延兵、黄志钢、陈昌兵、张小溪、郭路、张鹏、付敏杰、陆明涛等。

给侧结构性改革，则能为中国经济二次转型打下良好的基础，并在一个较长时期内保持中速增长。

关键词： 供给侧改革　结构转型　效率模式重塑

一　2016年宏观经济平稳

2016年上半年中国经济增长6.7%，整体上看经济增速下行趋势未改，但下行速度有所减缓，有些经济指标向好，预计2016年宏观经济总体稳定，经济整体增速不会低于6.5%。供给侧结构性改革逐步推进和深化，但改革和经济结构转型升级仍有很多不确定性，还需不断探索新的效率提升道路。

2016年中国经济整体下行趋势显著，但增长周期波动呈现向好的迹象。初步核算，2015年GDP为67.67万元，比上年增长6.9%。就2015年四个季度的具体情况来看，GDP同比增速分别为7.0%、7.0%、6.9%和6.8%。就三次产业增长情况来看，2015年三次产业增加值分别为6.08万亿元、27.43万亿元和34.16万亿元，同比增长3.9%、6.0%和8.3%。中国GDP年度增速在1990年之后再度"破7"，季度GDP增速则从2015年第三季度开始低于7%，中国GDP增速已进入"6时代"。从趋势上看，经济增速"下台阶"过程仍未结束，2016年上半年GDP同比增长6.7%。与此同时，中国经济增长也呈现某些向好的迹象。根据中国1992年第一季度到2016年第二季度GDP增长率数据，通过滤波分析去掉趋势项后发现，当前中国GDP增长处于经济周期的上行阶段，经济向好倾向明显（见图1）。潜在增速下滑反映出中国经济进入结构性减速通道，但受宏观政策影响，经济同时表现出周期向上波动态势。预计2016年经济增长水平将维持在6.7%左右。与此同时，CPI在经历了前几年比较明显的下降以后，逐步稳定在1%~2%

(见图2)。从变动的趋势看,如果没有其他外部因素的干扰,CPI 在这个区间的波动可能会持续一段时间。

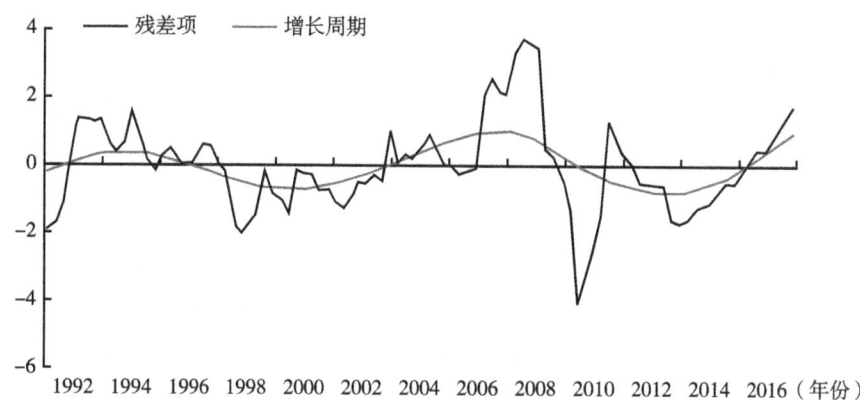

图1 中国 GDP 增长率 HP 滤波图

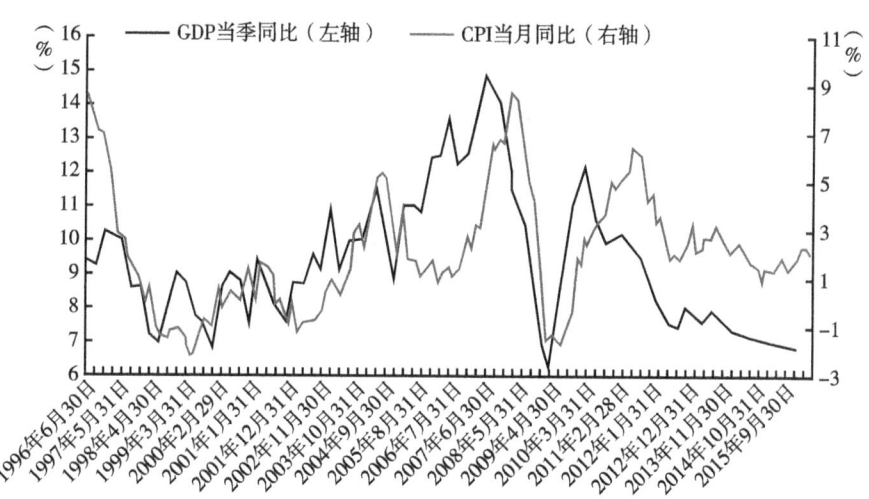

图2 中国 GDP 与 CPI 变动趋势

谨防汇率贬值引发悲观预期,预防外部风险对宏观稳定的冲击。相关宏观经济指标的变动见表1。我们发现,汇率变化一改 2000 年以后人民币兑美元汇率一直上升的态势,2015 年人民币兑美元汇率贬值超过了 5%,这表明汇率市场上的交易者对中国未来经济增长的前景并不是非常看好。需要引起我们注意的是，许多新兴市场国家，由于汇率的过度波动会传递到实体经济，一旦形成贬值预期，可能会对未来宏观经济形成很大的冲击，严重者会出现经济萧条或者经济危机。如1997年的亚洲金融危机，拉美国家自20世纪70年代以来不断循环出现的金融危机或经济危机，大多是由汇率问题引起的。也许有人会指出，近年来国内经济增速不断下降，出口困难，贬值将有利于促进出口。但是，汇率的变动并不仅仅会影响外贸，还会影响对一国经济的信心，尤其是新兴经济体，其经济的稳定度本来就比市场化国家低。汇率波动是一种外部冲击，会影响一系列宏观经济政策效果及投资者和消费者的信心，一旦预期发生变化，其对经济的负面作用就会不断放大，最终会冲击宏观经济的稳定。所以，稳定汇率预期，对中国的经济稳定很重要。事实上，2015年和2016年，人民币兑美元汇率的两次比较大的下降，都引起了国内证券市场和其他相关市场的大幅波动。所以，汇率会成为影响中国宏观经济稳定的重要因素之一。

表1 2015~2016年主要宏观经济指标

指标	2016年第二季度	2016年第一季度	2015年第四季度	2015年第三季度	2015年第二季度	2015年第一季度
GDP增速:累计(%)	6.7	6.7	6.9	7.0	7.0	7.0
GDP增速:当季(%)	6.7	6.7	6.8	6.9	7.0	7.0
CPI(%)	2.1	2.1	1.5	1.7	1.4	1.2
PPI(%)	-4.2	-5	-5.2	-4.9	-4.6	-4.4
社会消费品零售总额增速(%)	10.2	10.3	11.1	10.7	10.2	10.2
工业增加值增速(%)	6.1	6.8	5.9	5.9	6.3	5.6
出口额增速(%)	-3.6	-8.4	-5	-5.8	-7.5	10
进口额增速(%)	-6.6	-13.4	-11.7	-14.1	-13.3	-17.7
贸易顺差(亿美元)	478.8	312.3	582.6	545.3	467.2	504.9
固定资产投资增速:累计(%)	9.7	10.3	10.1	10.8	11.6	13.7
M2增速(%)	12.1	13.6	13.5	13.2	10.9	11.6
人民币贷款余额增速(%)	14	14.6	13.9	14	13.8	14
人民币贷款余额:新增(亿元)	9386	15550	7590	8021	9932	12022
美元/人民币	6.5	6.53	6.39	6.27	6.12	6.14
1年期存款利率(%)	1.5	1.5	1.5	1.5	1.5	1.5
1年期贷款利率(%)	4.35	4.35	4.35	4.35	4.35	4.35

中国进出口贸易下降趋势显著，通过外贸拉动增长的空间有限。通过表1关于外贸的变化我们发现，出口的月度值变化很大，但总的趋势是下降的；进口的月度值变化小于出口，但下降幅度更大。由于中国进口产品的特殊性，大部分是以初级产品为主的原材料，进口量不一定下降那么大，但国际市场上的大宗商品价格近年来下降幅度很大，所以进口产品的价值下降幅度很大。对以加工产品出口为主的这些经济体而言，大宗商品价格下跌有利于出口，也有利于促进国内经济增长，但这一因素在中国近年来的经济增长中没有起到太大的作用，原因是国际市场总体在萎缩，出口量上不来。从趋势看，延续了几十年的全球经济增长黄金期可能已经结束，尤其是发达经济体普遍进入了一个低增长的时期，经济内部扩张的动力已经严重不足，需要一段时间来积蓄动力。未来几十年，全球经济增长速度可能不会太高。中国作为世界第二大经济体，其对外部经济的依赖度非常高，受到的外部冲击也相对比较大，在扩大出口方面，未来的空间不一定很大。因此，外贸总体趋势应该是趋于平衡，贸易顺差会逐渐缩小，对经济增长的拉动力也会变得很小。

M1与M2增速"剪刀差"不断扩大，我国经济可能面临"流动性陷阱"威胁。2016年6月末，狭义货币M1同比增长24.6%，广义货币M2同比增长11.8%，M1和M2同比增速差值为12.8个百分点，达到自2010年1月以来的最高值（见图3）。"M1－M2"增速缺口不断扩大造成的资金"淤积"现象值得关注，造成M1"淤积"的账面原因主要是企业投资动力不足、产能过剩占用资金、定期存款与活期存款息差收窄等。我国货币政策总体宽松，存贷款利率都在下降，并且幅度还不小；货币投放的速度也不慢，2015年人民币新增贷款余额接近1.2万亿元，增速达到14.5%。从经济学逻辑上来讲，放松货币相当于刺激投资，因为货币投放速度达到14%以上后，如果没有其他因素影响货币流通，投资增速也应该在这个水平。但实际情况并非如此，2015年国内投资增速总体下降，全年增速为10.1%，从趋势看是逐月下降，这说明投放出去的货币没有变成实际投资，这一点应该引起注意。2016年6月，我国固定资产投资同比增长7.3%，较上月下降1个百分点。其中，房地产投资增速从2016年5月的6.6%下降至2016年6月的3.5%；制造业投资增速从2016年4月的1.3%下降至2016年6月的-0.4%；基建投资增速则出现逆转态势，从2016年5月的19.8%上升至2016年6月的21.8%；民间投资与2015年同月相比首次出现负增长，从2015年6月的42416亿元下降至2016年6月的42413亿元。由此可见，制造业投资和民间投资在2016年6月首次出现负增长，房地产投资持续回落，我国投资增长仍处于下降区间，这表明当前我国投资环境较差，中国经济经历高速增长阶段后，增速放缓成为必然，但之前经济增速过快，使得经济增长方式过于单一，非金融企业对未来中国经济前景并不看好，投资回报低于预期。M1和M2增速"剪刀差"持续拉大，表明市场中资金宽裕，但并不愿意投向实体经济。因此，当前我国社会资金"淤积"于银行账户，企业持有大量活期存款而不投资，制造业投资和民间投资持续下滑，给中国经济持续增长带来了较大的不确定性，如果不能改变这一现状，将可能面临"流动性陷阱"威胁。

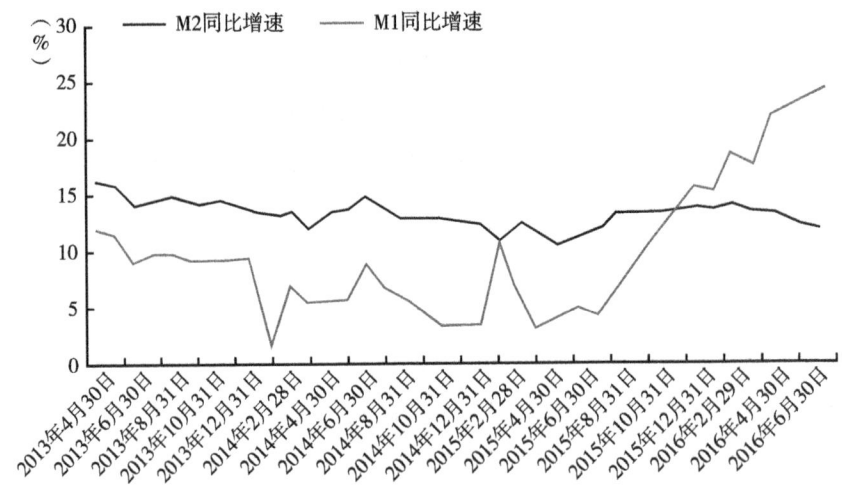

图3　M1与M2同比增速变化

工业增加值增速及工业生产者价格指数（PPI）均表现为下降态势。2015年全国规模以上工业增加值同比增长6.1%，其中12月单月增长

5.9%。就工业部门具体门类而言，采矿业附加值增长 2.7%，制造业增长 7.0%，电力、燃气、热力及水生产和供应业增长 1.4%。新兴产业增长较快，2015 年高新技术产业增加值增长 10.2%，比工业增加值快 4.1 个百分点，占工业增加值的比重为 11.8%，较上年提高了 1.2 个百分点。其中，医药制造业增长 9.9%，信息化学品制造业增长 10.6%，航空、航天器及设备制造业增长 26.2%，电子及通信设备制造业增长 12.7%。整体而言，2015 年有 7 个月的工业增加值增速在 6% 以下，产能过剩现象严重，工业增长明显疲弱，量价齐跌。2016 年 5 月，工业增加值增速维持在 6% 的水平。从结构上看，新产业增长明显快于传统产业。但有个现象值得注意，就是工业生产者价格指数不断走低（见图 4）。该指数自 2012 年 7 月开始进入负增长以来已持续近 4 年时间，不仅没有向好的迹象，而且越来越严重。PPI 的不断走低是与全球初级产品价格指数下降相关的，但 PPI 下降的幅度及持续长度都远比全球初级产品价格指数要大、要长。所以，PPI 的下降主要是内在原因造成的。事实上，我们认为工业部门已经进入比较明显的通货紧缩状态，这也是决策部门 2016 年将去库存、降产能提上议事日程的重要原因。但是，产能的形成并非一朝一夕，降产能的过程也不会简单。

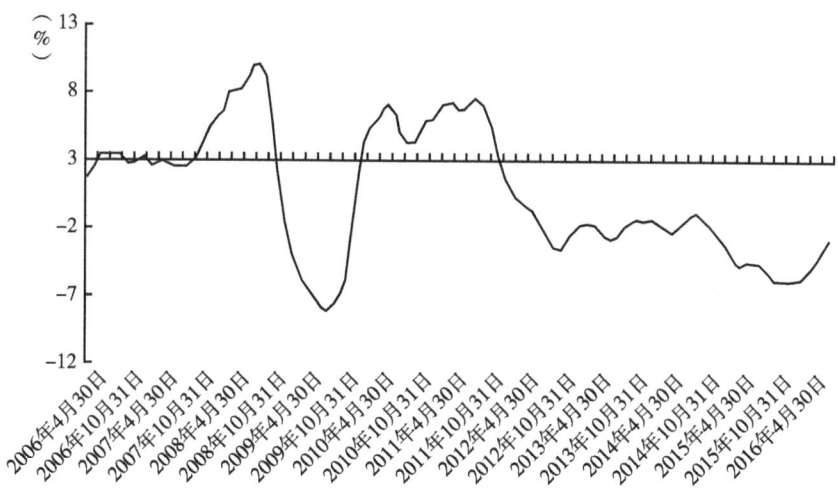

图 4　工业生产者价格指数同比增速

企业景气指数与企业家信心指数持续走低。图5显示，自2011年中期以后，企业景气指数不断下降，这表明实体经济的承压程度不断加剧。从趋势看，该指数还有走低的可能，即使不继续走低，企业景气指数也已经处在一个非常低的位置，这对未来的投资和消费都会有很大影响。企业景气指数只是一个客观数值，表明的是现状。更应该引起我们注意的是企业家信心指数，因为这是一个预期值，它表明企业家对前景的看法，企业家的投资行为及就业市场的变化与该指数有很大关系。企业家信心指数与企业景气指数走势基本一致，并且下降幅度更大一些。所以，恢复企业家信心指数，是未来宏观政策的一个重要部分。

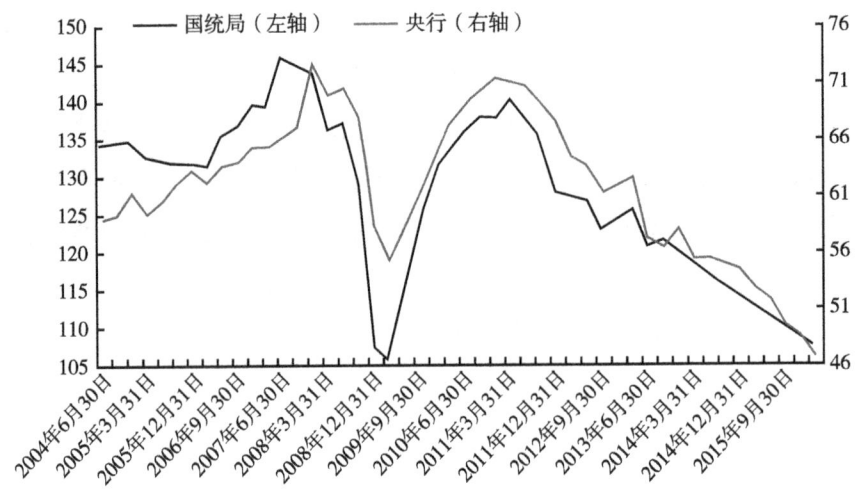

图5　企业景气指数

投资与消费对经济增长的作用强度发生变化。从图6可以看出，中国三大需求对GDP增长的贡献率出现了趋势性的变化。首先是货物和服务净出口对经济增长是一种负向作用，其值大约占GDP的8%，并且从趋势看这种负向作用还会继续；其次是资本形成总额对GDP的拉动作用下降，目前在47%左右，从趋势看也是不断下降的，未来如果投资增长的速度在10%左右，资本对GDP的拉动作用也就在40%左右；最后是最终消费支出对GDP的拉动作用已接近70%，其作用力接近资本形成总额的1倍，从趋势看可

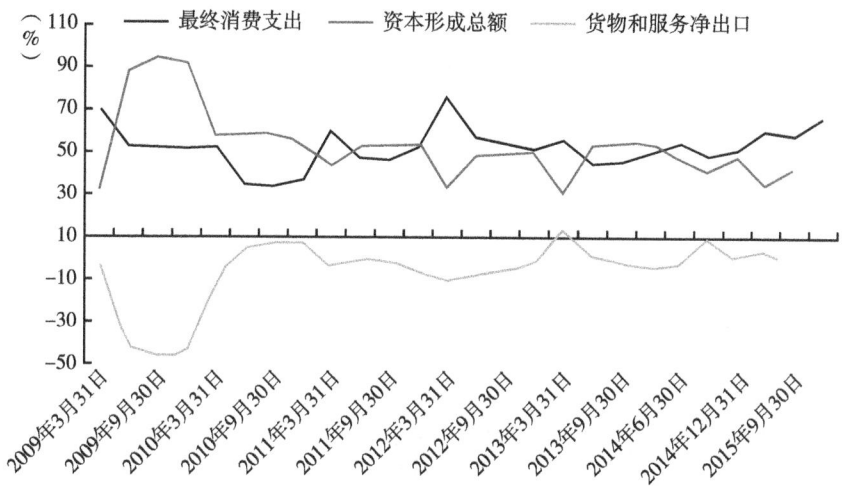

图6 中国三大需求对GDP增长的贡献率

能还会继续增加。与很多人的想象不同,事实上中国经济是由内需拉动的。资本形成总额对GDP的拉动大约为3.2%,最终消费支出对GDP的拉动大约为4.8%。2015年固定资产投资总额为55.16万亿元,同比增长10.0%,较2014年下滑5.7个百分点。其中,房地产开发投资9.6万亿元,增长1.0%(其中住宅投资增长0.4%);基建投资13.13万亿元,同比增长17.29%,较上年下滑3个百分点;制造业投资18.04万亿元,同比增长8.06%,较上年下滑5.2个百分点。房屋新开工面积达15.45亿平方米,较上年减少14.0%,其中住宅新开工面积减少14.6%。2016年5月,固定资产投资18.77万亿元,同比增长9.6%。制造业由于产能过剩严重,投资增速一路下滑。在这种GDP构成的格局下,宏观经济政策着力的方向应该很明确,那就是只有强劲的国内需求才能保证经济增长。2015年社会消费品零售总额为30.1万亿元,同比增长10.7%(见图7)。其中,城镇消费品零售总额为25.9万亿元,较上年增长10.5%;农村消费品零售总额为4.2万亿元,较上年增长11.8%。依照消费形态进行划分,其中商品零售总额为26.86万亿元,较上年增长10.6%;餐饮收入总额为3.23万亿元,较上年增长11.7%。2016年5月,社会消费品零售总额同比增长10%。另外,

2015年全国网上零售总额为3.87万亿元,较上年增长33.3%。其中,实物商品网上零售总额较上年增长31.6%,增长总额为3.24万亿元,占全部社会消费品零售总额的10.8%;非实物商品网上零售总额为6349亿元,较上年增长42.4%。

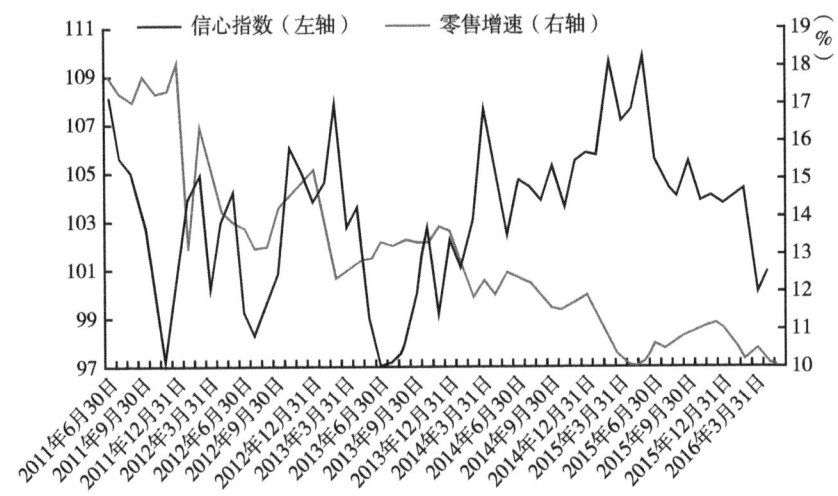

图7 消费者信心指数与零售增速

二 经济转型与效率模式重塑

受人口结构变化、大规模工业化进程结束以及城市化推进等诸多经济社会因素的影响,"十三五"时期中国经济增长将进入结构性减速通道。与以往不同的是,中国的经济调整,不仅要重视周期波动的熨平,而且要重视长期结构性问题的纾解。从原则上来说,改变大规模工业化时期的外生性增长模式,进行内生性增长模式的重建,是新经济时期的调整重心。从现阶段经济表现来说,这样的经济转型才刚刚开始。

(一)劳动投入的长期下降与人力资本的缓慢积累

从改革开放至今近40年的增长绩效看,中国经济工业化的最大功绩是贫困陷阱的突破，这也是中国经济第一次大转型取得成功的主要标志。贫困陷阱突破的重要动力是二元结构下过剩劳动力的资本化，极其丰裕的劳动力储备无疑是大规模工业化快速推进的根本性保障。20 世纪 70 年代至今的中国经济增长历史，封装了人口红利窗口开启、人口红利实现和人口红利窗口关闭的完整故事，这个人口结构转型过程正好与工业化高增长阶段重叠。中国人口结构变化的新特征表现在两种统计现象上：第一，根据我们的估算，自 2003 年以来，农业部门作为劳动力"蓄水池"的作用发生了变化，大规模剩余劳动力储备基本消失，农业部门每年的就业增量出现了持续大幅度的负值，与此同时，服务业部门由于就业吸纳能力较强，已逐渐接替农业部门而发展成为新的劳动力"蓄水池"；第二，自 2012 年以来，劳动年龄人口出现下降，相对于剩余劳动力流动的变化，这种变化的冲击将更加深远，因为它涉及总劳动力规模的增长问题。总体来看，一些具体的变化如下。中国劳动年龄人口增长率在 1985～2007 年为 1.6%，2008～2015 年下降至 0.6%，依据人口年龄移算方法进行推测可知，2016～2019 年中国劳动年龄人口增长率将进一步下降至 -0.4%。同时，伴随人口老龄化问题的凸显、人口平均受教育年限的延长、接受高等教育比重的提高以及富裕群体追求闲暇倾向的逐步增强，劳动参与率或劳动力供给占劳动年龄人口的比例将呈现越来越显著的下降趋势。统计指标显示，1985～2007 年中国劳动参与率平均增长 -0.07%，2008～2015 年平均增长 -0.24%，预计未来几年平均增长 -0.50%。劳动年龄人口增长率和劳动参与率的变化，将直接对劳动力供给产生影响。具体表现为，1985～2007 年中国劳动力投入增长 1.5%，2008～2015 年下降至 0.36%，预计 2016～2020 年将增长 -0.9%。

贫困陷阱的突破，对中国人力资本的积累也起到了积极的推动作用。改革开放前，中国劳动力受教育程度大部分为初级及以下水平，消费标准也仅仅维持在生存线上，那个历史时期劳动力的营养和健康得不到保障。大规模工业化完全改变了这种窘迫状况，以劳动力受教育状况为例，2010 年，主要储蓄者（35～54 岁的劳动力）中超过 60% 接受过中级教育（见表2），考虑到中国庞大的人口规模，这确实是一个巨大进步。现阶段中国以初级和中级半熟练劳动力为主体的人力资本状况，是适应大规模工业化逐步建立起来的，但是也为进一步经济转型带来了麻烦。随着人口红利窗口的关闭和劳动力成本的上升，中国面临效率改进方式的调整、增长内生动力的培育和可持续发展的要求，需要建立在熟练劳动力比重的提高之上，这是中国经济在大规模工业化结束之后必须着力打破的瓶颈。

表2 主要储蓄者（35~54岁的劳动力）受教育状况

单位：%

初级教育（包括完成和未完成）								
国家或地区	1970年	1975年	1980年	1985年	1990年	1995年	2000年	2005年	2010年
拉美六国	55	57	57	56	53	50	46	43	41
东南亚四国	49	53	56	53	49	50	50	46	42
中国	38	46	54	48	44	41	37	34	28
日本	61	52	44	35	27	19	13	10	7
韩国	41	46	43	36	28	19	12	7	3
中级教育（包括完成和未完成）								
国家或地区	1970年	1975年	1980年	1985年	1990年	1995年	2000年	2005年	2010年
拉美六国	13	14	16	19	22	26	31	35	38
东南亚四国	7	9	10	16	20	24	27	30	33
中国	9	14	18	25	29	41	52	56	63
日本	34	39	44	48	51	54	55	50	46
韩国	19	26	34	44	54	60	62	61	58
高级教育（包括完成和未完成）								
国家或地区	1970年	1975年	1980年	1985年	1990年	1995年	2000年	2005年	2010年
拉美六国	2	4	5	7	10	12	14	15	16
东南亚四国	3	3	4	6	8	9	9	11	12
中国	1	1	2	2	2	3	4	5	5
日本	5	9	13	17	22	26	32	40	47
韩国	5	7	9	11	14	18	25	31	38

注：拉美六国是指阿根廷、巴西、智利、哥伦比亚、墨西哥和委内瑞拉；东南亚四国是指印度尼西亚、马来西亚、泰国和菲律宾。

资料来源：EDStats，BL2013_MF_V1.3（Barro-Lee.com）。

（二）经济发展阶段与资本投入变化

廉价剩余劳动力供给和国际产品技术市场相对宽松的环境，无疑是中国过去几十年资本积累能力迅速提高的有利条件。尽管对中国资本驱动的粗放型增长方式，尤其是近年来结构性减速发生背景下对投资过度依赖的批评不绝于耳，但是从历史经验看，人们也无法回避特定经济条件下资本驱动的作用，这种作用对可容许条件下高增长的持续保持是必需的，甚至是根本的。例如，1985~2007年，中国全社会固定资产投资以年均20%以上的速度持续增长，全社会资本形成率接近40%。与此同时，资本存量的增长速度为11.0%，人均资本的增长速度为9.4%，资本驱动的高增长方式已显现无疑，中国经济也因此具有明显的投资特征。根据中国城市化发展趋势，一个基本判断是，经过近二三十年的大规模开发，中国城市基础设施投资高潮已经接近尾声。2011年中国城市化率超过50%，城市化开始向成熟时期迈进，工业、服务业资本积累速度将持续降低。根据城市化率与投资增长率的"倒U"形关系预测，2016~2019年中国资本存量增长速度将为9.5%。

近年来中国经济日渐显现的生产过剩、投资回报率下降以及劳动力拐点的出现，再次引起人们对现有增长模式的质疑。多数人认为，投资结构调整，特别是有助于民生的教育、医疗保障等投资的提高，是结构性减速阶段必须做出的权衡，原因是在不可能继续依赖规模扩张取得效率的条件下，需要寻求建立内生的效率补偿机制。根据追赶经济的成功经验，这种效率补偿需要借助消费结构升级来实现。注重居民消费增长的政策的实施，不仅有助于促进人力资本的培育，而且有助于促进分工和推动高效率的现代服务业发展，这些都是城市化时期新型效率模式的特征。一些迹象已经表明，中国正在朝这个方向努力，政府的政策中加强民生改善的实质性内容逐渐增多。

（三）生产率

中国大规模工业化阶段实现的劳动生产率的迅速提升，主要得益于外部资本设备投资带来的资本深化过程。因此，在这个过程中实现的全要素生产率提升并非来自内在的技术进步，而是"干中学"效应发挥的作用。从实际表现来看，1985~2007年TFP对经济增长的贡献为30%左右，2008~2015年下降至20%以下，呈现显著的下降趋势。这种下降是在粗放使用劳动力和投资的生产供给方式下发生的,具有结构性、系统性特征。根据发达国家经济增长经验,生产率的持续改进离不开资本深化能力和消费能力的同步提高,生产率、资本深化能力和消费能力共同构成良性互动的效率三角,其中资本深化能力和消费能力任何一角的缺失,都可能对生产率持续改进形成障碍。根据这样的经验,在中国大规模工业化接近尾声的现阶段,两种能力都处于较弱的水平,由此也可以看出中国经济转型面临的问题的复杂性和紧迫性。

生产函数分解及趋势预测见表3。

表3 生产函数分解及趋势预测

指 标	历史(峰-峰:1985~2007年)	现状(2008~2015年)	预测(2016~2019年)
[1]潜在增长(生产函数拟合)三因素(%)	10.10	8.54	6.30
[2]资本投入(K)弹性	0.60	0.60	0.55
[3]资本贡献份额=([2]×[8])/[1](%)	68.72	82.20	76.60
[4]劳动投入(L)弹性	0.40	0.4	0.50
[5]劳动贡献份额=([4]×[11])/[1](%)	6.17	1.69	-7.25
[6]TFP增长率(%)	2.82	2.60	2.00
[7]TFP贡献份额=100-[3]-[5](%)	27.94	16.16	30.00
因素细分			
[8]资本投入增长率($k=dK/K$)=[9]×[10](%)	11.13	11.70	9.50
[9](净)投资率(I/Y)(%)	21.32	36.00	
[10]资本效率(Y/K)	0.52	0.34	
[11]劳动投入增长率($l=dL/L$)=[12]+[13](%)	1.50	0.36	-0.90
[12]劳动年龄人口增长率(pop_l)(%)	1.58	0.61	-0.40
[13]劳动参与率变化率(θ_L)(%)	-0.07	-0.24	-0.50
[14]劳动生产率增长率			
[15]劳动生产率($y=Y/L$)增长率=[16]+[17](%)	8.54	8.16	
[16]资本效率(Y/K)增长率(%)	-0.89	-4.19	
[17]人均资本(K/L)增长率(%)	9.43	12.35	
[城市化]			
[18]城市化率	33.00	51.00	0.58
[19]15岁以上人口平均受教育年限:8.1年(2010年)			
[20]15岁以上人口初级和中级教育程度比重:85%(2010年)			

注:资本投入增长率的估计,系根据城市化率与投资增长率的"倒U"形关系计算。
资料来源:BL2013_MF_V1.3。

（四）经济组织、产业结构与生产率变动

中国大规模工业化阶段的经济组织架构由三部分组成，即政府干预、工业主导以及区域增长极，三种力量的作用最终体现在产业结构变动及其生产率变动之上。总体来看，由政府干预和区域增长极带动的经济增长在大规模工业化时期运作良好，为剩余劳动资本化和贫困陷阱突破提供了切实的支持。从20世纪90年代开始，中国城市化进程加速推进，经过20多年的发展演进，当前服务业因其具备的高就业吸收能力而逐渐成为城市化时期的主导发展部门。与此同时，中国传统服务业的比重较大，使得资本和劳动力在向服务业部门配置过程中很难重现大规模工业化时期劳动生产率大幅度提升的现象，这使得结构性减速成为必然趋势。

统计数据显示，与1985~2007年相比，中国第二产业和第三产业劳动生产率增长率在2008~2015年均呈现下降趋势，全社会劳动生产率也因此下降。这进一步印证了中国过去30多年劳动生产率的快速提高，主要源于大规模工业化产生的"干中学"效应和"投中学"效应，但是随着产业结构服务化的形成，中国全社会劳动生产率降低是一种必然。在内生因素如熟练劳动力比重、自主创新能力等不能得到有效提升的假设前提下，我们预计"十三五"期间全社会劳动生产率增长率将持续下降至7%以下。

需要强调的是，根据国际比较，由政府干预和区域增长极主导的增长，在增长的第一阶段，即大规模工业化阶段的作用似乎不适用于后工业化时期城市经济及相应服务业主导经济发展的情景。其原因在于标准化的大规模工业生产与政府干预和增长极相容，也与政府在出口促进方面的有效组织有关。但是，当经济发展到城市化阶段，服务业特别是现代服务业本身具有的非标性、知识溢出性等特征，往往导致政府干预失灵。政府的过度干预导致服务业效率低下的问题，在中国经济中并不鲜见——典型的如高层次人力资本（大学本科毕业生和研究生）受稳定就业和高福利吸引，过多向非生产性的政府和管理部门集中，形成人力资本的行业错配和效率损失；相似的，

低效率国有企业以其就业稳定和高福利,对高层次人力资本过多吸纳所导致的人力资本错配等。再者,政府干预导致的各种纵向分割和横向分割也阻断了知识过程的联系和溢出渠道,产业间、产业内的有机联系被破坏。这些问题都是经济转型新时期需要着力解决的。

(五)2016~2019年的潜在增长

本报告基于劳动生产率因素分解(见表4)和对生产函数的计算,测算出"十三五"时期中国潜在GDP增长率为6.3%~6.8%。基于中国经济近年来的增长表现,现实中很多因素都比假设更加糟糕,如实体经济回报率低使投资增速下降、服务业整体效率下降以及中低层次人力资本壅塞导致创新路径受阻等,这些都可能成为加剧经济结构性减速的原因。

表4 劳动生产率因素分解

指标	历史(峰-峰:1985~2007年)	现状(2008~2015年)	预测(2016~2019年)
劳动生产率($y=Y/L$)增长率(%)	8.54	8.16	6.90
第一产业劳动生产率增长率(%)	4.42	9.10	8.30
就业份额变动率(%)	-1.92	-4.33	-5.18
增加值份额	0.18	0.09	0.07
第二产业劳动生产率增长率(%)	9.21	7.41	7.03
就业份额变动率(%)	1.35	1.18	-1.00
增加值份额	0.49	0.49	0.45
第三产业劳动生产率增长率(%)	5.99	5.00	3.00
就业份额变动率(%)	3.11	3.31	5.20
增加值份额	0.33	0.42	0.48
(参考指标——1978年为基期):2015年			
第二产业劳动生产率增长率:8.0%			
第三产业劳动生产率增长率:2.0%			

注:根据附录公式,劳动生产率($y=Y/L$)增长率=第一产业增加值份额×(第一产业劳动生产率增长率+第一产业就业份额变动率)+第二产业增加值份额×(第二产业劳动生产率增长率+第二产业就业份额变动率)+第三产业增加值份额×(第三产业劳动生产率增长率+第三产业就业份额变动率)。

三 区域发展状况与发展前景展望

受增长方式转型的作用和影响,中国大部分省区市经济增速放缓,区域增长分化显著。例如,辽宁2016年上半年的经济增速为-1.3%,山西、黑龙江的经济增速低于6%,经济增速超过9%的省份有天津、江西、重庆和贵州;预计2016年将只有3个省份的经济增速超过2015年,1个省份与2015年持平,其他26个省份低于2015年。根据发展前景指数评价结果,尽管东、中、西部地区发展前景指数尚需一定的改进,但除了发展前景方面西部地区改善优于东部地区和中部地区、人民生活方面西部地区改善优于中部地区和东部地区外,经济增长、增长可持续性和政府效率等方面均是东部地区改善优于中部地区和西部地区。区域分化加剧,宜通过构建"经济带"的区域经济政策来促进区域协调发展。

(一)区域增长分化情况

对区域增长差距的研究,我们通过不同省份追赶发达省份所需时间来反映,追赶时间越短,表明与发达省份间的增长差距不断缩小;追赶时间越长,则表明增长差距在不断拉大。各省份成功实现向发达省份追赶的追赶系数计算公式为:

$$T_c = \ln G_1 / \ln\left(\frac{1+g_u}{1+g_d}\right)$$

其中,G_1表示各省份与发达省份的收入差距;g_u为欠发达省份的GDP平均增长率;g_d为发达省份的GDP平均增长率;T_c可以理解为追赶上发达省份所需的时间。当某个省份与发达省份的收入差距越大,即G_1越大时,则增长追赶时间T_c就越长,追赶越困难;而当某个省份相比发达省份能实现更快的增长速度时,也即$(1+g_u)/(1+g_d)$越大时,增长追赶时间T_c就越短。$T_c > 0$,反映出追赶省份的收入水平较低但增速较快,或收入水平较高但增速较慢;$T_c < 0$,则反映出追赶省份不仅收入水平低,而且增速慢(上

海例外，上海的人均收入高于北京，其追赶系数小于零，反映出上海不仅收入水平高于北京而且增长较快）。这里我们以北京为参照，考察各省份对北京的增长追赶情况。同时构造 t 统计量，对追赶系数的有效性进行检验，结果见表5。

表5　各省份分阶段增长追赶系数情况

省份	年份	追赶系数	省份	年份	追赶系数	省份	年份	追赶系数
海南	1985~2007	-9.99 (0.165)	山东	1985~2007	13.982 (0.162)	江苏	1985~2007	12.175 (0.200)
海南	2008~2015	39.732*** (1.997)	山东	2008~2015	18.951*** (4.604)	江苏	2008~2015	13.865*** (2.016)
福建	1985~2007	-2.738 (-0.056)	上海	1985~2007	0.528 (0.024)	广东	1985~2007	1.283 (0.079)
福建	2008~2015	11.73*** (2.293)	上海	2008~2015	-11.858 (-0.232)	广东	2008~2015	25.501 (0.599)
浙江	1985~2007	3.277 (0.309)	辽宁	1985~2007	3.928 (0.057)	天津	1985~2007	-9.494 (-0.115)
浙江	2008~2015	19.806 (0.794)	辽宁	2008~2015	15.379 (0.564)	天津	2008~2015	6.329 (1.16)
河南	1985~2007	49.317 (0.207)	江西	1985~2007	0.532 (0.007)	安徽	1985~2007	-30.974 (-0.294)
河南	2008~2015	43.328* (1.525)	江西	2008~2015	22.952*** (3.545)	安徽	2008~2015	21.852*** (2.342)
湖北	1985~2007	82.31 (0.344)	湖南	1985~2007	27.005 (0.144)	黑龙江	1985~2007	-67.732 (-0.395)
湖北	2008~2015	20.215*** (2.67)	湖南	2008~2015	15.895*** (3.723)	黑龙江	2008~2015	59.129 (0.587)
内蒙古	1985~2007	-18.385 (-0.291)	吉林	1985~2007	-3.226 (-0.038)	山西	1985~2007	-1.873 (-0.017)
内蒙古	2008~2015	29.997 (0.75)	吉林	2008~2015	15.883 (0.238)	山西	2008~2015	-5.533 (-0.097)
西藏	1985~2007	14.232 (0.224)	陕西	1985~2007	-8.305 (-0.084)	重庆	1985~2007	-0.345 (-0.003)
西藏	2008~2015	32.32* (1.59)	陕西	2008~2015	17.784*** (2.32)	重庆	2008~2015	11.896*** (2.545)

续表

省份	年份	追赶系数	省份	年份	追赶系数	省份	年份	追赶系数
甘肃	1985~2007	-16.993 (-0.138)	新疆	1985~2007	0.131 (0.0015)	宁夏	1985~2007	-15.237 (-0.26)
	2008~2015	165.222 (0.515)		2008~2015	53.784 (0.524)		2008~2015	38.656 (1.129)
云南	1985~2007	-55.578 (-0.348)	贵州	1985~2007	-54.122 (-0.31)	四川	1985~2007	28.499 (0.317)
	2008~2015	35.397 (1.234)		2008~2015	28.892 (1.473)		2008~2015	27.04 (1.424)
广西	1985~2007	-4.779 (-0.098)	青海	1985~2007	16.66 (0.123)	河北	1985~2007	13.981 (0.34)
	2008~2015	24.284 (1.437)		2008~2015	-97.46 (-0.305)		2008~2015	-16.861 (-0.109)

注：①括号内数据为追赶系数的 t 统计量值。②所有省份按区域（东部、中部和西部）进行分类整理，为整理的方便，将东部地区中河北的情况移至表格最后。③ * 、*** 分别表示10%和1%置信水平。

由表5可知，东部地区2008~2015年实现有效追赶的省份有海南、山东、江苏、福建。2016年上半年，福建、江苏和海南均保持8%以上的高速增长，其增长率分别为8.3%、8.2%、8.1%。广东、江苏和山东的GDP居全国前三位，均超过3万亿元。其中，上海2008~2015年增长追赶系数为 -11.858，表明上海已经实现对北京的收入赶超，不仅收入较高而且增速较快。2016年上半年，上海与北京保持6.7%的同速增长，但人均收入已超过北京，居全国第一位。东部地区其他省份的GDP增速也都高于北京，经济收敛特征较为明显。在中部地区，2008~2015年实现有效追赶的省份有河南、江西、安徽、湖北、湖南。中部地区和东部地区整体表现出较好的增长收敛情况，其中增长分化表现较严重的是辽宁、吉林、黑龙江、内蒙古、山西以及河北等依赖资源和重工业发展的地区，山西和河北的追赶系数甚至为负值，表现出对发达省份的增长追赶能力较差。2016年上半年，辽宁、吉林、黑龙江、山西、河北、内蒙古等省份的GDP增速基本垫底，分别为 -1.0%、6.7%、5.7%、3.4%、6.6%和7.1%，全国仅有的5个GDP增速低于全国平均水平的省份为云南、河北、黑龙江、山西和辽宁，辽宁的GDP增速甚至已连续两个季度表现为负值。西部地区区域分化较为严重，2008~2015年，能实现有效追赶的省份仅有3个：西藏、陕西和重庆。2016年上半年，重庆和西藏持续保持高速增长，其GDP增速均为10.6%，排在全国第一位，但四川、广西、云南等省份的GDP增速排名靠后。贵州的GDP增速较高，为10.5%，其他省份如青海、新疆、宁夏、甘肃的GDP增速在8%左右，虽略高于全国平均水平，但由于这些省份的人均收入低，经济基础差，表现出经济追赶较为乏力。

整体而言，2008年中国经济遭遇严重外部冲击之后，由于各地区所处的增长阶段和发展能力不同，出现了明显的区域分化现象。东部发达地区的经济增长基本趋于收敛，增速稳定回升。中部地区省份也表现出了较好的增长收敛迹象。而辽宁、吉林、黑龙江、内蒙古、山西、河北等重化工业相对集中的资源型发展省份的增长分化现象较为严重，这些地区面临较大的转型压力，增速下降较早，同时经济呈现显著的追赶动力不足。西部区域也表现出增长分化迹象，11个西部省份能实现有效追赶的仅有3个，占比不到30%。多数省份近年来保持了较高的增长速度，增速放缓出现较晚，但由于多数西部省份经济规模较小，抗风险能力弱，一旦出现增速较大幅度下降，将势必面临增长风险集聚的困境，增大风险化解难度。

（二）2016年各省区市发展前景情况

通过主成分分析法得出中国30个省区市的发展前景及一级指标排名、发展前景指数等。2016年30个省区市发展前景及一级指标排名情况见表6。发展前景及一级指标排名第一的省份和2015年一样，2016年上海在发展前景、增长可持续性和人民生活等方面排名第一；广东在经济增长方面排名第一；北京在政府效率方面排名第一。发展前景、经济增长、增长可持续性、政府效率和人民生活排名第二的省份分别为江苏、上海、江苏、浙江和天津，排名第三的省份分别为浙江、天津、浙江、上海和北京，排名第四的省份分别为北京、浙江、广东、江苏和浙江，排名第五的省份分别为广东、江苏、北京、天津和江苏。

表6 2016年30个省区市发展前景及一级指标排名情况

地区	发展前景	经济增长	增长可持续性	政府效率	人民生活	地区	发展前景	经济增长	增长可持续性	政府效率	人民生活
北 京	4	7	5	1	3	河 南	23	14	28	29	18
天 津	7	3	10	5	2	湖 北	13	11	20	15	12
河 北	18	17	22	22	17	湖 南	17	19	17	19	23
山 西	22	23	29	16	11	广 东	5	1	4	7	19
内蒙古	11	10	6	18	14	广 西	28	24	26	26	30
辽 宁	9	27	14	10	6	海 南	16	28	7	8	20
吉 林	10	13	11	14	8	重 庆	21	16	23	13	29
黑龙江	12	20	15	9	21	四 川	19	15	16	21	16
上 海	1	2	1	3	1	贵 州	30	30	30	20	27
江 苏	2	5	2	4	5	云 南	29	29	24	30	24
浙 江	3	4	3	2	4	陕 西	15	8	21	23	10
安 徽	14	12	18	25	25	甘 肃	27	18	27	28	28
福 建	8	6	8	12	9	青 海	24	26	12	17	15
江 西	20	22	19	24	26	宁 夏	25	25	25	11	22
山 东	6	9	13	6	7	新 疆	26	21	9	27	13

1. 2016年发展前景排名

和2015年相比，2016年发展前景排名上升的省份有6个：上升了3位的有1个，河北省从第21位上升到第18位；上升了2位的有3个，青海省从第26位上升到第24位，江西省从第22位上升到第20位，海南省从第18位上升到第16位；上升了1位的有2个，黑龙江省从第13位上升到第12位，山西省从第23位上升到第22位。2016年发展前景排名下降的省份有7个：下降了3位的有1个，河南省从第20位下降到第23位；下降了2位的有2个，四川省从第17位下降到第19位，重庆市从第19位下降到第21位；下降了1位的有4个，湖北省从第12位下降到第13位，新疆维吾尔自治区从第25位下降到第26位，宁夏回族自治区从第24位下降到第25位，湖南省从第16位下降到第17位。其他省份2016年发展前景排名不变。

2. 2016年经济增长排名

和2015年相比，2016年经济增长排名上升的省份有11个：上升了6位的有1个，河北省从第23位上升到第17位；上升了5位的有1个，山西省从第28位上升到第23位；上升了4位的有1个，新疆维吾尔自治区从第25位上升到第21位；上升了3位的有2个，陕西省从第11位上升到第8位，青海省从第29位上升到第26位；上升了2位的有3个，吉林省从第15位上升到第13位，天津市从第5位上升到第3位，湖南省从第21位上升到第19位；上升了1位的有3个，湖北省从第12位上升到第11位，四川省从第16位上升到第15位，福建省从第7位上升到第6位。2016年经济增长排名下降的省份有13个：下降了7位的有1个，辽宁省从第20位下降到第27位；下降了4位的有1个，江西省从第18位下降到第22位；下降了3位的有1个，宁夏回族自治区从第22位下降到第25位；下降了2位的有6个，海南省从第26位下降到第28位，江苏省从第3位下降到第5位，安徽省从第10位下降到第12位，重庆市从第14位下降到第16位，云南省从第27位下降到第29位，内蒙古自治区从第8位下降到第10位；下降了1位的有4个，河南省从第13位下降到第14位，北京市从第6位下降到第7位，黑龙江省从第19位下降到第20位，甘肃省从第17位下降到第18位。其他省份2016年经济增长排名不变。

3. 2016年增长可持续性排名

和2015年相比，2016年增长可持续性排名上升的省份有7个：上升了7位的有1个，福建省从第15位上升到第8位；上升了5位的有2个，湖南省从第22位上升到第17位，河北省从第27位上升到第22位；上升了2位的有2个，吉林省从第13位上升到第11位，青海省从第14位上升到第12位；上升了1位的有2个，新疆维吾尔自治区从第10位上升到第9位，海南省从第8位上升到第7位。2016年增长可持续性排名下降的省份有13个：下降了6位的有1个，山东省从第7位下降到第13位；下降了4位的有1个，黑龙江省从第11位下降到第15位；下降了2位的有2个，辽宁省从第12位下降到第14位，重庆市从第21位下降到第23位；下降了1位的有9个，广西壮族自治区从第25位下降到第26位，天津市从第9位下降到第10位，陕西省从第20位下降到第21位，甘肃省从第26位下降到第27位，云南省从第23位下降到第24位，安徽省从第17位下降到第18位，湖北省从第19位下降到第20位，宁夏回族自治区从第24位下降到第25位，江西省从第18位下降到第19位。其他省份2016年增长可持续性排名不变。

4. 2016年政府效率排名

和2015年相比，2016年政府效率排名上升的省份有8个：上升了2位的有3个，山西省从第18位上升到第16位，广西壮族自治区从第28位上升到第26位，吉林省从第16位上升到第14位；上升了1位的有5个，重庆市从第14位上升到第13位，四川省从第22位上升到第21位，贵州省从第21位上升到第20位，浙江省从第3位上升到第2位，陕西省从第24位上升到第23位。2016年政府效率排名下降的省份有8个：下降了2位的有3个，青海省从第15位下降到第17位，湖北省从第13位下降到第15位，河北省从第20位下降到第22位；下降了1位的有5个，江西省从第23位下降到第24位，甘肃省从第27位下降到第28位，上海市从第2位下降到第3位，内蒙古自治区从第17位下降到第18位，新疆维吾尔自治区从第26位下降到第27位。其他省份2016年政府效率排名不变。

5. 2016年人民生活排名

和2015年相比，2016年人民生活排名上升的省份有8个：上升了2位的有1个，山西省从第13位上升到第11位；上升了1位的有7个，内蒙古自治区从第15位上升到第14位，云南省从第25位上升到第24位，陕西省从第11位上升到第10位，贵州省从第28位上升到第27位，天津市从第3位上升到第2位，安徽省从第26位上升到第25位，河北省从第18位上升到第17位。2016年人民生活排名下降的省份有6个：下降了3位的有1个，新疆维吾尔自治区从第10位下降到第13位；下降了2位的有1个，江西省从第24位下降到第26位；下降了1位的有4个，河南省从第17位下降到第18位，甘肃省从第27位下降到第28位，北京市从第2位下降到第3位，青海省从第14位下降到第15位。其他省份2016年人民生活排名不变。

6. 2016年各省区市发展前景分级

将2016年各省区市发展前景综合得分按权重比3∶3∶2∶1∶1分为五级，第一级为上海市、江苏省、浙江省、北京市，4个省区市权重之和约占总权重的30%。第二级为广东省、山东省、天津市、福建省、辽宁省、吉林省、内蒙古自治区，7个省区市权重之和约占总权重的30%。第三级为黑龙江省、湖北省、安徽省、陕西省、海南省、湖南省、河北省、四川省，8个省区市权重之和约占总权重的20%。和2015年相比，2016年发展前景方面河北省从Ⅳ级上升到Ⅲ级，上升了一级。第四级为江西省、重庆市、山西省、河南省、青海省，5个省区市权重之和约占总权重的10%。和2015年相比，2016年发展前景方面重庆市从Ⅲ级下降到Ⅳ级，下降了一级；青海省从Ⅴ级上升到Ⅳ级，上升了一级。第五级为宁夏回族自治区、新疆维吾尔自治区、甘肃省、广西壮族自治区、云南省、贵州省，6个省区市权重之和约占总权重的10%。和2015年相比，2016年发展前景方面宁夏回族自治区从Ⅳ级下降到Ⅴ级，下降了一级。30个省区市2016年发展前景的分级情况见表7。

表7 30个省区市2016年发展前景等级划分

发展前景	省区市
Ⅰ级（共4个）	上海市、江苏省、浙江省、北京市
Ⅱ级（共7个）	广东省、山东省、天津市、福建省、辽宁省、吉林省、内蒙古自治区
Ⅲ级（共8个）	黑龙江省、湖北省、安徽省、陕西省、海南省、湖南省、河北省、四川省
Ⅳ级（共5个）	江西省、重庆市、山西省、河南省、青海省
Ⅴ级（共6个）	宁夏回族自治区、新疆维吾尔自治区、甘肃省、广西壮族自治区、云南省、贵州省

（三）区域发展前景结论

通过对1990~2016年中国各省区市发展前景进行分析，得出了中国30个省区市1990~2016年的发展前景指数与排名情况，以及经济增长、增长可持续性、政府效率和人民生活4个一级指标的发展前景指数与排名情况。分析结果表明，上海市、北京市、江苏省、浙江省多年来处于发展前景的第一级。除了发展前景方面西部地区改善优于东部地区和中部地区、人民生活方面西部地区改善优于中部地区和东部地区外，经济增长、增长可持续性和政府效率等方面均是东部地区改善优于中部地区和西部地区。区域分化加剧，宜通过构建"经济带"的区域经济政策来促进区域协调发展。近三年具体指标权重的变化反映了我国经济从高速发展转向中高速发展过程中，涉及的人均GDP、农村居民家庭人均年纯收入、全社会劳动生产率、养老保险、消费水平和创新等与经济发展阶段密切相关的指标的重要程度，客观指标则如实反映了现实经济的关注点，即从关注城市化发展转向关注经济发展的实际效果，也就是人均GDP所代表的经济发展水平和城乡人民的实际收入水平。

四　政策建议

（一）兼顾政府、企业和个人三者利益，重视区域协调发展

首先，要为企业发展提供良好的经营环境，最重要的是创造一个企业可以盈利的预期，如较低的资金和原材料成本、较为合理的税收、投资的便利性、公平合理的竞争环境等，使企业的生产经营回到收益预期较好、经营风险较低的轨道上。其次，避免政府利益凌驾于经济之上，要使政府利益与整体经济利益挂钩。具体而言，政府的财政收入要与经济增长水平、企业经营状况、居民收入水平以及居民消费水平等相关联，不能使政府收益造成个体行为的扭曲，更不能投机取巧脱离现实经济环境。最后，要激励个人依据对社会贡献程度的高低获取收益，增加其劳动要素报酬份额，而不是从社会保障中获得收益。中国是一个人口众多的国家，即使经济发展到了较高水平，整个社保水平也不应该是高的，应该是普惠的，消除个人养老和过度医疗的风险。本报告认为，供给侧结构性改革成功与否的关键，在很大程度上取决于是否能够很好地协调和重塑三者的利益关系。

经济减速带来了区域的分化，特别是很多依靠资源优势的省份在2012

年后明显地陷入了经济增长的困境,协调区域发展成为中国均衡发展的重要战略。只有区域均衡发展,才有助于全面小康社会的实现。这方面的突破确实依赖于更大的跨区域合作,特别是以中心城市为带动的区域合作,京津冀一体化已经开启了新的实践模式。

(二)对重点领域执行切实的经济体制改革

第一,向动员型经济模式转型。中国之前的经济腾飞,得益于动员型经济模式的运用,政府运用行政力量,通过市场动员了大量资本、土地、矿产、劳动力等资源,先是通过工业化以国际市场为增长平台,走出了一条有效的高增长路径,继而又通过动员式城市化,快速扩张城市建设,激活房地产需求,推动了中国城市化大发展。对于这种动员型经济增长模式,如果政府运用得当,会调动和激活全社会的生产积极性,但稍有不慎会造成过度投资、内外失衡、价格体系扭曲及经济结构不合理等问题。供给侧结构性改革的提出正是寄希望于对上述问题的解决。但值得关注的是,当前所采取的很多应对措施也是行政化的,采用行政手段来解决行政干预遗留下来的问题,留下的还是行政干预的结果。因此,需要我们重新定位和认真思考政府的角色和行为。就中国当前的经济增长水平而言,尤其是东部沿海地区,全社会对市场经济已经逐步适应,如果让微观主体获得更大的活力,政府只需在宏观经济上保持稳定就可以,而无须事无巨细。当然,供给侧结构性改革需要政府来启动,但这并不是说由政府包办一切,更不是政府一家唱独角戏。这就需要政府审时度势,合理确定自己的位置,从规则入手,运用合理的激励手段,引导市场参与者朝政府希望达成的目标去努力。也就是说政府应该"运筹帷幄之中,决胜千里之外"。

第二,明晰市场的资源配置功能,积极推进市场化改革。首先,积极推进国企改革,打破行政垄断,推行政企分开;推动国内统一市场的建设,打破各种资源流动尤其是高层次人力资本流动的制度障碍,解决资本市场、要素流动、基础设施、信息等领域的割裂问题;打破行政干预所导致的横向、纵向经济分割,切实发挥经济网络的集聚、关联效应,提高城市化的空间配置效率，疏通知识部门的分工深化渠道和知识过程的创新外溢渠道。其次，推进科教文卫等各类事业单位的转型和改革，形成高端服务业市场，提高服务业质量。过去30多年，对工业部门增长的强调，导致对服务业发展的忽视，把服务业置于工业化的辅助部门发展，不注重质量和效率，使服务业处于低水平状态，不仅不能满足人们的实际需要，而且拖累了工业部门的继续发展，给经济转型增加了困难。因为认识的偏差，中国现代服务业一部分存在于管制较大的科教文卫等事业单位，另一部分存在于电信、金融、铁路、航运以及水电气等垄断部门。这些部门缺少市场激励，竞争不充分，效率低下，劳动生产率水平很难得到提高。为此，需要把上述部门的改革与放松管制相结合，尽快形成一个高质量的服务业体系，提升服务业的效率及其正外部性，推动中国的经济转型。

第三，深化财政税收制度改革。税制改革的目标是逐步建立城市化阶段所需要的直接税制。中国目前的税制结构特征是以间接税为主，主要征税对象是工业部门，具有浓厚的计划经济痕迹，同时又带有明显的工业化阶段特征。然而，中国当前的经济结构已发生重大调整，中国已步入工业化中后期阶段，随着城市化的日趋成熟，城市服务业已成为经济发展的主体。如果再沿用以间接税为主的征税体制，不仅会加重工业部门的税收负担，增加该部门转型升级的难度，而且会造成地方政府税基弱化，增大地方财政收入的难度。发达经济体的经验表明，当人均GDP超过7000美元时，可以由原来的以间接税为主调整为以直接税为主的体制。所以，适应中国经济发展的新阶段，"十三五"期间，应通过税制改革逐步由以间接税制为主过渡至以直接税制为主，提高消费等直接税比例，降低间接税占比，为经济转型提供良好辅助。

（三）创造明确的预期，形成正向激励

激励是市场经济的核心，而预期则是政府宏观管理的关键。使个人或企业对未来形成良好的预期，将是供给侧结构性改革成功的关键。好的预期能增强人们对未来中国经济的信心，只有当市场参与者坚信付出努力会得到好的回报时,才会在市场中积极地付出努力。而市场预期的形成在很大程度上源于政府行为,因此,创造对未来好的预期,是政府宏观政策的主要出发点。要想在目前的经济环境下使市场形成一个向好的预期,政府就要有一个可以让人们信任的承诺。首先,政府的改革从什么时候开始?改革要达到什么目的?改革要采取什么措施?从短期、中期、长期来看政府会做什么?需要社会给予什么样的配合?需要市场有怎样的发展?其次,政府会采取什么样的激励措施?有什么样的改革举措?可能会面临什么样的困难?有没有办法克服困难?最后,对于政府的每一项改革措施,社会会得到什么样的收益?谁会得到最大的收益?这些收益将通过什么方式来分享?只有全社会充分认识政府改革的决心、力度、安排及前景,才会真正努力按照政府的要求去做,这就是预期的力量。

宏观经济专题报告

Studies on Macro-economy

B.2
产业发展、知识部门与可持续城市化

陈昌兵[*]

摘　要：目前我国跨越"中等收入陷阱"的关键在于未来可持续的城市化。本报告分析研究了短期的城市化发展机制与长期的城市化发展机制两种机制。城市化发展短期机制是以城市财政收入主要来自土地收入为基础的，这样的短期城市化发展机制是不可持续的。城市化发展长期机制是以城市实体产业发展为基础的。在城市化的实体产业发展过程中，城市需要进行实体产业的两次转型：一次是由依靠房地产获取财政收入的城市化向以实体产业发展为支撑的城市化飞跃；另一次是由依靠通用技术发展的城市化向依靠知识部门发展的城市化飞跃。只有形成长期的城市化发展机制，才能保证我国城市

---

[*] 陈昌兵，中国社会科学院经济研究所研究员，研究方向：经济增长、宏观经济和城市化。

化的可持续发展。

关键词： 产业发展　知识部门　城市化　可持续城市化发展

一　引言

我国已进入中等收入阶段，面临"中等收入陷阱"，目前我国跨越"中等收入陷阱"的关键在于未来可持续的城市化。我国工业化时期的持续高速增长是建立在投资驱动和廉价劳动力基础之上的，通用技术部门的投资效率不断下降，已经成为制约可持续增长的突出问题，投资高积累推动的工业化生产方式越来越不可持续，这样的生产方式不可避免地导致城市化时期的结构性减速趋势。因此，可持续的城市化成为我国跨越"中等收入陷阱"的关键，如果把物质资本投资转化为人力资本形成进而进行技术创新，就很有可能形成新的增长潜力。

而消费与人力资本的一体化，是理解城市化阶段资本作用的关键。工业化后期无视消费结构升级规律的消费抑制，是导致陷入"中等收入陷阱"的主因。

我国大规模工业化阶段结束后，与城市化和服务业紧密联系的消费将成为经济增长新的动力源，这种消费是具有结构意义的消费，与广义人力资本相联系的消费未来将成为经济增长的新动力。目前我国正处于工业化发展的中（后）期和城市化高速发展期，城市化在工业化和技术创新中起着越来越重要的作用。在这个过程中，需要产业发展、技术创新与城市化相协调。我国城市化正由数量扩张型向质量提高型转变，粗放型城市化降低了城市化的集聚度，同时土地财政助推了高价城市化的形成。随着粗放型城市化进程的加快和高价城市化的进一步加剧，我国城市化的规模报酬将会出现递减。

城市化转型的关键在于降低城市产业生产成本，城市产业生产成本与城市居民商品住房价格高度相关，合理的城市居民商品住房价格有利于降低产业生产成本，如政府可以为城市居民提供大量经济适用房（其价格是市场上商品房价格的2/3）。因此，要努力降低产业生产成本，大力发展城市产业，使城市财政收入由过分依赖房地产收入转变为依靠城市产业发展带来的税收等多方面收入。同时，要在城市大力发展通用技术部门的基础上，利用城市化集聚效应积极发展知识技术部门，使城市化的发展跨入新的阶段，从而保持我国城市化的可持续增长。

2015年，我国城市化率达到56.1%，但按照户籍人口计算，我国城市化率仅为39.9%，两者之间相差16.2个百分点。与发达国家70%以上的城市化率相比，我国城市化还有很大的空间和政策红利。

因此，土地和户籍制度的改革不仅是新时期进一步释放土地和人力两大核心生产要素活力的关键，而且关系到我国城市化发展目标的实现以及农民利益的切实保护。未来我国经济改革的方向应包括以下几个方面：一是征用土地制度的改革，国家对土地市场的调控应由微观转为宏观，更多地由市场机制决定土地的供给、开发及利益分配；二是允许集体建设用地直接进入土地市场，应将解决同地不同权问题作为最好的突破口；三是搞好农村土地市场流转，这是规模化农业和实现农业现代化的基本要求，也是农村劳动力结构升级的要求。同时，要将我国城市化的发展纳入产业升级和技术创新发展中。

二 城市化的产业发展分析框架

我国城市化主要发生在20世纪中期之后，尤其是1978年后城市化水平显著提高。我国城镇人口由1979年的1.85亿人增加到2015年的7.71亿人，净增5.86亿人。在城市化的发展过程中，政府与城市化间的关系是一个值得研究的问题。下面通过构建城市化发展机制来分析研究短期的城市化发展机制与长期的城市化发展机制。

由短期的城市化发展机制与长期的城市化发展机制（见图1）可知，我国政府是全体居民利益的代表，因此，政府的目标是追求全体居民福利的最大化，我们将居民福利分为短期福利和长期福利两部分。短期福利可通过提高居民社会保障水平、增加公共性支出等方法实现，如目前我国政府提供的保障性住房等；长期福利的提高只能通过可持续经济增长实现，这是因为只有经济实现可持续增长，才能为福利水平的提高提供可靠的物质保障。目前城市是经济增长的主要载体，因此只有城市化可持续增长，才能保持经济可持续增长。政府追求短期福利形成了短期的城市化发展机制，而政府追求长期福利则形成了长期的城市化发展机制。

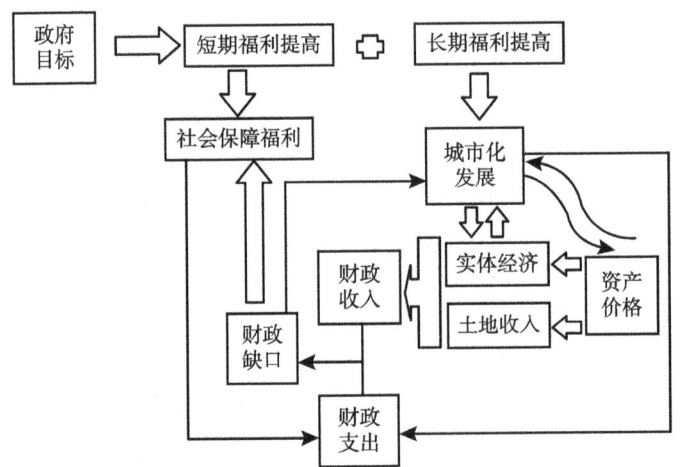

图1 城市化发展的短期机制与长期机制

政府的目标决定了政府财政支出结构。政府的短期福利目标决定了政府财政支出主要集中于城市化发展的公共性支出和提高居民社会福利水平支出，随着城市化的加快，这样的社会福利性财政支出是具有刚性的；政府的长期福利目标决定了政府财政支出主要集中于增加城市化基础设施建设和环境制度改善等方面的投资，这有利于城市实体经济的发展。这些决定了政府财政支出难以得到财政收入的支撑，将会造成财政缺口。显然，财政缺口影响居民社会福利水平的提高和城市化发展。

政府财政收入主要来自两个方面：城市产业经济发展带来的税收及城市

发展带来的资产升值等。城市产业经济的发展主要依靠城市化的发展，健康的城市化发展有利于产业经济的可持续发展。目前影响我国城市实体产业发展的主要因素是生产成本，而工资及房租等方面的支出占生产成本的较大部分。近年来，我国工资水平上涨过快，这与城市化的居民住房价格上涨是分不开的。随着城市化的发展，我国房地产不断升值，主要体现在房地产价格的上涨上，城市化的发展首先需要土地，这就造成城市土地价格随着城市化的深入而不断上涨。我国政府拥有土地的绝对垄断权，当政府财政存在缺口时，地方政府可通过出售土地获取财政收入，以弥补政府的财政缺口，这就形成了所谓的土地财政。由于土地是稀缺资源，城市化发展受土地供给的制约，因此土地价格将会随着城市化的发展而不断上涨。此外，地方政府仅仅利用土地资源作为获取财政收入的主要来源，会加速推动土地价格的上涨。土地价格上涨助长了房地产价格的上涨，房地产价格的不断上涨将对我国城市化及城市实体产业竞争力产生较大的影响。过高的房地产价格会抑制城市化发展和城市实体产业竞争力的提高，进而会产生两种结果：一是高价的房地产直接抑制城市化的发展，政府希望通过高价出售土地增加财政收入的愿望难以实现，这是因为没有得到发展的城市房地产价格会下降，土地价格也会随之不断下降；二是高价城市化严重抑制城市实体产业发展，如果城市的实体产业得不到发展，政府的财政收入就会下降，最终导致城市化和经济增长处于停滞状态。由上述分析我们可得到以下两种不同的城市化发展机制：一是短期的不可持续的城市化发展机制；二是长期的可持续的城市化发展机制。

城市化发展短期机制，即城市财政收入主要来自土地收入，城市化的发展使得财政支出集中于居民福利性支出，而这些支出具有刚性，为了减少财政缺口，政府通过提高房地产价格等方法来增加土地收入，这将增加实体产业的生产成本，抑制城市实体产业的发展，从而使城市更加依赖土地财政。显然，短期的城市化发展机制是不可持续的。

城市化发展长期机制，即城市财政收入主要来自城市实体产业经济发展的税收，财政支出除了用于增加居民福利外，主要集中于增加城市化基础建设等方面的投资，这有利于城市实体产业经济的发展。为了发展城市实体产业经济，政府努力控制实体产业生产成本，控制房地产价格，提高城市实体产业竞争力，促进实体产业的发展。城市实体产业的发展可增加财政收入，从而达到财政收支平衡。在城市化的实体产业经济发展过程中，城市需要进行实体产业的两次转型：一次是由依靠房地产获取财政收入的城市化向以实体产业发展为支撑的城市化飞跃；另一次是由依靠通用技术发展的城市化向依靠知识部门发展的城市化飞跃。只有形成长期的城市化发展机制，才能保证城市化的可持续发展。

三 城市化发展短期机制是不可持续的

（一）城市化与财政收入

20世纪90年代中后期以来，在我国外向型工业化快速发展的同时，城市化也实现了快速发展。

首先，各类生产要素从农村不断向城市集聚，城市化率从20世纪90年代末期的30%左右提高到2015年的56.1%。城市化的发展通过要素在空间上的配置和优化，促进了实物资本和人力资本的快速积累，导致大规模的城市需求，成为我国经济增长的巨大动力，进而促进了城市化的大力发展。

其次，伴随着我国城市化的发展以及经济的高速增长，政府财政收入和支出大幅增加。2000年我国公共财政收入和公共财政支出分别为1.34万亿元和1.58万亿元，而2010年则分别达到了8.3万亿元和8.96万亿元，年均增长率分别为20%和19%。按照IMF的标准，按全口径计算的2010年我国政府财政收入和财政支出均超过13万亿元。掌控土地资源和公共物品供给的政府，成为城市化的重要推动力量。同时，政府也成为土地红利和税收增长的最大受益者。

最后，城市化在财政扩张的正向激励下以及提供经济增长内在动力的同时，也面临一系列亟待解决的问题和挑战。最为典型的是房价和地价的快速上涨，伴随着汇率上升和国际大宗商品价格高涨，城市生活成本和制造业成本相应提高，这就使我国经济发展从原先的低价工业化快速过渡到高价城市化阶段。在既定的收入分配格局下，我国资产部门的快速膨胀使得收益向政府和垄断企业集中，这很可能造成不同人群、不同地区的收入差距逐渐扩大，社会不安定因素不断增多。面对公共福利支出增加和城市建设带来的财政与融资双重压力的增大，从中央到地方政府的资产负债表呈现快速膨胀态势，由此造成地方政府的隐性债务问题以及与之关联的系统性金融风险增大，这些更是成为国内外各方关注的焦点。

在我国特定的经济环境下，土地的财产权利具有双重分割的特征：①土地所有权与土地使用权的分割（分离），不仅造成了国家或集体垄断土地所有权，而且造成了土地被形形色色的主体所拥有，这些不同的土地拥有权经过一定的手续是可以转让的；②农村土地、城市土地、农耕用地和建设用地各自分割，并由此形成了两套不同的土地管理体系，而建设用地一直维持行政配置与指标管理。正是土地制度和自然地理差异的上述二元分割造成了地价的不同，并由此形成了三种不同类型的级差地租：不同地区（如沿海和内地）间的级差地租、地区内部城乡之间的土地性质变化（由乡村集体用地、未用地变更为城市建设用地）带来的级差地租和城镇内部土地变更用途（城镇用地方向的转换，如民用转商用、低效变高效等）带来的级差地租。正是由于土地制度差异形成不同的地租，在我国城市化发展过程中产生了土地财政问题。

（二）依靠土地财政的城市化是不可持续

在我国特殊的经济环境和制度条件下，在由工业化主导经济增长向城市化主导经济增长的转变过程中，政府行为也应随之发生转变。21世纪以来，我国城市化进入了快速发展阶段，各种要素尤其是土地要素被重估，土地成为地方政府的"土地财政"，同时政府不断扩大公共基础设施投资，从而推动了土地城市化。我国土地的供给特性和跨期分配效应会导致宏观经济风险增加，如房地产价格上升过快，将严重阻碍人口城市化，城市去工业化、去实体产业化特征明显。统计数据分析表明,我国公共支出扩大和土地财政政策虽然对城市化具有直接加速效应,可能会改变时间轴上的贴现路径,但如果超前的土地城市化率不能带来城市"规模收益递增"效应,以及政府筹资方式和财政收支结构不能转变,那么城市化的可持续发展将会面临严峻的挑战。当这些问题出现时,应转变政府职能,改变筹资模式和完善财政体制,这样才能有效推动城市化发展,进而带动经济增长。

我国土地财政问题并不是新出现的事物,只不过由过去负的财政收入向目前正的财政收益转化罢了。政府作为土地所有者,在工业化阶段,为了发展工业进行了无价、低价或折价补贴,降低土地税率,由补贴换来经济的增长。进入城市化阶段后,政府可通过提高土地租金率和税收获取大量的收益,从而促进土地资本形成,进而带动经济增长。因此,要先补贴工业后发展工业生产。而在城市化阶段贴现土地收益期间,土地财政在宏观上总体是有效的。不仅如此,我国的土地财政还具有资源配置效应。我国土地资本化的合理推进,必然会引起经济资源,如劳动力等要素从农村流向城市,从内地不断向沿海地区流动,以及资本和劳动力等要素从第一产业流向第二产业,再由第二产业流向第三产业的结构转变升级,进而呈现经济总体上不仅要素数量投入增加,而且通过要素不断配置优化带来效率提高,从而带来全要素生产率的不断提高。但上述配置机理与我国现实情况出现了反差,本应出现的结果为:政府主导下的土地财政扩张,增加了公共资本的投资,从而提高了经济增长率和城市化率。但我国土地价格上涨过快,导致生产成本和城市生活成本快速上扬,从而阻碍了人口城市化的发展,进而导致人口集聚度下降,服务业得不到大的提升,甚至可能导致过早出现去工业化、去实体化现象。

土地财政在短期内将会出现非常明显的经济增长效应,但在资源配置机制上可能出现严重的扭曲。从土地财政跨期配置效果来看,这样的资源配置在微观上是不合理的。首先,政府行为不断助推地价上涨,导致高价城市化的过快到来。在国际化背景下,物价快速上升和全社会总体成本快速上涨,再加上政府对消费者的直接与间接征税增多,消费者剩余将会减少,社会不稳定因素将会不断增多。其次，地价和房价的快速上涨，会造成跨期不对称分配效应。这是因为早期获得土地使用权的经济主体在期初付出的价格是极低的，但随着地价和房价的不断上涨，拥有地权者将会获得幅度上升的潜在资本收益，这将给后来者增加经济负担，这是因为新进入者必须付出更高的代价才能获得土地使用权。最后，如果整个社会出现了与土地相关的逐利增加，将导致经济发展中的创新活动受到压制，从而使整个经济失去技术创新的活力。

当城市化达到一定水平，将会出现土地贴现收入大于公共投入的情况，此时我国城市化的土地贴现将为正的收入（见图2横线部分）。如我国公共资本产出系数扩大了土地贴现总收入为正的城市化区间（当公共资本产出系数增大时，我国公共资本投入线由AB转变为AB′），目前我国的城市化正处于该阶段。这样获取的财政收入不可持续，这是因为当城市化率达到一定水平后，公共投入就会大于土地贴现收入，此时可能出现城市化土地贴现的总收入为负值的情况，城市化发展的短期机制是不可持续的（中国经济增长前沿课题组，2011）。

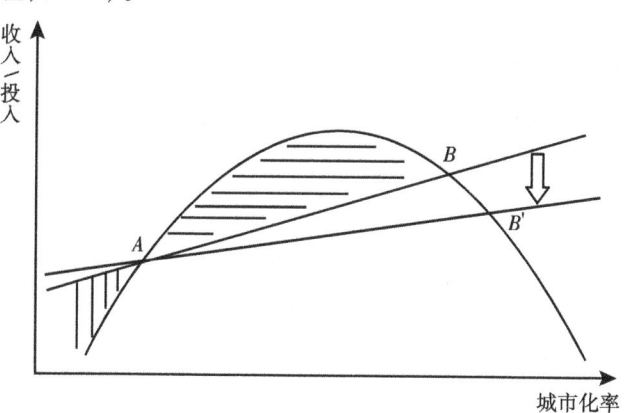

图2 城市化、土地贴现收入的跨期配置效应

注：二次曲线为城市化率与土地贴现收入之间的关系，直线为城市化率与公共资本投入之间的关系。

资料来源：中国经济增长前沿课题组：《城市化、财政扩张与经济增长》，《经济研究》2011年第11期。

四 城市化发展的长期机制

我国经济高速增长,是产业发展与城市化互动的结果。20世纪80年代是农业部门结构调整阶段,乡镇工业和农业的发展推动了我国经济高速增长;自20世纪90年代开始,我国经济转向以外资带动下的制造业发展为驱动力,出口对GDP增长的贡献超过10%,大量的农村劳动力不断向城市转移。进入21世纪,城市化已成为经济发展的主导力量,在工业化和城市化的双轮驱动下,我国经济增长呈现加速态势。这是因为,农业部门的劳动生产率和增长率远低于工业部门,因此将农业资源转移到工业部门是非常必要的,只有将资源集中在工业部门,我国经济才会实现结构性转变的赶超。通过"低价工业化"的资源配置机制,我国工业生产形成了巨大的比较优势,在全球进行了工业产品的无疆界"规模"扩张,农村劳动力快速向工业现代部门和城市转移(中国经济增长前沿课题组,2003)。

近年来,我国各种发展资源快速向城市集中,城市化水平的提高直接提升了第三产业对产业效率和经济增长的贡献度,由此,我国城市化通过城市"规模经济"推动了城市的快速扩张,进而拉动了经济增长。许多学者认为城市化是我国结构转变和重振内需的关键,也是未来推动我国经济长期增长的主要动力。然而现实的挑战也随之而来,如按目前的城市化发展方式和趋势,我国的城市化是高成本的城市化(各类要素价格快速上涨)。近年来,我国房价和土地价格不断上涨,间接推高了产业的成本,如厂房租金上涨、物流成本上涨等,这给实体经济带来压力,将直接损害我国城市的产业竞争力,也会导致城市化的停滞和不可持续的经济增长。寻求新的资源配置机制,推动可持续的城市化,成为我国经济长期增长的动力。顺利推进城市化的基本前提是城市产业具有足够的竞争力,而产业竞争力主要来自可持续的合理收益率水平,可持续城市化的条件是要素集聚产生的规模收益能抵消城市扩张产生的各类成本提高(如工资、房价上涨等)。

在工业化初期和中期，工业化发展带动了城市化的发展，同时推动了服务业的发展，但此时人均GDP较低，如中国、巴基斯坦、泰国、马来西亚、印度尼西亚和越南等发展中国家和地区。在工业化中后期，随着人均GDP的不断提高，人们对服务业的需求越来越大，使服务业占GDP的比重不断增大，此时，服务业成为城市化水平提高的主要推动力量。与此同时，工业占GDP的比重不断下降，从而出现了工业化进程与城市化朝相反方向变化的情况；随着城市化水平和人们收入水平的提高，服务业的发展也由低层次向高层次升级，由与生活相关的低层次服务业向与人力资本积累相关的知识部门升级。

城市化是由以农业为主的传统乡村社会向以服务业和工业为主的社会逐渐转变的过程，具体包括人口职业的转变、土地及地域空间的变化以及产业结构的转变。随着城市化的发展，第一产业的劳动力不断转向效率更高的第二产业和第三产业，使生产要素的配置趋于优化，从而使经济持续增长。这是因为，城市可以提供良好的基础设施条件，以及较完善的生产、技术服务、信息、金融等，同时城市中集中了具有一定规模的市场，并且会因人口和企业的集中而在人力资本贡献、知识、技术和信息传递等方面形成溢出效应，从而实现较高的经济效益。与此同时，随着城市规模的不断扩大，城市的外部成本将不断上升，因此，城市政府需要付出巨额的公共基础设施投资及环境治理成本。

城市化的集聚效应对产业竞争力具有直接的作用，且城市化的集聚效应有利于提升产业竞争力，并提高社会成本和公共成本。在这些外部成本中，有些是为提高城市化水平所付出的，有些则是随着城市化水平的提高，政府实行相应政策带来扭曲而形成的。

政府为获得土地财政收入将出售土地，这将使房价等与城市化过程相关的劳动力生活成本提高。与此同时，相应的工资水平也会不断提高。工资水平的提高直接增加了企业的生产成本，现阶段我国经济增长方式是外延型的，这些成本的增加会使产业的竞争力不断下降。由图3可知，城市化通过两种途径影响产业竞争力：一是城市的集聚效应通过城市化直接影响产业竞争力；二是住房成本和工资成本等外部成本效应通过城市化间接影响产业竞争力。

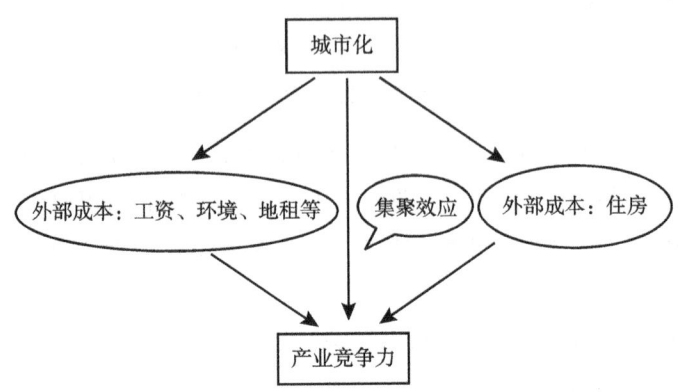

图3 城市化影响产业竞争力的机制

在城市化发展的中后期，随着人均GDP和收入水平的提高，人们对服务业的需求将发生结构性的变化，同时对高层次的服务业发展将提出更高的要求。我们不妨将这些高层次的服务业简单称为知识生产部门。知识生产部门是有效开发利用广义人力资本的部门，这个部门以其主导性、外溢性和内生性替代通用技术部门，成为经济增长的新的动力源泉。工业化主导下的经济增长跨越了传统农业社会贫困陷阱，需要物质资本的大力推动。为了走出结构性减速困境，跨越"中等收入陷阱"，进入城市化发展阶段，经济增长同样需要一个龙头部门带动。由城市化阶段大众消费主导增长的特征可知，这个龙头部门必然是与大众消费最为相关的部门，同时也与广义人力资本密切相关，这个龙头部门就是知识部门。

知识形成是广义人力资本相互作用的过程，具体表现为消费与知识生产的一体化，这个过程自身蕴含了价值创造螺旋上升。知识部门自然不同于通用技术部门，知识部门的产品具有差异性，其投入主要依靠人力资本和技术创新，如将技术创新内生于人力资本，知识部门的投入主要为人力资本。消费者对知识部门产品的消费具有非饱和性，其产出并不受消费者生理需求的制约，其消费的收入弹性系数较大（其值大于1）。更为重要的是，知识部门产品的消费过程，也是人力资本的积累过程，知识部门产品的生产和消费与人力资本形成是一体化的（见图4）。

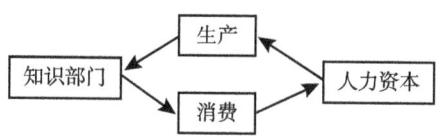

图4 知识部门产品的生产和消费与人力资本形成

由此，我国长期城市化发展的机制在于：努力降低城市化的成本，从而降低产业经济的成本，拓宽实体经济的盈利空间，促进城市实体经济的发展；与此同时，随着城市化率的不断提高，实体产业逐渐由工业、低层次的服务业向知识部门升级发展。

五 知识产品发展是可持续城市化的关键

（一）城市化发展阶段与产业发展之间的关系

在城市化发展的初期和中期，推动城市化发展的产业为农业和工业以及低层次的服务业，这些产业是与通用技术相一致的；在城市化发展的中后期，推动城市化发展的产业一定是与和人力资本较为相关的知识部门相一致的。

当农村人口流向城市，从事第一产业的人口便流向生产率更高和技术进步更快的第二产业和第三产业，城市化发展是资源配置效率不断提高的过程，从而维持可持续增长和产业结构不断优化。这样，从城市化、供给结构与产业结构的变化情况可以得到城市化率与三大产业之间的关系。

我们构建了一个简单的三部门增长模型，以分析城市化发展过程中供给结构和产业结构的变化。

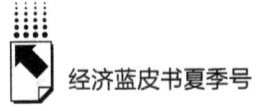

1. 模型结构①

假设经济拥有三个部门，$i=1,2,3$ 分别为第一产业、第二产业和第三产业，它们的生产函数为如下的 C-D 生产函数：

$$Y_i = A_i K_i^\alpha L_i^{1-\alpha}, \dot{A}_i/A_i = \gamma_i, 0 < \alpha < 1, i = 1, 2, 3 \tag{1}$$

效用函数为如下的不变替代弹性函数：

$$Y = [\phi_1 Y_1^{(\varepsilon-1)/\varepsilon} + \phi_2 Y_2^{(\varepsilon-1)/\varepsilon} + \phi_3 Y_3^{(\varepsilon-1)/\varepsilon}]^{\varepsilon/(\varepsilon-1)} \tag{2}$$

其中，$\phi_1 + \phi_2 + \phi_3 = 1$，$\phi_i > 0$，$i = 1, 2, 3$，$\phi_i$ 为各产业产品比重；Y_1、Y_2 和 Y_3 分别为第一产业产品、第二产业产品和第三产业产品。

2. 产业结构确定

假设要素市场是完全竞争的，即资本市场和劳动市场是完全竞争的，同样各产业也是完全竞争的。资本价格为 r，劳动力价格为 w，产业产品的价格水平为 p_i。

产业部门的企业利润最大化为：

$$\max_{K_i, L_i} p_i Y_i - rK_i - wL_i = p_i A_i K_i^\alpha L_i^\alpha - rK_i - wL_i \tag{3}$$

由式（3）可以得到如下的一阶条件：

$$r = p_i \alpha A_i K_i^{\alpha-1} L_i^{1-\alpha} \tag{4}$$

$$w = p_i (1-\alpha) A_i K_i^\alpha L_i^{-\alpha} \tag{5}$$

由于劳动和资本在各产业部门之间可以自由流动，因此各产业部门的工

---

① 本报告模型与陈体标模型有如下区别。一是本报告模型只有农业、工业和服务业三个产业部门，不同于陈体标模型的四个产业部门。陈体标模型的四个产业部门分别为：农业、工业和服务业作为中间生产的三个部门，第四部门则是将农业、工业和服务业作为中间投入的最终产品生产部门。二是本报告模型是由消费者追求剩余最大化得到一阶条件，从而得到均衡的各产业劳动投入及产出比重；而陈体标模型是由生产最终产品的企业最大化利润得到一阶条件，从而得到均衡的各产业劳动投入及产出比重。三是陈体标模型主要分析经济发展与产业结构变化之间的关系，但本报告模型分析城市化发展与产业结构变化之间的关系，着重模拟分析城市化率与各产业比重之间的关系。陈体标模型参见陈体标《经济结构变化和经济增长》，《经济学（季刊）》2007 年第 4 期。

资水平相等,利率也相等,由此可得:

$$\frac{w}{r} = \frac{1-\alpha}{\alpha}\frac{K_i}{L_i} = \frac{1-\alpha}{\alpha}k_i \tag{6}$$

式(6)意味着均衡时各产业的人均资本是相同的,此时人均资本为:

$$k_i = \frac{K_i}{L_i} = K/L = k \tag{7}$$

设 $m_i = \frac{L_i}{L}$ 为各产业部门的劳动份额,且 $m_1 + m_2 + m_3 = 1$。市场出清时均衡条件为:

$$L = L_1 + L_2 + L_3, K = K_1 + K_2 + K_3 \tag{8}$$

消费者追求消费剩余最大化,可得到:

$$\max_{Y_i, i=1,2,3} pY - \sum_{i=1}^{3} p_i Y_i = p\left[\sum_{i=1}^{3}\phi_i Y_i^{(\varepsilon-1)/\varepsilon}\right]^{\varepsilon/(1-\varepsilon)} - \sum_{i=1}^{3} p_i Y_i \tag{9}$$

其中,p 为效用的相对价格水平。由式(9)的一阶条件可得到:

$$p\left[\sum_{i=1}^{3}\phi_i Y_i^{(\varepsilon-1)/\varepsilon}\right]^{1/(\varepsilon-1)}\phi_i Y_i^{-1/\varepsilon} - p_i = 0 \tag{10}$$

$$pY^{1/\varepsilon}\phi_i Y_i^{-1/\varepsilon} - p_i = 0 \tag{11}$$

各产业的市场是竞争性的,其价格等于边际产品的价值,由此可得:

$$p_i = p\phi_i(Y_i/Y)^{-1/\varepsilon} \tag{12}$$

由式(12)和式(2)可得到:

$$p = \left(\sum_{i=1}^{3}\phi_i^\varepsilon p_i^{1-\varepsilon}\right)^{1/(1-\varepsilon)} \tag{13}$$

式(13)为效用的相对价格水平 p 与各产业产品价格 p_i 之间的关系。
由式(12)可得到:

$$\frac{Y_i}{Y_j} = \left(\frac{p_j}{p_i}\frac{\phi_i}{\phi_j}\right)^\varepsilon \tag{14}$$

将式（1）代入式（14）可得到：

$$\frac{Y_i}{Y_j} = \frac{A_i K_i^\alpha L_i^{1-\alpha}}{A_j K_j^\alpha L_j^{1-\alpha}} = \frac{A_i L_i}{A_j L_j} = \left(\frac{p_j}{p_i}\frac{\phi_i}{\phi_j}\right)^\varepsilon \tag{15}$$

式（15）中的第一个等式成立的理由为各部门的人均资本都相同，由工资或利率的表达式（4）或式（5）可得：

$$\frac{A_i}{A_j} = \frac{p_j}{p_i} \tag{16}$$

由式（16）和式（15）可得：

$$\frac{L_i}{L_j} = \left(\frac{A_i}{A_j}\right)^{\varepsilon-1}\left(\frac{\phi_i}{\phi_j}\right)^\varepsilon \tag{17}$$

对式（16）两边求导，可得到各产业产品的相对价格增长率：

$$\frac{\dot{p}_i}{p_i} - \frac{\dot{p}_j}{p_j} = \gamma_j - \gamma_i \tag{18}$$

对式（17）两边求导可得到：

$$\frac{\dot{m}_i}{m_i} - \frac{\dot{m}_j}{m_j} = (1-\varepsilon)(\gamma_j - \gamma_i) \tag{19}$$

命题1：不同产业部门的技术增长率仅仅决定各产业的相对价格变化，各产业部门之间的劳动力转移依赖于各产业产品之间在效用函数中的替代弹性和各产业部门的技术增长率差异和。当 $0<\varepsilon<1$ 时，劳动力将从技术进步快的产业部门向技术进步慢的产业部门转移；当 $\varepsilon>1$ 时，劳动力将从技术进步慢的产业部门向技术进步快的产业部门转移。

由式（17）可得到 $L_j = L_i A_i^{1-\varepsilon} \phi_i^{-\varepsilon} A_j^{\varepsilon-1} \phi_j^\varepsilon$，加总后可得到：

$$L = L_i A_i^{1-\varepsilon} \phi_i^{-\varepsilon} \sum_{j=1}^{3} A_j^{\varepsilon-1} \phi_j^\varepsilon \tag{20}$$

$$m_i = L_i/L = \frac{A_i^{\varepsilon-1}\phi_i^\varepsilon}{\sum_{j=1}^{3} A_j^{\varepsilon-1}\phi_j^\varepsilon} \tag{21}$$

命题 2：在效用函数中，产业产品的份额 ϕ_i 越大，产业所需的劳动份额也越大。当 $0<\varepsilon<1$，各产业产品间不容易替代时，若产业部门的技术水平越高，则所需的劳动力份额就越小；当 $\varepsilon>1$，各产业产品间容易替代时，若产业部门的技术水平越高，则所需的劳动力份额就越高。

各产业部门产值在总产值中所占的比重 X_i 为：

$$p_i Y/pY = X_i = m_i = L_i/L = A_i^{\varepsilon-1}\phi_i^\varepsilon / \sum_{j=1}^{3} A_j^{\varepsilon-1}\phi_j^\varepsilon \tag{22}$$

3. 产业结构数值模拟

由式（22）可得到三大产业劳动占产值的比重分别为：

$$X_{1t} = m_{1t} = \frac{A_{10}^{\varepsilon-1}\phi_1^\varepsilon e^{(\varepsilon-1)\gamma_1 t}}{\sum_{j=1}^{3} A_{j0}^{\varepsilon-1}\phi_j^\varepsilon e^{(\varepsilon-1)\gamma_j t}} \tag{23}$$

$$X_{2t} = m_{2t} = \frac{A_{20}^{\varepsilon-1}\phi_2^\varepsilon e^{(\varepsilon-1)\gamma_2 t}}{\sum_{j=1}^{3} A_{j0}^{\varepsilon-1}\phi_j^\varepsilon e^{(\varepsilon-1)\gamma_j t}} \tag{24}$$

$$X_{3t} = m_{3t} = \frac{A_{30}^{\varepsilon-1}\phi_3^\varepsilon e^{(\varepsilon-1)\gamma_3 t}}{\sum_{j=1}^{3} A_{j0}^{\varepsilon-1}\phi_j^\varepsilon e^{(\varepsilon-1)\gamma_j t}} \tag{25}$$

若将城市化率设定为第二产业和第三产业就业人口之和占总人口比重 u，则城市化率为 u：

$$u_t = 1 - m_{1t} = m_{2t} + m_{3t} = \frac{A_{20}^{\varepsilon-1}\phi_2^\varepsilon e^{(\varepsilon-1)\gamma_2 t}}{\sum_{j=1}^{3} A_{j0}^{\varepsilon-1}\phi_j^\varepsilon e^{(\varepsilon-1)\gamma_j t}} + \frac{A_{30}^{\varepsilon-1}\phi_3^\varepsilon e^{(\varepsilon-1)\gamma_3 t}}{\sum_{j=1}^{3} A_{j0}^{\varepsilon-1}\phi_j^\varepsilon e^{(\varepsilon-1)\gamma_j t}} \tag{26}$$

根据式（23）、式（24）、式（25）和式（26），模拟分析城市化发展对产业结构变化的影响。由于城市的集聚作用，工业和服务业的技术进步比传统农业的技术进步要快，即 γ_2、γ_3 大于 γ_1。同时，城市化发展促进了生产服务业和生活服务业的发展，尤其是生产服务业更需要技术进步，城市化将使服务业技术进步快于工业技术进步。我们不妨假设农业、工业和服务业的技术进步增长率分别为：$\gamma_1=0.003$，$\gamma_2=0.018$，$\gamma_3=0.034$。由城市化、需求结构与产业结构之间的关系可知，在城市化发展过程中，农业首先发展，其次是工业，最后发展的是服务业，因此假定农业、工业和服务业三部门的技术创新初始值分别为：$A_{10}=100$，$A_{20}=0.001$，$A_{30}=0.000001$。农业、工业和服务业所占份额①分别为：$\phi_1=0.14$，$\phi_2=0.45$，$\phi_3=0.41$。Jones（2003）认为，短期替代弹性系数可能小于1，而长期替代弹性系数可能大于或等于1。本报告分析城市化对产业结构变化的影响，这是一个长期性的问题，我们假定各产业产品替代弹性为：$\varepsilon=1.15$。在上述参数设定下，由式（23）、式（24）、式（25）和式（26）可得到城市化率与三次产业结构之间的关系（见图5）。

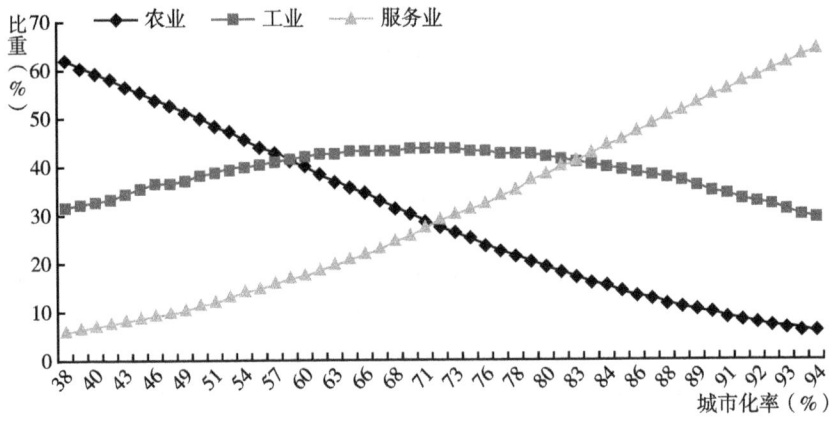

图5　城市化率与三次产业结构之间的关系

由图5可知，工业比重与城市化率之间存在"倒U"形非线性关系；农业比重与城市化率之间呈现反向的关系；服务业比重与城市化率之间呈现正向的关系。这与需求方面得到的城市化率与三次产业结构之间的关系变化是

---

① 农业、工业和服务业所占份额的选择与目前我国农业、工业和服务业比重相一致。

一致的。马来西亚城市化率与三次产业结构之间的关系与图5的趋势基本上是一致的(见图6)。由图6可知,三次产业比重随着城市化率的上升而发生变化:第一产业比重随着城市化率的上升而不断减小;第二产业比重先是随着城市化率的上升而不断增大,达到最大值后不断减小,呈现"倒U"形变化趋势;第三产业比重随着城市化率的上升而不断增大。

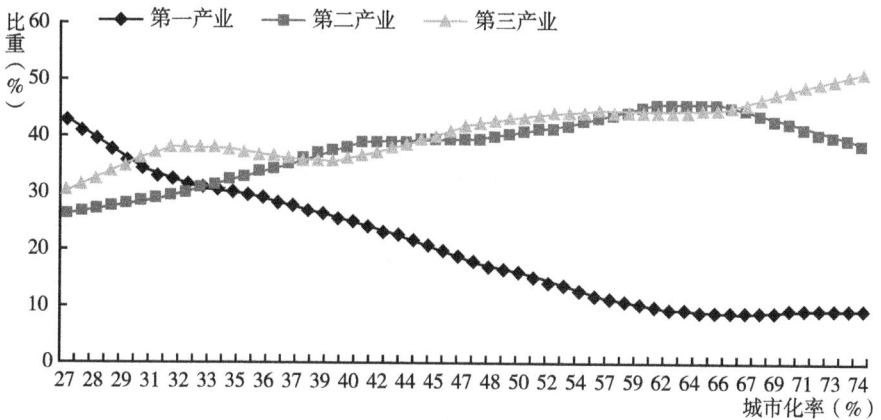

图6 马来西亚城市化率与三次产业结构之间的关系

注:三次产业比重是通过H－P滤波得到的。

(二)世界各国城市化发展与知识产品发展之间的关系

随着城市化率的上升,处于消费模式高端且与人力资本积累直接相关的知识部门应具有较大的份额,跨越"中等收入陷阱"的发达国家或地区总是比陷入"中等收入陷阱"的国家或地区更引人注目。第一种情景是发达国家或地区跨越"中等收入陷阱",如韩国。随着城市化率的不断上升,韩国知识产品消费表现出持续上升的趋势。第二种情景是拉美等国家陷入"中等收入陷阱",如南非。随着城市化率的不断上升,南非知识产品消费在总消费中的比重处于长期压抑的状态(尽管弹性很大)。

1. 跨越"中等收入陷阱"的国家——韩国

20世纪50年代,韩国还是一个相当落后的国家。1953年韩国的人均

GDP仅为67美元,1963年上升到163美元,在这10年间,人均GDP增加不足100美元。此后,韩国实施了符合本国国情的经济发展战略,带来了30多年的经济高速增长。按1990年美元计价的人均GDP,韩国于1977年进入中等收入国家行列,2004年跨越"中等收入陷阱"进入发达国家行列。韩国在1977~2003年的20多年时间内成功跨越了"中等收入陷阱"。

20世纪60~70年代,韩国抓住日本、美国等将劳动密集型产业转移到发展中国家的机遇,发挥其劳动力资源优势,实施了出口导向型经济发展战略,由此成就了"汉江奇迹",韩国很快成为"亚洲四小龙"之一。20世纪80年代以后,世界经济格局发生了重大变化,西方发达国家受能源危机的影响,实行了贸易保护主义,极大地冲击了韩国出口导向型经济。与此同时,西方国家开始了新一轮技术革命,大力推进了产业结构转型升级。20世纪90年代后,为了进一步深化"科技立国"的战略,韩国不断加大对本国高新技术产业的支持力度,并从模仿创新转向自主创新。与此同时,韩国自20世纪80年代开始逐年加大对研究与开发(R&D)经费的投入力度,投入规模每年扩大10%以上。2008年韩国R&D经费支出占GDP比重达3.3%,超过美国、德国和日本等发达国家。2008年韩国每千人中就有研发人员4.8人。

由上述分析可知,韩国成功跨越"中等收入陷阱"的原因在于形成了跨越"中等收入陷阱"的动力机制。韩国注重教育和技术创新的投入,因而形成了人力资本和技术创新机制,使整个经济部门中的知识部门快速发展。1977~2003年,韩国知识部门人均产出增长率较高,除个别年份外,知识部门人均产出增长率为10%左右,其间知识部门人均生产消费增长率均值为9.76%。韩国在1977~2003年的居民收入基尼系数较小,最大值为1980年的0.39,这种较为平等的收入分配机制有利于韩国知识部门人均生产消费增长率的提高。

韩国城市化率由1971年的42.26%上升到2014年的82.36%,提高了40.10个百分点;与此同时,韩国的知识产品消费占总消费比重由1971年的22.02%上升到2014年的33.67%，提高了11.65个百分点（见表1）。由图7可知，韩国的知识产品消费占总消费比重随着城市化率的上升而不断增大。因此，韩国城市化的发展有利于知识部门的发展，有利于韩国顺利跨越"中等收入陷阱"。

表1 1971~2014年韩国城市化率与知识产品消费占总消费比重

单位：%

年份	城市化率	知识产品消费占总消费比重	年份	城市化率	知识产品消费占总消费比重
1971	42.26	22.02	1993	76.65	30.08
1972	43.69	22.10	1994	77.45	29.55
1973	45.13	22.67	1995	78.24	29.83
1974	46.58	22.32	1996	78.66	30.21
1975	48.03	23.15	1997	78.91	30.65
1976	49.72	22.60	1998	79.15	30.72
1977	51.48	22.55	1999	79.38	30.85
1978	53.23	23.88	2000	79.62	31.01
1979	54.98	23.64	2001	79.94	31.06
1980	56.72	24.18	2002	80.30	31.10
1981	58.41	24.20	2003	80.65	31.53
1982	60.06	25.01	2004	81.00	31.26
1983	61.69	26.70	2005	81.35	31.69
1984	63.30	27.61	2006	81.53	32.33
1985	64.88	28.12	2007	81.63	33.20
1986	66.68	28.90	2008	81.73	33.47
1987	68.56	29.41	2009	81.84	33.10
1988	70.39	29.03	2010	81.94	33.42
1989	72.15	29.22	2011	82.04	33.46
1990	73.84	28.91	2012	82.14	33.54
1991	74.97	29.51	2013	82.25	33.69
1992	75.82	30.38	2014	82.36	33.67

注：消费的国际分类：1. 食品饮料；2. 酒精、烟草、麻醉品；3. 服装、鞋类；4. 住房、水电、燃料；5. 家具及住房维护；6. 健康；7. 交通；8. 通信；9. 文化娱乐；10. 教育；11. 餐饮住宿；12. 杂项。本表中的知识产品消费按照中国经济增长前沿课题组（2016）的定义：中国经济增长前沿课题组把消费的国际分类6~12项中的4项——6. 健康、9. 文化娱乐、10. 教育、12. 杂项，定义为广义人力资本C（H），即知识产品消费。

资料来源：UNDATA。

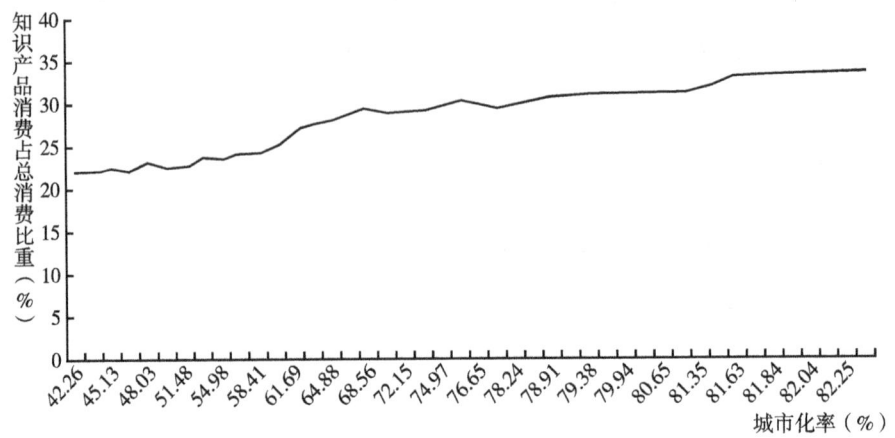

图7 1971~2014年韩国城市化率与知识产品消费占总消费总重

2. 陷入"中等收入陷阱"的国家——南非

1966年南非进入中等收入国家行列，直至2015年还没有进入发达国家行列，南非在中等收入国家行列已达50年之久。Felipe等（2012）认为，如果一个经济体在中等收入阶段停留超过42年即陷入"中等收入陷阱"。如按这个标准来判断，则南非已陷入"中等收入陷阱"。

南非曾是白人长期主政的多种族国家。长期的歧视黑人政策，使南非黑人和白人的收入差距之大列全球之首，约占总人口3/4的黑人收入仅相当于占总人口不到1/4的白人收入的1/10。新南非成立以来，尽管在经济发展方面取得了较大的成就，但其贫富差距问题依然严峻，最为显著的是，居民收入基尼系数多年保持在0.6以上，基尼系数最高值接近0.7。由于收入差距的不断扩大以及长期种族隔离统治的影响，南非的黑人大多缺乏接受教育的机会，其知识水平较低。2011年，南非1827万劳动力中接受高等教育的仅占16.5%，接受中等教育的占比为31.0%，接受初等教育的占比为41.2%。2009/2010财年南非R&D经费投入比上一财年减少约8600万兰特，是近10多年来首次出现科研支出下滑。南非R&D经费投入占GDP比重已经连续三年下滑，2009/2010财年这一比重下降至0.87%。

南非曾计划到 2008 年将 R&D 经费投入占 GDP 比重提高到 1%，但最终以失败告终。南非商业贡献了超过一半的 R&D 经费，但在 2009/2010 财年该行业投入在这一领域的经费缩减了 9.7%，政府部门对 R&D 经费的投入也在减少。

南非经济曾经长期依托的支柱性产业是矿业及相关工业，制造业较为发达，但生产技术含量较低，纺织业和轻工业相对落后。南非劳动力素质不高，高端制造业难以得到发展，制造业地位的下降意味着南非经济增长缺乏动力。虽然南非的服务业比重从 1980 年的 45.4% 上升到 2012 年的近 70%，但南非服务业的发展，主要是与生活相关的低端服务业的发展，而与人力资本积累相关的知识部门并没有多大的发展。

由上述分析可知，南非长期处于"中等收入陷阱"的困境在于收入差距过大，不利于人力资本的积累。此外，南非对 R&D 经费的投入相当少，教育、R&D 等领域难以形成有效的人力资本积累和技术创新机制。虽然服务业占总产出的比重较大，但低层次的服务业较为发达，知识部门产品消费占比并不高，知识部门人均产出增长率也不高，知识部门产品生产主要是由物质资本投资推动的，并没有形成以人力资本和技术创新为主的动力机制，因此，通用技术部门的生产将不断萎缩。1966~2014 年南非知识部门人均产出增长率较低，均值仅为 1.21%，与韩国成功跨越"中等收入陷阱"的 1977~2003 年的知识部门人均产出增长率均值为 9.76% 相比相差 8.55 个百分点。南非在 1966~2014 年的居民收入基尼系数较大，1993 年基尼系数达到 0.59，2006 年则高达 0.65，2006 年虽有所下降，但仍然超过 0.63，这种较为不平等的收入分配机制，不利于南非知识部门人均产出增长率的提高。

南非城市化率由 1970 年的 59.02% 上升到 2013 年的 78.69%，提高了 19.67 个百分点；与此同时，南非的知识产品消费占总消费比重由 1970 年的 14.69% 上升到 2013 年的 18.92%，提高了 4.23 个百分点（见表 2）。由图 8 可知，南非的知识产品消费占总消费比重先是随着城市化率的上升而增大，而后随着城市化率的上升而减小。因此，南非城市化的发展不利于知识部门的发展，从而使南非陷入"中等收入陷阱"。

表2 1970~2013年南非城市化率与知识产品消费占总消费比重

单位：%

年份	城市化率	知识产品消费占总消费比重	年份	城市化率	知识产品消费占总消费比重
1970	59.02	14.69	1992	72.21	19.51
1971	59.78	15.19	1993	72.60	20.23
1972	60.53	15.63	1994	72.99	19.92
1973	61.28	15.76	1995	73.37	19.79
1974	62.02	15.78	1996	73.67	18.63
1975	62.76	16.37	1997	73.93	18.90
1976	63.49	16.57	1998	74.19	18.72
1977	64.22	17.18	1999	74.44	19.09
1978	64.93	17.29	2000	74.72	18.99
1979	65.65	17.87	2001	75.05	19.12
1980	66.34	17.94	2002	75.37	19.02
1981	66.87	17.96	2003	75.68	18.37
1982	67.40	18.52	2004	76.00	18.26
1983	67.92	18.76	2005	76.31	18.29
1984	68.44	18.69	2006	76.62	18.32
1985	68.95	18.47	2007	76.92	18.41
1986	69.46	18.50	2008	77.23	18.89
1987	69.96	19.06	2009	77.53	19.20
1988	70.46	19.23	2010	77.83	19.13
1989	70.96	19.13	2011	78.12	18.76
1990	71.42	18.95	2012	78.41	18.81
1991	71.82	19.04	2013	78.69	18.92

注：消费的国际分类：1.食品饮料；2.酒精、烟草、麻醉品；3.服装、鞋类；4.住房、水电、燃料；5.家具及住房维护；6.健康；7.交通；8.通信；9.文化娱乐；10.教育；11.餐饮住宿；12.杂项。本表中的知识产品消费按照中国经济增长前沿课题组（2016）的定义：中国经济增长前沿课题组把消费的国际分类6~12项中的4项——6.健康、9.文化娱乐、10.教育、12.杂项，定义为广义人力资本C（H），即知识产品消费。

资料来源：UNDATA。

产业发展、知识部门与可持续城市化

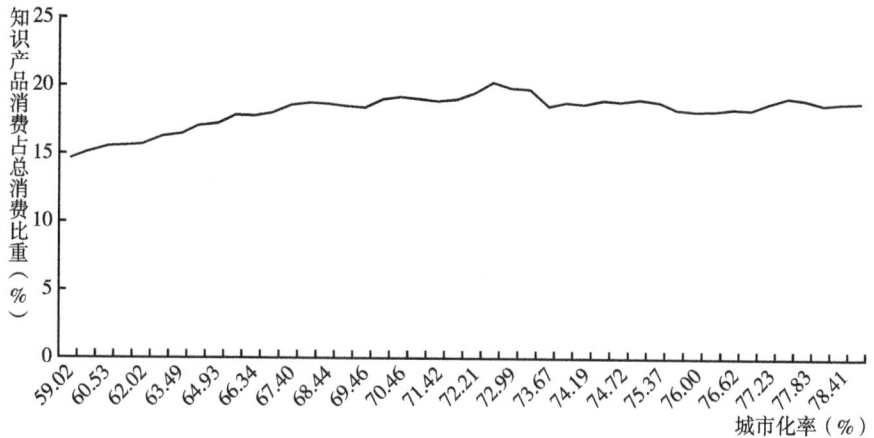

图8　1970~2013年南非城市化率与知识产品消费占总消费比重

（三）我国知识部门发展与城市化发展

按1990年美元计价的人均GDP，2006年我国进入中等收入国家行列，至今已经10年。如按Felipe等（2012）认为的，如果一个经济体在中等收入阶段停留超过42年即陷入"中等收入陷阱"，那么我国还有32年时间用以跨越"中等收入陷阱"。虽然目前我国面临的困难很多，但还有充足的时间跨越"中等收入陷阱"。

下面分析一下我国人力资本积累的情形，将劳动人口平均受教育年限作为人类资本积累指标。

我国内地的劳动人口平均受教育年限整体呈显著上升趋势，从1982年的5.96年上升到2012年的9.91年。1985~2012年，我国香港的劳动人口平均受教育年限从9.15年上升到11.98年，我国台湾的劳动人口平均受教育年限从9.04年上升到12.96年，香港和台湾的劳动人口平均受教育年限在1985~2012年非常接近，也一直高于我国内地的劳动人口平均受教育年限。虽然我国内地的劳动人口平均受教育年限有了较大提高，但与香港和台湾相比，差距正在不断扩大。1985年我国内地的劳动人口平均受教育年限与香港和台湾分别相差3.04年和2.93年，2012年这一差距则扩大到了

5.87年和6.85年。

近年来，我国R&D经费投入总量呈现不断上升的趋势，先后超过英国、法国、德国和日本，成为仅次于美国的世界第二大R&D经费投入大国。与发达国家相比，我国R&D经费投入效益还有待进一步提升。2014年，我国R&D经费投入总量为13015.6亿元，比上年增加1169亿元，增长9.9%。虽然我国教育科研经费投入量正在增大，但科研的效率有待提升。尽管我国每年发表的论文数和申请的专利量不断增大，但真正具有市场价值的并不多，许多先进技术需要引进国外的专利，技术创新制度亟待完善。

我国的教育和科研都有了较大的发展，技术创新机制正在建立，这些反映在知识部门人均产出增长率的提高上。我国知识部门人均产出增长率从2004年开始有了较大的提高，由2004年以前的8%左右提高到2004年以后的12%左右，增加了4个百分点。与此同时，知识产品消费占总消费比重也由10%提高到12%，增加了2个百分点。2006~2014年我国居民收入基尼系数虽然比韩国大些，但比南非要小得多。我国居民收入基尼系数在2008年达到最大值0.491，2008年以后则不断下降。不断缩小的收入差距有利于我国提高知识部门人均产出增长率。2006年我国进入中等收入国家行列后，知识部门人均产出增长率有了较大的提高，但知识产品消费占总消费比重并没有较大的提高。与成功跨越"中等收入陷阱"的韩国相比，我国知识部门人均产出增长率与韩国进入中等收入阶段至跨越"中等收入陷阱"期间的知识部门人均产出增长率比较接近，但知识产品消费占总消费比重并不高。

我国城市化率由1997年的31.91%上升到2013年的53.73%，提高了21.82个百分点；与此同时，我国知识产品消费占总消费比重由1997年的10.02%上升到2013年的14.84%，提高了4.82个百分点（见表3）。由图9可知，我国知识产品消费占总消费比重随着城市化率的上升而不断增大。这些均表明，我国知识部门的人力资本和技术创新机制正在形成，用不了32年我国就可顺利跨越"中等收入陷阱"。

表3 1997~2013年我国知识部门发展与城市化发展

年份	知识产品 （亿元，当年价）	知识产品 （亿元，可比价）	知识产品消费占 总消费比重(%)	知识部门人均 产出增长率(%)	城市化率 (%)
1997	7461.30	7461.30	10.02	—	31.91
1998	7956.60	8019.96	10.16	6.51	33.35
1999	8560.80	8753.37	10.43	8.26	34.78
2000	9389.00	9560.13	10.49	8.39	36.22
2001	10386.70	10503.29	10.67	9.10	37.66
2002	11266.50	11484.71	10.71	8.64	39.09
2003	12274.20	12363.22	10.46	7.00	40.53
2004	16627.34	16121.14	10.40	29.63	41.76
2005	19052.40	18145.14	10.30	11.89	42.99
2006	22825.60	21414.39	10.56	17.40	44.34
2007	30227.90	27061.68	11.37	25.72	45.89
2008	35560.70	30064.85	11.32	10.53	46.99
2009	41765.00	35559.81	12.25	17.70	48.34
2010	53723.24	44282.26	13.14	23.93	49.95
2011	64739.81	50633.35	13.37	13.80	51.27
2012	74775.40	57002.13	14.00	12.02	52.57
2013	87271.11	64837.38	14.84	13.19	53.73

注：在UNDATA中没有中国内地的消费数据，我们以《中国统计年鉴》相关数据计算知识产品消费数据。知识产品消费占总消费比重为知识部门产品产值占GDP比重，可比价的知识部门产品产值是由当年价的知识部门产品产值由第三产业缩减指数得到的。知识部门人均产出增长率是由人均知识部门产品产值得到的，而人均知识部门产品产值是由可比价的知识产品产值经过总人口平均得到的。

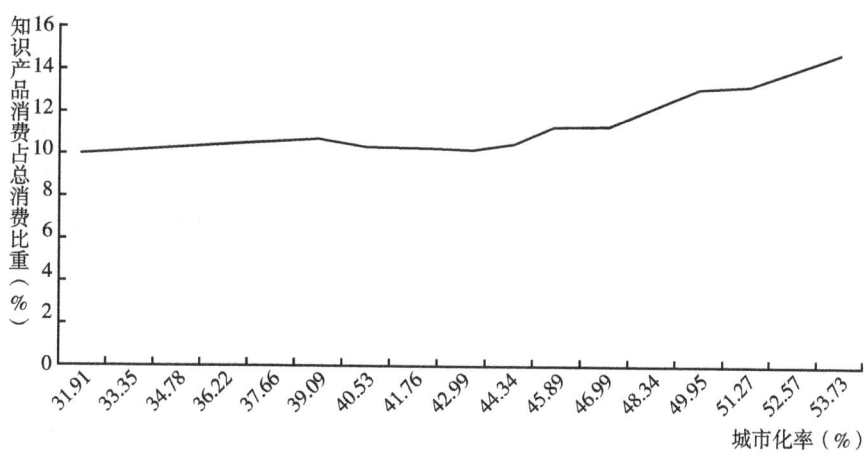

图9 1997~2013年我国城市化率与知识产品消费占总消费比重

六 小结及建议

目前我国跨越"中等收入陷阱"的关键在于未来可持续的城市化。本报告分析研究了短期的城市化发展机制与长期的城市化发展机制两种机制。城市化发展短期机制是以城市财政收入主要来自土地收入为基础的,这样的短期城市化发展机制是不可持续的。城市化发展长期机制是以城市实体产业经济发展为基础的。在城市化的实体产业经济发展过程中,城市需要进行实体产业的两次转型:一次是由依靠房地产获取财政收入的城市化向以实体产业发展为支撑的城市化飞跃;另一次是由依靠通用技术发展的城市化向依靠知识部门发展的城市化飞跃。只有形成长期的城市化发展机制,才能保证我国城市化的可持续发展。

为了顺利实现城市化的可持续发展,构建长期的城市化发展机制,我们提出以下政策和建议。

一是缩小居民收入差距,提高知识部门人均产出增长率。由本报告的分析可知,收入差距的缩小有利于提高知识部门人均产出增长率,有利于知识部门人力资本和技术创新机制的形成,由此中等收入国家就可能顺利跨越"中等收入陷阱"。为此,我国应积极采取推进统筹发展战略、推进农业劳动力转移、加快欠发达地区发展和切实保障农民工权益等措施,缩小居民收入差距。

二是大力改革"科教文卫体"事业单位,释放经济增长的新供给要素潜力,不断提高服务业质量。过去30多年里,我国服务业发展相对不充分,导致服务业发展只注重规模不注重效率和质量的现状。与此同时,服务业与制造业的劳动生产率差距持续拉大。就我国的经济现实来看,现代服务业部门主要分为两类:一类为受到管制较大的科教文卫等事业单位;另一类为电信、金融、铁路、航运以及水、电、气等公共服务部门。为此,需要将事业单位和公共部门改革与放松管制相结合,努力盘活人力资本存量,不断提升服务业的效率及其外部性,培育其核心竞争力。

三是转变增长方式，将要素推动的增长方式转变为人力资本和技术创新的增长方式。推进有利于释放新供给要素潜力的金融和财税改革，推进资源配置方式的根本转型。随着经济增长向城市化和服务、消费主导增长的转型，我国大规模工业化时期那种银行信贷主导的资本配置方式，应逐步转向资本市场主导的资本配置方式，以推动我国"创新能力"的发展和提高，转变原有的要素推动增长方式，构建人力资本和技术创新推动的新型增长方式。实现通用部门生产技术升级，由技术模仿逐步延伸到技术创新；发展适合自身要素禀赋的产业，扩大就业量，提高居民收入水平；为知识部门发展提供有利的经济条件。

四是可持续的城市化是未来我国跨越"中等收入陷阱"的关键。经济持续高速增长的工业化时期也是我国通用技术部门大力发展的阶段，但通用技术部门的资本效率和全要素生产率持续递减，已经成为越来越突出的问题，物质资本高积累推动的工业化越来越不可持续，城市化时期的结构性减速趋势不可避免。因此，可持续的城市化成为跨越"中等收入陷阱"的关键。我国城市化可持续发展不仅需要考虑生产供给面的效率，而且需要考虑消费模式的升级及其与生活模式的协同，广义人力资本和知识部门的发展应成为我国城市化可持续发展的新的增长动力。

B.3
经济增长之动因
——关于创新的思考

郭 路*

摘　要： 本报告从外部性的角度对引起经济增长的创新因素进行了分析，探讨了创新激励政策在何种条件下能产生外部性的创新，并引起经济增长。本报告认为，竞争性的技术进步不会引致经济增长，经济增长的动力只能来自公共部门；并非全社会人力资本的提高都会引致经济增长，而是具有外部性特征的天才创造才会引致经济增长。本报告还基于经济学学理，对近期我国宏观经济形势与经济增长情况进行分析，并对相应的政策选择后果进行说明。本报告认为，在经济增长方面，经济增长的动因恰恰是更加积极地参与国际分工并试图在这个进程中获得铸币税；在国内创新方面，国内落后的创新则很难对经济增长产生实质性的影响。这种仅针对竞争部门的创新激励政策与其说是创新，不如说是政府主导的产业结构调整，其成因并非来自对中国经济增长方面的考量。

关键词： 增长　创新　外部性

本报告将分析什么样的创新能够对经济增长产生影响，并对近期我国宏

---

* 郭路，中国社会科学院经济研究所副研究员、博士，研究方向：经济增长。

观经济形势与经济增长情况进行分析,以对我国宏观经济政策的目标以及创新政策进行说明。本报告主要内容分为两部分:第一部分从理论上分析创新与增长的关系,说明创新的外部性是增长的动因,并分析创新激励政策能否引起经济增长;第二部分对近期我国宏观经济形势与经济增长情况进行分析,从学理上对宏观经济政策的后果及目标进行说明。

一 产生外部性的创新与经济增长

在生产的规模报酬不变和完全竞争的要素市场下,长期经济增长率为零。当经济决策者希望通过克服不变的规模报酬来突破零的经济增长时,往往采取将公共财政投入公共产品(主要是公共生产)领域的方式(Barro,1990),但这种投入能否引起长期增长,取决于公共产品的产出替代弹性是否为常数[①]。Lucas(1990)、Rebelo(1991)、Jones等(1993)、Rebelo等(1995)认为,如果公共投资投入技术部门,则能引起经济增长。这些分析都建立在公共部门支出具有一定外部性的基础之上。尽管以上分析基于Lucas(1988)生产具有规模报酬递增的分析,但因为生产的规模报酬递增在完全竞争的市场环境中无法成立,这种生产的规模报酬递增可以视为某种生产要素具有外部性。随后Romer(1990)的分析克服了生产规模报酬递增的假设,假定生产规模报酬不变,把引起经济增长的动因归为某些生产要素的外部性,如对设计的模仿,这种模仿使经济具有外部性特征。也就是说,如果计划者希望引起经济长期增长的话,就需要在产生外部性的部门中进行投入,由于这种投入来自财政收入,该投入便具有一定的竞争性特征。因此,在产生外部性的部门中进行投入,需要和另外一个真正具有外部性特征的要素结合起来进行生产——这种生产要素被视为技术进步(创新)或者人力资本。在此部分,本报告将对创新、人力资本与经济增长的关系进行说明。

---

① 在Barro的分析中,只有当公共产品的产出替代弹性为常数时,经济增长率才为零。

（一）竞争性的创新财政支出是否会引起增长

把财政支出投入竞争性的生产领域无疑会对非政府部门的经济产生挤出效应，而把财政支出投入公共生产部门，如基础建设中，是否会出现规模报酬递增的生产呢？这依然无法从理论上得到说明。我们需要记住的是，在竞争性市场中，规模报酬递增的生产根本就不会出现。另外，财政投入即使不具有排他性，也会出现竞争性，财政的特点使公共产品具有一定的价格特征。当市场是完全竞争的以及计划者希望公共投入能够提升整个经济福利水平时，公共生产投入的边际产出将等于1，也就是说，政府的财税政策本身会孕育某种价格特征，这种价格特征促使经济人对公共产品进行支付。但由于在竞争性市场中，规模报酬递增的生产不存在以及公共投入的价格特征，在财政投入公共建设时，经济依然会进入增长为零的路径中。由此可见，财政在基础建设中的投入仅仅是克服生产中私人在公共产品方面投入的不足，不足以引起经济增长。如果市场规模足够大，这部分公共产品的投入可以由私人来提供，这就是我们看到的中小城市的地铁建设完全是由地方财政承担的，而在大城市中，私人公司也会出现在地铁建设之中。

由于不存在规模报酬递增的生产，经济增长的动因来自正外部性，尽管生产的正外部性和规模报酬递增使得欧拉方程的表达是一致的，但其内涵是完全不一样的。某种生产要素正外部性的存在，使要素不再具有排他性，厂商也在生产中使用所有这种具有正外部性的生产要素（该生产要素不具有价格，不再是边际产出等于价格）。基于这种分析，Lucas（1988）提到的人力资本就应该理解为用于产生外部性生产要素产出的人力资本投入。也就是说，当人力资本具有竞争性和排他性时，经济人在基础教育和职业培训方面的投入所引起的劳动生产率提高，不会引起经济增长。对应于现实，当一个企业自身的创新和人力资本的提高停留在该企业中时，并不会引起经济增长。

由于财政在企业创新和人力资本方面的投入具有竞争性（价格特征），当这种创新仅停留在某个企业层面时，政府财政在创新方面的投入不会引起经济增长。那么，政府能提供持续外部性的要素吗？一个极端抽象的概念是"制度供给"，尽管这个概念可以对应于真实经济中的很多现象，但很难认同政府具有这种功能，即能持续地提供制度供给，而一次制度的变革可以改变经济的财富水平，但不会引起经济的长期增长。何种制度能导致经济出现正外部性仍是需要研究的问题。

（二）创新与生产的分工

由于具有正外部性的要素供给对私人提供者来说没有足够的激励，经济人自然不会提供这种要素，相反还会尽可能地搜寻这种不需要支付的要素（假设搜寻的成本为零）。当创新能够被模仿并产生正外部性时，如果一个创新落后的国家打开国门后，国外的创新往往会替代本国的创新，经济人的选择自然是外部更高端的创新。作为具有产生外部性之创新的提供者（或者说为创新提供资助者）——政府，丝毫没有动力进行创新，而是激励厂商尽快模仿国外的创新，希望创新领域中的科研人员尽量帮助企业将创新转化为产出，而不是直接进行创新活动。这种情况势必造成创新被一个国家或地区所垄断，尽管这种创新不会带来直接的收益。如果创新落后的国家能无成本地使用所有其他国家的创新，那么国家间的经济增长率将没有什么差异，最终财富的差异也仅仅是由国家间的初始禀赋造成的，这种禀赋还包含国家所采取的经济制度。这使得创新和生产不再停留在一个国家中，创新被某些国家所垄断，其余国家仅仅是对国外的创新进行模仿，并用于本国的生产之中。

可见，一个创新落后的国家在打开国门后，创新不足会进一步引起对创新投入的不足，那些本具有某些正外部性的本国创新，在熊彼特创新理论面前，将不再具有任何正外部性，势必被本国厂商所抛弃。政府对产生外部性的科研投入势必持续不足，对科研人员也不再进行激励，而是鼓励其尽快模仿国外的创新。在此情况下，科研人员要么去创新型国家，要么去竞争性企业工作或兼职，其劳动不再与产生外部性的生产要素相结合以产生更多的外部性。

(三)创新是科研人员创造出来的吗?

很显然,一个天才人物的出现,使得其他人向这位天才人物学习,并进行模仿,进而显示出外部性(Lucas and Moll, 2014; Benhabib, et al., 2015)。当没有天才出现时,大家只不过是对既有东西进行消化与吸收,尽量挖掘既有知识的外部性。可见,能产生天才的土壤比对大量平庸科研人员进行资助更容易产生外部性。因此,对平庸的科研人员来说,其本质并非通过创新来产生外部性,而是发现并保护(很难说是培养)天才,并尽量提供劳动与天才共同产生经济的外部性,这就出现了前面所提到的在外部性部门中需要提供人力资本的情况。当这种天才的出现可遇不可求时,创新和外部性将是随机的,并产生经济的波动,因此在竞争性的经济中,经济政策选择根本无法平抑经济的波动。另外,这种天才不论是进入厂商部门还是进入科研部门,只要其思想被大量模仿,便会引起整个经济的外部性增加,并引致经济增长。如果说经济增长取决于能产生外部性的天才,那么简单的劳动力的增加就不会改变增长率,年轻劳动力比重的下降也不会影响人均增长率,这是因为劳动力具有明显的排他性和竞争性特征,其比重的高低不产生任何外部性。人口数量的多少改变的仅仅是人均资本边际产出(在某个时期,资本存量是既定的),而这种人均资本边际产出随着财富的增加最终会收敛到零。计划生育政策的放宽就其本质而言不会影响经济增长,当子女被视为一种资产的话,在养老制度不足以覆盖个人养老时,该政策会对未来的养老行为产生影响。值得注意的是,人口数量的多少往往和天才人物出现的数量没有太大的关系,希望通过多生育来保证增长的行为注定失败。

如果说天才之间也具有集聚效应的话(天才总是被天才或者准天才所发现),那么我们所能做的是尽量把这些天才聚集在一起,激励他们去创新,并虚心向他们学习。对这些天才是无法用对平庸科研人员的规则进行约束的,不能使用对平庸科研人员的评价标准对其进行认定。这样我们将无法把科研人员作为某种资源式的管理模式对天才进行管理,这使得这些天才与决策者之间不具有某种依附关系,天才只能依附于天才。在现有的科研体系下，我们很可能是在消灭这种天才人物，并导致本国创新和增长动力的不足。

（四）什么样的创新财政支出会引起增长？

当一个缺乏创新、缺乏天才的经济体希望进入创新国行列中时，它又能做些什么呢？这个问题很复杂，也很难回答，就像是对布朗运动的下一个状态做出判断一样。但是我们至少了解到这种行为的目的是什么，并对其可能选择的后果进行分析。

可以发现，当经济计划者希望通过创新来激励经济增长的话，由于财政制度的约束，该经济体的计划者往往希望选择能对创新进行某种程度控制的方式，以希望在财政支出后的一定时期内看到其行为选择的效果。如果计划者知道对具有竞争性和排他性要素的激励并不会导致创新，那么其将试图创造出非排他性的要素来。在这种创造非排他性生产要素的选择情况下，我们可以观测到，政府往往与厂商联合创新，并要求合作者公开其创新成果以利于其他厂商使用，并对合作者进行某种形式的补贴。另外，还可以发现，合作的厂商会比其他厂商优先获得创新所带来的收益。由于全面的外部性创新很难做到，要么计划者干脆选择某个（些）特定的领域加大投入，使其所选择的领域快速进入创新者的行列中，要么在某个创新的中间阶段保持优势——这使得对创新产生了某种程度的分工。计划者所选择的领域往往是某些新的产业领域，这将产生一种极端：旧产业领域中的天才们会被主动忽视，计划者在新领域中大量投入以激励天才人物的产生。这种计划者主导的创新能否产生足够多的外部性以覆盖创新的成本很难说清楚——因为外部性很难测算。另外，虽然财政支持能激励天才的产生，但由于天才产生具有随机性，计划者依然会面对可能的失败，即使长期计划者比短期计划者更有可能获得成功。

（五）基础教育引起的人力资本存量提高会导致增长吗？

在对人力资本进行测算时，往往使用教育年限乘以基础劳动力。这种测算意味着在劳动力基数既定的情况下，受教育者的教育时间越长，就越能提升整个经济中的人力资本，并导致经济增长。这种理解是有偏差的。引起增长的人力资本应该是存在于外部性部门的人力资本，而不是整个经济的人力资本。厂商中的人力资本明显具有竞争性和排他性，并不会导致增长。如果进入外部性部门中的人力资本存量提高，则会导致该领域增长，并使得外部性增加，但这种基础教育真正引起增长还是需要有前提的。当公共支出导致基础教育提高时，基础教育就具有了一定的价格特征，只有当人力资本进入外部性创新领域，其边际外部性产出大于公共支出对基础教育所支付的价格时，这种教育才可能导致增长。如果在创新领域中人力资本所产生的边际外部性产出小于公共支出对基础教育所支付的价格时，只会引起整个经济福利的下降。而由于基础教育具有一定的强制性，在这种情况下，整个经济将不得不支付这种强制性规则的成本。可以看到，在有些时候，经济人并不愿意进行基础教育的投入，厂商在支付教育成本的同时也不得不对劳动力进行相应的培训，并对培训后的职工离职进行限制，这些行为恰好说明人力资本的竞争性和排他性特征。

在这里，外部性部门人力资本的增加并非多多益善（简单地增加该部门中的人力资本并不会增加创新，也不会提高增长率），其数量的多少与天才的数量相匹配，即只有当天才在创新过程中需要某种相应人力资本的配套时，外部性部门中的人力资本投入才有意义。如果是这样，计划者将会得到某个公共部门（外部性部门）中人力资本的数量——这种人力资本的数量将会与天才的数量产生稳定的关系。也就是说，计划者应该非常了解什么样的天才会出现，然后分配给其相应的人力资本。在真实经济中，天才的产生是动态随机的，计划者往往无法确定分配到外部性部门中的人力资本数量①。

可见，计划者所能做的就是期待天才人物的产生，对天才人物的产生进

---

① 如果产生天才的跨期转移是可知的，且该转移是平稳的，我们是可以根据该随机过程确定人力资本存量的。

行观测与判断，并根据该判断分配相应的人力资本。而对于这一切计划者是否愿意来执行，依旧没有明确的答案。

二 关于中国宏观经济形势与经济增长之分析

基于以上的分析，以政府动员为特征的我国经济很难避免经济增长下降的趋势。每次来自内部的动员式的增长，在无法获得外部性的时候，改变的仅仅是财富的分配，尤其是货币政策对财富分配的改变非常明显。在利率双轨制和资本管制的情况下，货币政策对增长无法产生任何刺激作用，短期增长率的改变无非是丁吃卯粮，改变的仅仅是经济的波动。

经济增长的下降伴随着真实利率的下降，而在超级宽松的货币政策下，名义利率明显上升，虽然对资本的国际流动进行管制，但在"睁一只眼闭一只眼"（以虚假贸易的形式）的情况下，套利资本大量流入。前期套利资本在权贵的庇护下已成功逃离虚高的房地产市场与资本市场，在经常性项目没有明显增加的情况下，资本性项目的大量减少就是这种资本流动的说明。如果希望自2013年开始的利率市场化改革成功的话，将意味着放弃资本管制。在政府财政政策无法改变真实利率的情况下，利率市场化必将伴随着央行的货币政策不再独立，货币当局很难再对利率进行调控，货币发行无法再对过高的房地产价格产生支撑。我们现在能看到的是：资本继续管制，货币政策继续维持房地产价格。

寄希望于产业结构调整与创新激励，维持民间投资，并得到一个较高的增长与真实利率的经济政策，但由于根本无法获得外部性，其政策目标将无法达到。2015年的资本市场崩溃恶化了所计划的产业结构调整，并使地方政府的债务无法通过真实经济的跨期产出来弥补，留到未来的很可能是货币的继续超发，以稀释债务。而高名义利率的地方债务的解决很可能通过一次超级通货膨胀来解决，并造成一次财富的再分配。

基于创新推动的经济增长在美国这个创新大国也仅仅维持2%～3%的增长率。而由于创新的毁灭性特征，国内经济人所依靠的将是美国这类创新大国，不会对国内创新部门产生需求。而国内所需要维持的所谓中高增长是需要有大量劳动力就业用以维持资本相对稀缺的增长，这种增长不可持续，其成立条件在现在的中国不再满足，政府与企业联合进行创新所创造出的外部性能否覆盖财政支出也不一定能满足。即使经济满足这些条件，在随机性创新的情况下，政府与企业的联合创新所能达到的预期效果也将不得不面对风险。

既然在完全竞争的经济中增长的动力来自产生外部性的部门，那么我国还有哪些地方能产生外部性呢？现阶段我国能否依靠创新来维持一个合适的增长率？是否还存在其他形式的增长动因？

很明显，只有创新具有正外部性时，创新才能保证增长。现阶段，我国依旧存在一些具有正外部性的资源，对于这些正外部性，当把它们释放到经济中时，依然会维持经济处于一个较高的增长状态。我们所需要思考的是，哪些条件能保证这些外部性进入市场，使经济处于一种帕累托改进的状态。

如果说竞争性市场是某种形式的帕累托最优的话，那么在真实经济中，有哪些条件能保证竞争性市场的产生与存在呢？经济制度的供给曾经被视为一种正外部性供给。在计划经济向市场经济过渡的阶段，看似更加依靠市场配置的做法无疑具有政治正确性，在真实经济中，这种表象化市场化的变革在初期取得了某种程度的成功，而其内核依然是一个计划者经济。在其他配套制度没有完善的情况下，之后经济的市场化变革无疑具有除市场无形之手以外的其他无形之手。在这种情况下，曾经的我国市场化变革或像20世纪90年代初俄罗斯的市场化改革那样，不是让市场存在竞争，而是试图让市场形成垄断。20世纪末与21世纪初的两次国有资产转移很难说是真正意义上的市场化改革，这部分市场的竞争并非新古典意义上的市场竞争。上面的改革伴随着私人与权力部门的勾结并对国有资产进行瓜分，营利性的国有企业被造假成亏损，低价卖给私人及其代理人；而瓜分后的市场竞争主体往往是具有权力背书的竞争体，在表象看似公平的竞争规则下，实际上是各种潜规则下的垄断与市场的分割。这种以市场化变革为掩护，真实瓜分社会财富的呼吁依旧存在于当今中国社会。在对权力无法形成制衡的情况下，寄希望于采取市场化改革的经济刺激措施并非可供选择的方式。

依据斯密定理，通过市场规模的扩大来促进分工的产生，并引发经济增长，是现阶段我们可以观测到的一种举措。城镇化、大城市一体化、"一带一路"等政策选择从经济本质上看是扩大市场规模，并引起区域内的分工协作，进而制造出增长的动力。但在笔者看来，市场规模所导致的分工与经济增长的关系，可能是因为分工不仅造成总体生产效率的提升，而且会使厂商更容易获得外部性。由斯密定理可知，分工一旦停止，生产效率的提升也将停止，进而导致增长停止。分工也可能造成对不同领域中天才人物的思想或对其产品的模仿（或剽窃）更加容易，使模仿的交易成本更低，这将促进经济增长。从国际市场分工看，开放所造成的国际市场的分工深化，促进了我国经济增长，对国外思想和产品的模仿变得更加容易。中美投资协定恰恰是继续进行国际分工的举措。另外，通过人民币国际化参与国际市场分工不仅能够扩大市场规模，而且可以获得铸币税。

由此我们可以看出，在经济增长方面，经济增长的动因恰恰是更加积极地参与国际分工并试图在这个进程中获得铸币税；在国内创新方面，国内落后的创新则很难对经济增长产生实质性的影响。这种仅针对竞争部门的创新激励政策与其说是创新，不如说是政府主导的产业结构调整，其成因并非来自对中国经济增长方面的考量。

三 结论

本报告在以上分析的基础上，得出如下结论。

（1）由于财政在企业创新和人力资本方面的投入具有竞争性，当这种创新仅停留在某个企业层面时，政府财政在创新方面的投入不会引起经济增长。一次制度的变革可以改变经济的财富水平，但不会引起经济的长期增长。

（2）一个创新落后的国家在打开国门后，创新不足可能会进一步引起对创新投入的不足，政府对产生外部性的科研投入势必持续不足，对科研人

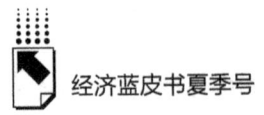

员也不再进行激励,而是鼓励其尽快模仿国外的创新。

(3)一个能产生天才的土壤比对大量平庸科研人员进行资助更容易产生外部性。因此,对平庸的科研人员来说,其本质并非通过创新来产生外部性,而是发现并保护(很难说是培养)天才,并尽量提供劳动与天才共同产生经济的外部性,计划者应该使天才间产生集聚效应。

(4)在经济增长方面,经济增长的动因恰恰是更加积极地参与国际分工并试图在这个进程中获得铸币税;在国内创新方面,国内落后的创新则很难对增长产生实质性的影响。这种仅针对竞争部门的创新激励政策与其说是创新,不如说是政府主导的产业结构调整,其成因并非来自对中国经济增长方面的考量。

B.4 区域经济增长动力差异及均衡稳定增长

楠 玉[*]

摘 要： 本报告通过对各省份经济增长状况的对比分析，认清区域经济增长特征和增长动力源泉，寻找通过及时有效地转换增长动力机制，实现区域经济协调稳定增长和挖掘新的增长动力的内在机制。研究发现，首先，中国正处于工业化后期增长阶段，已经成功跨过中等偏高收入门槛，成为中等偏高收入国家。中国过半数省份集中在第四增长阶段，近20%的省份已跨过第五增长阶段收入门槛，人均收入高于11000美元。其次，中国当前面临连续增长减缓的可能性较大，处于高增长阶段的省份在2007年前后发生连续增长减缓，而多数省份增长减缓迹象集中表现在2010年。最后，对区域代表性省份增长动力的分析发现，东部区域经济增长表现较好的省份，其产业转型较为成功，主要依靠高端制造业和服务业发展，经济增长较为稳定。中西部地区经济增长分化较为严重。辽宁、吉林、黑龙江、山西和河北等省份因长期积累的产业结构和经济结构问题，旧有产业面临产能过剩和供给侧改革，出现增长断崖式下跌。对中西部地区经济增长较落后的省份而言，应注重投资和产业转移对经济增长的拉动作用，并随着经济增长水平的提高和消费结构的改善，适时进行产业结构转型和发展服务业，转换增长动力机制，实现经济协调稳

---

[*] 楠玉，中国社会科学院经济研究所博士后，研究方向：区域经济与经济增长。

定增长。本报告还对中国不同连续增长减缓时期以及处于不同收入阶段省份的增长动力之源进行了实证分析。

关键词： 增长动力 区域分化 均衡稳定增长

一 引言

中国经济在经历外部环境深刻变化和自身增长动力调整转变后，正从高速增长阶段向中高速增长阶段转换，2015年中国经济年均增长率仅为6.9%，整体经济呈现趋势性下移态势，而与此同时，推动中国经济持续高速增长的动力机制正逐渐弱化。Gill和Kharas（2007）强调，进入中等收入阶段的国家如果其经济失去发展动力，将会陷入长期增长停滞状态。

相关文献研究表明，在经济发展的初始阶段，模仿是生产率增长的主要源泉，当经济体达到增长技术前沿时，基于国外成果的创新（生产性活动的展开以及新技术、新想法的应用等）将取代模仿而成为增长的重要动力（Perez-Sebastian，2007）。这也就意味着一个国家要想避免陷入"中等收入陷阱"，就必须对增长结构性因素及早进行调整，将模仿活动转换为基于国外技术的创新策略，寻找提高生产率的新方式。UNIDO（2009）的研究也表明，对马来西亚、泰国以及其他中等收入国家而言，只有通过发展知识和创新密集型产品和服务实现产业价值链提升，增强与发达国家市场的竞争，才能实现自身的快速增长。Eichengreen等（2012）的研究显示，以高科技产品为主要出口产品的国家以及中等和高等受教育人口比例高的国家很少经历增长减缓。因此，一国为避免陷入"中等收入陷阱"，就必须不断提高受教育程度和科技水平。许多国家的发展经历也佐证了这一观点。例如，马来西亚正是由于高人力资本的缺失而陷入"中等收入陷阱"。相反，得益于中等和高等教育的快速发展，韩国顺利跨越"中等收入陷阱"，进入高收入国家行列。

很多学者就中国经济增长表现和增长动力机制进行讨论。Aoki（2012）指出，中国已经跨过了借助产业结构变迁实现经济增长的库兹涅茨发展阶段，韩国和日本成功实现增长跨越的经验表明，中国当前亟须逐步过渡到"H"阶段，即实现以人力资本积累为主的增长阶段。袁富华（2012）认为，经济增长中伴随的结构性调整带来的增速下滑并不能作为陷入"中等收入陷阱"的表现。其研究指出，当国家进入中等收入增长阶段时，第三产业比重会增加，而伴随服务业扩张的低劳动生产率和高就业比增长特征势必降低整个经济体的增长速度，而这并不意味着国家会陷入"中等收入陷阱"。沈坤荣和滕永乐（2013）指出，中国经济前期增长表现与新古典增长理论观点基本一致，但随着经济总量的不断增大，必须重构经济增长动力机制。关于中国经济增长动力的讨论主要包括以下内容。蔡昉（2013）强调，中国经济面临从二元经济发展阶段向新古典经济增长阶段的转变，应借助政策调整重新配置资源，通过促进技术进步和体制改善提高效率，实现向全要素生产率支撑型发展模式转变。李猛（2013）在增长核算框架下分析了中国经济减速的原因，研究发现中国经济减速的90%可以通过全要素生产率的增长放缓来解释，剩余10%归因于资本增长的放缓。张德荣（2013）研究了处于不同增长阶段国家的动力源泉，指出发展中国家面临增长停滞源于不能适时转换经济增长的动力机制，并认为改革和原创性技术进步是未来中国经济增长的重要推动力。靳涛和陶新宇（2015）从生产要素、结构因素和体制因素三个方面对中国经济不同时间段的增长动力机制进行探讨。

当前中国经济面临较高的连续增长减缓风险（李静、楠玉，2015），但不同区域的增长表现不尽相同。整体而言，2003年后中国经济增长加速过程发生区域性转移，增长加速由东部沿海省份转向中西部省份（李静、楠玉，2015）。东部一些较发达已进入较高发展阶段的省份仍然保持较高的增长速度，如天津2014年人均GDP为17130.8美元，在所有省份中排在第一位，其GDP增速为10%，远高于国家平均增长率水平（7.4%）。其他发展水平较高且增速较快的省份还包括福建、江苏等。而在中西部省份中，多数省份增速较高，如重庆、西藏、贵州的增速近年来基本保持在10%以上，但也存在像黑龙江、吉林、山西等省份增速甚至低于国家平均水平，出现断崖式增长的情形。

中国各区域经济发展条件存在明显差异，实现各区域协调发展是保证中国经济成功转型的关键。中国经济区域发展战略经历过三次重大调整，具体如下。①1949～1978年，实行向内地推进的平衡发展战略。新中国成立初期，工业主要集中在东南沿海地区，之后30年，中国长期实行向内地推进的平衡发展战略，借助"一五"计划时期（1953～1957年）和"三线建设"时期（1964～1978年）发展规划，将国家投资重点布局至内陆地区。这一时期的发展推动了内陆地区工业化进程，促进了内陆地区经济发展，但由于片面追求内陆地区与沿海地区的平衡发展，在一定程度上制约了沿海老工业基地潜力的发挥。②1979～1990年，实行向东部沿海省份倾斜的不平衡发展战略。改革开放之后，国家将产业、投资布局中心转移至东部沿海地区。"六五"计划时期（1981～1985年）提出优先发展沿海地区经济，"七五"计划时期（1986～1990年）采用"东部、中部、西部"的区域格局划分标准取代"沿海、内地"的划分标准，提出对东部沿海地区实施优先加速发展战略，同时重点发展中部地区的原材料和能源产业。这一时期的发展战略以追求经济增长效率为目标，极大地推动了沿海地区经济的快速发展。但与此同时，区域不平衡发展导致的集聚效应大于扩散效应，致使区域差距尤其是东西部差距不断扩大。③1991年至今，实行区域协调发展战略。20世纪90年代以来，为防止区域差距"两极分化"态势进一步恶化，国家发展战略的重点调整为区域协调发展战略。这一时期根据区域协调发展战略的实施进程又可以进一步细分为两个阶段，即区域协调发展战略启动阶段（1991～1998年）和区域协调发展战略全面实施阶段（1999年至今）。其中，最重要的标志即1999年西部大开发战略的实施。"十五"计划时期（2001～2005年）提出重点"推进西部大开发""加快发展中部地区""提高东部地区发展水平"的区域协调发展战略。在"十一五"计划时期（2006～2010年）和"十二五"计划时期（2011～2015年），区域协调发展战略体系逐渐演变为"主题功能区战略"。

因此，本报告通过认清中国及区域经济发展特征，借助对不同区域、不同增长阶段各省份增长情况的对比分析，寻找区域经济发展的动力结构特征和增长动力源泉，判断中国各省份是否处于发展结构转换的临界点，便于通过及时有效地转换增长动力机制，实现区域经济协调稳定增长，为中国经济整体增长挖掘新的增长动力，以及成功推进结构转型提供理论依据和数据支撑。本报告结构安排如下：第一部分为引言和文献综述；第二部分为经济增长阶段划分；第三部分为中国各省份经济增长特征化事实描述；第四部分对中国各省份不同增长阶段的动力源泉进行实证分析；第五部分为结论和政策建议。

二 经济增长阶段划分

关于经济增长阶段的划分，有些学者依据产业结构的调整步骤进行划分，如钱纳里的工业化阶段理论以及罗斯托对经济发展不同阶段的划分。钱纳里通过动态多国模型，从经济结构转变的视角，以各国的人均收入水平为划分标准，将经济发展阶段分为初级产品生产阶段、工业化阶段和发达阶段。其中，工业化阶段进一步细分为四个时期，即工业化初期阶段、工业化中期阶段、工业化后期阶段和后工业化社会时期。工业化初期阶段，产业结构发生调整，由农业向工业转型，经济发展以劳动密集型产业为主；工业化中期阶段即重化工业发展阶段，制造业内部由发展轻工业逐渐向以重工业发展为主转变，这一阶段重点发展资本密集型产业；工业化后期阶段，第三产业尤其是新兴服务业将实现持续高速增长，成为经济增长的主要动力源泉；后工业化社会时期，制造业内部将由资本密集型产业主导转换为技术密集型产业主导。进入发达阶段的现代化社会时期，知识密集型产业将从第三产业中分化出来，成为经济发展的主要驱动力。罗斯托对经济发展阶段的划分类似，分为六个阶段，即传统社会阶段、为起飞创造条件阶段、起飞阶段、走向成熟阶段、大众高消费阶段和追求生活质量阶段。本报告将这两种划分方式结合起来，同时依据钱纳里 1964 年关于人均收入的划分标准，结合美国

GDP 平减指数数据,换算出 2014 年对应各个收入阶段的人均收入划分标准(见表 1)。

表 1 经济增长阶段的划分(按人均 GDP 标准)

单位:美元

经济发展阶段	罗斯托	钱纳里	钱纳里(1964 年)	钱钠里(2014 年)
第一阶段	传统社会阶段	初级产品生产阶段	200 以下	1493 以下
第二阶段	为起飞创造条件阶段	工业化初期阶段	200~400	1493~2987
第三阶段	起飞阶段	工业化中期阶段	400~800	2987~5976
第四阶段	走向成熟阶段	工业化后期阶段	800~1500	5976~11206
第五阶段	大众高消费阶段	后工业化社会时期	1500~2400	11206~17190
第六阶段	追求生活质量阶段	发达阶段	2400 以上	17190 以上

资料来源:Chenery, H. B., S. Robinson and M. Syrquin, "Industrialization and Growth, A Comparative Study", *Journal of Comparative Economics*, 1989, 13, pp. 591 – 596。2014 年数据依据联合国统计司美国 GDP 平减指数(2005 年 = 100)数据换算而得。

一些研究依据不同发展阶段驱动经济增长的要素不同,对增长阶段进行划分。如 Aoki(2012)认为,1952~1977 年、1978~1989 年、1990~2011 年中国分别处于以政府为主导的发展阶段("G"阶段)、通过结构变迁实现的库兹涅茨 – 刘易斯式的发展阶段("K"阶段)、"K"和"H"混合发展阶段。第一个阶段,由政府主导,将自然资源和资本由第一产业转移至第二产业和第三产业,而劳动力转移则受社会和政治的制约;第二个阶段,经济增长主要源于劳动力数量的增长和劳动力从第一产业向第二、第三产业部门的转移;第三个阶段,受独生子女政策影响,劳动力数量增长带来的人口红利对增长的贡献逐渐削弱,转而寻求劳动力结构转变,提高人口质量。

中国经济增长前沿课题组(2012)强调,长期经济增长是一个结构演进到均衡路径逐步形成的过程,大致可分为两个阶段,即结构调整促进增长的前期经济追赶阶段和要素/产出比例趋于稳态的后期均衡增长阶段。其中,增长阶段的转换主要源于持续的资本积累、主导产业更替以及创新制度的涌现,这使得工业先行国成功跻身发达国家行列。该研究同时指出了中国经济面临的增长阶段转换问题,即通过结构调整提升经济效率的增长阶段 I 行将结束，很难通过政府干预实现投资和出口依赖型增长驱动模式的效率提升；同时，推进城市化进程和积极发展服务业将有利于过渡到增长阶段Ⅱ，实现经济稳定增长，此时效率提升推动经济结构进一步优化将是本阶段的主要特征。这种结构性加速到结构性减速的增长路径转换，符合长期增长统计规律和发达国家的经验事实（袁富华，2012）。

也有学者根据经济增长的路径形态对增长发展阶段进行区分。蔡昉（2013）依据增长形态的差异，将增长阶段划分为"M"形增长（马尔萨斯式的贫困陷阱增长阶段）、"L"形增长（刘易斯式的二元经济发展路径）、"T"形增长（刘易斯拐点）、"S"形增长（索罗式的新古典增长路径）。第一阶段，积累物质资本和人力资本受到阻碍，使得经济增长陷入"低水平的贫困陷阱"之中；第二阶段，得益于资本形成和劳动力增长，以及劳动力受教育程度提高，能实现经济较快增长；第三阶段，即从"L"向"S"过渡过程中，会出现刘易斯拐点，这一时期主要通过提高劳动力质量来提高劳动生产率，从而抵消资本边际报酬下降导致的资本回报率降低，推动经济增长；第四阶段，即新古典增长阶段，需要借助全要素生产率的提高实现经济快速增长。

2012年，世界银行则以按Atlas测度方式衡量的人均收入水平为界定标准，将世界各国划分为不同的增长阶段。将处于低收入阶段的国家特征描述为人均GNI低于1005美元；中等收入国家为人均GNI高于1005美元而低于12276美元；高收入国家则是人均GNI高于12276美元的国家。其中，又以3975美元为分界线，将处于中等收入阶段的国家分为中等偏低收入国家（人均GNI低于3975美元）和中等偏高收入国家（人均GNI高于3975美元）。

三 经济增长特征化事实描述

（一）经济增长阶段的界定和划分

本报告对经济增长阶段的界定和划分结合罗斯托和钱纳里关于经济增长

阶段划分的理论，依据人均GDP水平将经济增长阶段划分为六个阶段，现将中国各省份所处阶段整理如下（见表2）。与世界银行的划分标准相比，第一阶段近似于低收入阶段，第二阶段和第三阶段为中等偏低收入阶段，第四阶段为中等偏高收入阶段，第五阶段和第六阶段为高收入阶段。本报告采用的划分标准较世界银行的划分标准更加细化，更有利于找寻处于不同增长阶段的中国各省份经济增长动力源泉。

表2 中国各省份所处经济增长阶段

经济增长阶段	地域划分	GDP增速>6.9%	GDP增速≤6.9%
第五阶段	东部地区	天津（9.3%）、江苏（8.5%）、浙江（8.0%）	北京（6.9%）、上海（6.9%）
	西部地区	内蒙古（7.7%）	
第四阶段	东部地区	福建（9.0%）、广东（8.0%）、山东（8.0%）、海南（7.8%）	辽宁（3.0%）、河北（6.8%）
	中部地区	湖北（8.9%）、湖南（8.6%）、河南（8.3%）	吉林（6.5%）、黑龙江（5.7%）
	西部地区	重庆（11.0%）、陕西（8.0%）、宁夏（8.0%）、新疆（8.6%）、青海（8.2%）	
第三阶段	中部地区	江西（9.1%）、安徽（8.7%）	山西（3.1%）
	西部地区	四川（7.9%）、广西（8.1%）、西藏（11.0%）、云南（8.7%）、贵州（10.7%）、甘肃（8.1%）	

注：①括号内数据为2015年各省份GDP增长率。②中国各省份按地域划分标准，东部地区包括天津、北京、上海、江苏、浙江、辽宁、福建、广东、山东、河北、海南；中部地区包括吉林、湖北、湖南、河南、黑龙江、山西、江西、安徽；西部地区包括内蒙古、重庆、陕西、宁夏、新疆、青海、四川、贵州、云南、西藏、甘肃、广西。

2014年中国人均GDP为7590.83美元，依据上述划分标准，中国正处于工业化后期增长阶段，已经成功跨过中等偏高收入门槛，成为中等偏高收入国家。中国各省份经济增长特征概括如下。①一些省份经济增长较快，已经成功迈过第五阶段的收入门槛，进入工业化后期阶段，成为发展水平较高的省份[1]，如上海、天津、北京在2010年前后相继进入第五阶

---

[1] 依据上述标准，中国进入第五阶段的省份有6个，即天津、北京、上海、江苏、浙江、内蒙古。

段。天津2014年人均收入为17130.8美元,临近第六阶段收入门槛值。处于第五阶段的各个省份,除内蒙古外,均为东部沿海地区省份。②约50%的省份集中在第四阶段①。其中,除海南和河北外,其他东部省份辽宁、福建、广东、山东的收入水平均较高,接近第五阶段收入门槛临界值,且增长路径较为相似,跨越各个阶段的时间点较为接近。辽宁表现出显著的增长乏力,2015年辽宁GDP增速仅为3.0%。③近1/3的省份还处于第三阶段②。其中,中部3个省份山西、江西和安徽增长表现较好,人均GDP分别为5709.1美元、5644.7美元、5604.1美元,即将跨入第四阶段。

从GDP增速看,低于全国平均增速的省份有7个。其中,北京和上海处于第五阶段,辽宁、吉林、黑龙江和河北处于第四阶段,山西处于第三阶段。北京、上海的经济发展已进入高速增长阶段,结构调整带来的增速放缓属正常现象,而辽宁、吉林、黑龙江、山西和河北均为以资源型或重工业型产业发展为主的地区,对资源比较优势过度依赖,使得产业结构转型升级滞后,服务业发展迟缓,增长面临较大阻力。其中,辽宁和山西2015年的增速均为3%左右,严重拉低了全国整体增速水平。

(二)增长阶段性特征——基于阶段性经济增长减缓和增长加速的分析

本报告主要借鉴Eichengreen等(2012)、Aiyar等(2013)以及李静、楠玉(2015)关于增长减缓和增长加速的界定,同时考虑中国以及各省份的经济波动情况,放松一些假定构建经济增长减缓的时间点所满足的条件,并分析中国区域经济增长阶段性特征以及各省份经济增长减缓、增长加速与增长阶段跨越时间节点的关系,以此分析不同增长阶段区域增长动力之源,

---

① 依据上述标准,中国进入第四阶段的省份有16个,即辽宁、福建、广东、山东、吉林、重庆、湖北、陕西、宁夏、新疆、湖南、河北、青海、黑龙江、海南、河南。
② 依据上述标准,中国进入第三阶段的省份有9个,即四川、山西、江西、安徽、广西、西藏、云南、贵州、甘肃。

为落后省份的增长跨越提供可资借鉴的经验和依据。

经济增长减缓（Slowdown）定义为在经济增长阶段突然持续偏离预期的增长路径（Aiyar et al.，2013）。界定经济增长减缓时间点需要满足的条件为：

$$g_{t-n,t} \geq \Gamma, \Delta g = g_{t-n,t} - g_{t,t+n} \geq \Lambda, y_t \in [y_1^*, y_2^*] \quad (1)$$

其中，g_t 为依据 2005 年不变价格测算的 GDP 增长率，$g_{t-n,t}$ 和 $g_{t,t+n}$ 分别表示 $t-n$ 到 t 时间段以及 t 到 $t+n$ 时间段 n 年间 GDP 年均增长率的平均值。考虑到很少有国家连续 7 年经济加速增长或经济减缓增长，因此我们取 $n=7$（Eichengreen et al.，2012）。第一个条件要求增长减缓之前的 7 年平均增长率不低于 Γ；第二个条件要求增长减缓下降的幅度不低于 Λ；第三个条件限定增长减缓发生在某一收入区间内，考察经济增长进入一定的收入门槛之后是否发生阶段性转折。借鉴 Eichengreen 等（2012）以及李静、楠玉（2015）的研究，我们取 $\Gamma=3.5\%$，$\Lambda=2\%$。

对经济增长加速时间点的筛选要求包括：

$$g_{t,t+n} \geq \Gamma, \Delta g = g_{t,t+n} - g_{t-n,t} \geq \Lambda, y_t \in [y_1^*, y_2^*] \quad (2)$$

其中，第一个条件要求增长加速之后的 7 年平均增长率不低于 3.5%；第二个条件要求增长加速上升的幅度不低于 2%；第三个条件则意味着增长加速过程发生在某一收入区间内。依据上述关于增长减缓和增长加速的界定，筛选出的各省份增长减缓和增长加速的时间点见表 3。

由表 3 可以看出，中国各省份经济增长加速和增长减缓过程交替出现，而且多数地区均发生过连续增长减速和连续增长加速。同时，各省份经济增长经历连续加速和连续减速交错出现，且时间段较为集中，如 1963~1966 年、1976~1980 年、1990~1994 年、2002~2006 年多数省份经济增长发生了连续加速，1957~1961 年、1985~1988 年、1996~1998 年、2007~2010 年多数省份经济增长经历了连续减缓。其中一些时间点与中国经济发展中出现的重大事件密切相关，如 1978 年中国实行改革开放发展战略、2002 年加

表3 计算出的中国各省份经济增长减缓和增长加速的时间点

经济增长阶段	省份	经济增长减缓时间点	经济增长加速时间点
第五阶段	天津	1957~1961年;1971~1974年;1985~1988年;1997年;2010年(3,15)	1963~1968年;1976~1980年;1990~1994年;2001~2006年(4,22)
	北京	1957~1962年;1970~1975年;1985年;2007~2010年(3,17)	1963~1969年;1977年;1981~1983年;1990~1992年(4,15)
	上海	1957~1962年;1969~1971年;1985~1986年;1997~1998年;2007~2010年(5,17)	1963~1967年;1976~1977年;1990~1994年(3,12)
	江苏	1957~1959年;1968年;1973年;1987~1988年;1995~1998年;2008~2010年(4,14)	1961~1965年;1976~1979年;1984年;1991~1993年;2002~2004年(4,16)
	浙江	1957~1960年;1985~1988年;1995~1998年;2007~2010年(4,16)	1962~1965年;1968~1969年;1975~1980年;1990~1993年;2001~2002年(5,18)
	内蒙古	1957~1961年;1967年;1973年;1975年;1985~1988年;2007~2010年(3,16)	1962~1963年;1965年;1969~1970年;1972年;1977年;1982年;1991~1994年;1999~2005年(5,23)
第四阶段	辽宁	1957~1961年;1971~1976年;1987~1989年;2009~2010年(3,16)	1962~1969年;1979~1984年;1991~1992年;2000~2005年(4,22)
	福建	1957~1961年;1985年;1995~1999年;2010年(2,12)	1962~1966年;1968~1969年;1975~1980年;1989~1992年;2002~2006年(5,22)
	广东	1957~1959年;1967年;1994~1998年;2007~2010年(3,13)	1961~1964年;1971~1972年;1976~1984年;1989~1991年;2001~2003年(5,21)
	山东	1957~1960年;1969年;1985年;1995~1998年;2007~2009年(3,13)	1961~1966年;1975年;1977~1979年;1981~1983年;1989~1992年;2001~2004年(5,21)
	吉林	1957~1961年;1974~1975年;1986~1989年;1997年;2009~2010年(3,15)	1965~1966年;1969年;1977~1983年;1991~1994年;2002~2006年(4,19)
	重庆	1957~1960年;1967年;1982年;1985~1986年;1995~1998年(3,12)	1962~1964年;1969~1970年;1972~1973年;1975~1978年;1989~1992年;2002~2007年(6,21)
	湖北	1957~1961年;1977年;1985~1988年;1996~1998年;2010年(3,14)	1962~1966年;1968~1970年;1976~1979年;1981~1982年;1990~1993年;2002~2006年(6,23)

续表

经济增长阶段	省份	经济增长减缓时间点	经济增长加速时间点
第四阶段	陕 西	1957~1960年;1970~1975年;1987~1990年;2010年(3,15)	1962~1969年;1977~1984年;1994~1995年;2002~2006年(4,23)
	宁 夏	1957~1961年;1971~1976年;1986~1990年;2010年(3,17)	1964~1966年;1968~1969年;1980~1984年;2002年(3,11)
	新 疆	1957~1963年;1967年;1994~1996年(2,11)	1970年;1972~1978年;1981年;1983年;2001~2003年(2,13)
	湖 南	1957~1960年;1969~1972年;1986~1987年;1997年;2010年(3,12)	1962~1966年;1976~1978年;1991~1993年;2002~2006年(4,16)
	河 北	1957~1960年;1969~1971年;1978~1979年;1996~1999年;2008~2010年(5,16)	1962~1966年;1973年;1982~1984年;1990~1993年;2002~2003年(4,15)
	青 海	1957~1961年;1974~1976年;1985~1989年;2010年(3,14)	1962年;1964~1969年;1979~1983年;1991~1994年;1999~2003年(4,21)
	黑龙江	1958~1961年;1967~1971年;2010年(2,10)	1962~1966年;1973年;1976~1977年;1993~1994年;2002~2004年(4,13)
	海 南	1985~1986年;1993~1997年;2010年(2,8)	1987~1991年;1999~2006年(2,13)
	河 南	1957~1959年;1967~1971年;1985~1988年;1996~1998年;2008~2010年(5,18)	1961~1965年;1976~1980年;1982年;1990~1993年;2002~2005年(4,19)
第三阶段	四 川	1957~1960年;1967~1968年;1985~1986年;1996~1997年;2010年(4,12)	1961~1965年;1972~1977年;1990~1992年;2001~2006年(4,20)
	山 西	1957~1961年;1971年;1974年;1985~1988年;2007~2010年(3,15)	1964~1966年;1968~1969年;1976~1981年;1990~1994年;2000~2003年(5,20)
	江 西	1957~1961年;1970~1973年;1986年;1997年;2010年(2,12)	1963~1967年;1975~1979年;1981年;1991~1992年;2000~2005年(4,19)
	安 徽	1957~1960年;1967年;1972~1975年;1985~1988年;1996~1999年;2010年(4,17)	1961~1966年;1977~1983年;1990~1994年;2002~2006年(4,23)
	广 西	1957~1963年;1967年;1994~1996年;2010年(2,12)	1970年;1972~1978年;1981年;1983年;2001~2003年(2,13)

续表

经济增长阶段	省份	经济增长减缓时间点	经济增长加速时间点
第三阶段	西藏	1961年;1963~1968年;1981~1986年;1998年(2,14)	1957~1959年;1971~1973年;1975~1980年;1988年;1990~1995年(4,19)
	云南	1957~1960年;1973~1974年;1996~1998年(3,9)	1961~1965年;1968~1969年;1976~1981年;2002~2007年(4,19)
	贵州	1957~1961年;1971~1972年;1982年;1984~1989年(3,14)	1962~1970年;1974~1979年;2001~2006年(3,21)
	甘肃	1957~1959年;1967年;1973~1978年;1987~1989年(3,13)	1961~1965年;1969~1970年;1981~1984年(3,11)

注：中国各省份 GDP 年均增长率数据来源于相关年份《中国统计年鉴》，时间跨度为 1960~2014 年。括号内第一个数字反映连续减速或连续加速次数，第二个数字反映减速年数或加速年数。

入 WTO 等均带来明显的增长加速过程，最近两次增长连续减缓则主要是由 1997 年亚洲金融危机和 2008 年全球金融危机的冲击造成的。同时我们发现，2008 年全球金融危机首先冲击的是经济增长处于较高阶段的省份，这些省份中多数在 2007 年甚至更早就已表现出增长减缓趋势，如北京、上海、江苏、浙江、内蒙古、广东、山东均在 2007~2009 年发生连续增长减缓。东部地区的外向型经济发展结构，使其面临国际金融危机时，出口首先遭遇重创，从而导致增长减缓趋势明显。因此，经济发达省份应及时防范外部金融风险的冲击，避免出现货币、银行、债务等危机，引起经济巨大波动（张平，2015）。2010 年中国各省份则开始出现普遍性的增长减缓，仅有 6 个省份没有表现出增长减缓特征，分别是重庆、新疆、西藏、云南、贵州、甘肃。这些省份主要集中在西部地区，由于经济发展起点低，拥有较强的经济增长动力，当下还能保持较高的增长速度，目前还未呈现增长减缓特征。除重庆和新疆外，其余 4 个省份的人均收入排名垫底。

（三）代表性省份增长动力分析

（1）经济增长阶段高，人均收入均在 10000 美元以上，且增速快的代

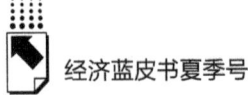

表性省份为处于第五阶段的天津、江苏、浙江和处于第四阶段的福建、广东。2015年，天津和福建的GDP增速分别为9.3%和9.0%，排在第3位和第6位；江苏、浙江和广东的GDP增速为8.0%~8.5%，处于中游水平。

广东、福建、浙江等省份前些年经济下降趋势显著，但通过及时调整产业结构，发展新兴产业，增长质量不断提升。这些省份在增长转型过程中较好地实现了结构转型升级，完成了新旧动能的转换，财政收入均实现较快增长。例如，2015年，广东一般公共预算收入为9364亿元，同比增长12%；江苏为8028亿元，同比增长11%。同时，东部省份第三产业占GDP的比重均相对较高，多数已成为"三二一"的产业结构模式，即以第三产业为主导的经济结构。东部地区自身具有的人口优势和消费优势，使"互联网+"、金融业等新兴产业具有充分的发展空间，很多增长快、发展空间大的新兴产业多集中在这些地区。如2015年软件和信息技术服务业税收同比增长21.2%，北京、广东、上海和浙江等主要集聚区域占比达74%，浙江税收增幅高达57%。

以广东为代表的东部地区在积极发展新兴产业的同时，努力实现传统制造业的转型升级。首先，受经济下行压力、产能过剩和库存较高的影响，制造业发展缓慢，但部分高端装备制造业因创新力度大、产业集聚程度高而具有较强的市场竞争力，为经济带来了新的增长动力。如江苏、浙江和广东三大产业集聚区的电气机械和器材制造业税收增长10.6%，比制造业整体税收增幅高5.3个百分点，占全国的57%。其次，工业结构调整步伐也在加快。如浙江2015年高新技术产业、战略性新兴产业、装备制造业增加值分别增长6.9%、6.9%和6.3%，增幅均高于规模以上工业，高新技术产业对工业增长的贡献份额高达55.1%。天津、广东等省份的服务业规模高于全国平均水平。

（2）经济增长速度较慢，低于全国平均增速的省份依据收入阶段的不同大致划分为三个层面，即处于第五阶段的北京、上海，处于第四阶段的辽宁、吉林、黑龙江、河北以及处于第三阶段的山西。2015年，北京、上海和河北的 GDP 增速均为 6.9% 左右，与全国整体水平持平；表现最差的为辽宁和山西，增速仅为 3.0% 左右；东北三省中吉林增速表现稍好，为 6.5%，黑龙江为 5.8%。

首先，北京和上海较早实现了经济结构转型，随着两地工业和投资的放缓，服务业占比提升，必然伴随 GDP 增速的下降。2015 年，北京和上海的服务业占比分别为 79.9% 和 67.8% 左右，居全国前两位。北京和上海的现代服务业（金融业和科技服务业）增长状况良好，如 2016 年第一季度，上海金融业增加值为 967.63 亿元，同比增长 28.7%；北京金融业增加值为 859.3 亿元，同比增长 18.7%；科学研究和技术服务业增加值为 415.7 亿元，同比增长 11.3%。创新程度较高的租赁业和汇集了法律、咨询、知识产权服务等知识密集型行业的商务服务业发展较好，北京 2015 年完成税收收入 953.8 亿元，同比增长 27.8%。如果现代服务业仍能保持较快增长，则在面临当前增长连续减缓的较大下行压力时，北京和上海不会出现 GDP 增速剧烈下滑的情形。

其次，东北经济下行主要源于工业增速放缓。东北经济以发展能源和制造业为主，石油、化工等能源产业受全球价格影响，装备制造业出现大规模产能过剩，同时新兴产业发展滞后，未能成功实现结构转型是经济下行的主要原因。2016 年 1~2 月，辽宁规模以上工业增长排名全国倒数第一，下降 4.5%，房地产投资增速为 -9.6%，投资直线下降。东北三省一直是国家重要的能源和重工业基地，城镇化水平较高，但其产业结构过度依赖钢铁、石油、机械等，东北经济上游产业，如原材料等的严重下滑，是导致整体经济衰退的主要原因。辽宁工业产业以装备制造业、冶金和石化产业发展为主，黑龙江则主要发展石油产业。这些省份依赖自身丰富的自然资源，成为能源供应和炼化大省，旧有产业面临产能过剩和供给侧改革，服务业还未发展壮大，新兴产业更是无从谈起，再加上没有沿海靠江的优势贸易条件，结构转型升级面临较大困难。这些省份当前面临的增速极速下跌就是长期积累的产业结构和经济结构问题的集中显现。

（3）经济增长速度较快的省份主要集中在西部地区和中部地区，收入阶段较高的代表性省份有重庆、陕西、宁夏、湖北、湖南，人均收入排名集中在第12~17位，其中重庆、陕西和宁夏的人均收入接近8000美元；收入阶段较低的代表性省份如西藏、云南、贵州，人均收入均在4800美元以下。

西部诸省份由于经济发展起点低，具有较强的经济增长动力。例如，重庆增速排名全国第一，近年来一直保持10%以上的速度增长，实体经济发展扎实，服务业稳步提升。2014年，重庆以发展服务业为核心的都市功能核心区的服务业占GDP比重高达78%，以发展工业为核心的都市功能拓展区和城市发展新区的GDP占重庆整体的50%，成为新的增长极。同时，重庆积极提升自身的对外开放水平，其修建的"渝新欧"铁路连通欧洲，有望将重庆这样一个内陆城市打造成独具特色的外贸城市，从而具有较大的增长潜力。贵州是中国最穷、交通最不便利的省份之一，但近年来情况有所好转，通过积极承接珠三角地区的产业转移，发展生态旅游等服务业，有望成为国内重要的大数据机房集聚地。

中部地区也因其便利的交通枢纽条件，资源储备较为丰富，近年来随着东南沿海产业的转移，以及中部崛起战略的实施，增长势头较强劲。湖北、湖南以及河南三省位于全国交通干线的枢纽位置，地势平坦，自然资源丰富，人口稠密，对承接沿海地区的产业转移具有很大的发展优势。

四　不同增长阶段动力之源

（一）核心变量选取

我们基于四个层面考察中国区域阶段性经济增长的动力之源：增长要素层面、制度变迁层面、结构转型层面和地方环境层面。

1. 增长要素层面

选取的具体指标包括高人力资本、人口红利、投资和技术进步。为了突出反映高人力资本与普通劳动力的差别，同时反映出人力资本的分布特征，本报告选取高人力资本水平作为普通人力资本的替代指标，即用大学及以上学历人口占比衡量；人口红利指标则用 15~64 岁劳动人口占总人口的比重来反映；投资变量用固定资本形成率衡量，即资本形成额占 GDP 的比重；技术进步用每万人专利申请授权量来衡量。

2. 制度变迁层面

选取财政分权、金融分权和对外开放度作为表征制度变迁的指标。中国的分权化改革大都把关注点放在财政分权改革上，却很少有人提到当中国"财政分权"改革起步时，还有一个"金融分权"改革过程与之相伴。中国的分权化改革理应包括"财政分权"和"金融分权"两个方面的内容，这是因为传统计划经济体制是财政与金融不分的"大一统"体制，要打破这个体制必须同时从财政与金融两个方面入手（马颖等，2015）。财政分权，旨在说明包括各级政府在内的财政总支出如何在地方政府和中央政府之间进行分配。财政分权指标衡量，首先剔除地方财政支出中"国防支出和政策性补贴支出"，其次用政府财政支出与中央政府和地方政府财政总支出的比值的算术平均值来衡量。金融分权，是指中央政府和地方政府为了打破传统计划体制而释放金融资源的一系列举措，本报告在马颖等（2009，2015）研究的基础上构建财政分权下的金融体制变迁指标。在指标刻画上，用金融机构总贷款除以各级政府部门用于经济建设的支出来表示。关于对外开放度，由于对外开放对发展中国家经济增长的作用机制是复杂的，既包含对外开放对发展中国家资本积累的推动作用，也包含对发展中国家技术进步和管理创新的推动作用。本报告采用进出口总额占 GDP 的比重来衡量对外开放度水平。

3. 结构转型层面

用工业化和产业结构转型作为表征经济结构转型的指标。关于工业化水平指标，由于工业化进程内在地蕴含了诸如产业结构转型、产能过剩等影响经济增长效率的因素（黄群慧，2014），工业化水平可以从多个角度来衡量，工业化是国家和地区随着工业发展、经济增长和经济结构发生连续变化的过程。本报告为反映工业对经济增长的贡献，采用制造业增加值占总商品生产部门增加值的比重来衡量。产业结构转型指标可以用第三产业与第一产业的比值来衡量。参照 Herrendorf 等（2013）关于增长和结构转型的相关经验研究，过去两个世纪的增长经验显示，随着人均 GDP 水平的提高，与之相伴的是农业就业份额和名义附加值份额的减少，以及服务业就业份额和名义附加值份额的增加。制造业的表现区别于农业和服务业部门，其就业份额和名义附加值份额呈现"驼峰"变动轨迹，在发展水平较低时会随之增加，当发展到较高阶段时则开始下降。因此，本报告采用服务业增加值份额与农业增加值份额的比值来衡量经济结构转型过程，比值不断提高，意味着经济结构转型不断推进。

4. 地方环境层面

选取的指标主要包括地方政府努力水平和地方制度环境。其中，地方政府努力水平又细分为地方政府追求税收的努力水平和地方政府追求政治晋升的努力水平。借鉴蒋震（2014）以及李静、楠玉（2015）的研究，我们选择用各省份当年与上年的 GDP 增长率之差和各省份当年与上年的税收收入增长率之差来衡量地方政府努力水平。良好的制度环境能够为市场机制基础性匹配提供保障，从而影响经济增长。国外学者通过构建"腐败透明度感知指数"（Arin et al.，2011）或政府治理指标体系（Kaufmann and Kraay，2008）对地方政府制度质量进行考察。国内学者往往通过腐败立案数来更直观地反映腐败情况，因此，本报告采用每万人腐败立案数作为替代指标来反向刻画地方制度环境。

本报告数据来源于世界银行 WDI 数据库、《中国统计年鉴》、地方统计年鉴、《中国检察年鉴》以及《新中国六十年统计资料汇编》，时间跨度为 1978~2013 年。

（二）不同连续减缓时期增长动力比较

已有研究表明，当前中国经济面临增长连续减缓的可能性较大，在此背景下，考察连续减缓时期经济增长的动力之源，对中国各省份经济增长具有较大的现实指导意义。具体估计结果见表4。

表4 不同连续减缓时期增长动力转换

变量		1985~1988年	1995~1998年	2007~2009年
Ⅰ				
增长要素	高人力资本	0.3288*** (0.0624)	0.1994*** (0.0620)	0.8496*** (0.2088)
	人口红利	—	0.2038*** (0.0663)	0.0137 (0.6704)
	投资	1.5807*** (0.2994)	1.1562*** (0.2433)	0.2817* (0.1607)
	技术进步	—	0.1164*** (0.0158)	0.14621*** (0.0267)
Ⅱ				
制度变迁	财政分权	1.3694*** (0.0917)	0.8877** (0.2712)	3.4384*** (0.3073)
	金融分权	0.0796*** (0.0047)	0.0244** (0.0080)	-0.0410** (0.0156)
	对外开放度		0.1961** (0.0678)	-0.1203** (0.0427)
Ⅲ				
经济结构转型	工业化水平	0.5925** (0.1919)	0.9814*** (0.1891)	-0.2997 (0.4328)
	产业结构转型	0.1019*** (0.0179)	0.0273*** (0.0048)	0.0044*** (0.0015)
Ⅳ				
地方环境	地方政府追求税收的努力水平	-0.0121 (0.2012)	0.0529 (0.0785)	0.1228 (0.1526)
	地方政府追求政治晋升的努力水平	0.3151* (0.1977)	-1.4018** (0.5898)	-1.3895** (0.6655)
	地方制度环境	-0.0309 (0.0830)	-0.4216** (0.2318)	-3.5645** (2.0422)
控制变量		√	√	√
F		13.3500	14.6500	8.9600
R^2		0.3925	0.4728	0.4921

注：***、**和*分别表示1%、5%和10%置信水平，括号内数字为标准误。

1. 增长要素对经济增长的影响

表4的估计结果显示，高人力资本在各个连续增长减缓时间段内均能推

动经济增长,而且结果显著为正,而人口红利在早期减缓时间段对增长的作用显著为正,在后期虽也显示出对增长的促进作用,但并不显著。这表明尽管人口红利的刘易斯拐点已经到来,虽然人口红利曾是中国经济增长奇迹的重要推动力,但其不可避免地将进入衰减期,这在短期内对中国经济增长产生了实质性的影响。而高人力资本具备边际报酬递增的属性特征,除了作为一般生产要素之外,高人力资本更多地赋予了生产知识和技术创新的内涵。同时,高人力资本的外部性特征能够有效降低产品生产的成本,提高研发部门的效率,从而成为经济长期增长的核心因素。表4第Ⅰ部分中关于投资的回归结果显示,投资依然是驱动经济增长的重要因素,但投资对经济的影响逐渐减弱。这也反映出微观层面的要素价格扭曲和政府过度干预,以及当前中国宏观层面的严重投资积压和由此带来的产能过剩问题。表4第Ⅰ部分进一步考察了技术进步对增长的影响。估计结果显示,技术进步在增长减缓时间段内能显著带来经济增长动力。这表明,技术进步是推动经济增长的重要动力源泉。这也与张德荣(2013)的研究结论相一致。其研究指出,技术进步的提升会对经济增长产生逐渐增加的边际正影响,而对高收入和中等偏高收入国家样本的研究发现,技术进步对增长的边际效应更大。

2. 制度变迁对经济增长的影响

表4第Ⅱ部分考察了财政分权和金融分权变量对经济增长的影响,估计结果发现,财政分权对经济增长的影响在各个减缓时间段均显著为正,金融分权对经济增长具有显著的"倒U"形关系。这表明,虽然短期内财政分权及其推动的金融分权为金融发展提供了制度环境,在这种环境中二者的相互作用促进了经济增长,但是金融分权并没有表现出持续的增长动力。具体在2007~2009年增长减缓时间段内,金融分权变量系数在5%的置信水平上显著为负。这表明,中国金融分权化过程并未释放足够的动力引致经济稳定增长,金融分权打破计划经济体制的效力经过一段时间的释放之后已经递减,开始成为阻碍经济增长的因素。表4第Ⅱ部分还表明对外开放度对经济增长的作用同样明显,近期显示出对外开放对经济增长具有阻碍作用。对外开放对发展中国家经济增长的作用机制是复杂的,既包含对发

展中国家资本积累的推动作用,也包含对发展中国家技术进步和管理创新的推动作用。对外开放政策促使大量国外资金、技术和管理经验引入国内,在加速中国经济发展的同时,国际经济波动也成为中国经济波动的一个重要冲击源。

3. 结构转型对经济增长的影响

表4第Ⅲ部分表明工业化水平变量系数在前两次减缓时间段(1985~1988年和1995~1998年)内对经济增长的影响显著为正,这表明工业化是当时中国经济增长的引擎。在第三次增长减缓阶段(2007~2009年)的分析中,工业化对增长的作用显示为负,但并不显著。这表明,工业化对经济增长并不能释放足够的动力,不具有扭转经济增长加速下滑的力量。2010年中国步入工业化后期,但是还处于工业化实现阶段,即使到2020年也仅仅走完工业化前两个阶段,工业化还需要继续深化。表4第Ⅲ部分还考察了产业结构转型对经济增长的影响。产业结构转型对经济增长的作用显著为正。在产业结构变迁过程中,各投入要素会从生产率低或生产率增长率低的部门转移至生产率高或生产率增长率高的部门,通过要素在部门间的流动促进整个社会生产率的提高。这表明,在增长减缓时期,由产业结构变迁带来的"结构红利"能够对经济产生显著的增长动力。

4. 地方环境对经济增长的影响

表4第Ⅳ部分考察了地方政府努力水平对经济增长的作用,检验结果显示,地方政府基于政治晋升目的追求经济增长绩效的努力在第一次减缓时间段(1985~1988年)对经济增长具有显著正影响,但在第二次和第三次减缓时间段(1995~1998年和2007~2009年)对经济增长产生了显著负影响。同时发现,地方政府追求税收的努力会在某种程度上实现经济增长,但其作用并不显著。这可能是地方政府追求经济增长绩效的行为在短期内能显示出对经济增长的促进作用,但在长期则会对增长动力造成损害,而地方政府努力追求财政税收往往更关注于拓展收入来源的渠道。表4第Ⅳ部分还对地方制度环境如何影响经济增长进行了考察,结果显示,腐败反映出的较差地方制度环境会显著抑制经济增长。这表明,良好的地方制度环境有助于在

增长减缓时期推动经济稳定增长。良好的制度环境通常意味着政府能为市场基础性匹配提供良好的保障，具体表现为政府立法和政务透明、腐败程度低等（Fan et al.，2013；陈志勇、陈思霞，2014）。

（三）处于不同收入阶段的增长动力比较

这一部分重点考察处于不同经济增长阶段的增长动力源泉差异。依据前文对增长阶段的划分，中国各省份当前主要处于第三阶段至第五阶段，考虑对现实的指导意义，我们重点关注在这三个阶段影响经济增长的动力源泉。具体估计结果见表5。

表5 不同收入阶段增长动力转换

变量		第五阶段	第四阶段	第三阶段
I				
增长要素	高人力资本	0.6112* (0.3855)	0.0971** (0.0424)	-0.3997* (0.2327)
	人口红利	—	2.7546*** (0.2872)	2.3480*** (0.4285)
	投资	0.4018** (0.1797)	1.0772*** (0.0762)	0.8257*** (0.1014)
	技术进步	0.0817*** (0.0239)	0.0389** (0.0164)	0.0043 (0.0166)
II				
制度变迁	财政分权	1.0330*** (0.3742)	0.3744** (0.1854)	1.6953*** (0.1569)
	金融分权	-0.0102 (0.3742)	-0.0619*** (0.0060)	0.0089** (0.0043)
	对外开放度	—	0.4237*** (0.0420)	0.3073** (0.1731)
III				
经济结构转型	工业化水平	0.1947 (0.3330)	-0.6965** (0.2095)	1.9482*** (1.9205)
	产业结构转型	0.0246*** (0.0023)	0.4167*** (0.0140)	0.1054*** (0.0125)

续表

变量		第五阶段	第四阶段	第三阶段
	IV			
地方环境	地方政府追求税收的努力水平	0.0816 (0.1441)	0.1032 (0.0937)	0.0988* (0.0658)
	地方政府追求政治晋升的努力水平	-1.2560 (0.9801)	-0.4772 (0.4197)	2.1414** (0.6403)
	地方制度环境	-0.4598*** (0.1287)	-0.6757*** (0.0884)	-0.7041*** (0.1304)
控制变量		√	√	√
F		136.7900	170.8100	116.1400
R^2		0.8906	0.8259	0.5708

注：***、**和*分别表示1%、5%和10%置信水平，括号内数字为标准误。

表5第Ⅰ部分的结果显示，首先，高人力资本对经济增长的影响在三个阶段均显著，但在第三阶段显示为显著抑制经济增长，在第四阶段和第五阶段表现为显著正影响，而且影响程度逐渐增大。人口红利对经济增长的影响在第三阶段和第四阶段均显著为正。这表明，在增长收入阶段较低时，主要依靠发挥劳动力优势驱动经济增长，刻意追求高人力资本积累并不能产生经济增长动力，反而可能对经济造成损害。当经济增长达到较高阶段时，随着消费结构的调整和人口结构的改变，高人力资本对经济增长的驱动力量较为显著。其次，投资对各个增长阶段的推动作用均显著为正，影响程度呈现"倒U"形关系，投资因素在第四阶段仍然是增长动力的重要源泉，到第五阶段有所减弱，但仍然能显著推动经济增长。最后，技术进步对增长的拉动作用在增长较高阶段才有所显现，收入阶段越高，技术进步对增长的影响越大。由此可见，处于第三阶段的省份仍应注重劳动力优势和投资对增长的拉动作用，主要实行以资本驱动经济的增长模式。但由于当前中国劳动力成本上升压力过大，人口红利优势的发挥面临较大挑战，因此，应注重投资对经济的拉动作用。当经济增长达到较高阶段时，再通过注重高人力资本培育和技术进步实现增长动力机制转换，形成人力资本和知识

拉动型增长模式。

表5第Ⅱ部分的结果显示，财政分权因素在各个阶段对经济增长的影响均显著为正，影响程度呈现"U"形关系。财政分权会促使各地方政府为追求自身利益最大化而展开竞争，从而促进地区间分工和专业化发展，激励地方进行制度和技术创新，从而促进经济增长。但与此同时，地方利益分割会加剧区域发展不平衡，不利于地区间协调发展；由于信息不对称的存在，地方政府拥有的自由处置权甚至会加剧地方腐败，从而影响宏观经济稳定，对经济增长动力的促进作用会随着增长阶段的提高而逐渐减弱。表5第Ⅱ部分关于金融分权的分析结果显示，金融分权指标对第三阶段省份的经济增长有显著正效应，但对第四阶段和第五阶段省份的经济增长影响效应为负。这表明，金融分权缓解"金融供给抑制"效应，促进经济增长的影响在收入阶段较低区域体现得较为明显。而对于经济增长已经进入较高阶段的省份来说，财政分权作为刺激经济增长的手段仍较为显著，使得反映资金配置渠道转换的金融分权过程不足以对经济增长产生正向效应（马颖等，2015）。这表明，金融部门在提高贷款效率方面还有很大的潜力可以挖掘，金融发展不够成熟是由于金融配置资源的潜力受到财政方面的约束，对于经济增长进入较高阶段的各个省份来说，应当通过进一步的市场化改革为金融发展提供更为广阔的空间，使之成为加快经济增长的另外一个途径。表5第Ⅱ部分的结果还显示，对外开放对处于第三阶段和第四阶段省份的经济增长均显著为正。这表明，对外开放程度的提高对各个收入阶段的经济增长均有显著正影响。

表5第Ⅲ部分考察了工业化水平和产业结构转型对处于各个增长阶段省份经济增长动力的影响差异。结果显示，首先，工业化水平对较低阶段省份经济增长的促进作用显著，在1%的置信水平下显著为正，对较高阶段省份经济增长的影响变为显著负影响。中国工业化过程中面临产能过剩等问题，这是中国粗放型经济发展方式和低成本工业化战略发展的结果。对于增长处于较低阶段的各个省份来说，依靠自身的比较优势，通过将低成本要素集中至工业部门的工业化过程，就能显著促进经济增长。但对于增长处于较高阶

段的省份来说，工业化对经济增长的抑制作用逐渐显现，亟须实现向工业强国和服务业大国的转变，原有依靠投资驱动工业化高增长模式会对增长产生阻碍，需要向效率驱动城市化稳速增长模式过渡。其次，产业结构转型对各个收入阶段增长的影响在1%置信水平下均显著为正，但影响程度呈现"倒U"形关系。这表明，由产业结构转型产生的"结构红利"对增长的促进作用会随着增长阶段的提升先增强后减弱。随着产业结构转型过程的深化，会引起整个社会投资结构的调整和消费结构的变动，容易对经济增长稳定性产生影响（干春晖等，2011）。当经济增长处于较高阶段时，作为需求侧的消费结构变动与供给侧的人力资本结构的良性互动，通过消费结构升级促进人力资本积累，优化整个社会人力资本分布，是激发新的增长动力的关键。而中国目前面临劳动密集型制造业亟须转型升级、高端产业人力资本短缺，以及人力资本结构和产业结构严重不匹配等问题，从而使产业结构转型对经济增长的促进作用逐渐减弱，对处于增长阶段较高的区域而言，这一矛盾更加凸显。

表5第Ⅳ部分考察了地方政府努力水平和制度因素对经济增长动力的影响。结果显示，地方政府努力水平在增长处于较低阶段时能促进经济增长，在增长处于较高阶段时影响不显著。其中地方政府基于政治晋升目的追求GDP增长的努力水平还会对增长产生抑制作用。地方政府追求政治晋升的努力往往仅关注经济绩效最大化，通常采用招商引资的方式来做大经济总量，而并不努力培育本地税源。处于工业化初期阶段的省份，企业多采用劳动密集型或资本密集型的生产方式，这些企业的区位选择对物质生产要素成本的敏感性较强，地方政府通过招商引资方式恰好契合这种生产方式特征。因此，随着地方政府努力水平的提高，能够显著促进经济增长。但当经济发展到较高阶段时，随着产业结构的调整以及要素成本的变动，这一模式将难以为继，从而表现出地方政府的努力对经济增长不显著甚至会产生阻碍的结果。用腐败反向刻画的地方制度环境指标在收入各个阶段均显示出在1%置信水平下显著为负的结果，这表明腐败不利于经济增长，会对经济增长产生严重阻碍。

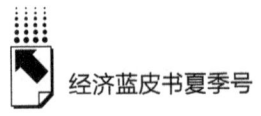

五 结论及政策建议

本报告对中国各省份经济增长阶段进行划分,同时借鉴 Eichengreen 关于经济增长减缓和增长加速的界定标准,对各省份经济增长加速和增长减缓情况进行统计描述,并对相同阶段增长表现不同的省份的经济增长动力进行对比分析。研究结果如下。①整体而言,中国正处于工业化后期增长阶段,成功跨过了中等偏高收入门槛,正式进入中等偏高收入国家行列。②中国经济当前面临连续增长减缓的可能,较高收入阶段省份在 2007 年前后已表现出连续增长减缓趋势。除西部地区个别经济发展较落后的省份外,中国 80% 的省份在 2010 年均出现增长减缓迹象。③中国近 20% 的省份已跨入第五阶段,人均收入高于 11000 美元,近似实现世界银行关于高收入经济体的界定标准。除北京、上海增速与整体水平持平外,其他省份增速均高于平均水平。④中国过半数省份集中在第四阶段,人均收入为 6000~11000 美元,处于中等收入偏高收入阶段。在这些省份中,只有辽宁、吉林、黑龙江、山西和河北的增速低于 6.9%。其中辽宁和山西的增长表现最差,仅为 3% 左右。

通过对各省份经济增长特征对比分析结果如下。①东部省份第三产业占 GDP 的比重均相对较高,多数已成为"三二一"的产业结构模式。东部地区中发展相对落后的省份,如果能借助自身具有的人力资本结构优势和消费结构优势,通过消费结构调整实现人力资本结构升级,利用高人力资本积累程度较高的优势,积极发展高端制造业和现代服务业,即使面对增长下行压力较大的增长环境,也仍能保持经济稳定增长。②中西部地区增长分化较为严重。辽宁、吉林、黑龙江、山西和河北等能源供应和炼化大省,因长期积累的产业结构和经济结构问题,旧有产业面临产能过剩和供给侧改革,没有实现产业结构转型是其经济下行的主要原因。对于增长处于较低阶段、发展较落后的省份来说,应更多注重投资对增长的拉动作用。过早追求产业结构转型和不切实际地发展服务业,反而会对增长产生阻碍。

本报告实证部分对中国不同连续增长减缓时期以及处于不同收入阶段省

份的增长动力源进行分析。研究结果及政策建议如下。①不论是以连续减缓时期各省份数据为样本，还是对处于不同收入阶段省份的增长动力因素分析均表明，中国当前的经济增长模式仍以投资驱动为主，在各省份连续减缓时间段内，投资仍能产生显著的增长动力，但对高收入阶段省份的贡献程度逐渐降低。人均收入较高的省份应着重从产业结构转型入手挖掘新的增长动力，发展高端制造业和提高服务业占比，尤其是发展现代服务业，发展以人力资本为基准的现代服务业和提升广义人力资本消费是促成经济完成二次转型的两大关键引擎（张平，2016）。②处于较高收入阶段，尤其是第五阶段的省份要特别注重高人力资本和技术进步对经济增长的促进作用。人口红利因素在增长较低阶段对经济增长有显著的促进作用，但由于当前中国劳动力成本上升压力过大，人口红利优势的发挥面临较大挑战，因此，处于第三阶段的各省份应注重投资对经济的拉动作用。当经济增长达到较高阶段时，再通过注重高人力资本培育和技术进步实现增长动力机制转换，形成人力资本和知识拉动型增长模式。③工业化水平对处于较低阶段省份经济增长的促进作用显著，对处于较高阶段省份经济增长的影响变为显著负影响。中国经济正处于工业化后期阶段，面临严重的产能过剩问题，迫切需要通过产业结构转型挖掘新的增长动力，向效率驱动城市化稳速增长模式过渡。④金融分权缓解"金融供给抑制"效应，促进经济增长的影响在收入阶段较低区域体现得较为明显。而对于经济增长已经进入较高阶段的省份来说，财政分权作为刺激经济增长的手段仍较为显著，使得反映资金配置渠道转换的金融分权过程不足以对经济增长产生正向效应。对于经济增长进入较高阶段的省份来说，还应当通过进一步的市场化改革为金融发展提供更为广阔的空间，缓解金融配置资源潜力受财政方面的约束，提高金融资源配置效率，促进整体经济增长效率的提升。⑤良好的制度环境和对外开放水平能产生显著的增长动力。而地方政府的努力水平虽然在短期能显示出对经济增长的促进作用，但在长期则会对增长动力造成损害。因此，进一步提高对外开放水平，改善政府治理，遏制政府地方腐败，激励地方政府以追求经济增长质量转变为绩效目标，为中国各省份在当前连续减缓时期挖掘新的增长动力提供良好的制度环境。

区域经济发展前景报告

Report on Regional Economic Development Prospects

B.5
1990~2016年中国各省区市发展前景评价
——区域分化和协调发展

张自然 张 平 刘霞辉 黄志钢 袁富华 王宏淼[*]

摘 要： 本报告通过对1990~2016年中国各省区市发展前景进行分析，得出了中国30个省区市1990~2016年的发展前景指数与排名情况，以及经济增长、增长可持续性、政府效率和人民生活4个一级指标的发展前景指数与排名情况。分析结果表明，上海市、北京市、江苏省、浙江省多年来处于发展前

---

[*] 张自然，中国社会科学院经济研究所研究员、博士，研究方向：技术进步与经济增长。张平，中国社会科学院经济研究所副所长、研究员、博士生导师，研究方向：经济增长。刘霞辉，中国社会科学院经济研究所研究员、博士生导师，研究方向：经济增长。黄志钢，中国社会科学院经济研究所助理研究员，研究方向：区域经济。袁富华，中国社会科学院经济研究所研究员、博士，研究方向：就业与经济增长。王宏淼，中国社会科学院经济研究所研究员、博士，研究方向：国际宏观经济与金融。感谢孙筱、张晓等在收集数据方面提供的支持。

景的第一级。除了发展前景方面西部地区改善优于东部地区和中部地区、人民生活方面西部地区改善优于中部地区和东部地区外，经济增长、增长可持续性和政府效率等方面均是东部地区改善优于中部地区和西部地区。区域分化加剧，解决办法是通过构建"经济带"的区域经济政策来促进区域协调发展。近三年具体指标权重的变化反映了我国经济从高速发展转向中高速发展过程中，涉及的人均GDP、农村居民家庭人均年纯收入、全社会劳动生产率、养老保险、消费水平和创新等与经济发展阶段密切相关的指标的重要程度，客观指标则如实反映了现实经济的关注点，即从关注城市化发展转向关注经济发展的实际效果，也就是人均GDP所代表的经济发展水平和城乡人民的实际收入水平。

关键词： 发展前景 评价 区域分化 经济带 主成分分析法

一 引言

近年来，大部分省份的经济增速保持下滑的态势，继2014年所有省份的经济增速低于2013年的态势，2015年有23个省份的经济增速继续低于2014年，有2个省份和上一年持平，仅有5个省份超过上一年。2016年上半年的经济增长率创出6.7%的新低。中国大部分省份的经济增速放缓，辽宁省2016年上半年的经济增速为-1.3%，山西省、黑龙江省的经济增速低于6%，经济增速超过9%的省份有天津市、江西省、重庆市和贵州省。实体经济发展不容乐观，经济发展前景也逐渐变得不太明朗。预计2016年有3个省份的经济增速超过2015年，1个省份与2015年持平，其余26个省份低于2015年。预计2016年全年经济增长率为6.5%左右。

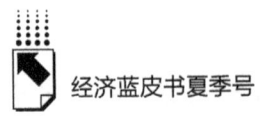

2009~2015年,《中国经济增长报告》已经连续六年对中国各省区市经济可持续发展和发展前景进行了评价。本报告在前六期"经济蓝皮书"① 的基础上继续对中国30个省区市1990~2016年的发展前景及可持续发展情况进行持续跟踪评估。

本报告第二部分为中国各省区市发展前景评价结果,第三部分为中国各省区市发展前景分级情况,第四部分为中国各省区市发展前景的影响因素分析,第五部分为区域协调发展的战略、模式与政策评估,第六部分为结论。下面将通过近60个指标运用主成分分析法对30个省区市1990~2016年的发展前景进行客观评价,并按权重将各省区市分为五级,进而对影响各省区市发展前景的一级指标、二级指标和具体指标等进行分析。

二 中国各省区市发展前景评价结果

通过主成分分析法得出中国各省区市发展前景及一级指标排名、发展前景指数等（中国各省区市发展前景评价指标设计、数据来源及处理和中国各省区市发展前景评价过程见附录2）。

（一）2016年各省区市发展前景及一级指标排名

2016年各省区市发展前景及一级指标排名情况见表1。发展前景及一级指标排名第一的省份和2015年一样,2016年上海在发展前景、增长可持续性和人民生活方面排名第一,广东省在经济增长方面排名第一,北京市在政府效率方面排名第一。发展前景、经济增长、增长可持续性、政府效率和人民生活排名第二的省份分别为江苏省、上海市、江苏省、浙江省和天津市,排名第三的省份分别为浙江省、天津市、浙江省、上海市和北京市,排名第四的省份分别为北京市、浙江省、广东省、江苏省和浙江省,排名第五的省份分别为广东省、江苏省、北京市、天津市和江苏省。

---

① 前四期为"宏观经济蓝皮书",后两期更名为"经济蓝皮书夏季号"。

表1　2016年各省区市发展前景及一级指标排名情况

地区	发展前景	经济增长	增长可持续性	政府效率	人民生活	地区	发展前景	经济增长	增长可持续性	政府效率	人民生活
北　京	4	7	5	1	3	河　南	23	14	28	29	18
天　津	7	3	10	5	2	湖　北	13	11	20	15	12
河　北	18	17	22	22	17	湖　南	17	19	17	19	23
山　西	22	23	29	16	11	广　东	5	1	4	7	19
内蒙古	11	10	6	18	14	广　西	28	24	26	26	30
辽　宁	9	27	14	10	6	海　南	16	28	7	8	20
吉　林	10	13	11	14	8	重　庆	21	16	23	13	29
黑龙江	12	20	15	9	21	四　川	19	15	16	21	16
上　海	1	2	1	3	1	贵　州	30	30	30	20	27
江　苏	2	5	2	4	5	云　南	29	29	24	30	24
浙　江	3	4	3	2	4	陕　西	15	8	21	23	10
安　徽	14	12	18	25	25	甘　肃	27	18	27	28	28
福　建	8	6	8	12	9	青　海	24	26	12	17	15
江　西	20	22	19	24	26	宁　夏	25	25	25	11	22
山　东	6	9	13	6	7	新　疆	26	21	9	27	13

1. 2016年发展前景排名及权重

和2015年相比，2016年发展前景排名上升的省份有6个：上升了3位的有1个，河北省从第21位上升到第18位；上升了2位的有3个，青海省从第26位上升到第24位，江西省从第22位上升到第20位，海南省从第18位上升到第16位；上升了1位的有2个，黑龙江省从第13位上升到第12位，山西省从第23位上升到第22位。

2016年发展前景排名下降的省份有7个：下降了3位的有1个，河南省从第20位下降到第23位；下降了2位的有2个，四川省从第17位下降到第19位，重庆市从第19位下降到第21位；下降了1位的有4个，湖北省从第12位下降到第13位，新疆维吾尔自治区从第25位下降到第26位，宁夏回族自治区从第24位下降到第25位，湖南省从第16位下降到第17位。

其他省份2016年发展前景排名不变（见表2、表3）。

表2 2016年发展前景排名变化情况

发展前景	省区市
排名上升（共6个）	河北省（+3）、青海省（+2）、江西省（+2）、海南省（+2）、黑龙江省（+1）、山西省（+1）
排名不变（共17个）	内蒙古自治区、陕西省、甘肃省、北京市、天津市、辽宁省、吉林省、上海市、江苏省、浙江省、福建省、山东省、广东省、贵州省、云南省、广西壮族自治区、安徽省
排名下降（共7个）	湖南省（-1）、宁夏回族自治区（-1）、新疆维吾尔自治区（-1）、湖北省（-1）、重庆市（-2）、四川省（-2）、河南省（-3）

注：括号里面的加号表示排名上升，减号表示排名下降，下同。

表3 2016年发展前景排名变化及权重

地区	2015年	2016年	2016年变化	权重	地区	2015年	2016年	2016年变化	权重	地区	2015年	2016年	2016年变化	权重
北京	4	4	0	7.04	浙江	3	3	0	7.58	海南	18	16	2	2.41
天津	7	7	0	4.97	安徽	14	14	0	2.60	重庆	19	21	-2	2.17
河北	21	18	3	2.30	福建	8	8	0	3.97	四川	17	19	-2	2.30
山西	23	22	1	2.16	江西	22	20	2	2.19	贵州	30	30	0	0.41
内蒙古	11	11	0	2.94	山东	6	6	0	5.74	云南	29	29	0	0.66
辽宁	9	9	0	3.19	河南	20	23	-3	2.03	陕西	15	15	0	2.49
吉林	10	10	0	2.99	湖北	12	13	-1	2.63	甘肃	27	27	0	1.57
黑龙江	13	12	1	2.82	湖南	16	17	-1	2.40	青海	26	24	2	1.89
上海	1	1	0	8.68	广东	5	5	0	6.59	宁夏	24	25	-1	1.88
江苏	2	2	0	8.34	广西	28	28	0	1.29	新疆	25	26	-1	1.76

2. 2016年经济增长排名及权重

和2015年相比，2016年经济增长排名上升的省份有11个：上升了6位的有1个，河北省从第23位上升到第17位；上升了5位的有1个，山西省从第28位上升到第23位；上升了4位的有1个，新疆维吾尔自治区从第25位上升到第21位；上升了3位的有2个，陕西省从第11位上升到第8位，青海省从第29位上升到第26位；上升了2位的有3个，吉林省从第15位上升到第13位，天津市从第5位上升到第3位，湖南省从第21位上升到第19位；上升了1位的有3个，湖北省从第12位上升到第11位，四川省从第16位上升到第15位，福建省从第7位上升到第6位。

2016年经济增长排名下降的省份有13个：下降了7位的有1个，辽宁省从第20位下降到第27位；下降了4位的有1个，江西省从第18位下降到第22位；下降了3位的有1个，宁夏回族自治区从第22位下降到第25位；下降了2位的有6个，海南省从第26位下降到第28位，江苏省从第3位下降到第5位，安徽省从第10位下降到第12位，重庆市从第14位下降到第16位，云南省从第27位下降到第29位，内蒙古自治区从第8位下降到第10位；下降了1位的有4个，河南省从第13位下降到第14位，北京市从第6位下降到第7位，黑龙江省从第19位下降到第20位，甘肃省从第17位下降到第18位。

其他省份2016年经济增长排名不变（见表4、表5）。

表4　2016年经济增长排名变化情况

经济增长	省区市
排名上升（共11个）	河北省（+6）、山西省（+5）、新疆维吾尔自治区（+4）、陕西省（+3）、青海省（+3）、吉林省（+2）、天津市（+2）、湖南省（+2）、湖北省（+1）、四川省（+1）、福建省（+1）
排名不变（共6个）	广西壮族自治区、上海市、浙江省、广东省、贵州省、山东省
排名下降（共13个）	甘肃省（-1）、黑龙江省（-1）、北京市（-1）、河南省（-1）、内蒙古自治区（-2）、云南省（-2）、重庆市（-2）、安徽省（-2）、江苏省（-2）、海南省（-2）、宁夏回族自治区（-3）、江西省（-4）、辽宁省（-7）

表5　2016年经济增长排名变化及权重

地区	2015年	2016年	2016年变化	权重	地区	2015年	2016年	2016年变化	权重	地区	2015年	2016年	2016年变化	权重
北京	6	7	-1	4.84	浙江	4	4	0	6.18	海南	26	28	-2	0.77
天津	5	3	2	6.85	安徽	10	12	-2	3.24	重庆	14	16	-2	2.87
河北	23	17	6	2.75	福建	7	6	1	4.94	四川	16	15	1	3.09
山西	28	23	5	1.63	江西	18	22	-4	2.12	贵州	30	30	0	0.34
内蒙古	8	10	-2	3.97	山东	9	9	0	4.15	云南	27	29	-2	0.66
辽宁	20	27	-7	0.79	河南	13	14	-1	3.11	陕西	11	8	3	4.45
吉林	15	13	2	3.14	湖北	12	11	1	3.56	甘肃	17	18	-1	2.46
黑龙江	19	20	-1	2.27	湖南	21	19	2	2.36	青海	29	26	3	0.88
上海	2	2	0	8.77	广东	1	1	0	8.87	宁夏	22	25	-3	1.04
江苏	3	5	-2	6.16	广西	24	24	0	1.56	新疆	25	21	4	2.20

3. 2016年增长可持续性排名及权重

和2015年相比，2016年增长可持续性排名上升的省份有7个：上升了7位的有1个，福建省从第15位上升到第8位；上升了5位的有2个，湖南省从第22位上升到第17位，河北省从第27位上升到第22位；上升了2位的有2个，吉林省从第13位上升到第11位，青海省从第14位上升到第12位；上升了1位的有2个，新疆维吾尔自治区从第10位上升到第9位，海南省从第8位上升到第7位。

2016年增长可持续性排名下降的省份有13个：下降了6位的有1个，山东省从第7位下降到第13位；下降了4位的有1个，黑龙江省从第11位下降到第15位；下降了2位的有2个，辽宁省从第12位下降到第14位，重庆市从第21位下降到第23位；下降了1位的有9个，广西壮族自治区从第25位下降到第26位，天津市从第9位下降到第10位，陕西省从第20位下降到第21位，甘肃省从第26位下降到第27位，云南省从第23位下降到第24位，安徽省从第17位下降到第18位，湖北省从第19位下降到第20位，宁夏回族自治区从第24位下降到第25位，江西省从第18位下降到第19位。

其他省份2016年增长可持续性排名不变（见表6、表7）。

表6　2016年增长可持续性排名变化情况

增长可持续性	省区市
排名上升(共7个)	福建省(+7)、湖南省(+5)、河北省(+5)、吉林省(+2)、青海省(+2)、新疆维吾尔自治区(+1)、海南省(+1)
排名不变(共10个)	内蒙古自治区、浙江省、河南省、江苏省、上海市、广东省、四川省、贵州省、山西省、北京市
排名下降(共13个)	江西省(-1)、宁夏回族自治区(-1)、湖北省(-1)、安徽省(-1)、云南省(-1)、甘肃省(-1)、陕西省(-1)、天津市(-1)、广西壮族自治区(-1)、重庆市(-2)、辽宁省(-2)、黑龙江省(-4)、山东省(-6)

4. 2016年政府效率排名及权重

和2015年相比，2016年政府效率排名上升的省份有8个：上升了2位

表7　2016年增长可持续性排名变化及权重

地区	2015年	2016年	2016年变化	权重	地区	2015年	2016年	2016年变化	权重	地区	2015年	2016年	2016年变化	权重
北京	5	5	0	5.86	浙江	3	3	0	7.07	海南	8	7	1	4.01
天津	9	10	-1	3.76	安徽	17	18	-1	2.26	重庆	21	23	-2	1.61
河北	27	22	5	1.73	福建	15	8	7	4.00	四川	16	16	0	3.02
山西	29	29	0	0.76	江西	18	19	-1	2.25	贵州	30	30	0	0.70
内蒙古	6	6	0	4.09	山东	7	13	-6	3.45	云南	23	24	-1	1.54
辽宁	12	14	-2	3.45	河南	28	28	0	1.06	陕西	20	21	-1	1.87
吉林	13	11	2	3.62	湖北	19	20	-1	2.02	甘肃	26	27	-1	1.11
黑龙江	11	15	-4	3.33	湖南	22	17	5	2.32	青海	14	12	2	3.55
上海	1	1	0	10.64	广东	4	4	0	6.79	宁夏	24	25	-1	1.46
江苏	2	2	0	7.47	广西	25	26	-1	1.20	新疆	10	9	1	4.00

的有3个，山西省从第18位上升到第16位，广西壮族自治区从第28位上升到第26位，吉林省从第16位上升到第14位；上升了1位的有5个，重庆市从第14位上升到第13位，四川省从第22位上升到第21位，贵州省从第21位上升到第20位，浙江省从第3位上升到第2位，陕西省从第24位上升到第23位。

2016年政府效率排名下降的省份有8个：下降了2位的有3个，青海省从第15位下降到第17位，湖北省从第13位下降到第15位，河北省从第20位下降到第22位；下降了1位的有5个，江西省从第23位下降到第24位，甘肃省从第27位下降到第28位，上海市从第2位下降到第3位，内蒙古自治区从第17位下降到第18位，新疆维吾尔自治区从第26位下降到第27位。

其他省份2016年政府效率排名不变（见表8、表9）。

表8　2016年政府效率排名变化情况

政府效率	省区市
排名上升（共8个）	山西省（+2）、广西壮族自治区（+2）、吉林省（+2）、重庆市（+1）、四川省（+1）、贵州省（+1）、浙江省（+1）、陕西省（+1）
排名不变（共14个）	黑龙江省、山东省、安徽省、北京市、天津市、江苏省、福建省、海南省、云南省、宁夏回族自治区、河南省、湖南省、辽宁省、广东省
排名下降（共8个）	新疆维吾尔自治区（-1）、内蒙古自治区（-1）、上海市（-1）、甘肃省（-1）、江西省（-1）、河北省（-2）、湖北省（-2）、青海省（-2）

表9 2016年政府效率排名变化及权重

地区	2015年	2016年	2016年变化	权重	地区	2015年	2016年	2016年变化	权重	地区	2015年	2016年	2016年变化	权重
北京	1	1	0	10.22	浙江	3	2	1	7.19	海南	8	8	0	4.67
天津	5	5	0	5.49	安徽	25	25	0	1.37	重庆	14	13	1	2.79
河北	20	22	-2	2.07	福建	12	12	0	3.24	四川	22	21	1	2.14
山西	18	16	2	2.48	江西	23	24	-1	1.84	贵州	21	20	1	2.15
内蒙古	17	18	-1	2.39	山东	6	6	0	5.06	云南	30	30	0	0.77
辽宁	10	10	0	3.92	河南	29	29	0	0.93	陕西	24	23	1	1.87
吉林	16	14	2	2.68	湖北	13	15	-2	2.63	甘肃	27	28	-1	0.97
黑龙江	9	9	0	4.09	湖南	19	19	0	2.24	青海	15	17	-2	2.47
上海	2	3	-1	7.14	广东	7	7	0	5.03	宁夏	11	11	0	3.63
江苏	4	4	0	6.39	广西	28	26	2	1.14	新疆	26	27	-1	1.03

5. 2016年人民生活排名及权重

和2015年相比,2016年人民生活排名上升的省份有8个:上升了2位的有1个,山西省从第13位上升到第11位;上升了1位的有7个,内蒙古自治区从第15位上升到第14位,云南省从第25位上升到第24位,陕西省从第11位上升到第10位,贵州省从第28位上升到第27位,天津市从第3位上升到第2位,安徽省从第26位上升到第25位,河北省从第18位上升到第17位。

2016年人民生活排名下降的省份有6个:下降了3位的有1个,新疆维吾尔自治区从第10位下降到第13位;下降了2位的有1个,江西省从第24位下降到第26位;下降了1位的有4个,河南省从第17位下降到第18位,甘肃省从第27位下降到第28位,北京市从第2位下降到第3位,青海省从第14位下降到第15位。

其他省份2016年人民生活排名不变(见表10、表11)。

表10 2016年人民生活排名变化情况

人民生活	省区市
排名上升(共8个)	山西省(+2)、内蒙古自治区(+1)、云南省(+1)、陕西省(+1)、贵州省(+1)、天津市(+1)、安徽省(+1)、河北省(+1)
排名不变(共16个)	四川省、宁夏回族自治区、福建省、海南省、湖南省、浙江省、湖北省、辽宁省、上海市、吉林省、山东省、广西壮族自治区、重庆市、江苏省、黑龙江省、广东省
排名下降(共6个)	青海省(-1)、北京市(-1)、甘肃省(-1)、河南省(-1)、江西省(-2)、新疆维吾尔自治区(-3)

表11 2016年人民生活排名变化及权重

地区	2015年	2016年	2016年变化	权重	地区	2015年	2016年	2016年变化	权重	地区	2015年	2016年	2016年变化	权重
北京	2	3	-1	5.92	浙江	4	4	0	5.30	海南	20	20	0	2.46
天津	3	2	1	6.11	安徽	26	25	1	1.90	重庆	29	29	0	1.32
河北	18	17	1	3.00	福建	9	9	0	4.04	四川	16	16	0	3.12
山西	13	11	2	3.78	江西	24	26	-2	1.83	贵州	28	27	1	1.72
内蒙古	15	14	1	3.24	山东	7	7	0	4.19	云南	25	24	1	2.01
辽宁	6	6	0	4.30	河南	17	18	-1	3.00	陕西	11	10	1	3.80
吉林	8	8	0	4.12	湖北	12	12	0	3.70	甘肃	27	28	-1	1.57
黑龙江	21	21	0	2.18	湖南	23	23	0	2.05	青海	14	15	-1	3.21
上海	1	1	0	7.40	广东	19	19	0	2.80	宁夏	22	22	0	2.14
江苏	5	5	0	5.09	广西	30	30	0	1.27	新疆	10	13	-3	3.43

（二）各省区市发展前景与一级指标指数及排名

1. 各省区市发展前景指数及排名情况

通过主成分分析法得出各省区市1990~2016年发展前景排名情况（按排名顺序）、各省区市1990~2016年发展前景排名情况、各省区市1990~2016年发展前景指数（上一年=100）和各省区市1990~2016年发展前景指数（以1990年为基期），见表60~表63。30个省区市2010~2016年、2000~2016年、1990~2016年、2016年、2015年、2014年、2013年、2012年、2011年发展前景综合评分见图1~图9。

30个省区市以及东部、中部、西部地区与全国1990~2016年发展前景指数（以1990年为基期）见图64。从图64可以看出，1990~2016年各省区市发展前景指数方面，27年来青海省发展前景指数改善最多，黑龙江省发展前景指数改善最少。西部地区发展前景指数改善优于东部地区和中部地区，东部地区发展前景指数改善优于中部地区。

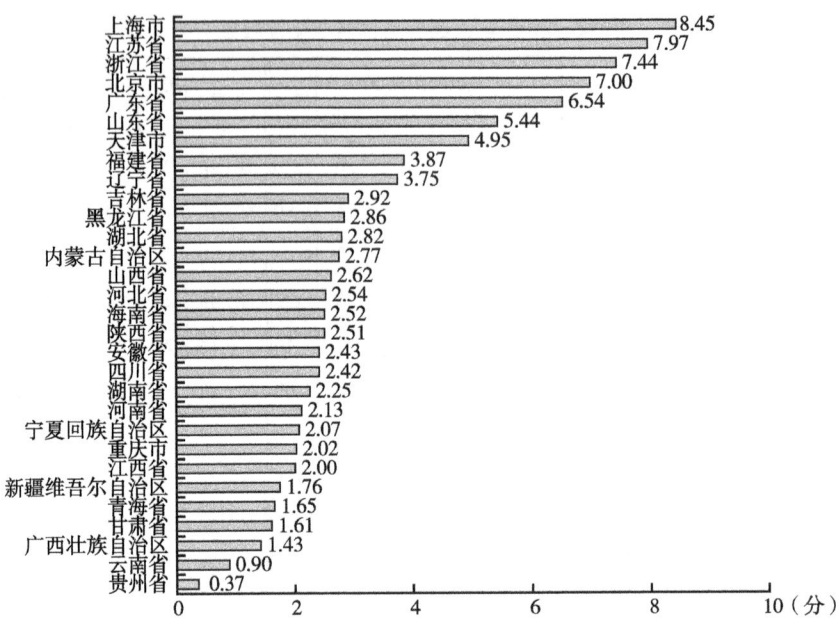

图1　30个省区市2010～2016年发展前景综合评分

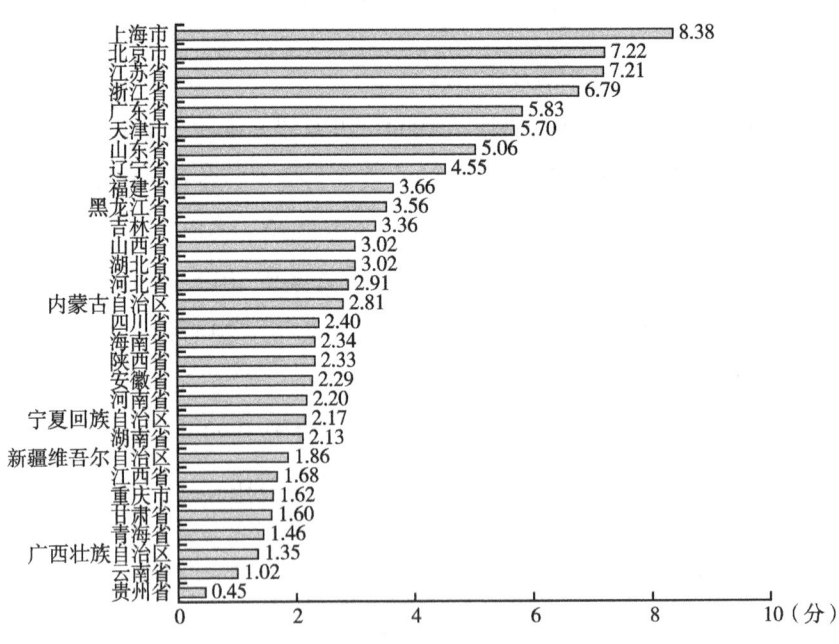

图2　30个省区市2000～2016年发展前景综合评分

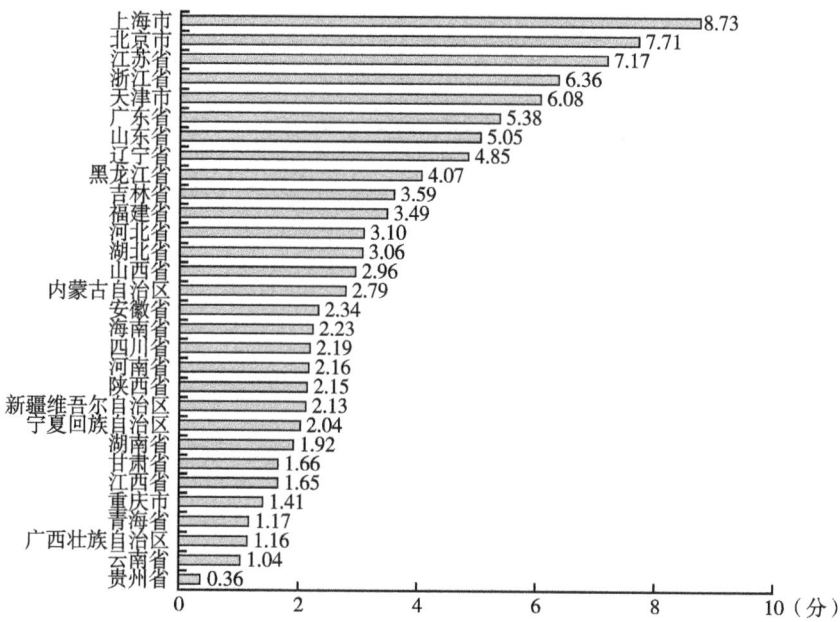

图3 30个省区市1990~2016年发展前景综合评分

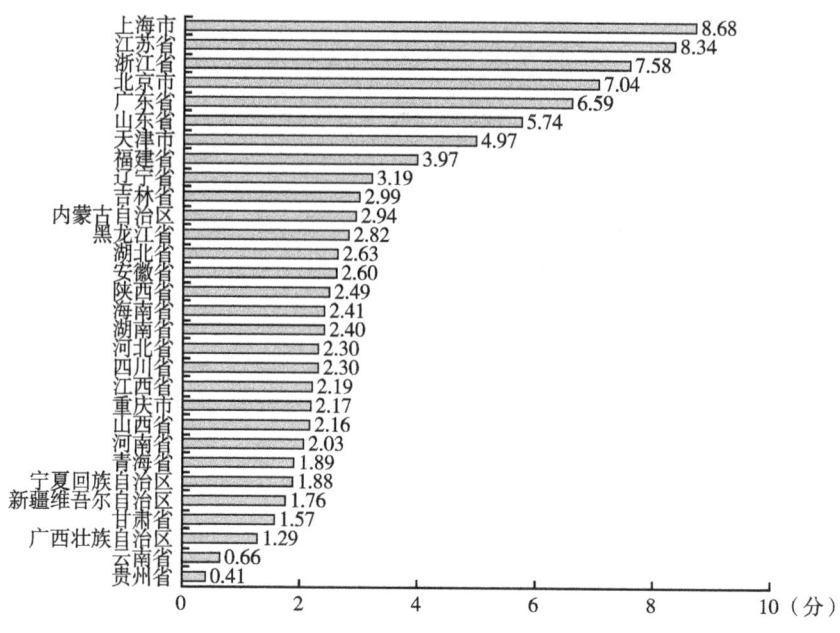

图4 30个省区市2016年发展前景综合评分

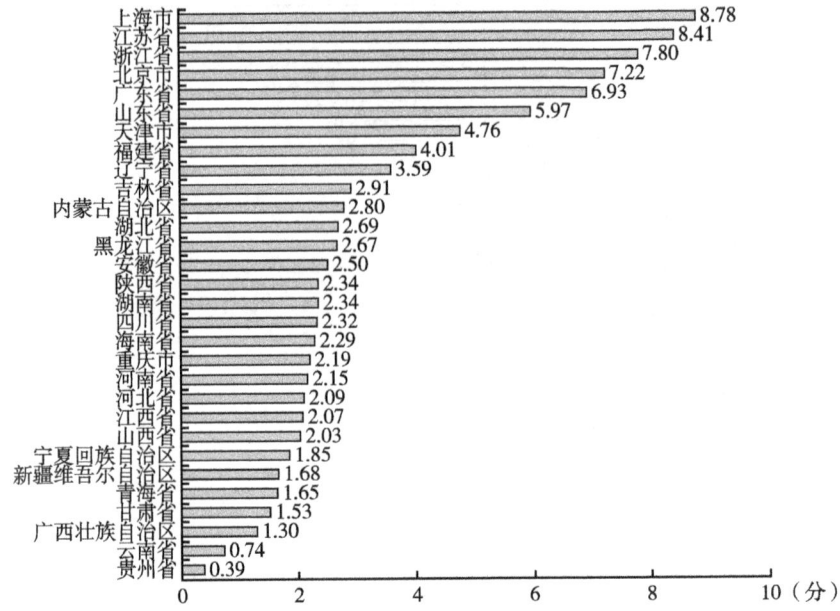

图5　30个省区市2015年发展前景综合评分

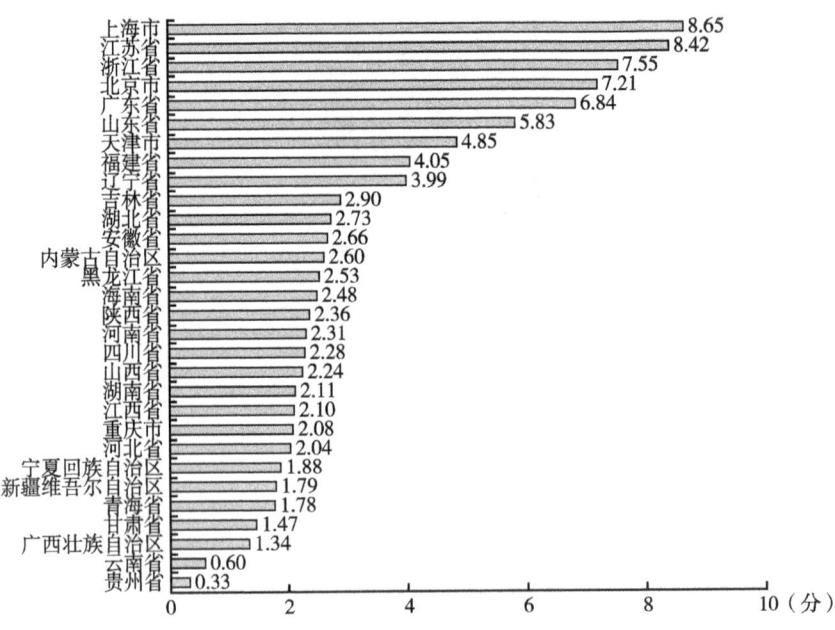

图6　30个省区市2014年发展前景综合评分

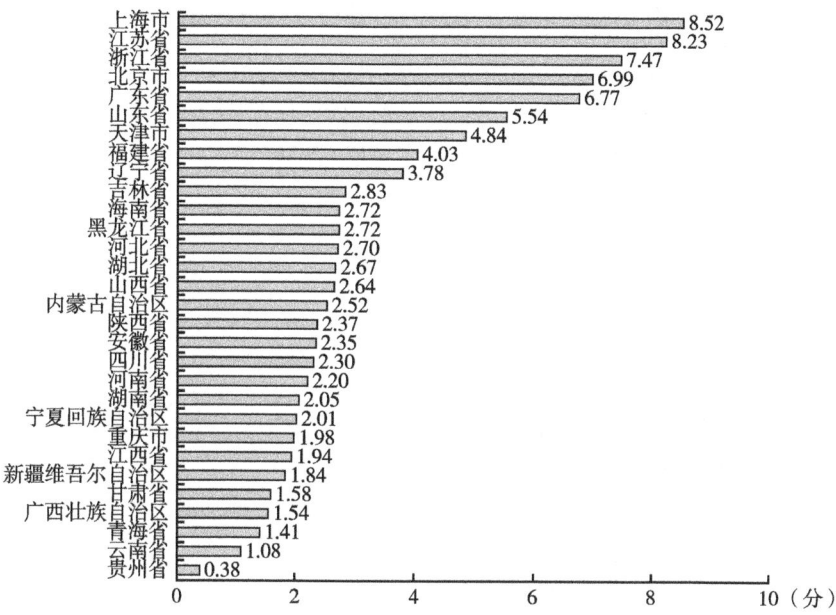

图7　30个省区市2013年发展前景综合评分

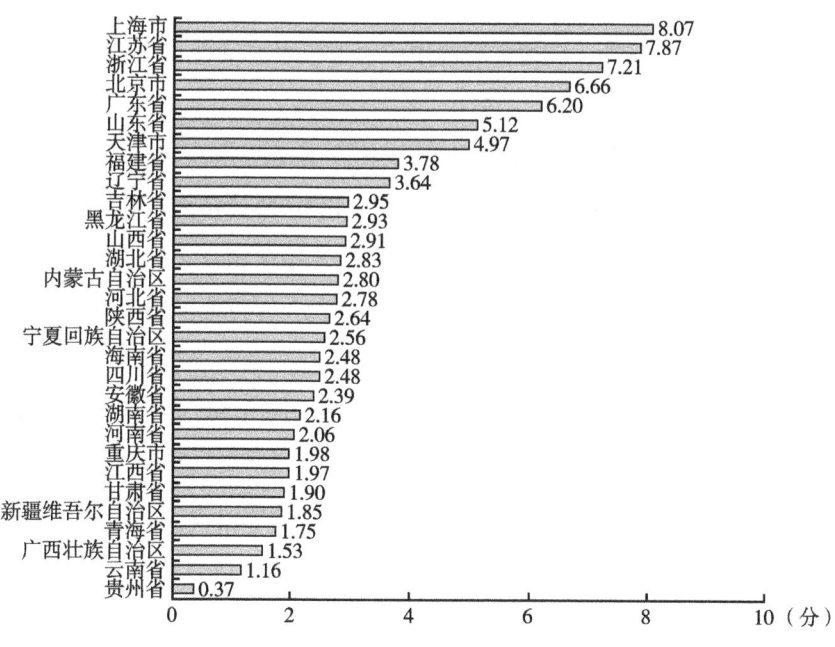

图8　30个省区市2012年发展前景综合评分

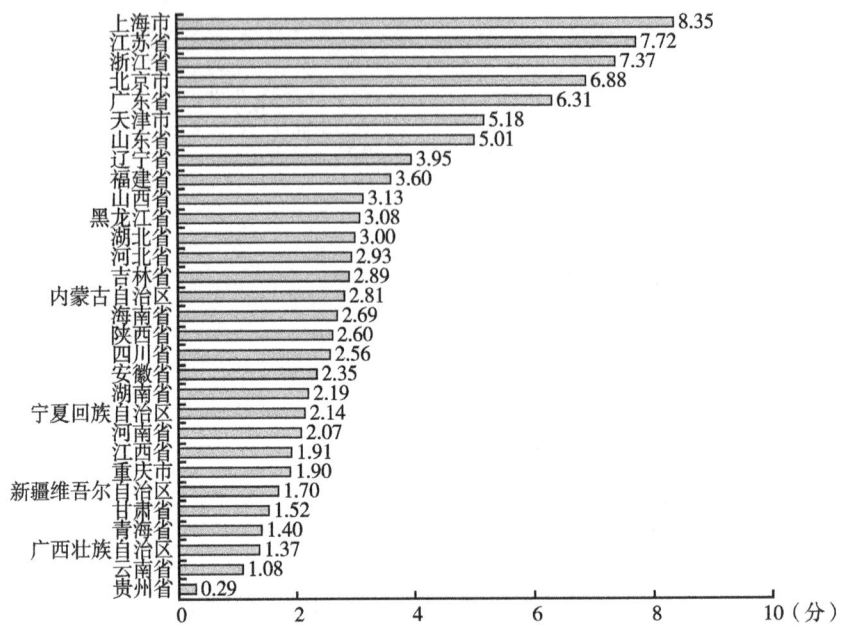

图9 30个省区市2011年发展前景综合评分

各省区市发展前景一级指标经济增长、增长可持续性、政府效率和人民生活指数及排名情况如下。

2. 各省区市经济增长指数及排名情况

通过主成分分析法得出各省区市1990～2016年经济增长排名情况（按排名顺序）、各省区市1990～2016年经济增长排名情况、各省区市1990～2016年经济增长指数（上一年＝100）和各省区市1990～2016年经济增长指数（以1990年为基期），见表64～表67。

30个省区市以及东部、中部、西部地区与全国1990～2016年经济增长指数见图65。从图65可以看出，27年来天津市经济增长指数改善最多，贵州省经济增长指数改善最少。东部地区经济增长指数改善优于西部地区和中部地区，西部地区经济增长指数改善优于中部地区。

3. 各省区市增长可持续性指数及排名情况

通过主成分分析法得出各省区市1990～2016年增长可持续性排名

情况（按排名顺序）、各省区市1990~2016年增长可持续性排名情况、各省区市1990~2016年增长可持续性指数（上一年=100）和各省区市1990~2016年增长可持续性指数（以1990年为基期），见表68~表71。

30个省区市以及东部、中部、西部地区与全国1990~2016年增长可持续性指数见图66。从图66可以看出，27年来宁夏回族自治区增长可持续性指数改善最多，甘肃省增长可持续性指数改善最少。东部地区增长可持续性指数改善优于中部地区和西部地区，中部地区增长可持续性指数改善优于西部地区。

4. 各省区市政府效率指数及排名情况

通过主成分分析法得出各省区市1990~2016年政府效率排名情况（按排名顺序）、各省区市1990~2016年政府效率排名情况、各省区市1990~2016年政府效率指数（上一年=100）和各省区市1990~2016年政府效率指数（以1990年为基期），见表72~表75。

30个省区市以及东部、中部、西部地区与全国1990~2016年政府效率指数见图67。从图67可以看出，27年来福建省政府效率指数改善最多，甘肃省政府效率指数改善最少。东部地区政府效率指数改善优于中部地区和西部地区，中部地区政府效率指数改善优于西部地区。

5. 各省区市人民生活指数及排名情况

通过主成分分析法得出各省区市1990~2016年人民生活排名情况（按排名顺序）、各省区市1990~2016年人民生活排名情况、各省区市1990~2016年人民生活指数（上一年=100）和各省区市1990~2016年人民生活指数（以1990年为基期），见表76~表79。

30个省区市以及东部、中部、西部地区与全国1990~2016年人民生活指数见图68。从图68可以看出，27年来贵州省人民生活指数改善最多，北京市人民生活指数改善最少。西部地区人民生活指数改善优于中部地区和东部地区，中部地区人民生活指数改善优于东部地区。

三 中国各省区市发展前景分级情况

（一）各省区市发展前景分级情况

30个省区市2010~2016年、2000~2016年、1990~2016年、2016年、2015年、2014年、2013年、2012年和2011年发展前景分级情况如下。

1. 2010~2016年各省区市发展前景分级

将2010~2016年各省区市发展前景综合得分按权重比3:3:2:1:1分为五级，第一级为上海市、江苏省、浙江省、北京市，4个省区市权重之和约占总权重的30%。第二级为广东省、山东省、天津市、福建省、辽宁省、吉林省、黑龙江省，7个省区市权重之和约占总权重的30%。和2000~2016年相比，2010~2016年发展前景方面吉林省从Ⅲ级上升到Ⅱ级，上升了一级。第三级为湖北省、内蒙古自治区、山西省、河北省、海南省、陕西省、安徽省，7个省区市权重之和约占总权重的20%。和2000~2016年相比，2010~2016年发展前景方面陕西省从Ⅳ级上升到Ⅲ级，上升了一级；安徽省从Ⅳ级上升到Ⅲ级，上升了一级。第四级为四川省、湖南省、河南省、宁夏回族自治区、重庆市，5个省区市权重之和约占总权重的10%。和2000~2016年相比，2010~2016年发展前景方面四川省从Ⅲ级下降到Ⅳ级，下降了一级；重庆市从Ⅴ级上升到Ⅳ级，上升了一级。第五级为江西省、新疆维吾尔自治区、青海省、甘肃省、广西壮族自治区、云南省、贵州省，7个省区市权重之和约占总权重的10%（见表12和图10）。

2. 2000~2016年各省区市发展前景分级

将2000~2016年各省区市发展前景综合得分按权重比3:3:2:1:1分为五级，第一级为上海市、北京市、江苏省、浙江省，4个省区市权重之和约占总权重的30%。第二级为广东省、天津市、山东省、辽宁省、福建省、黑龙江省，6个省区市权重之和约占总权重的30%。和1990~2016年相比，2000~2016年发展前景方面福建省从Ⅲ级上升到Ⅱ级，上升了一级。第三级为

表12　30个省区市2010~2016年发展前景等级划分

发展前景	省区市
Ⅰ级（共4个）	上海市、江苏省、浙江省、北京市
Ⅱ级（共7个）	广东省、山东省、天津市、福建省、辽宁省、吉林省、黑龙江省
Ⅲ级（共7个）	湖北省、内蒙古自治区、山西省、河北省、海南省、陕西省、安徽省
Ⅳ级（共5个）	四川省、湖南省、河南省、宁夏回族自治区、重庆市
Ⅴ级（共7个）	江西省、新疆维吾尔自治区、青海省、甘肃省、广西壮族自治区、云南省、贵州省

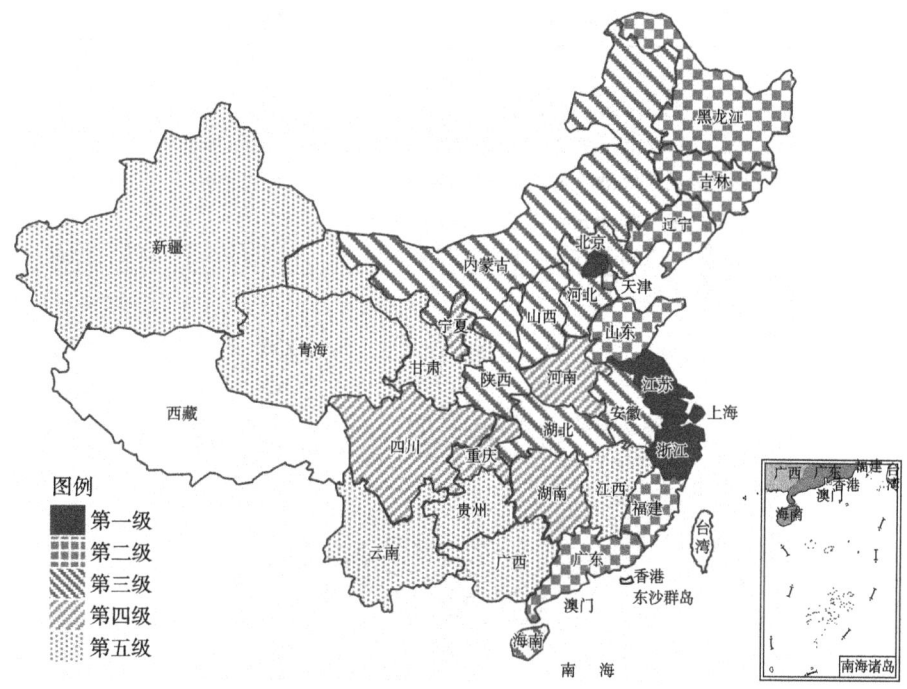

图10　30个省区市2010~2016年发展前景分级情况

注：西藏由于数据原因，暂不列入。香港、澳门和台湾因为数据统计口径不同，也暂不列入，下同。

吉林省、山西省、湖北省、河北省、内蒙古自治区、四川省、海南省，7个省区市权重之和约占总权重的20%。和1990~2016年相比，2000~2016年发展前景方面吉林省从Ⅱ级下降到Ⅲ级，下降了一级；四川省从Ⅳ级上升到Ⅲ级，上升了一级。第四级为陕西省、安徽省、河南省、宁夏回族自治区、湖南省，5个省区市权重之和约占总权重的10%。和1990~2016年相比，2000~2016

年发展前景方面安徽省从Ⅲ级下降到Ⅳ级，下降了一级；湖南省从Ⅴ级上升到Ⅳ级，上升了一级。第五级为新疆维吾尔自治区、江西省、重庆市、甘肃省、青海省、广西壮族自治区、云南省、贵州省，8个省区市权重之和约占总权重的10%。和1990~2016年相比，2000~2016年发展前景方面新疆维吾尔自治区从Ⅳ级下降到Ⅴ级，下降了一级（见表13和图11）。

表13　30个省区市2000~2016年发展前景等级划分

发展前景	省区市
Ⅰ级(共4个)	上海市、北京市、江苏省、浙江省
Ⅱ级(共6个)	广东省、天津市、山东省、辽宁省、福建省、黑龙江省
Ⅲ级(共7个)	吉林省、山西省、湖北省、河北省、内蒙古自治区、四川省、海南省
Ⅳ级(共5个)	陕西省、安徽省、河南省、宁夏回族自治区、湖南省
Ⅴ级(共8个)	新疆维吾尔自治区、江西省、重庆市、甘肃省、青海省、广西壮族自治区、云南省、贵州省

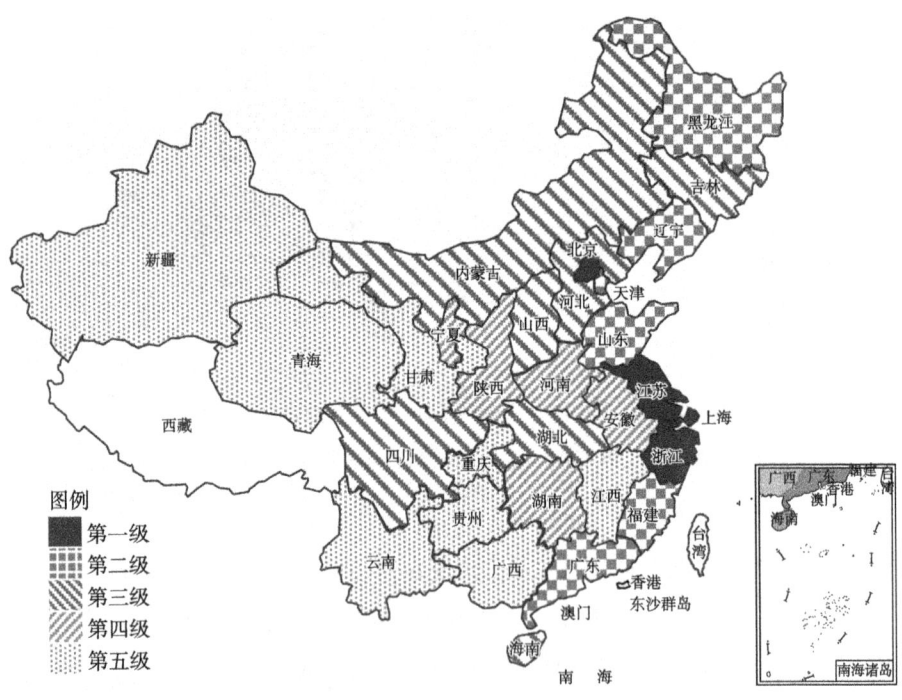

图11　30个省区市2000~2016年发展前景分级情况

将2000～2016年和上一年得到的2000～2015年发展前景等级情况进行比较，各个省份分级没有什么变化。

3. 1990～2016年各省区市发展前景分级

将1990～2016年各省区市发展前景综合得分按权重比3∶3∶2∶1∶1分为五级，第一级为上海市、北京市、江苏省、浙江省，4个省区市权重之和约占总权重的30%。第二级为天津市、广东省、山东省、辽宁省、黑龙江省、吉林省，6个省区市权重之和约占总权重的30%。第三级为福建省、河北省、湖北省、山西省、内蒙古自治区、安徽省、海南省，7个省区市权重之和约占总权重的20%。第四级为四川省、河南省、陕西省、新疆维吾尔自治区、宁夏回族自治区，5个省区市权重之和约占总权重的10%。第五级为湖南省、甘肃省、江西省、重庆市、青海省、广西壮族自治区、云南省、贵州省，8个省区市权重之和约占总权重的10%（见表14和图12）。

表14　30个省区市1990～2016年发展前景等级划分

发展前景	省区市
Ⅰ级（共4个）	上海市、北京市、江苏省、浙江省
Ⅱ级（共6个）	天津市、广东省、山东省、辽宁省、黑龙江省、吉林省
Ⅲ级（共7个）	福建省、河北省、湖北省、山西省、内蒙古自治区、安徽省、海南省
Ⅳ级（共5个）	四川省、河南省、陕西省、新疆维吾尔自治区、宁夏回族自治区
Ⅴ级（共8个）	湖南省、甘肃省、江西省、重庆市、青海省、广西壮族自治区、云南省、贵州省

将1990～2016年和上一年得到的1990～2015年发展前景等级情况进行比较，各个省份分级没有什么变化。

4. 2016年各省区市发展前景分级

将2016年各省区市发展前景综合得分按权重比3∶3∶2∶1∶1分为五级，第一级为上海市、江苏省、浙江省、北京市，4个省区市权重之和约占总权重的30%。第二级为广东省、山东省、天津市、福建省、辽宁省、吉

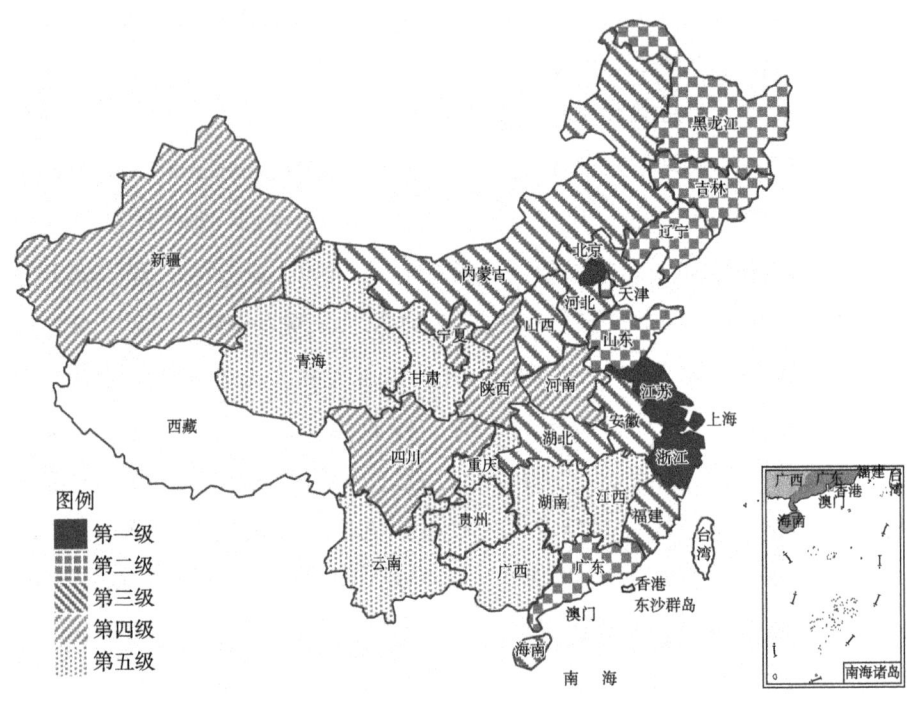

图12 30个省区市1990~2016年发展前景分级情况

林省、内蒙古自治区，7个省区市权重之和约占总权重的30%。第三级为黑龙江省、湖北省、安徽省、陕西省、海南省、湖南省、河北省、四川省，8个省区市权重之和约占总权重的20%。和2015年相比，2016年发展前景方面河北省从Ⅳ级上升到Ⅲ级，上升了一级。第四级为江西省、重庆市、山西省、河南省、青海省，5个省区市权重之和约占总权重的10%。和2015年相比，2016年发展前景方面重庆市从Ⅲ级下降到Ⅳ级，下降了一级；青海省从Ⅴ级上升到Ⅳ级，上升了一级。第五级为宁夏回族自治区、新疆维吾尔自治区、甘肃省、广西壮族自治区、云南省、贵州省，6个省区市权重之和约占总权重的10%。和2015年相比，2016年发展前景方面宁夏回族自治区从Ⅳ级下降到Ⅴ级，下降了一级（见表15和图13）。

表15 30个省区市2016年发展前景等级划分

发展前景	省区市
Ⅰ级(共4个)	上海市、江苏省、浙江省、北京市
Ⅱ级(共7个)	广东省、山东省、天津市、福建省、辽宁省、吉林省、内蒙古自治区
Ⅲ级(共8个)	黑龙江省、湖北省、安徽省、陕西省、海南省、湖南省、河北省、四川省
Ⅳ级(共5个)	江西省、重庆市、山西省、河南省、青海省
Ⅴ级(共6个)	宁夏回族自治区、新疆维吾尔自治区、甘肃省、广西壮族自治区、云南省、贵州省

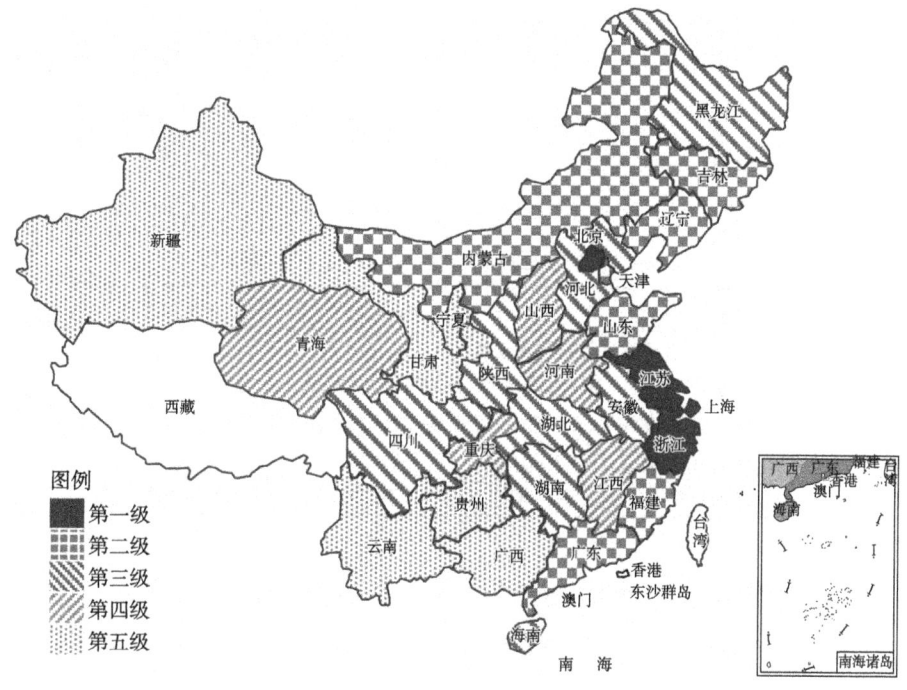

图13 30个省区市2016年发展前景分级情况

5. 2015年各省区市发展前景分级

将2015年各省区市发展前景综合得分按权重比3:3:2:1:1分为五级，第一级为上海市、江苏省、浙江省、北京市，4个省区市权重之和约占总权重的30%。第二级为广东省、山东省、天津市、福建省、辽宁省、吉林省、内蒙古自治区，7个省区市权重之和约占总权重的30%。和

2014年相比，2015年发展前景方面内蒙古自治区从Ⅲ级上升到Ⅱ级，上升了一级。第三级为湖北省、黑龙江省、安徽省、陕西省、湖南省、四川省、海南省、重庆市，8个省区市权重之和约占总权重的20%。和2014年相比，2015年发展前景方面湖北省从Ⅱ级下降到Ⅲ级，下降了一级；湖南省从Ⅳ级上升到Ⅲ级，上升了一级；重庆市从Ⅳ级上升到Ⅲ级，上升了一级。第四级为河南省、河北省、江西省、山西省、宁夏回族自治区，5个省区市权重之和约占总权重的10%。和2014年相比，2015年发展前景方面河南省从Ⅲ级下降到Ⅳ级，下降了一级；山西省从Ⅲ级下降到Ⅳ级，下降了一级。第五级为新疆维吾尔自治区、青海省、甘肃省、广西壮族自治区、云南省、贵州省，6个省区市权重之和约占总权重的10%（见表16和图14）。

表16 30个省区市2015年发展前景等级划分

发展前景	省区市
Ⅰ级(共4个)	上海市、江苏省、浙江省、北京市
Ⅱ级(共7个)	广东省、山东省、天津市、福建省、辽宁省、吉林省、内蒙古自治区
Ⅲ级(共8个)	湖北省、黑龙江省、安徽省、陕西省、湖南省、四川省、海南省、重庆市
Ⅳ级(共5个)	河南省、河北省、江西省、山西省、宁夏回族自治区
Ⅴ级(共6个)	新疆维吾尔自治区、青海省、甘肃省、广西壮族自治区、云南省、贵州省

6. 2014年各省区市发展前景分级

将2014年各省区市发展前景综合得分按权重比3:3:2:1:1分为五级，第一级为上海市、江苏省、浙江省、北京市，4个省区市权重之和约占总权重的30%。第二级为广东省、山东省、天津市、福建省、辽宁省、吉林省、湖北省，7个省区市权重之和约占总权重的30%。和2013年相比，2014年发展前景方面湖北省从Ⅲ级上升到Ⅱ级，上升了一级。第三级为安徽省、内蒙古自治区、黑龙江省、海南省、陕西省、河南省、四川省、山西省，8个省区市权重之和约占总权重的20%。和2013年相比，2014年发展前景方面海南省从Ⅱ级下降到Ⅲ级，下降了一级；河南省从Ⅳ级上升到Ⅲ级，上升了

1990~2016年中国各省区市发展前景评价

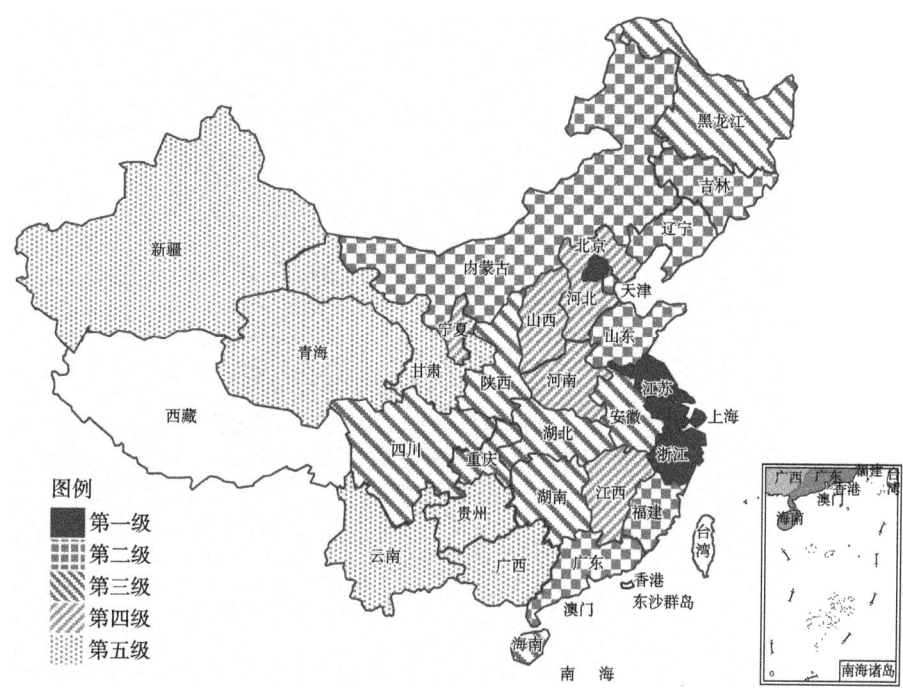

图14　30个省区市2015年发展前景分级情况

一级。第四级为湖南省、江西省、重庆市、河北省、宁夏回族自治区,5个省区市权重之和约占总权重的10%。和2013年相比,2014年发展前景方面河北省从Ⅲ级下降到Ⅳ级,下降了一级。第五级为新疆维吾尔自治区、青海省、甘肃省、广西壮族自治区、云南省、贵州省,6个省区市权重之和约占总权重的10%（见表17和图15）。

表17　30个省区市2014年发展前景等级划分

发展前景	省区市
Ⅰ级(共4个)	上海市、江苏省、浙江省、北京市
Ⅱ级(共7个)	广东省、山东省、天津市、福建省、辽宁省、吉林省、湖北省
Ⅲ级(共8个)	安徽省、内蒙古自治区、黑龙江省、海南省、陕西省、河南省、四川省、山西省
Ⅳ级(共5个)	湖南省、江西省、重庆市、河北省、宁夏回族自治区
Ⅴ级(共6个)	新疆维吾尔自治区、青海省、甘肃省、广西壮族自治区、云南省、贵州省

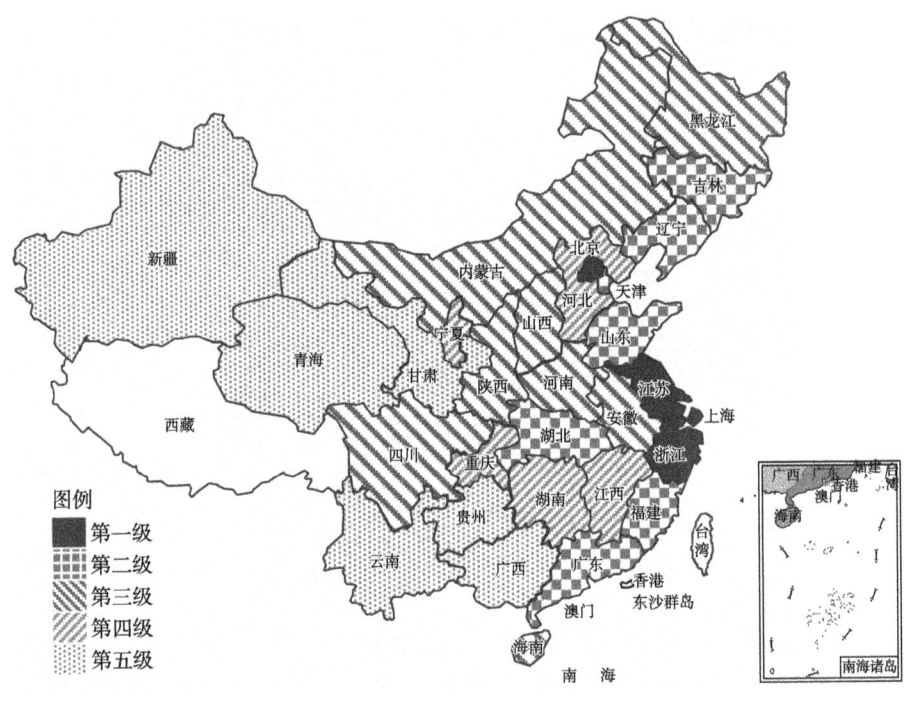

图15　30个省区市2014年发展前景分级情况

7. 2013年各省区市发展前景分级

将2013年各省区市发展前景综合得分按权重比3∶3∶2∶1∶1分为五级，第一级为上海市、江苏省、浙江省、北京市，4个省区市权重之和约占总权重的30%。第二级为广东省、山东省、天津市、福建省、辽宁省、吉林省、海南省，7个省区市权重之和约占总权重的30%。和2012年相比，2013年发展前景方面海南省从Ⅲ级上升到Ⅱ级，上升了一级。第三级为黑龙江省、河北省、湖北省、山西省、内蒙古自治区、陕西省、安徽省、四川省，8个省区市权重之和约占总权重的20%。和2012年相比，2013年发展前景方面黑龙江省从Ⅱ级下降到Ⅲ级，下降了一级；安徽省从Ⅳ级上升到Ⅲ级，上升了一级；四川省从Ⅳ级上升到Ⅲ级，上升了一级。第四级为河南省、湖南省、宁夏回族自治区、重庆市、江西省，5个省区市权重之和约占总权重的10%。和2012年相比，2013年发展前景方面宁夏回族自治区从Ⅲ级下降到

Ⅳ级,下降了一级;江西省从Ⅴ级上升到Ⅳ级,上升了一级。第五级为新疆维吾尔自治区、甘肃省、广西壮族自治区、青海省、云南省、贵州省,6个省区市权重之和约占总权重的10%(见表18和图16)。

表18 30个省区市2013年发展前景等级划分

发展前景	省区市
Ⅰ级(共4个)	上海市、江苏省、浙江省、北京市
Ⅱ级(共7个)	广东省、山东省、天津市、福建省、辽宁省、吉林省、海南省
Ⅲ级(共8个)	黑龙江省、河北省、湖北省、山西省、内蒙古自治区、陕西省、安徽省、四川省
Ⅳ级(共5个)	河南省、湖南省、宁夏回族自治区、重庆市、江西省
Ⅴ级(共6个)	新疆维吾尔自治区、甘肃省、广西壮族自治区、青海省、云南省、贵州省

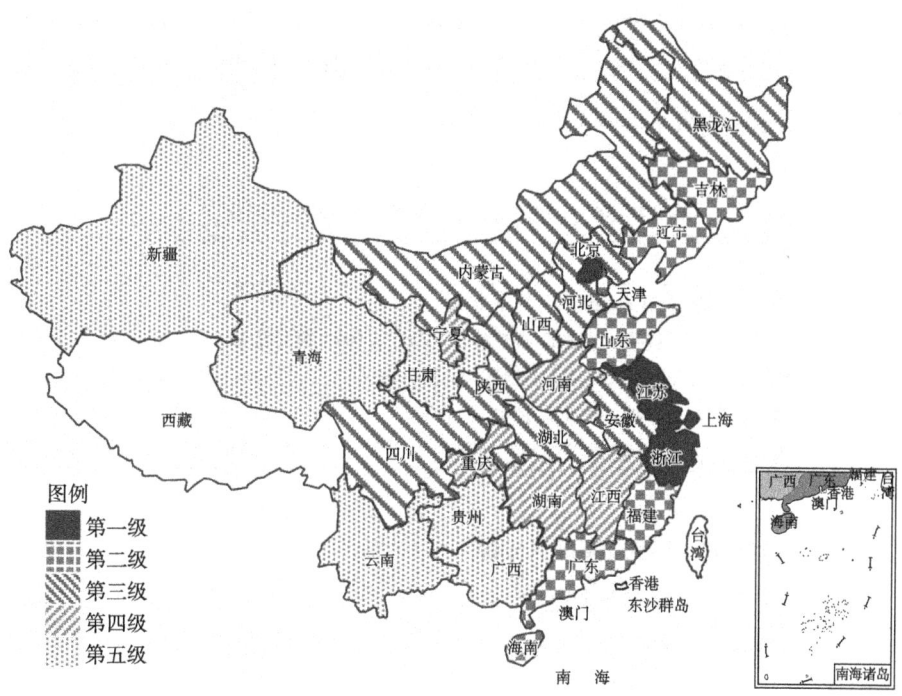

图16 30个省区市2013年发展前景分级情况

8. 2012年各省区市发展前景分级

将2012年各省区市发展前景综合得分按权重比3:3:2:1:1分为五级,

第一级为上海市、江苏省、浙江省、北京市，4个省区市权重之和约占总权重的30%。第二级为广东省、山东省、天津市、福建省、辽宁省、吉林省、黑龙江省，7个省区市权重之和约占总权重的30%。和2011年相比，2012年发展前景方面吉林省从Ⅲ级上升到Ⅱ级，上升了一级。第三级为山西省、湖北省、内蒙古自治区、河北省、陕西省、宁夏回族自治区、海南省，7个省区市权重之和约占总权重的20%。和2011年相比，2012年发展前景方面山西省从Ⅱ级下降到Ⅲ级，下降了一级；宁夏回族自治区从Ⅳ级上升到Ⅲ级，上升了一级。第四级为四川省、安徽省、湖南省、河南省、重庆市，5个省区市权重之和约占总权重的10%。和2011年相比，2012年发展前景方面四川省从Ⅲ级下降到Ⅳ级，下降了一级；重庆市从Ⅴ级上升到Ⅳ级，上升了一级。第五级为江西省、甘肃省、新疆维吾尔自治区、青海省、广西壮族自治区、云南省、贵州省，7个省区市权重之和约占总权重的10%。和2011年相比，2012年发展前景方面江西省从Ⅳ级下降到Ⅴ级，下降了一级（见表19和图17）。

表19　30个省区市2012年发展前景等级划分

发展前景	省区市
Ⅰ级(共4个)	上海市、江苏省、浙江省、北京市
Ⅱ级(共7个)	广东省、山东省、天津市、福建省、辽宁省、吉林省、黑龙江省
Ⅲ级(共7个)	山西省、湖北省、内蒙古自治区、河北省、陕西省、宁夏回族自治区、海南省
Ⅳ级(共5个)	四川省、安徽省、湖南省、河南省、重庆市
Ⅴ级(共7个)	江西省、甘肃省、新疆维吾尔自治区、青海省、广西壮族自治区、云南省、贵州省

9. 2011年各省区市发展前景分级

将2011年各省区市发展前景综合得分按权重比3∶3∶2∶1∶1分为五级，第一级为上海市、江苏省、浙江省、北京市，4个省区市权重之和约占总权重的30%。第二级为广东省、天津市、山东省、辽宁省、福建省、山西省、黑龙江省，7个省区市权重之和约占总权重的30%。第三级为湖北省、河北省、吉林省、内蒙古自治区、海南省、陕西省、四川省，7个省区市权重之和约占总权重的20%。第四级为安徽省、湖南省、宁夏回族自治区、河南

1990~2016年中国各省区市发展前景评价

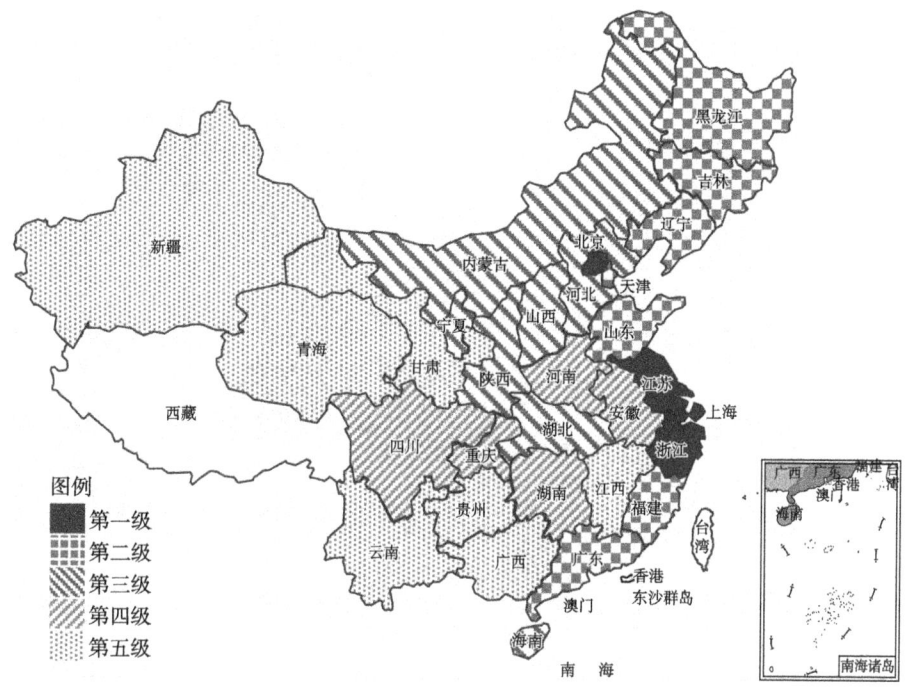

图17 30个省区市2012年发展前景分级情况

省、江西省，5个省区市权重之和约占总权重的10%。和2010年相比，2011年发展前景方面江西省从Ⅴ级上升到Ⅳ级，上升了一级。第五级为重庆市、新疆维吾尔自治区、甘肃省、青海省、广西壮族自治区、云南省、贵州省，7个省区市权重之和约占总权重的10%。和2010年相比，2011年发展前景方面重庆市从Ⅳ级下降到Ⅴ级，下降了一级（见表20和图18）。

表20　30个省区市2011年发展前景等级划分

发展前景	省区市
Ⅰ级（共4个）	上海市、江苏省、浙江省、北京市
Ⅱ级（共7个）	广东省、天津市、山东省、辽宁省、福建省、山西省、黑龙江省
Ⅲ级（共7个）	湖北省、河北省、吉林省、内蒙古自治区、海南省、陕西省、四川省
Ⅳ级（共5个）	安徽省、湖南省、宁夏回族自治区、河南省、江西省
Ⅴ级（共7个）	重庆市、新疆维吾尔自治区、甘肃省、青海省、广西壮族自治区、云南省、贵州省

123

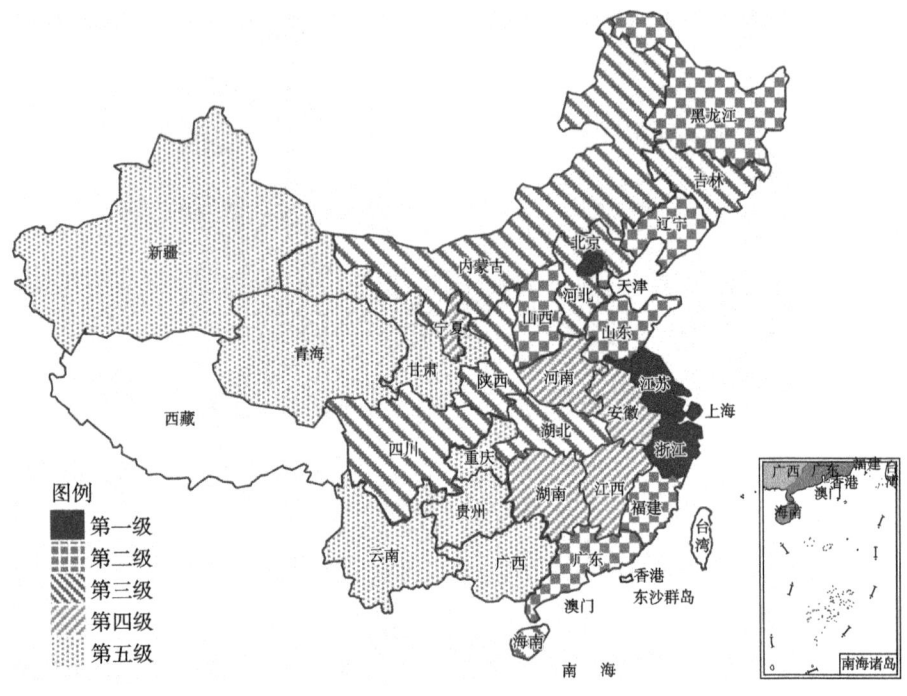

图18 30个省区市2011年发展前景分级情况

(二)各省区市经济增长分级

30个省区市2010～2016年、2000～2016年、1990～2016年、2016年、2015年、2014年、2013年、2012年和2011年经济增长分级情况如下。

1. 2010～2016年各省区市经济增长分级

将2010～2016年各省区市经济增长综合得分按权重比3:3:2:1:1分为五级,第一级为广东省、上海市、天津市、江苏省,4个省区市权重之和约占总权重的30%。第二级为浙江省、福建省、山东省、北京市、陕西省、内蒙古自治区、湖北省,7个省区市权重之和约占总权重的30%。和2000～2016年相比,2010～2016年经济增长方面湖北省从Ⅲ级上升到Ⅱ级,上升了一级。第三级为河南省、安徽省、吉林省、辽宁省、重庆市、四川省、江西省,7个省区市权重之和约占总权重的20%。和2000～2016年相比,

2010~2016年经济增长方面辽宁省从Ⅱ级下降到Ⅲ级，下降了一级；重庆市从Ⅳ级上升到Ⅲ级，上升了一级；四川省从Ⅴ级上升到Ⅲ级，上升了两级；江西省从Ⅳ级上升到Ⅲ级，上升了一级。第四级为新疆维吾尔自治区、河北省、湖南省、山西省、黑龙江省，5个省区市权重之和约占总权重的10%。和2000~2016年相比，2010~2016年经济增长方面河北省从Ⅲ级下降到Ⅳ级，下降了一级；山西省从Ⅲ级下降到Ⅳ级，下降了一级；黑龙江省从Ⅲ级下降到Ⅳ级，下降了一级。第五级为甘肃省、海南省、广西壮族自治区、宁夏回族自治区、青海省、云南省、贵州省，7个省区市权重之和约占总权重的10%。和2000~2016年相比，2010~2016年经济增长方面甘肃省从Ⅳ级下降到Ⅴ级，下降了一级（见表21和图19）。

表21 30个省区市2010~2016年经济增长等级划分

经济增长	省区市
Ⅰ级（共4个）	广东省、上海市、天津市、江苏省
Ⅱ级（共7个）	浙江省、福建省、山东省、北京市、陕西省、内蒙古自治区、湖北省
Ⅲ级（共7个）	河南省、安徽省、吉林省、辽宁省、重庆市、四川省、江西省
Ⅳ级（共5个）	新疆维吾尔自治区、河北省、湖南省、山西省、黑龙江省
Ⅴ级（共7个）	甘肃省、海南省、广西壮族自治区、宁夏回族自治区、青海省、云南省、贵州省

2. 2000~2016年各省区市经济增长分级

将2000~2016年各省区市经济增长综合得分按权重比3∶3∶2∶1∶1分为五级，第一级为广东省、上海市、江苏省、天津市，4个省区市权重之和约占总权重的30%。第二级为浙江省、山东省、福建省、北京市、辽宁省、陕西省、内蒙古自治区，7个省区市权重之和约占总权重的30%。和1990~2016年相比，2000~2016年经济增长方面浙江省从Ⅰ级下降到Ⅱ级，下降了一级；内蒙古自治区从Ⅲ级上升到Ⅱ级，上升了一级。第三级为湖北省、河南省、吉林省、黑龙江省、河北省、山西省、安徽省，7个省区市权重之和约占总权重的20%。和1990~2016年相比，2000~2016年经济增长方面湖北省从Ⅱ级下降到Ⅲ级，下降了一级；黑龙江省从Ⅱ级下降到Ⅲ级，下降

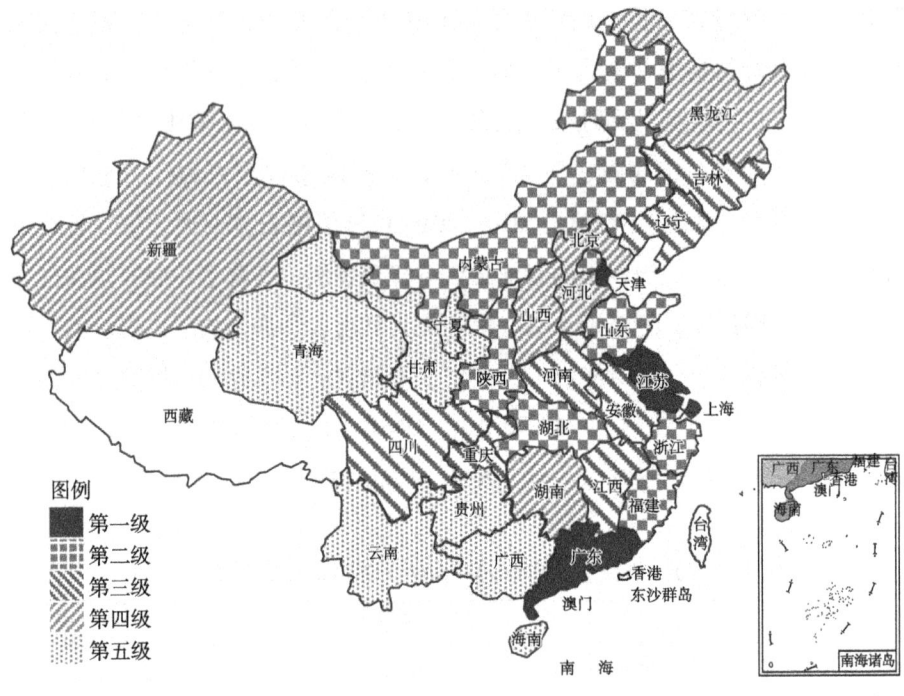

图19　30个省区市2010~2016年经济增长分级情况

了一级。第四级为甘肃省、江西省、新疆维吾尔自治区、重庆市、湖南省，5个省区市权重之和约占总权重的10%。和1990~2016年相比，2000~2016年经济增长方面湖南省从Ⅴ级上升到Ⅳ级，上升了一级。第五级为四川省、海南省、宁夏回族自治区、青海省、云南省、广西壮族自治区、贵州省，7个省区市权重之和约占总权重的10%（见表22和图20）。

表22　30个省区市2000~2016年经济增长等级划分

经济增长	省区市
Ⅰ级（共4个）	广东省、上海市、江苏省、天津市
Ⅱ级（共7个）	浙江省、山东省、福建省、北京市、辽宁省、陕西省、内蒙古自治区
Ⅲ级（共7个）	湖北省、河南省、吉林省、黑龙江省、河北省、山西省、安徽省
Ⅳ级（共5个）	甘肃省、江西省、新疆维吾尔自治区、重庆市、湖南省
Ⅴ级（共7个）	四川省、海南省、宁夏回族自治区、青海省、云南省、广西壮族自治区、贵州省

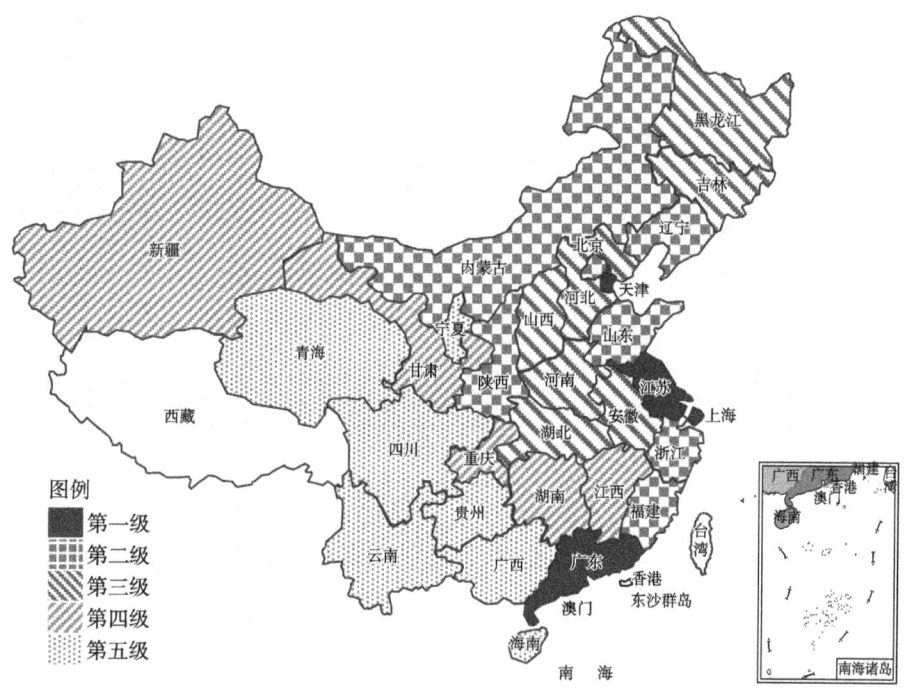

图20 30个省区市2000～2016年经济增长分级情况

将2000～2016年和上一年得到的2000～2015年经济增长等级情况进行比较,各个省份分级没有什么变化。

3. 1990～2016年各省区市经济增长分级

将1990～2016年各省区市经济增长综合得分按权重比3∶3∶2∶1∶1分为五级,第一级为广东省、上海市、江苏省、浙江省、天津市,5个省区市权重之和约占总权重的30%。第二级为北京市、山东省、福建省、辽宁省、陕西省、湖北省、黑龙江省,7个省区市权重之和约占总权重的30%。第三级为河南省、吉林省、河北省、内蒙古自治区、山西省、安徽省,6个省区市权重之和约占总权重的20%。第四级为甘肃省、江西省、重庆市、新疆维吾尔自治区,4个省区市权重之和约占总权重的10%。第五级为湖南省、四川省、云南省、海南省、宁夏回族自治区、贵州省、青海省、广西壮族自治区，8个省区市权重之和约占总权重的10%（见表23和图21）。

表23　30个省区市1990～2016年经济增长等级划分

经济增长	省区市
Ⅰ级(共5个)	广东省、上海市、江苏省、浙江省、天津市
Ⅱ级(共7个)	北京市、山东省、福建省、辽宁省、陕西省、湖北省、黑龙江省
Ⅲ级(共6个)	河南省、吉林省、河北省、内蒙古自治区、山西省、安徽省
Ⅳ级(共4个)	甘肃省、江西省、重庆市、新疆维吾尔自治区
Ⅴ级(共8个)	湖南省、四川省、云南省、海南省、宁夏回族自治区、贵州省、青海省、广西壮族自治区

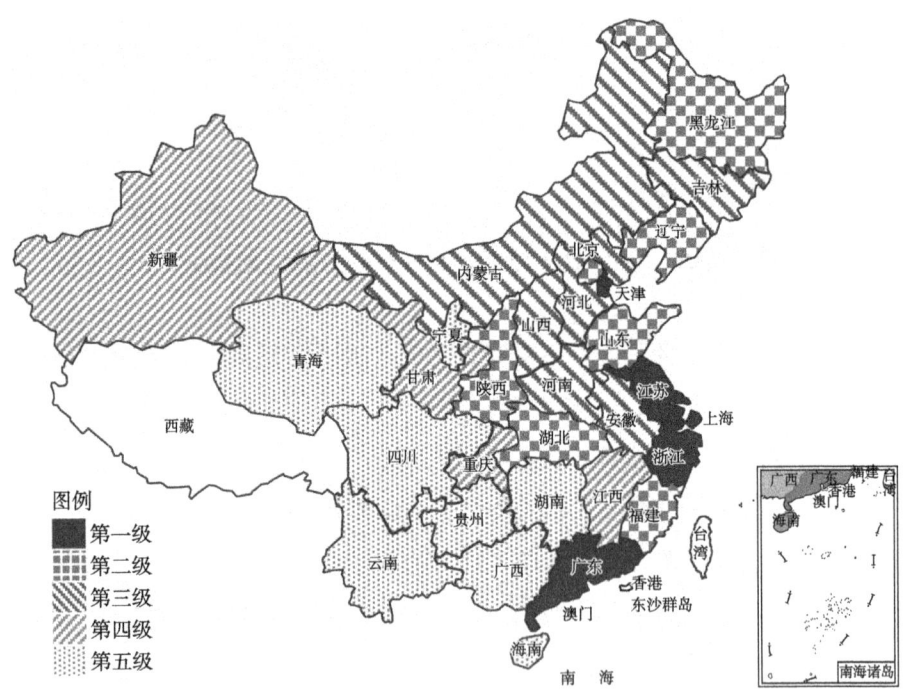

图21　30个省区市1990～2016年经济增长分级情况

将1990～2016年和上一年得到的1990～2015年经济增长等级情况进行比较，各个省份分级没有什么变化。

4. 2016年各省区市经济增长分级

将2016年各省区市经济增长综合得分按权重比3:3:2:1:1分为五级，第一级为广东省、上海市、天津市、浙江省，4个省区市权重之和约占总权重的30%。和2015年相比，2016年经济增长方面天津市从Ⅱ级上升到Ⅰ级，上升了一级。第二级为江苏省、福建省、北京市、陕西省、山东省、内蒙古自治区，6个省区市权重之和约占总权重的30%。和2015年相比，2016年经济增长方面江苏省从Ⅰ级下降到Ⅱ级，下降了一级；陕西省从Ⅲ级上升到Ⅱ级，上升了一级。第三级为湖北省、安徽省、吉林省、河南省、四川省、重庆市，6个省区市权重之和约占总权重的20%。和2015年相比，2016年经济增长方面安徽省从Ⅱ级下降到Ⅲ级，下降了一级。第四级为河北省、甘肃省、湖南省、黑龙江省，4个省区市权重之和约占总权重的10%。和2015年相比，2016年经济增长方面河北省从Ⅴ级上升到Ⅳ级，上升了一级；甘肃省从Ⅲ级下降到Ⅳ级，下降了一级。第五级为新疆维吾尔自治区、江西省、山西省、广西壮族自治区、宁夏回族自治区、青海省、辽宁省、海南省、云南省、贵州省，10个省区市权重之和约占总权重的10%。和2015年相比，2016年经济增长方面江西省从Ⅳ级下降到Ⅴ级，下降了一级；辽宁省从Ⅳ级下降到Ⅴ级，下降了一级（见表24和图22）。

表24 30个省区市2016年经济增长等级划分

经济增长	省区市
Ⅰ级（共4个）	广东省、上海市、天津市、浙江省
Ⅱ级（共6个）	江苏省、福建省、北京市、陕西省、山东省、内蒙古自治区
Ⅲ级（共6个）	湖北省、安徽省、吉林省、河南省、四川省、重庆市
Ⅳ级（共4个）	河北省、甘肃省、湖南省、黑龙江省
Ⅴ级（共10个）	新疆维吾尔自治区、江西省、山西省、广西壮族自治区、宁夏回族自治区、青海省、辽宁省、海南省、云南省、贵州省

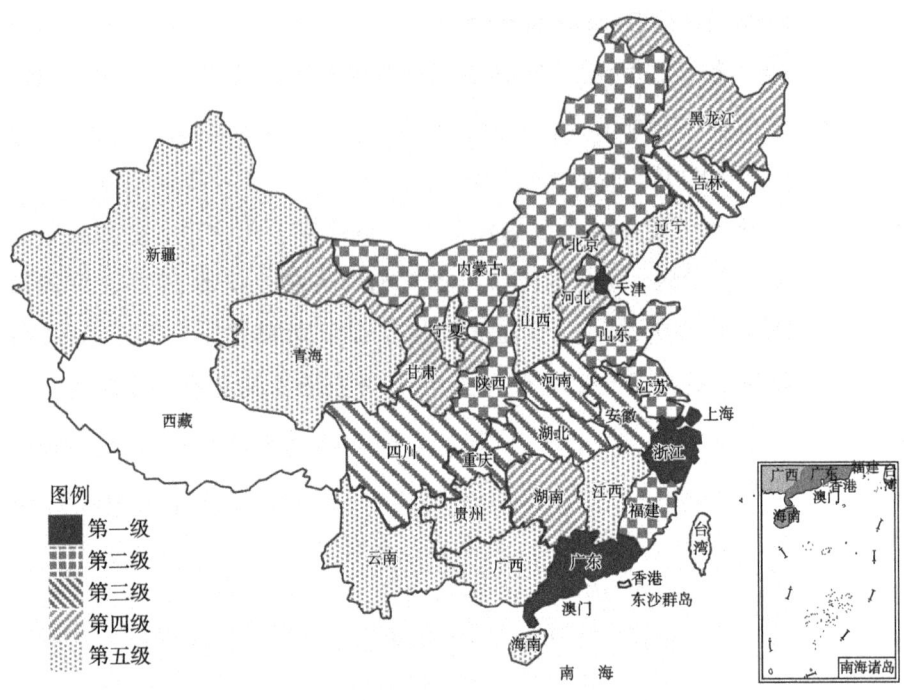

图22　30个省区市2016年经济增长分级情况

5. 2015年各省区市经济增长分级

将2015年各省区市经济增长综合得分按权重比3∶3∶2∶1∶1分为五级，第一级为广东省、上海市、江苏省、浙江省，4个省区市权重之和约占总权重的30%。第二级为天津市、北京市、福建省、内蒙古自治区、山东省、安徽省，6个省区市权重之和约占总权重的30%。和2014年相比，2015年经济增长方面内蒙古自治区从Ⅲ级上升到Ⅱ级，上升了一级；安徽省从Ⅲ级上升到Ⅱ级，上升了一级。第三级为陕西省、湖北省、河南省、重庆市、吉林省、四川省、甘肃省，7个省区市权重之和约占总权重的20%。和2014年相比，2015年经济增长方面河南省从Ⅱ级下降到Ⅲ级，下降了一级；四川省从Ⅳ级上升到Ⅲ级，上升了一级；甘肃省从Ⅴ级上升到Ⅲ级，上升了两级。第四级为江西省、黑龙江省、辽宁省、湖南省，4个省区市权重之和约占总权重的10%。和2014年相比，2015年经济增长方面黑龙江省从Ⅴ级上升到Ⅳ级,上升了一级;辽宁省从Ⅱ级下降到Ⅳ级,下降了两级。第五级为宁夏回族自治区、河北省、广西壮族自治区、新疆维吾尔自治区、海南省、云南省、山西省、青海省、贵州省,9个省区市权重之和约占总权重的10%。和2014年相比,2015年经济增长方面新疆维吾尔自治区从Ⅳ级下降到Ⅴ级,下降了一级(见表25和图23)。

表25 30个省区市2015年经济增长等级划分

经济增长	省区市
Ⅰ级(共4个)	广东省、上海市、江苏省、浙江省
Ⅱ级(共6个)	天津市、北京市、福建省、内蒙古自治区、山东省、安徽省
Ⅲ级(共7个)	陕西省、湖北省、河南省、重庆市、吉林省、四川省、甘肃省
Ⅳ级(共4个)	江西省、黑龙江省、辽宁省、湖南省
Ⅴ级(共9个)	宁夏回族自治区、河北省、广西壮族自治区、新疆维吾尔自治区、海南省、云南省、山西省、青海省、贵州省

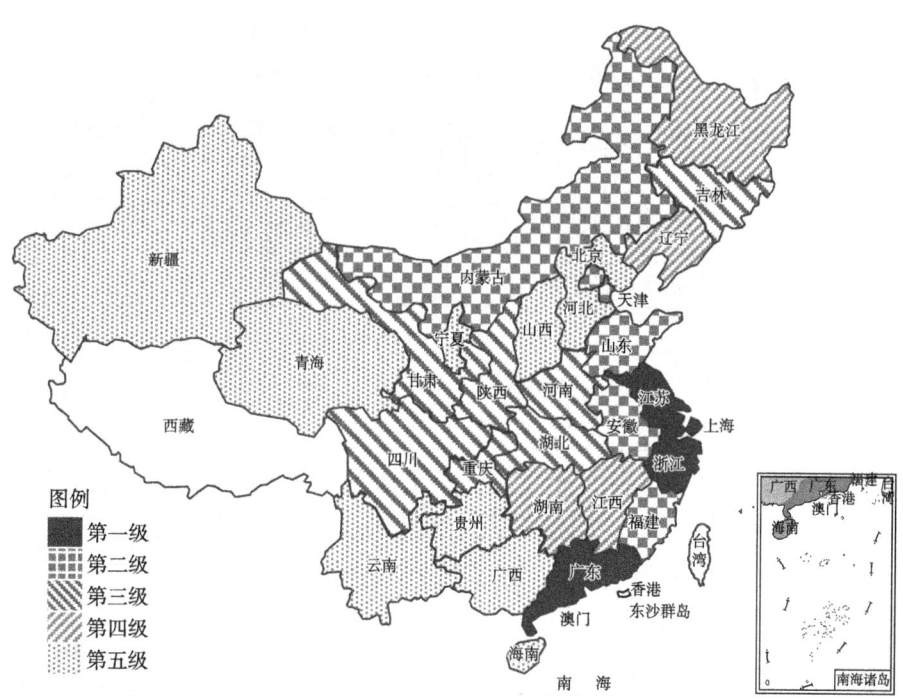

图23 30个省区市2015年经济增长分级情况

6. 2014年各省区市经济增长分级

将2014年各省区市经济增长综合得分按权重比3:3:2:1:1分为五级，第一级为广东省、上海市、江苏省、浙江省，4个省区市权重之和约占总权重的30%。第二级为天津市、福建省、北京市、山东省、河南省、辽宁省，6个省区市权重之和约占总权重的30%。第三级为安徽省、陕西省、内蒙古自治区、湖北省、吉林省、重庆市，6个省区市权重之和约占总权重的20%。和2013年相比，2014年经济增长方面陕西省从Ⅱ级下降到Ⅲ级，下降了一级；吉林省从Ⅳ级上升到Ⅲ级，上升了一级。第四级为江西省、四川省、新疆维吾尔自治区、湖南省，4个省区市权重之和约占总权重的10%。和2013年相比，2014年经济增长方面江西省从Ⅲ级下降到Ⅳ级，下降了一级。第五级为山西省、海南省、青海省、甘肃省、河北省、黑龙江省、广西壮族自治区、宁夏回族自治区、贵州省、云南省，10个省区市权重之和约占总权重的10%。和2013年相比，2014年经济增长方面山西省从Ⅲ级下降到Ⅴ级，下降了两级；海南省从Ⅲ级下降到Ⅴ级，下降了两级；甘肃省从Ⅳ级下降到Ⅴ级，下降了一级；河北省从Ⅲ级下降到Ⅴ级，下降了两级（见表26和图24）。

表26　30个省区市2014年经济增长等级划分

经济增长	省区市
Ⅰ级（共4个）	广东省、上海市、江苏省、浙江省
Ⅱ级（共6个）	天津市、福建省、北京市、山东省、河南省、辽宁省
Ⅲ级（共6个）	安徽省、陕西省、内蒙古自治区、湖北省、吉林省、重庆市
Ⅳ级（共4个）	江西省、四川省、新疆维吾尔自治区、湖南省
Ⅴ级（共10个）	山西省、海南省、青海省、甘肃省、河北省、黑龙江省、广西壮族自治区、宁夏回族自治区、贵州省、云南省

7. 2013年各省区市经济增长分级

将2013年各省区市经济增长综合得分按权重比3:3:2:1:1分为五级，

1990～2016年中国各省区市发展前景评价

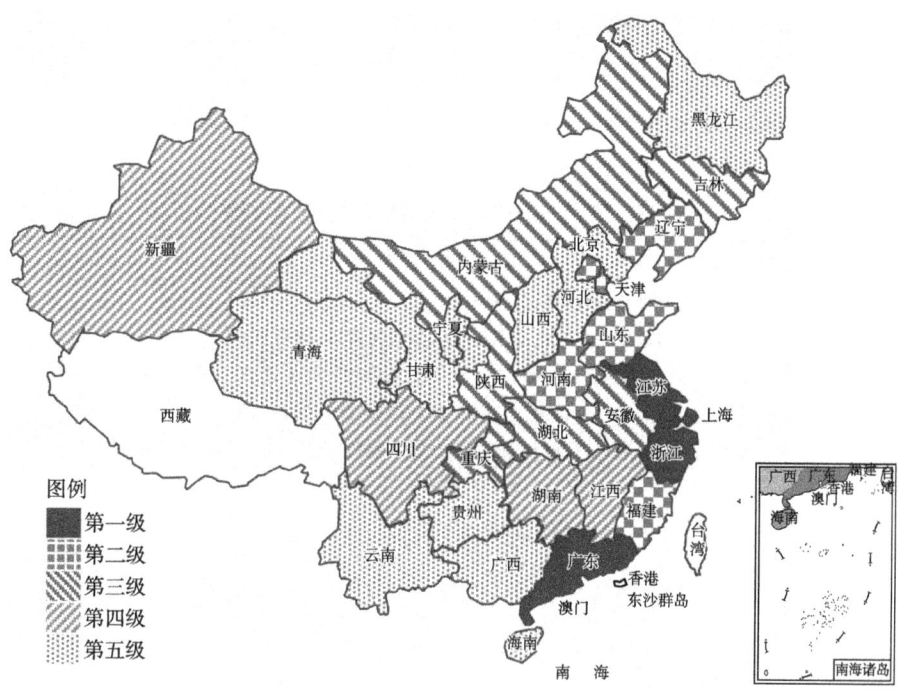

图24　30个省区市2014年经济增长分级情况

第一级为广东省、上海市、浙江省、江苏省，4个省区市权重之和约占总权重的30%。第二级为天津市、福建省、北京市、山东省、辽宁省、河南省、陕西省，7个省区市权重之和约占总权重的30%。和2012年相比，2013年经济增长方面辽宁省从Ⅲ级上升到Ⅱ级，上升了一级；河南省从Ⅲ级上升到Ⅱ级，上升了一级。第三级为内蒙古自治区、安徽省、湖北省、重庆市、山西省、河北省、海南省、江西省，8个省区市权重之和约占总权重的20%。和2012年相比，2013年经济增长方面内蒙古自治区从Ⅱ级下降到Ⅲ级，下降了一级；山西省从Ⅳ级上升到Ⅲ级，上升了一级；河北省从Ⅳ级上升到Ⅲ级，上升了一级；海南省从Ⅴ级上升到Ⅲ级，上升了两级；江西省从Ⅳ级上升到Ⅲ级，上升了一级。第四级为吉林省、新疆维吾尔自治区、四川省、甘肃省、湖南省，5个省区市权重之和约占总权重的10%。和2012年相比，2013年经济增长方面吉林省从Ⅲ级下降到Ⅳ级，下降了一级；新疆维吾尔自治区从Ⅱ级下降到Ⅳ级,下降了两级;四川省从Ⅲ级下降到Ⅳ级,下降了一级。第五级为黑龙江省、云南省、广西壮族自治区、青海省、宁夏回族自治区、贵州省,6个省区市权重之和约占总权重的10%(见表27和图25)。

表27 30个省区市2013年经济增长等级划分

经济增长	省区市
Ⅰ级(共4个)	广东省、上海市、浙江省、江苏省
Ⅱ级(共7个)	天津市、福建省、北京市、山东省、辽宁省、河南省、陕西省
Ⅲ级(共8个)	内蒙古自治区、安徽省、湖北省、重庆市、山西省、河北省、海南省、江西省
Ⅳ级(共5个)	吉林省、新疆维吾尔自治区、四川省、甘肃省、湖南省
Ⅴ级(共6个)	黑龙江省、云南省、广西壮族自治区、青海省、宁夏回族自治区、贵州省

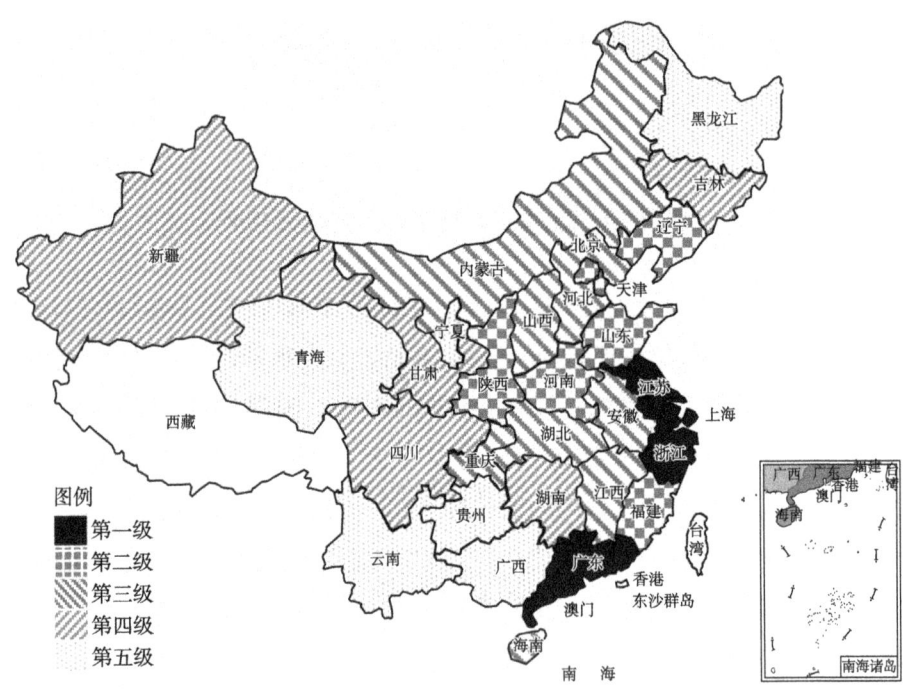

图25 30个省区市2013年经济增长分级情况

8. 2012年各省区市经济增长分级

将2012年各省区市经济增长综合得分按权重比3:3:2:1:1分为五级,

第一级为广东省、上海市、浙江省、江苏省,4个省区市权重之和约占总权重的30%。和2011年相比,2012年经济增长方面江苏省从Ⅱ级上升到Ⅰ级,上升了一级。第二级为天津市、福建省、北京市、山东省、陕西省、内蒙古自治区、新疆维吾尔自治区,7个省区市权重之和约占总权重的30%。和2011年相比,2012年经济增长方面天津市从Ⅰ级下降到Ⅱ级,下降了一级;北京市从Ⅲ级上升到Ⅱ级,上升了一级;新疆维吾尔自治区从Ⅳ级上升到Ⅱ级,上升了两级。第三级为湖北省、辽宁省、安徽省、吉林省、河南省、重庆市、四川省,7个省区市权重之和约占总权重的20%。和2011年相比,2012年经济增长方面湖北省从Ⅱ级下降到Ⅲ级,下降了一级;辽宁省从Ⅱ级下降到Ⅲ级,下降了一级。第四级为甘肃省、江西省、河北省、山西省、湖南省,5个省区市权重之和约占总权重的10%。和2011年相比,2012年经济增长方面甘肃省从Ⅴ级上升到Ⅳ级,上升了一级;山西省从Ⅲ级下降到Ⅳ级,下降了一级;湖南省从Ⅴ级上升到Ⅳ级,上升了一级。第五级为黑龙江省、海南省、宁夏回族自治区、青海省、云南省、广西壮族自治区、贵州省,7个省区市权重之和约占总权重的10%。和2011年相比,2012年经济增长方面黑龙江省从Ⅳ级下降到Ⅴ级,下降了一级(见表28和图26)。

表28　30个省区市2012年经济增长等级划分

经济增长	省区市
Ⅰ级(共4个)	广东省、上海市、浙江省、江苏省
Ⅱ级(共7个)	天津市、福建省、北京市、山东省、陕西省、内蒙古自治区、新疆维吾尔自治区
Ⅲ级(共7个)	湖北省、辽宁省、安徽省、吉林省、河南省、重庆市、四川省
Ⅳ级(共5个)	甘肃省、江西省、河北省、山西省、湖南省
Ⅴ级(共7个)	黑龙江省、海南省、宁夏回族自治区、青海省、云南省、广西壮族自治区、贵州省

9. 2011年各省区市经济增长分级

将2011年各省区市经济增长综合得分按权重比3∶3∶2∶1∶1分为五级,第一级为广东省、上海市、天津市、浙江省,4个省区市权重之和约占总权重的30%。和2010年相比,2011年经济增长方面浙江省从Ⅱ级上升到Ⅰ

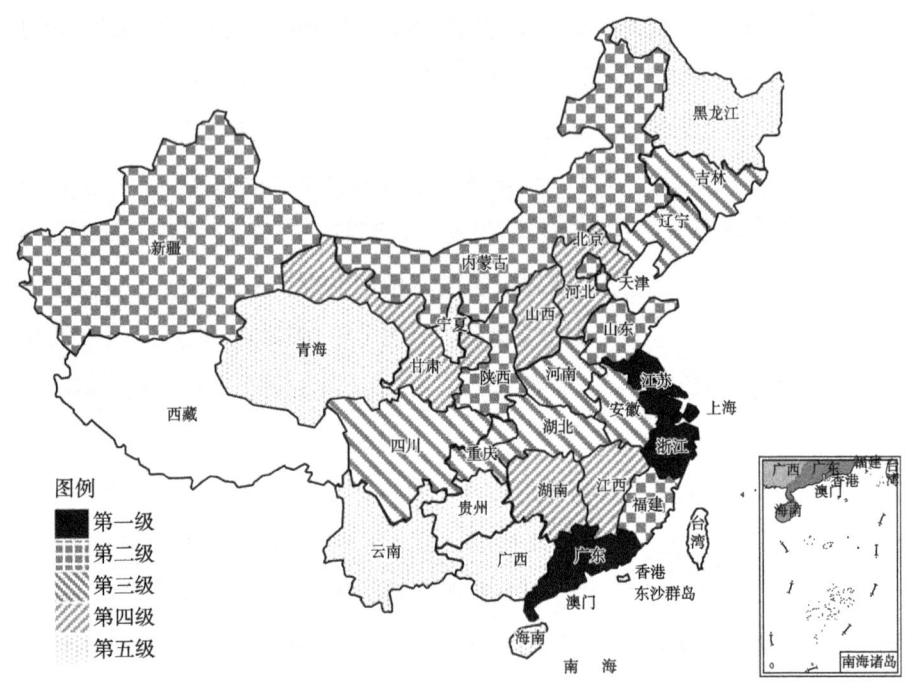

图 26　30 个省区市 2012 年经济增长分级情况

级,上升了一级。第二级为江苏省、福建省、山东省、陕西省、内蒙古自治区、湖北省、辽宁省,7 个省区市权重之和约占总权重的 30%。和 2010 年相比,2011 年经济增长方面江苏省从Ⅰ级下降到Ⅱ级,下降了一级;内蒙古自治区从Ⅲ级上升到Ⅱ级,上升了一级。第三级为吉林省、北京市、河南省、重庆市、山西省、四川省、安徽省,7 个省区市权重之和约占总权重的 20%。和 2010 年相比,2011 年经济增长方面北京市从Ⅱ级下降到Ⅲ级,下降了一级;安徽省从Ⅳ级上升到Ⅲ级,上升了一级。第四级为黑龙江省、河北省、江西省、新疆维吾尔自治区,4 个省区市权重之和约占总权重的 10%。和 2010 年相比,2011 年经济增长方面江西省从Ⅲ级下降到Ⅳ级,下降了一级;新疆维吾尔自治区从Ⅴ级上升到Ⅳ级,上升了一级。第五级为海南省、甘肃省、湖南省、宁夏回族自治区、青海省、云南省、广西壮族自治区、贵州省,8 个省区市权重之和约占总权重的 10%。和 2010 年相比,

2011年经济增长方面甘肃省从Ⅳ级下降到Ⅴ级,下降了一级;湖南省从Ⅳ级下降到Ⅴ级,下降了一级(见表29和图27)。

表29　30个省区市2011年经济增长等级划分

经济增长	省区市
Ⅰ级(共4个)	广东省、上海市、天津市、浙江省
Ⅱ级(共7个)	江苏省、福建省、山东省、陕西省、内蒙古自治区、湖北省、辽宁省
Ⅲ级(共7个)	吉林省、北京市、河南省、重庆市、山西省、四川省、安徽省
Ⅳ级(共4个)	黑龙江省、河北省、江西省、新疆维吾尔自治区
Ⅴ级(共8个)	海南省、甘肃省、湖南省、宁夏回族自治区、青海省、云南省、广西壮族自治区、贵州省

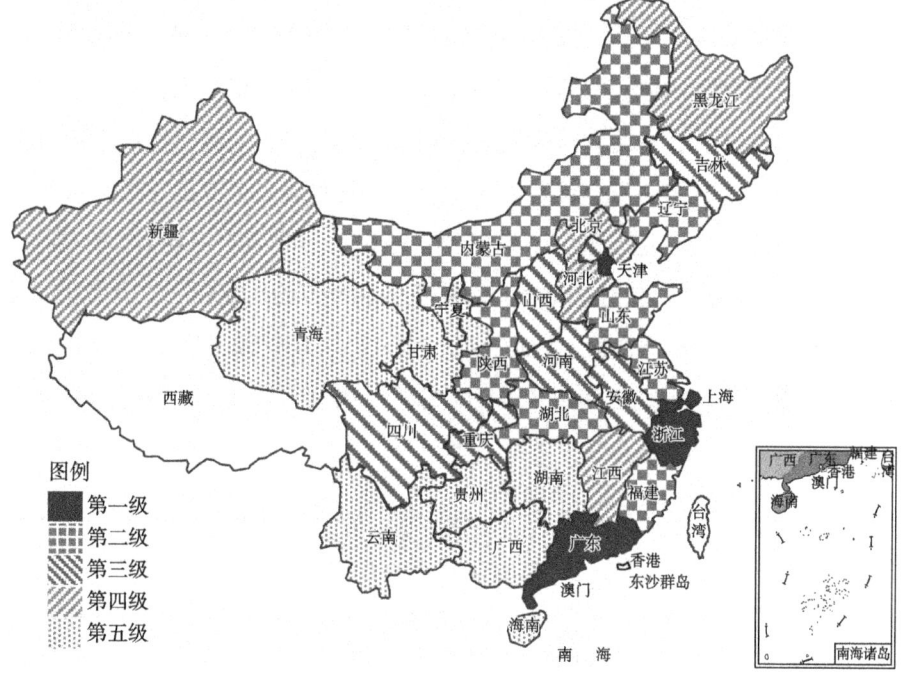

图27　30个省区市2011年经济增长分级情况

(三)各省区市增长可持续性分级

30个省区市2010~2016年、2000~2016年、1990~2016年、2016年、2015年、2014年、2013年、2012年和2011年增长可持续性分级情况如下。

1. 2010~2016年各省区市增长可持续性分级

将2010~2016年各省区市增长可持续性综合得分按权重比3∶3∶2∶1∶1分为五级,第一级为上海市、北京市、江苏省、浙江省,4个省区市权重之和约占总权重的30%。第二级为广东省、海南省、天津市、内蒙古自治区、黑龙江省、新疆维吾尔自治区、山东省,7个省区市权重之和约占总权重的30%。和2000~2016年相比,2010~2016年增长可持续性方面广东省从Ⅰ级下降到Ⅱ级,下降了一级。第三级为辽宁省、青海省、吉林省、福建省、四川省、安徽省,6个省区市权重之和约占总权重的20%。和2000~2016年相比,2010~2016年增长可持续性方面辽宁省从Ⅱ级下降到Ⅲ级,下降了一级。第四级为湖北省、陕西省、重庆市、江西省、云南省、湖南省,6个省区市权重之和约占总权重的10%。和2000~2016年相比,2010~2016年增长可持续性方面湖北省从Ⅲ级下降到Ⅳ级,下降了一级;重庆市从Ⅴ级上升到Ⅳ级,上升了一级;江西省从Ⅴ级上升到Ⅳ级,上升了一级。第五级为广西壮族自治区、甘肃省、宁夏回族自治区、河北省、山西省、河南省、贵州省,7个省区市权重之和约占总权重的10%。和2000~2016年相比,2010~2016年增长可持续性方面广西壮族自治区从Ⅳ级下降到Ⅴ级,下降了一级;甘肃省从Ⅳ级下降到Ⅴ级,下降了一级(见表30和图28)。

表30 30个省区市2010~2016年增长可持续性等级划分

增长可持续性	省区市
Ⅰ级(共4个)	上海市、北京市、江苏省、浙江省
Ⅱ级(共7个)	广东省、海南省、天津市、内蒙古自治区、黑龙江省、新疆维吾尔自治区、山东省
Ⅲ级(共6个)	辽宁省、青海省、吉林省、福建省、四川省、安徽省
Ⅳ级(共6个)	湖北省、陕西省、重庆市、江西省、云南省、湖南省
Ⅴ级(共7个)	广西壮族自治区、甘肃省、宁夏回族自治区、河北省、山西省、河南省、贵州省

2. 2000~2016年各省区市增长可持续性分级

将2000~2016年各省区市增长可持续性综合得分按权重比3∶3∶2∶1∶1分为五级,第一级为上海市、北京市、江苏省、浙江省、广东省,5个省区

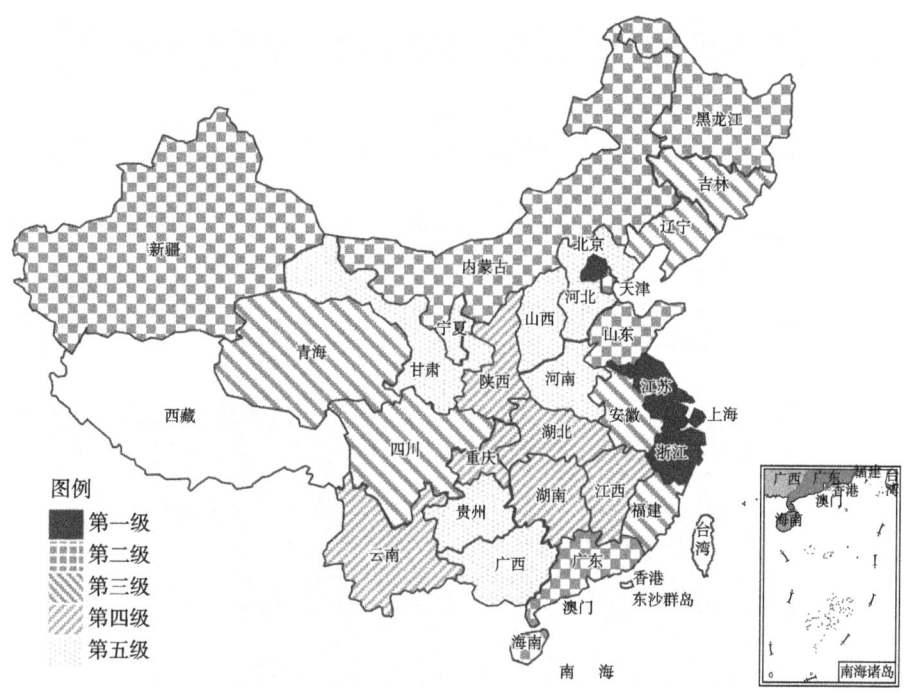

图28 30个省区市2010~2016年增长可持续性分级情况

市权重之和约占总权重的30%。第二级为天津市、黑龙江省、新疆维吾尔自治区、海南省、辽宁省、内蒙古自治区、山东省，7个省区市权重之和约占总权重的30%。和1990~2016年相比，2000~2016年增长可持续性方面内蒙古自治区从Ⅲ级上升到Ⅱ级，上升了一级。第三级为青海省、吉林省、四川省、福建省、湖北省、安徽省，6个省区市权重之和约占总权重的20%。和1990~2016年相比，2000~2016年增长可持续性方面吉林省从Ⅱ级下降到Ⅲ级，下降了一级；安徽省从Ⅳ级上升到Ⅲ级，上升了一级。第四级为广西壮族自治区、云南省、甘肃省、湖南省、陕西省，5个省区市权重之和约占总权重的10%。和1990~2016年相比，2000~2016年增长可持续性方面广西壮族自治区从Ⅲ级下降到Ⅳ级，下降了一级；陕西省从Ⅴ级上升到Ⅳ级，上升了一级。第五级为重庆市、江西省、河北省、山西省、宁夏回族自治区、河南省、贵州省，7个省区市权重之和约占总权重的10%（见表31和图29）。

表31　30个省区市2000~2016年增长可持续性等级划分

增长可持续性	省区市
Ⅰ级（共5个）	上海市、北京市、江苏省、浙江省、广东省
Ⅱ级（共7个）	天津市、黑龙江省、新疆维吾尔自治区、海南省、辽宁省、内蒙古自治区、山东省
Ⅲ级（共6个）	青海省、吉林省、四川省、福建省、湖北省、安徽省
Ⅳ级（共5个）	广西壮族自治区、云南省、甘肃省、湖南省、陕西省
Ⅴ级（共7个）	重庆市、江西省、河北省、山西省、宁夏回族自治区、河南省、贵州省

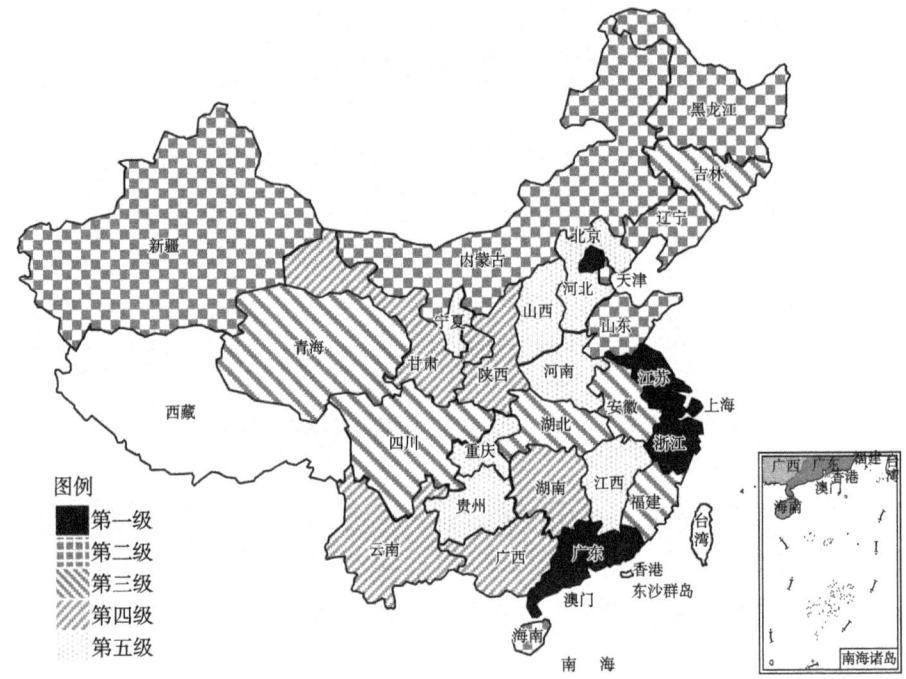

图29　30个省区市2000~2016年增长可持续性分级情况

将2000~2016年和上一年得到的2000~2015年增长可持续性等级情况进行比较，各个省份分级没有什么变化。

3. 1990~2016年各省区市增长可持续性分级

将1990~2016年各省区市增长可持续性综合得分按权重比3:3:2:1:1分为五级，第一级为上海市、北京市、江苏省、浙江省、广东省，5个省区市权重之和约占总权重的30%。第二级为天津市、黑龙江省、辽宁省、新疆维吾尔自治区、吉林省、山东省、海南省，7个省区市权重之和约占总权重的30%。第三级为内蒙古自治区、青海省、四川省、福建省、湖北省、广西壮族自治区，6个省区市权重之和约占总权重的20%。第四级为甘肃省、安徽省、湖南省、云南省，4个省区市权重之和约占总权重的10%。第五级为重庆市、陕西省、江西省、河北省、山西省、宁夏回族自治区、河南省、贵州省，8个省区市权重之和约占总权重的10%（见表32和图30）。

表32　30个省区市1990~2016年增长可持续性等级划分

增长可持续性	省区市
Ⅰ级（共5个）	上海市、北京市、江苏省、浙江省、广东省
Ⅱ级（共7个）	天津市、黑龙江省、辽宁省、新疆维吾尔自治区、吉林省、山东省、海南省
Ⅲ级（共6个）	内蒙古自治区、青海省、四川省、福建省、湖北省、广西壮族自治区
Ⅳ级（共4个）	甘肃省、安徽省、湖南省、云南省
Ⅴ级（共8个）	重庆市、陕西省、江西省、河北省、山西省、宁夏回族自治区、河南省、贵州省

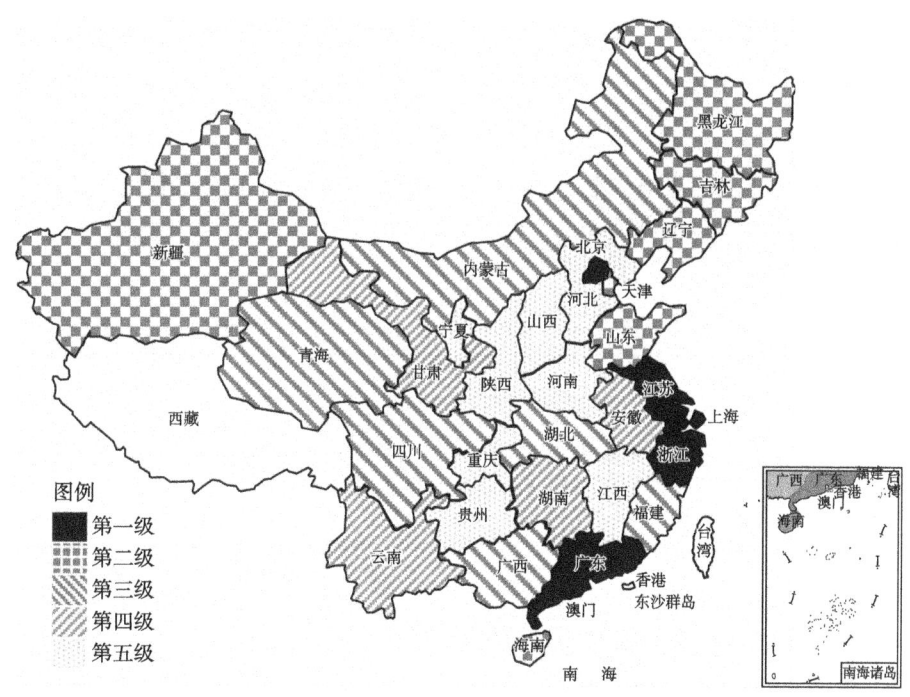

图30　30个省区市1990~2016年增长可持续性分级情况

将1990~2016年和上一年得到的1990~2015年增长可持续性等级情况进行比较,各个省份分级没有什么变化。

4. 2016年各省区市增长可持续性分级

将2016年各省区市增长可持续性综合得分按权重比3:3:2:1:1分为五级,第一级为上海市、江苏省、浙江省、广东省,4个省区市权重之和约占总权重的30%。第二级为北京市、内蒙古自治区、海南省、福建省、新疆维吾尔自治区、天津市、吉林省,7个省区市权重之和约占总权重的30%。和2015年相比,2016年增长可持续性方面福建省从Ⅲ级上升到Ⅱ级,上升了一级;吉林省从Ⅲ级上升到Ⅱ级,上升了一级。第三级为青海省、山东省、辽宁省、黑龙江省、四川省、湖南省,6个省区市权重之和约占总权重的20%。和2015年相比,2016年增长可持续性方面山东省从Ⅱ级下降到Ⅲ级,下降了一级;黑龙江省从Ⅱ级下降到Ⅲ级,下降了一级;湖南省从Ⅳ级上升到Ⅲ级,上升了一级。第四级为安徽省、江西省、湖北省、陕西省、河北省,5个省区市权重之和约占总权重的10%。和2015年相比,2016年增长可持续性方面安徽省从Ⅲ级下降到Ⅳ级,下降了一级;河北省从Ⅴ级上升到Ⅳ级,上升了一级。第五级为重庆市、云南省、宁夏回族自治区、广西壮族自治区、甘肃省、河南省、山西省、贵州省,8个省区市权重之和约占总权重的10%。和2015年相比,2016年增长可持续性方面重庆市从Ⅳ级下降到Ⅴ级,下降了一级(见表33和图31)。

表33　30个省区市2016年增长可持续性等级划分

增长可持续性	省区市
Ⅰ级(共4个)	上海市、江苏省、浙江省、广东省
Ⅱ级(共7个)	北京市、内蒙古自治区、海南省、福建省、新疆维吾尔自治区、天津市、吉林省
Ⅲ级(共6个)	青海省、山东省、辽宁省、黑龙江省、四川省、湖南省
Ⅳ级(共5个)	安徽省、江西省、湖北省、陕西省、河北省
Ⅴ级(共8个)	重庆市、云南省、宁夏回族自治区、广西壮族自治区、甘肃省、河南省、山西省、贵州省

5. 2015年各省区市增长可持续性分级

将2015年各省区市增长可持续性综合得分按权重比3:3:2:1:1分为五级,第一级为上海市、江苏省、浙江省、广东省,4个省区市权重之和约占

1990~2016年中国各省区市发展前景评价

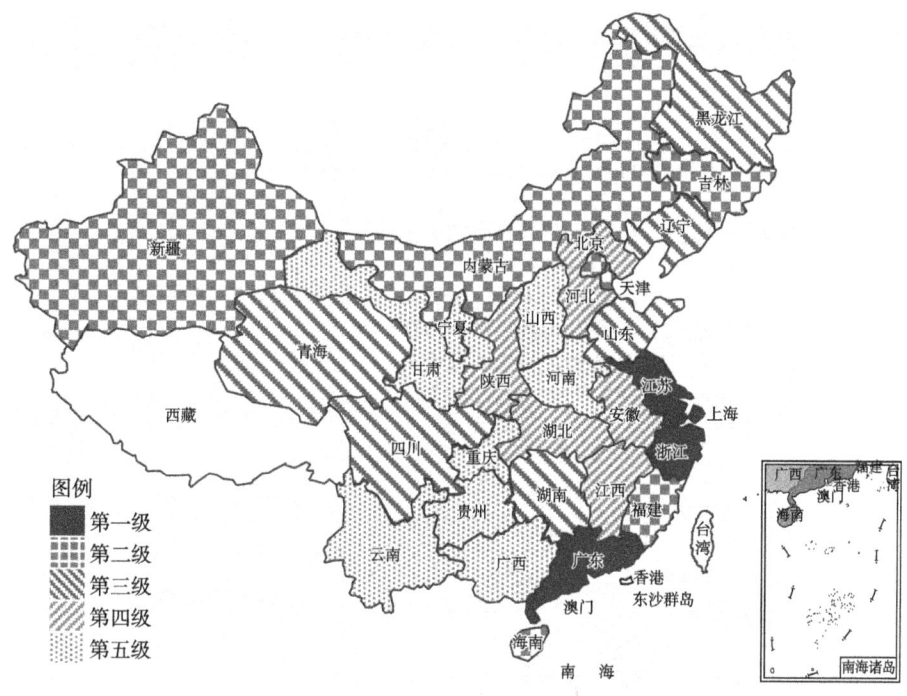

图31 30个省区市2016年增长可持续性分级情况

总权重的30%。和2014年相比,2015年增长可持续性方面浙江省从Ⅱ级上升到Ⅰ级,上升了一级。第二级为北京市、内蒙古自治区、山东省、海南省、天津市、新疆维吾尔自治区、黑龙江省,7个省区市权重之和约占总权重的30%。和2014年相比,2015年增长可持续性方面北京市从Ⅰ级下降到Ⅱ级,下降了一级;内蒙古自治区从Ⅲ级上升到Ⅱ级,上升了一级;黑龙江省从Ⅲ级上升到Ⅱ级,上升了一级。第三级为辽宁省、吉林省、青海省、福建省、四川省、安徽省,6个省区市权重之和约占总权重的20%。和2014年相比,2015年增长可持续性方面辽宁省从Ⅱ级下降到Ⅲ级,下降了一级;安徽省从Ⅳ级上升到Ⅲ级,上升了一级。第四级为江西省、湖北省、陕西省、重庆市、湖南省,5个省区市权重之和约占总权重的10%。和2014年相比,2015年增长可持续性方面湖南省从Ⅴ级上升到Ⅳ级,上升了一级。第五级为云南省、宁夏回族自治区、广西壮族自治区、甘肃省、河北省、河南省、山西省、贵州省，8个省区市权重之和约占总权重的10%（见表34和图32）。

表34　30个省区市2015年增长可持续性等级划分

增长可持续性	省区市
Ⅰ级(共4个)	上海市、江苏省、浙江省、广东省
Ⅱ级(共7个)	北京市、内蒙古自治区、山东省、海南省、天津市、新疆维吾尔自治区、黑龙江省
Ⅲ级(共6个)	辽宁省、吉林省、青海省、福建省、四川省、安徽省
Ⅳ级(共5个)	江西省、湖北省、陕西省、重庆市、湖南省
Ⅴ级(共8个)	云南省、宁夏回族自治区、广西壮族自治区、甘肃省、河北省、河南省、山西省、贵州省

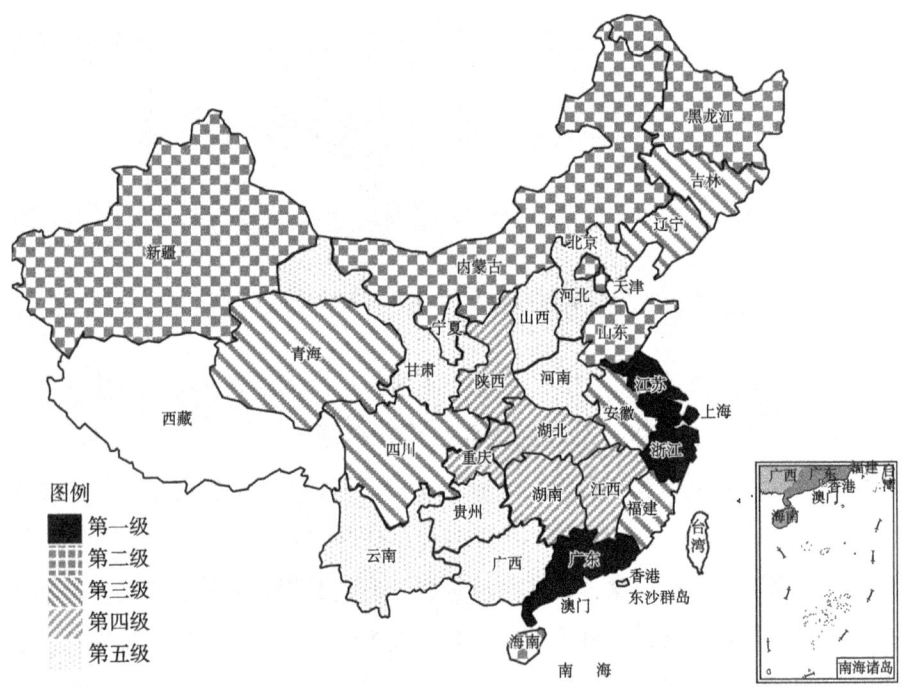

图32　30个省区市2015年增长可持续性分级情况

6. 2014年各省区市增长可持续性分级

将2014年各省区市增长可持续性综合得分按权重比3∶3∶2∶1∶1分为五级，第一级为上海市、江苏省、北京市、广东省，4个省区市权重之和约占总权重的30%。第二级为浙江省、天津市、海南省、辽宁省、山东省、新疆维吾尔自治区，6个省区市权重之和约占总权重的30%。和2013年相比，2014年增长可持续性方面新疆维吾尔自治区从Ⅲ级上升到Ⅱ级，上升了一级。第三级为黑龙江省、内蒙古自治区、青海省、吉林省、福建省、四川省，6个省区市权重之和约占总权重的20%。和2013年相比，2014年增长可持续性方面黑龙江省从Ⅱ级下降到Ⅲ级，下降了一级。第四级为安徽省、陕西省、重庆市、江西省、湖北省，5个省区市权重之和约占总权重的10%。和2013年相比，2014年增长可持续性方面江西省从Ⅴ级上升到Ⅳ级，上升了一级。第五级为广西壮族自治区、云南省、湖南省、甘肃省、宁夏回族自治区、山西省、河北省、河南省、贵州省，9个省区市权重之和约占总权重的10%。和2013年相比，2014年增长可持续性方面广西壮族自治区从Ⅳ级下降到Ⅴ级，下降了一级（见表35和图33）。

表35 30个省区市2014年增长可持续性等级划分

增长可持续性	省区市
Ⅰ级（共4个）	上海市、江苏省、北京市、广东省
Ⅱ级（共6个）	浙江省、天津市、海南省、辽宁省、山东省、新疆维吾尔自治区
Ⅲ级（共6个）	黑龙江省、内蒙古自治区、青海省、吉林省、福建省、四川省
Ⅳ级（共5个）	安徽省、陕西省、重庆市、江西省、湖北省
Ⅴ级（共9个）	广西壮族自治区、云南省、湖南省、甘肃省、宁夏回族自治区、山西省、河北省、河南省、贵州省

7. 2013年各省区市增长可持续性分级

将2013年各省区市增长可持续性综合得分按权重比3:3:2:1:1分为五级，第一级为上海市、北京市、江苏省、广东省，4个省区市权重之和约占权重的30%。第二级为浙江省、天津市、海南省、山东省、辽宁省、黑龙江省，6个省区市权重之和约占总权重的30%。和2012年相比，2013年增长可持续性方面辽宁省从Ⅲ级上升到Ⅱ级，上升了一级。第三级为新疆维吾尔自治区、内蒙古自治区、青海省、吉林省、福建省、四川省，6个省区市权重之和约占总权重的20%。和2012年相比，2013年增长可持续性方面新疆维吾尔自治区从Ⅱ级下降到Ⅲ级，下降了一级；内蒙古自治区从Ⅱ级下降到Ⅲ级，下降了

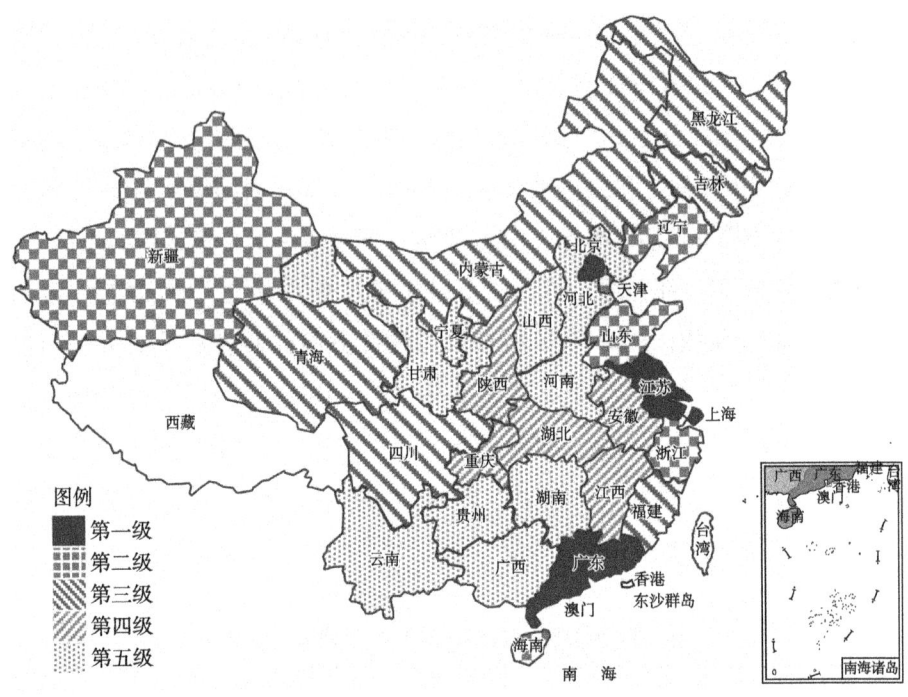

图33　30个省区市2014年增长可持续性分级情况

一级。第四级为安徽省、陕西省、重庆市、湖北省、广西壮族自治区，5个省区市权重之和约占总权重的10%。和2012年相比，2013年增长可持续性方面陕西省从Ⅲ级下降到Ⅳ级，下降了一级。第五级为江西省、云南省、湖南省、甘肃省、宁夏回族自治区、山西省、河北省、河南省、贵州省，9个省区市权重之和约占总权重的10%。和2012年相比，2013年增长可持续性方面云南省从Ⅳ级下降到Ⅴ级，下降了一级（见表36和图34）。

表36　30个省区市2013年增长可持续性等级划分

增长可持续性	省区市
Ⅰ级(共4个)	上海市、北京市、江苏省、广东省
Ⅱ级(共6个)	浙江省、天津市、海南省、山东省、辽宁省、黑龙江省
Ⅲ级(共6个)	新疆维吾尔自治区、内蒙古自治区、青海省、吉林省、福建省、四川省
Ⅳ级(共5个)	安徽省、陕西省、重庆市、湖北省、广西壮族自治区
Ⅴ级(共9个)	江西省、云南省、湖南省、甘肃省、宁夏回族自治区、山西省、河北省、河南省、贵州省

1990~2016年中国各省区市发展前景评价

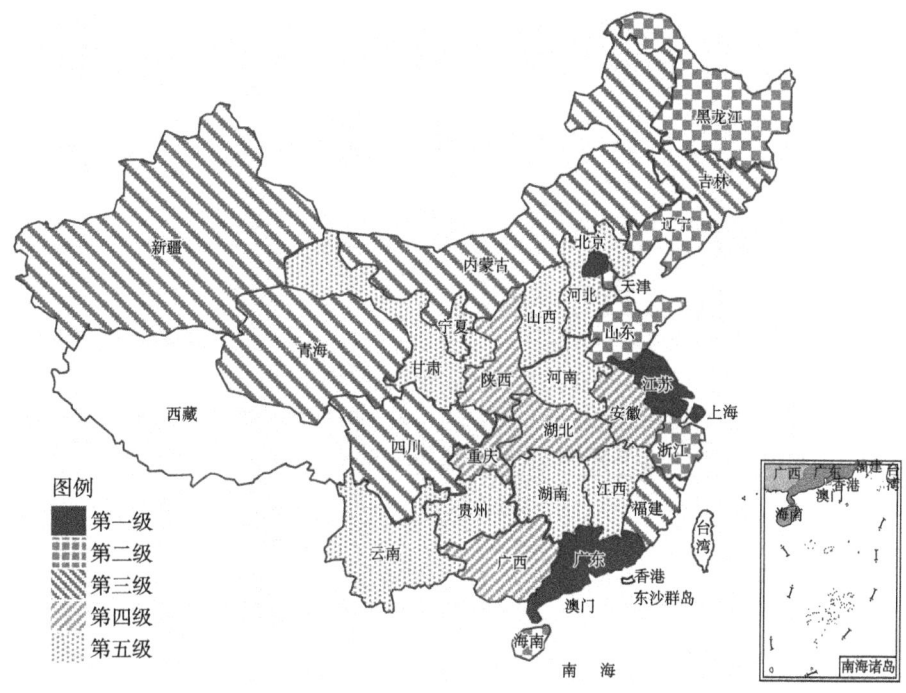

图34　30个省区市2013年增长可持续性分级情况

8. 2012年各省区市增长可持续性分级

将2012年各省区市增长可持续性综合得分按权重比3∶3∶2∶1∶1分为五级，第一级为上海市、北京市、江苏省、广东省，4个省区市权重之和约占总权重的30%。和2011年相比，2012年增长可持续性方面江苏省从Ⅱ级上升到Ⅰ级，上升了一级。第二级为浙江省、天津市、海南省、黑龙江省、内蒙古自治区、新疆维吾尔自治区、山东省，7个省区市权重之和约占总权重的30%。和2011年相比，2012年增长可持续性方面浙江省从Ⅰ级下降到Ⅱ级，下降了一级。第三级为辽宁省、青海省、吉林省、四川省、福建省、陕西省，6个省区市权重之和约占总权重的20%。和2011年相比，2012年增长可持续性方面陕西省从Ⅳ级上升到Ⅲ级，上升了一级。第四级为湖北省、安徽省、重庆市、广西壮族自治区、云南省，5个省区市权重之和约占总权重的10%。和2011年相比，2012年增长可持续性方面湖北省从Ⅲ级下降到

Ⅳ级，下降了一级。第五级为江西省、甘肃省、湖南省、宁夏回族自治区、山西省、河北省、河南省、贵州省，8个省区市权重之和约占总权重的10%（见表37和图35）。

表37 30个省区市2012年增长可持续性等级划分

增长可持续性	省区市
Ⅰ级（共4个）	上海市、北京市、江苏省、广东省
Ⅱ级（共7个）	浙江省、天津市、海南省、黑龙江省、内蒙古自治区、新疆维吾尔自治区、山东省
Ⅲ级（共6个）	辽宁省、青海省、吉林省、四川省、福建省、陕西省
Ⅳ级（共5个）	湖北省、安徽省、重庆市、广西壮族自治区、云南省
Ⅴ级（共8个）	江西省、甘肃省、湖南省、宁夏回族自治区、山西省、河北省、河南省、贵州省

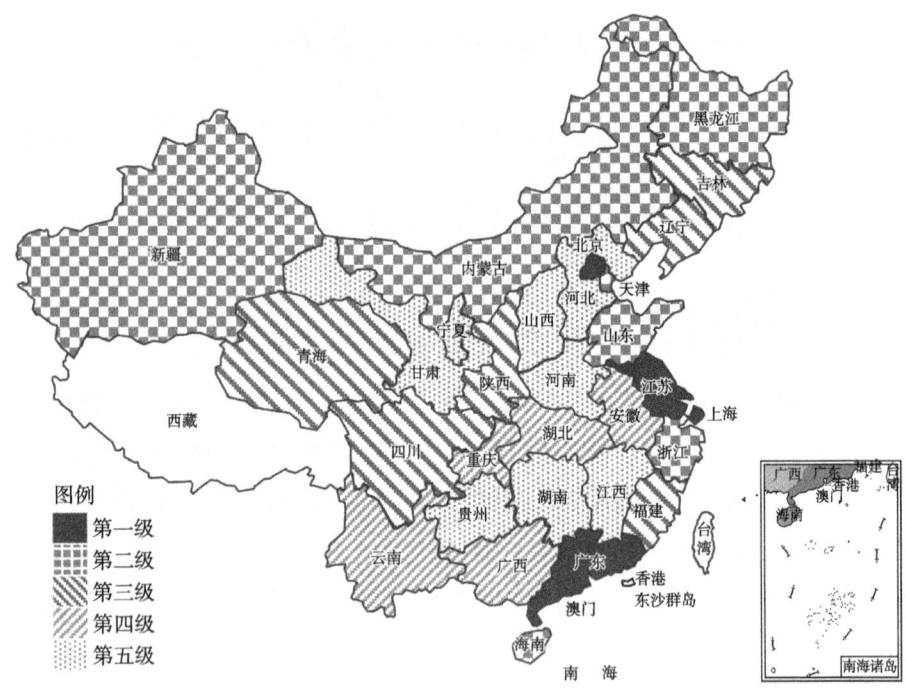

图35 30个省区市2012年增长可持续性分级情况

9. 2011年各省区市增长可持续性分级

将2011年各省区市增长可持续性综合得分按权重比3:3:2:1:1分为五

级,第一级为上海市、北京市、浙江省、广东省,4个省区市权重之和约占总权重的30%。和2010年相比,2011年增长可持续性方面广东省从Ⅱ级上升到Ⅰ级,上升了一级。第二级为江苏省、海南省、天津市、黑龙江省、内蒙古自治区、新疆维吾尔自治区、山东省,7个省区市权重之和约占总权重的30%。和2010年相比,2011年增长可持续性方面海南省从Ⅰ级下降到Ⅱ级,下降了一级;山东省从Ⅲ级上升到Ⅱ级,上升了一级。第三级为辽宁省、福建省、青海省、吉林省、四川省、湖北省,6个省区市权重之和约占总权重的20%。和2010年相比,2011年增长可持续性方面湖北省从Ⅳ级上升到Ⅲ级,上升了一级。第四级为陕西省、安徽省、重庆市、云南省、广西壮族自治区,5个省区市权重之和约占总权重的10%。和2010年相比,2011年增长可持续性方面云南省从Ⅴ级上升到Ⅳ级,上升了一级。第五级为甘肃省、江西省、湖南省、山西省、河北省、宁夏回族自治区、河南省、贵州省,8个省区市权重之和约占总权重的10%(见表38和图36)。

表38　30个省区市2011年增长可持续性等级划分

增长可持续性	省区市
Ⅰ级(共4个)	上海市、北京市、浙江省、广东省
Ⅱ级(共7个)	江苏省、海南省、天津市、黑龙江省、内蒙古自治区、新疆维吾尔自治区、山东省
Ⅲ级(共6个)	辽宁省、福建省、青海省、吉林省、四川省、湖北省
Ⅳ级(共5个)	陕西省、安徽省、重庆市、云南省、广西壮族自治区
Ⅴ级(共8个)	甘肃省、江西省、湖南省、山西省、河北省、宁夏回族自治区、河南省、贵州省

(四)各省区市政府运行效率分级

30个省区市2010~2016年、2000~2016年、1990~2016年、2016年、2015年、2014年、2013年、2012年和2011年政府效率分级情况如下。

1. 2010~2016年各省区市政府效率分级

将2010~2016年各省区市政府效率综合得分按权重比3:3:2:1:1分为

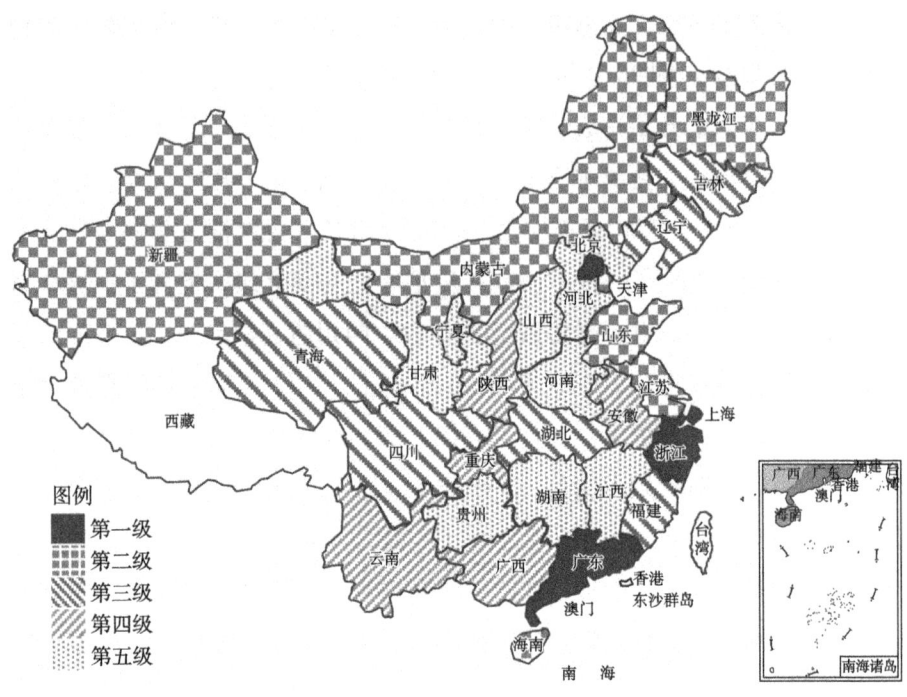

图36　30个省区市2011年增长可持续性分级情况

五级，第一级为北京市、上海市、浙江省，3个省区市权重之和约占总权重的30%。第二级为江苏省、天津市、广东省、山东省、海南省、辽宁省，6个省区市权重之和约占总权重的30%。第三级为黑龙江省、宁夏回族自治区、福建省、青海省、湖北省、吉林省、内蒙古自治区，7个省区市权重之和约占总权重的20%。第四级为重庆市、湖南省、山西省、江西省、河北省，5个省区市权重之和约占总权重的10%。和2000~2016年相比，2010~2016年政府效率方面重庆市从Ⅴ级上升到Ⅳ级，上升了一级。第五级为贵州省、四川省、陕西省、新疆维吾尔自治区、安徽省、甘肃省、广西壮族自治区、河南省、云南省，9个省区市权重之和约占总权重的10%。和2000~2016年相比，2010~2016年政府效率方面新疆维吾尔自治区从Ⅳ级下降到Ⅴ级，下降了一级（见表39和图37）。

表39 30个省区市2010~2016年政府效率等级划分

政府效率	省区市
Ⅰ级(共3个)	北京市、上海市、浙江省
Ⅱ级(共6个)	江苏省、天津市、广东省、山东省、海南省、辽宁省
Ⅲ级(共7个)	黑龙江省、宁夏回族自治区、福建省、青海省、湖北省、吉林省、内蒙古自治区
Ⅳ级(共5个)	重庆市、湖南省、山西省、江西省、河北省
Ⅴ级(共9个)	贵州省、四川省、陕西省、新疆维吾尔自治区、安徽省、甘肃省、广西壮族自治区、河南省、云南省

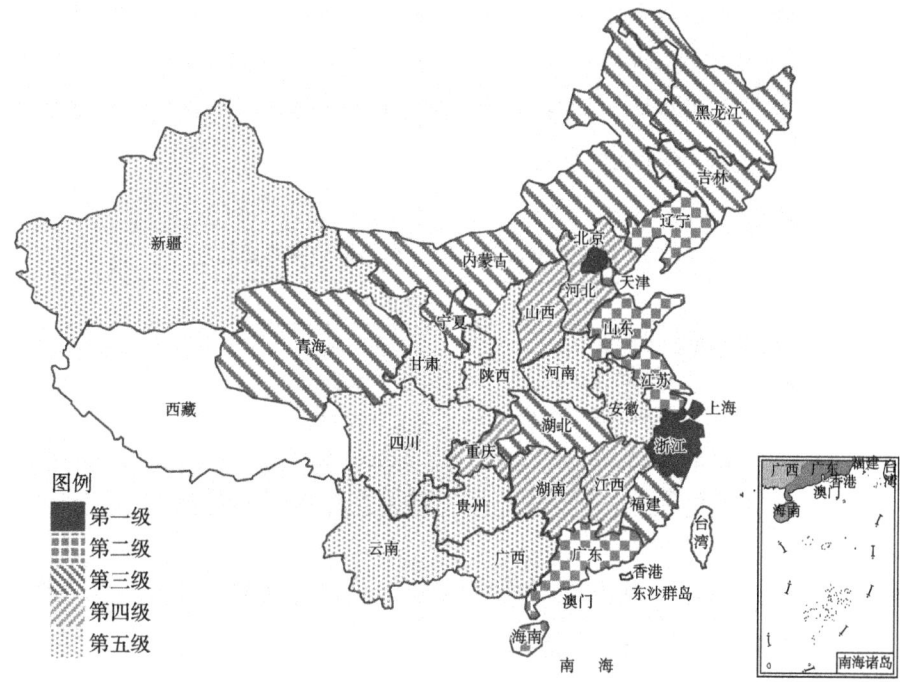

图37 30个省区市2010~2016年政府效率分级情况

2. 2000~2016年各省区市政府效率分级

将2000~2016年各省区市政府效率综合得分按权重比3∶3∶2∶1∶1分为五级，第一级为北京市、上海市、浙江省，3个省区市权重之和约占总权重的30%。和1990~2016年相比，2000~2016年政府效率方面浙江省从Ⅱ级上升到Ⅰ级，上升了一级。第二级为江苏省、天津市、海南省、辽宁省、山东省、广东省，6个省区市权重之和约占总权重的30％。和1990～2016年相比，2000～2016年政府效率方面天津市从Ⅰ级下降到Ⅱ级，下降了一级；广东省从Ⅲ级上升到Ⅱ级，上升了一级。第三级为黑龙江省、青海省、宁夏回族自治区、湖北省、内蒙古自治区、福建省、吉林省，7个省区市权重之和约占总权重的20％。和1990～2016年相比，2000～2016年政府效率方面黑龙江省从Ⅱ级下降到Ⅲ级，下降了一级；福建省从Ⅳ级上升到Ⅲ级，上升了一级。第四级为湖南省、河北省、山西省、江西省、新疆维吾尔自治区，5个省区市权重之和约占总权重的10％。第五级为陕西省、重庆市、贵州省、四川省、甘肃省、安徽省、河南省、广西壮族自治区、云南省，9个省区市权重之和约占总权重的10％（见表40和图38）。

表40 30个省区市2000～2016年政府效率等级划分

政府效率	省区市
Ⅰ级(共3个)	北京市、上海市、浙江省
Ⅱ级(共6个)	江苏省、天津市、海南省、辽宁省、山东省、广东省
Ⅲ级(共7个)	黑龙江省、青海省、宁夏回族自治区、湖北省、内蒙古自治区、福建省、吉林省
Ⅳ级(共5个)	湖南省、河北省、山西省、江西省、新疆维吾尔自治区
Ⅴ级(共9个)	陕西省、重庆市、贵州省、四川省、甘肃省、安徽省、河南省、广西壮族自治区、云南省

将2000～2016年和上一年得到的2000～2015年政府效率等级情况进行比较，各个省份分级没有什么变化。

3. 1990～2016年各省区市政府效率分级

将1990～2016年各省区市政府效率综合得分按权重比3:3:2:1:1分为五级，第一级为上海市、北京市、天津市，3个省区市权重之和约占总权重的30％。第二级为浙江省、江苏省、海南省、辽宁省、黑龙江省、山东省，6个省区市权重之和约占总权重的30％。第三级为青海省、广东省、宁夏回族自治区、湖北省、内蒙古自治区、吉林省，6个省区市权重之和约占总权重的20％。第四级为山西省、河北省、福建省、江西省、新疆维

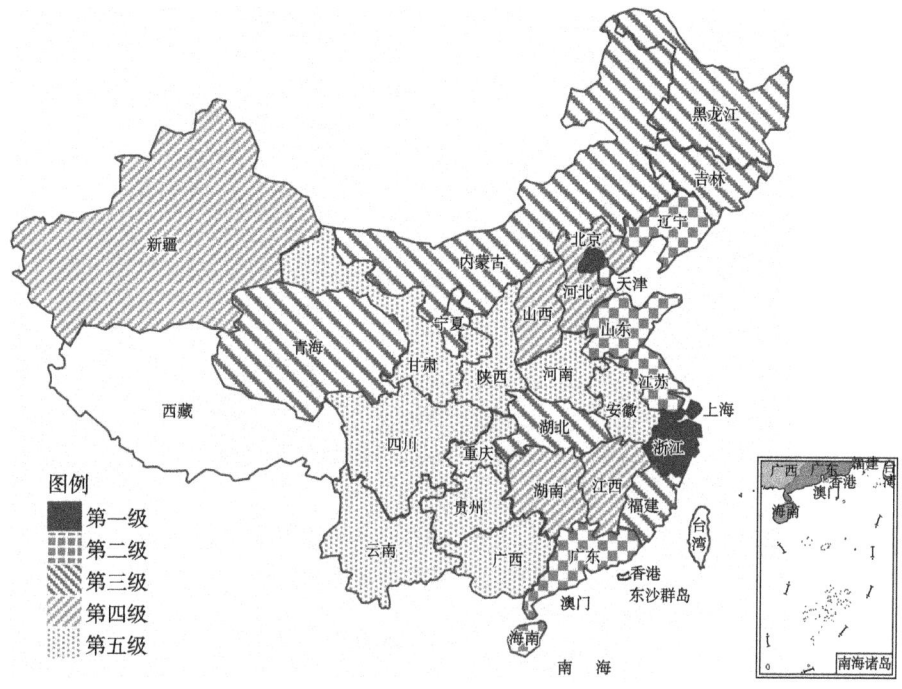

图38 30个省区市2000~2016年政府效率分级情况

吾尔自治区、湖南省,6个省区市权重之和约占总权重的10%。第五级为陕西省、重庆市、甘肃省、贵州省、四川省、安徽省、河南省、广西壮族自治区、云南省,9个省区市权重之和约占总权重的10%(见表41和图39)。

表41 30个省区市1990~2016年政府效率等级划分

政府效率	省区市
Ⅰ级(共3个)	上海市、北京市、天津市
Ⅱ级(共6个)	浙江省、江苏省、海南省、辽宁省、黑龙江省、山东省
Ⅲ级(共6个)	青海省、广东省、宁夏回族自治区、湖北省、内蒙古自治区、吉林省
Ⅳ级(共6个)	山西省、河北省、福建省、江西省、新疆维吾尔自治区、湖南省
Ⅴ级(共9个)	陕西省、重庆市、甘肃省、贵州省、四川省、安徽省、河南省、广西壮族自治区、云南省

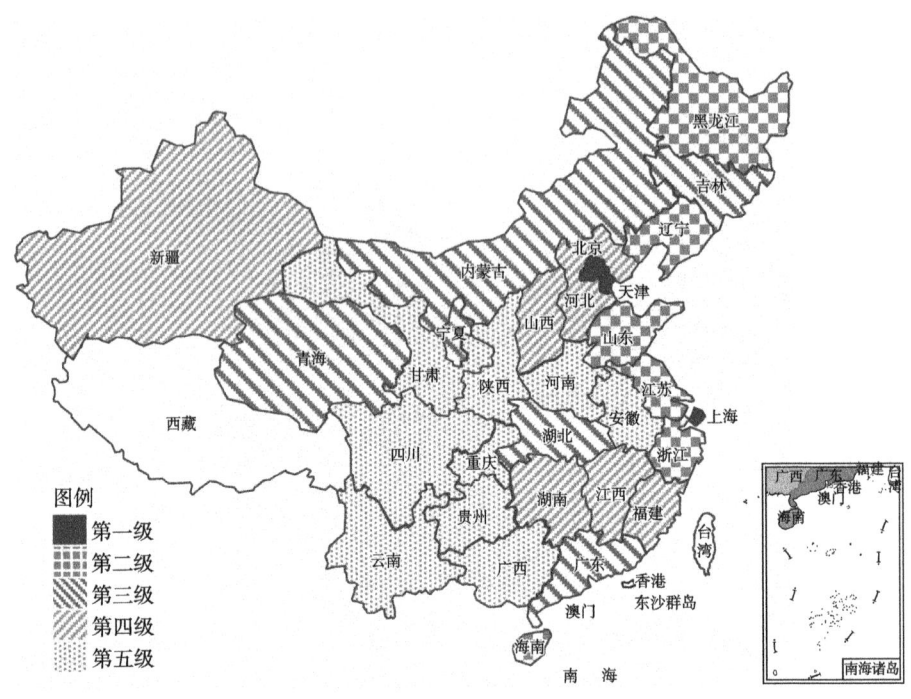

图39　30个省区市1990~2016年政府效率分级情况

将1990~2016年和上一年得到的1990~2015年政府效率等级情况进行比较，第四级发生变化的省份有：湖南省从Ⅴ级上升到Ⅳ级，上升了一级。第五级发生变化的省份有：陕西省从Ⅳ级下降到Ⅴ级，下降了一级。

4. 2016年各省区市政府效率分级

将2016年各省区市政府效率综合得分按权重比3∶3∶2∶1∶1分为五级，第一级为北京市、浙江省、上海市、江苏省，4个省区市权重之和约占总权重的30%。第二级为天津市、山东省、广东省、海南省、黑龙江省、辽宁省，6个省区市权重之和约占总权重的30%。第三级为宁夏回族自治区、福建省、重庆市、吉林省、湖北省、山西省、青海省，7个省区市权重之和约占总权重的20%。和2015年相比，2016年政府效率方面山西省从Ⅳ级上升到Ⅲ级，上升了一级。第四级为内蒙古自治区、湖南省、贵州省、四川省、河北省，5个省区市权重之和约占总权重的10%。和2015年相比，2016年政府效率方面内蒙古自治区从Ⅲ级下降到Ⅳ级,下降了一级。第五级为陕西省、江西省、安徽省、广西壮族自治区、新疆维吾尔自治区、甘肃省、河南省、云南省,8个省区市权重之和约占总权重的10%(见表42和图40)。

表42 30个省区市2016年政府运行效率等级划分

政府效率	省区市
Ⅰ级(共4个)	北京市、浙江省、上海市、江苏省
Ⅱ级(共6个)	天津市、山东省、广东省、海南省、黑龙江省、辽宁省
Ⅲ级(共7个)	宁夏回族自治区、福建省、重庆市、吉林省、湖北省、山西省、青海省
Ⅳ级(共5个)	内蒙古自治区、湖南省、贵州省、四川省、河北省
Ⅴ级(共8个)	陕西省、江西省、安徽省、广西壮族自治区、新疆维吾尔自治区、甘肃省、河南省、云南省

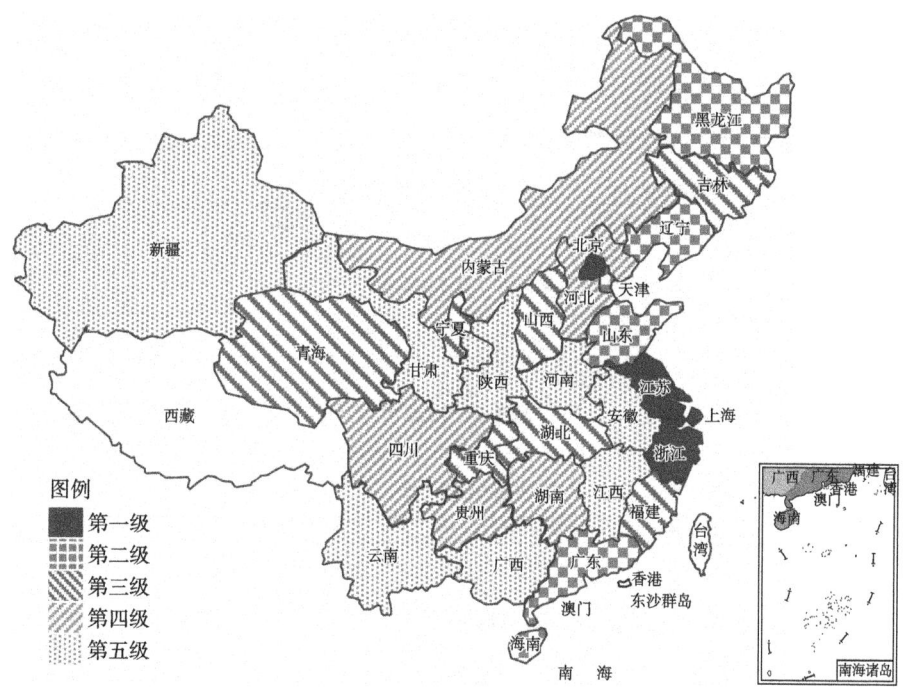

图40 30个省区市2016年政府效率分级情况

5. 2015年各省区市政府效率分级

将2015年各省区市政府效率综合得分按权重比3:3:2:1:1分为五级,

第一级为北京市、上海市、浙江省、江苏省，4个省区市权重之和约占总权重的30%。和2014年相比，2015年政府效率方面江苏省从Ⅱ级上升到Ⅰ级，上升了一级。第二级为天津市、山东省、广东省、海南省、黑龙江省、辽宁省，6个省区市权重之和约占总权重的30%。和2014年相比，2015年政府效率方面黑龙江省从Ⅲ级上升到Ⅱ级，上升了一级。第三级为宁夏回族自治区、福建省、湖北省、重庆市、青海省、吉林省、内蒙古自治区，7个省区市权重之和约占总权重的20%。和2014年相比，2015年政府效率方面内蒙古自治区从Ⅳ级上升到Ⅲ级，上升了一级。第四级为山西省、湖南省、河北省、贵州省、四川省，5个省区市权重之和约占总权重的10%。和2014年相比，2015年政府效率方面贵州省从Ⅴ级上升到Ⅳ级，上升了一级；四川省从Ⅴ级上升到Ⅳ级，上升了一级。第五级为江西省、陕西省、安徽省、新疆维吾尔自治区、甘肃省、广西壮族自治区、河南省、云南省，8个省区市权重之和约占总权重的10%。和2014年相比，2015年政府效率方面江西省从Ⅳ级下降到Ⅴ级，下降了一级（见表43和图41）。

表43　30个省区市2015年政府效率等级划分

政府效率	省区市
Ⅰ级(共4个)	北京市、上海市、浙江省、江苏省
Ⅱ级(共6个)	天津市、山东省、广东省、海南省、黑龙江省、辽宁省
Ⅲ级(共7个)	宁夏回族自治区、福建省、湖北省、重庆市、青海省、吉林省、内蒙古自治区
Ⅳ级(共5个)	山西省、湖南省、河北省、贵州省、四川省
Ⅴ级(共8个)	江西省、陕西省、安徽省、新疆维吾尔自治区、甘肃省、广西壮族自治区、河南省、云南省

6. 2014年各省区市政府效率分级

将2014年各省区市政府效率综合得分按权重比3:3:2:1:1分为五级，第一级为北京市、上海市、浙江省，3个省区市权重之和约占总权重的30%。第二级为江苏省、天津市、广东省、山东省、海南省、辽宁省，6个省区市权重之和约占总权重的30%。第三级为黑龙江省、宁夏回族自治区、福建省、湖北省、青海省、重庆市、吉林省，7个省区市权重之和约占总权

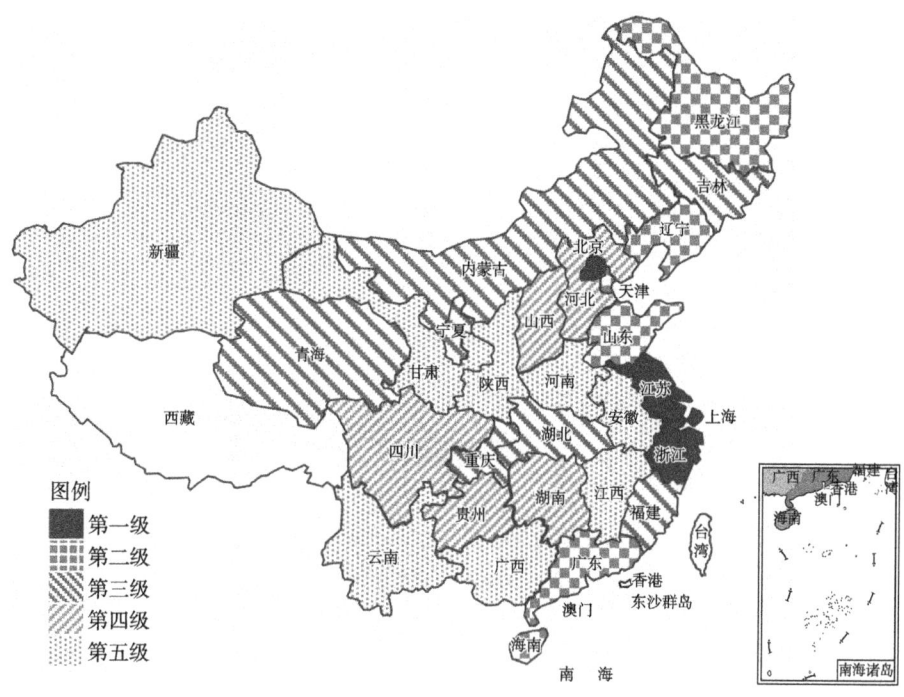

图41 30个省区市2015年政府效率分级情况

重的20%。第四级为内蒙古自治区、山西省、湖南省、江西省、河北省，5个省区市权重之和约占总权重的10%。第五级为贵州省、四川省、陕西省、安徽省、甘肃省、新疆维吾尔自治区、广西壮族自治区、河南省、云南省，9个省区市权重之和约占总权重的10%（见表44和图42）。

表44 30个省区市2014年政府效率等级划分

政府效率	省区市
Ⅰ级（共3个）	北京市、上海市、浙江省
Ⅱ级（共6个）	江苏省、天津市、广东省、山东省、海南省、辽宁省
Ⅲ级（共7个）	黑龙江省、宁夏回族自治区、福建省、湖北省、青海省、重庆市、吉林省
Ⅳ级（共5个）	内蒙古自治区、山西省、湖南省、江西省、河北省
Ⅴ级（共9个）	贵州省、四川省、陕西省、安徽省、甘肃省、新疆维吾尔自治区、广西壮族自治区、河南省、云南省

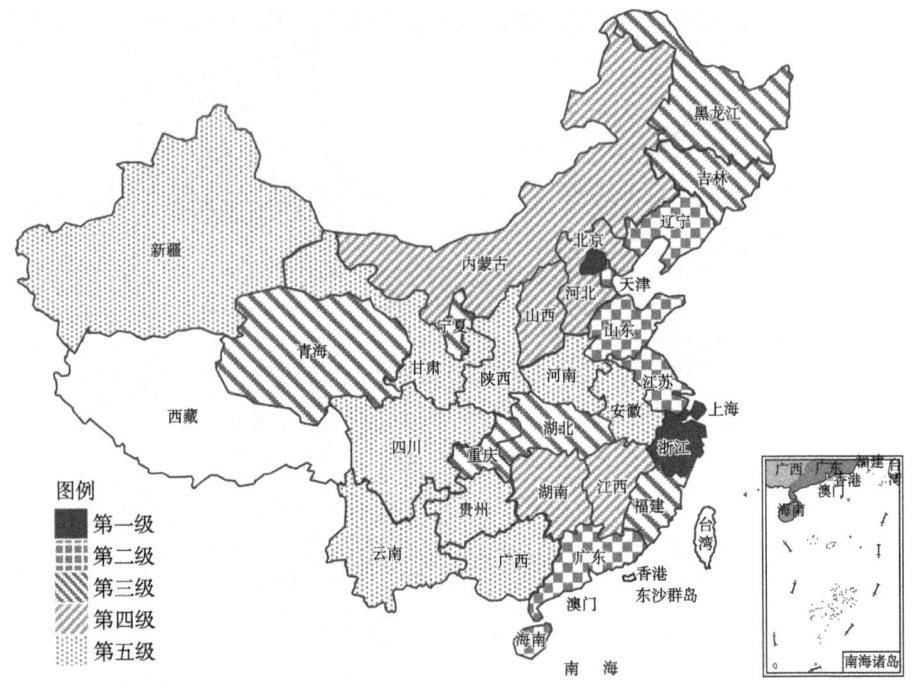

图42　30个省区市2014年政府效率分级情况

7. 2013年各省区市政府效率分级

将2013年各省区市政府效率综合得分按权重比3:3:2:1:1分为五级，第一级为北京市、上海市、浙江省，3个省区市权重之和约占总权重的30%。和2012年相比，2013年政府效率方面浙江省从Ⅱ级上升到Ⅰ级，上升了一级。第二级为江苏省、天津市、广东省、山东省、海南省、辽宁省，6个省区市权重之和约占总权重的30%。和2012年相比，2013年政府效率方面江苏省从Ⅰ级下降到Ⅱ级，下降了一级。第三级为黑龙江省、宁夏回族自治区、福建省、青海省、湖北省、吉林省、重庆市，7个省区市权重之和约占总权重的20%。和2012年相比，2013年政府效率方面重庆市从Ⅳ级上升到Ⅲ级，上升了一级。第四级为内蒙古自治区、湖南省、江西省、山西省、河北省，5个省区市权重之和约占总权重的10%。和2012年相比，2013年政府效率方面内蒙古自治区从Ⅲ级下降到Ⅳ级，下降了一级。第五级为贵州省、四川省、陕西省、新疆维吾尔自治区、甘肃省、安徽省、河南省、广西壮族自治区、云南省，9个省区市权重之和约占总权重的10%（见表45和图43）。

表45 30个省区市2013年政府效率等级划分

政府效率	省区市
Ⅰ级（共3个）	北京市、上海市、浙江省
Ⅱ级（共6个）	江苏省、天津市、广东省、山东省、海南省、辽宁省
Ⅲ级（共7个）	黑龙江省、宁夏回族自治区、福建省、青海省、湖北省、吉林省、重庆市
Ⅳ级（共5个）	内蒙古自治区、湖南省、江西省、山西省、河北省
Ⅴ级（共9个）	贵州省、四川省、陕西省、新疆维吾尔自治区、甘肃省、安徽省、河南省、广西壮族自治区、云南省

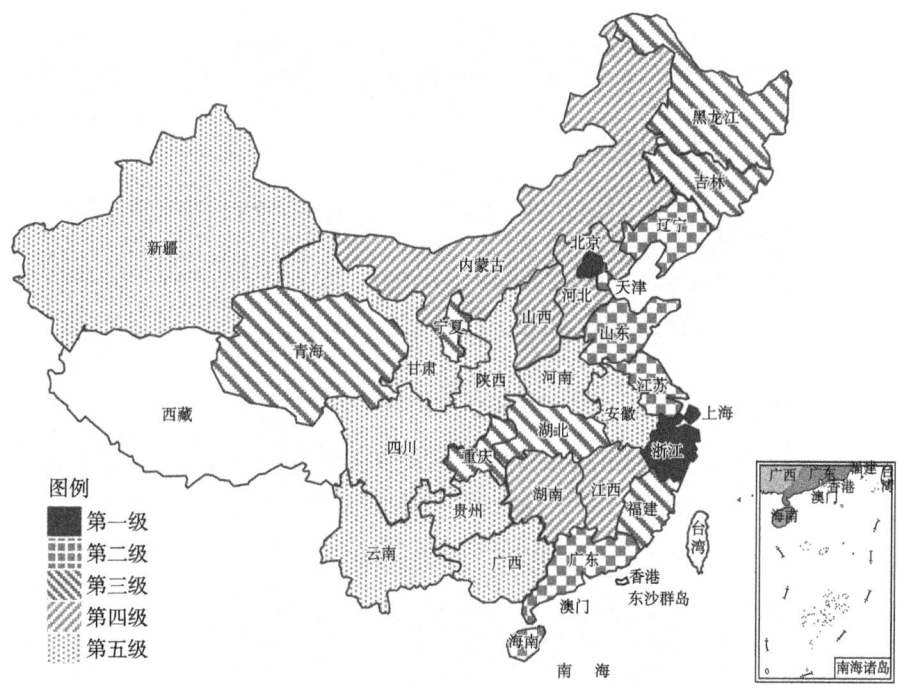

图43 30个省区市2013年政府效率分级情况

8. 2012年各省区市政府效率分级

将2012年各省区市政府效率综合得分按权重比3∶3∶2∶1∶1分为五级，

第一级为北京市、上海市、江苏省，3个省区市权重之和约占总权重的30%。第二级为浙江省、天津市、广东省、山东省、海南省、辽宁省，6个省区市权重之和约占总权重的30%。第三级为黑龙江省、宁夏回族自治区、青海省、湖北省、福建省、内蒙古自治区、吉林省，7个省区市权重之和约占总权重的20%。和2011年相比，2012年政府效率方面吉林省从Ⅳ级上升到Ⅲ级，上升了一级。第四级为湖南省、江西省、重庆市、山西省、河北省，5个省区市权重之和约占总权重的10%。和2011年相比，2012年政府效率方面江西省从Ⅲ级下降到Ⅳ级，下降了一级。第五级为贵州省、陕西省、四川省、新疆维吾尔自治区、甘肃省、安徽省、河南省、广西壮族自治区、云南省，9个省区市权重之和约占总权重的10%（见表46和图44）。

表46　30个省区市2012年政府效率等级划分

政府效率	省区市
Ⅰ级（共3个）	北京市、上海市、江苏省
Ⅱ级（共6个）	浙江省、天津市、广东省、山东省、海南省、辽宁省
Ⅲ级（共7个）	黑龙江省、宁夏回族自治区、青海省、湖北省、福建省、内蒙古自治区、吉林省
Ⅳ级（共5个）	湖南省、江西省、重庆市、山西省、河北省
Ⅴ级（共9个）	贵州省、陕西省、四川省、新疆维吾尔自治区、甘肃省、安徽省、河南省、广西壮族自治区、云南省

9. 2011年各省区市政府效率分级

将2011年各省区市政府效率综合得分按权重比3∶3∶2∶1∶1分为五级，第一级为北京市、上海市、江苏省，3个省区市权重之和约占总权重的30%。第二级为浙江省、天津市、广东省、海南省、山东省、辽宁省，6个省区市权重之和约占总权重的30%。第三级为黑龙江省、宁夏回族自治区、青海省、湖北省、福建省、内蒙古自治区、江西省，7个省区市权重之和约占总权重的20%。和2010年相比，2011年政府效率方面江西省从Ⅳ级上升到Ⅲ级，上升了一级。第四级为湖南省、吉林省、山西省、河北省、重庆市，5个省区市权重之和约占总权重的10%。和2010年相比，2011年政府效率方面湖南省从Ⅲ级下降到Ⅳ级，下降了一级；重庆市从Ⅴ级上升到Ⅳ

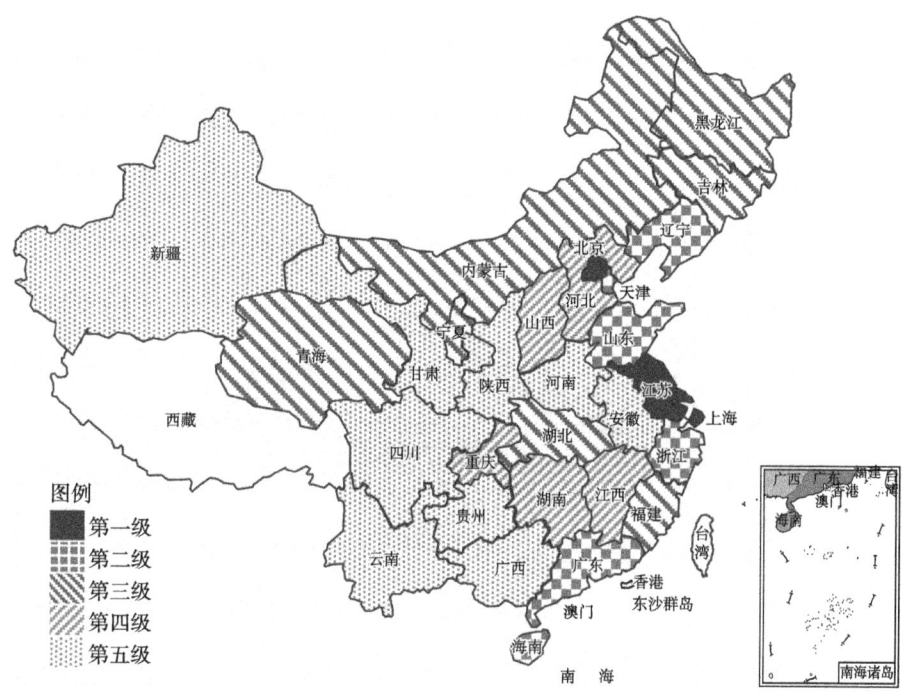

图 44　30 个省区市 2012 年政府效率分级情况

级,上升了一级。第五级为新疆维吾尔自治区、陕西省、贵州省、四川省、甘肃省、安徽省、河南省、广西壮族自治区、云南省,9 个省区市权重之和约占总权重的 10%。和 2010 年相比,2011 年政府效率方面新疆维吾尔自治区从Ⅳ级下降到Ⅴ级,下降了一级(见表 47 和图 45)。

表 47　30 个省区市 2011 年政府效率等级划分

政府效率	省区市
Ⅰ级(共 3 个)	北京市、上海市、江苏省
Ⅱ级(共 6 个)	浙江省、天津市、广东省、海南省、山东省、辽宁省
Ⅲ级(共 7 个)	黑龙江省、宁夏回族自治区、青海省、湖北省、福建省、内蒙古自治区、江西省
Ⅳ级(共 5 个)	湖南省、吉林省、山西省、河北省、重庆市
Ⅴ级(共 9 个)	新疆维吾尔自治区、陕西省、贵州省、四川省、甘肃省、安徽省、河南省、广西壮族自治区、云南省

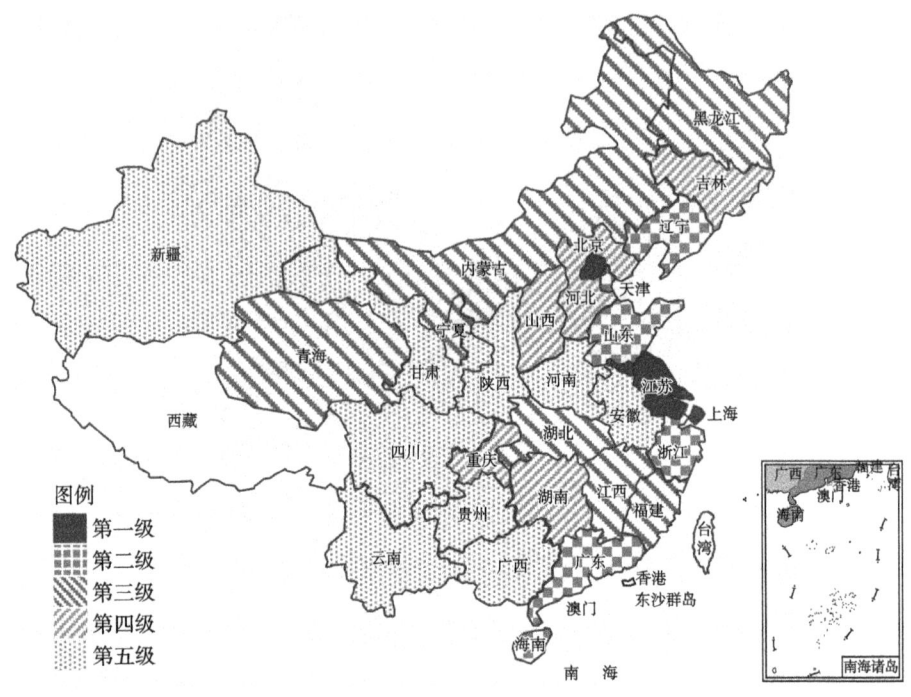

图 45　30 个省区市 2011 年政府效率分级情况

（五）各省区市人民生活分级

30 个省区市 2010～2016 年、2000～2016 年、1990～2016 年、2016 年、2015 年、2014 年、2013 年、2012 年和 2011 年人民生活分级情况如下。

1. 2010～2016 年各省区市人民生活分级

将 2010～2016 年各省区市人民生活综合得分按权重比 3∶3∶2∶1∶1 分为五级，第一级为上海市、北京市、天津市、浙江省、江苏省，5 个省区市权重之和约占总权重的 30%。和 2000～2016 年相比，2010～2016 年人民生活方面江苏省从Ⅱ级上升到Ⅰ级，上升了一级。第二级为辽宁省、山东省、吉林省、山西省、福建省、河北省、新疆维吾尔自治区，7 个省区市权重之和约占总权重的 30%。和 2000～2016 年相比，2010～2016 年人民生活方面新疆维吾尔自治区从Ⅲ级上升到Ⅱ级，上升了一级。第三级为陕西省、内蒙古自治区、四川省、湖北省、青海省、广东省,6个省区市权重之和约占总权重的20%。和2000~2016年相比,2010~2016年人民生活方面湖北省从Ⅳ级上升到Ⅲ级,上升了一级。第四级为黑龙江省、河南省、海南省、湖南省、江西省,5个省区市权重之和约占总权重的10%。和2000~2016年相比,2010~2016年人民生活方面黑龙江省从Ⅲ级下降到Ⅳ级,下降了一级;江西省从Ⅴ级上升到Ⅳ级,上升了一级。第五级为宁夏回族自治区、安徽省、甘肃省、重庆市、广西壮族自治区、云南省、贵州省,7个省区市权重之和约占总权重的10%。和2000~2016年相比,2010~2016年人民生活方面宁夏回族自治区从Ⅳ级下降到Ⅴ级,下降了一级(见表48和图46)。

表48 30个省区市2010~2016年人民生活等级划分

人民生活	省区市
Ⅰ级(共5个)	上海市、北京市、天津市、浙江省、江苏省
Ⅱ级(共7个)	辽宁省、山东省、吉林省、山西省、福建省、河北省、新疆维吾尔自治区
Ⅲ级(共6个)	陕西省、内蒙古自治区、四川省、湖北省、青海省、广东省
Ⅳ级(共5个)	黑龙江省、河南省、海南省、湖南省、江西省
Ⅴ级(共7个)	宁夏回族自治区、安徽省、甘肃省、重庆市、广西壮族自治区、云南省、贵州省

2. 2000~2016年各省区市人民生活分级

将2000~2016年各省区市人民生活综合得分按权重比3:3:2:1:1分为五级,第一级为上海市、北京市、天津市、浙江省,4个省区市权重之和约占总权重的30%。第二级为江苏省、辽宁省、山东省、吉林省、山西省、福建省、河北省,7个省区市权重之和约占总权重的30%。和1990~2016年相比,2000~2016年人民生活方面福建省从Ⅲ级上升到Ⅱ级,上升了一级;河北省从Ⅲ级上升到Ⅱ级,上升了一级。第三级为内蒙古自治区、新疆维吾尔自治区、黑龙江省、广东省、陕西省、青海省、四川省,7个省区市权重之和约占总权重的20%。和1990~2016年相比,2000~2016年人民生活方面内蒙古自治区从Ⅱ级下降到Ⅲ级,下降了一级;新疆维吾尔自治区从Ⅱ级下降到Ⅲ级,下降了一级;四川省从Ⅳ级上升到Ⅲ级,上升了一级。第四级为湖北省、河南省、海

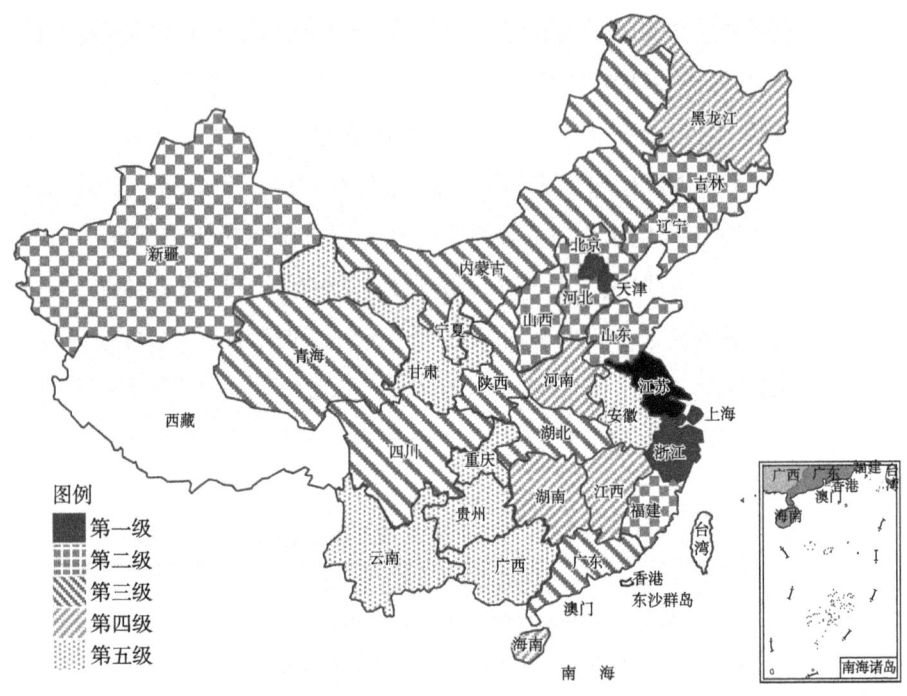

图46　30个省区市2010~2016年人民生活分级情况

南省、宁夏回族自治区、湖南省,5个省区市权重之和约占总权重的10%。和1990~2016年相比,2000~2016年人民生活方面河南省从Ⅴ级上升到Ⅳ级,上升了一级;湖南省从Ⅴ级上升到Ⅳ级,上升了一级。第五级为江西省、甘肃省、安徽省、广西壮族自治区、重庆市、云南省、贵州省,7个省区市权重之和约占总权重的10%。和1990~2016年相比,2000~2016年人民生活方面江西省从Ⅳ级下降到Ⅴ级,下降了一级(见表49和图47)。

表49　30个省区市2000~2016年人民生活等级划分

人民生活	省区市
Ⅰ级(共4个)	上海市、北京市、天津市、浙江省
Ⅱ级(共7个)	江苏省、辽宁省、山东省、吉林省、山西省、福建省、河北省
Ⅲ级(共7个)	内蒙古自治区、新疆维吾尔自治区、黑龙江省、广东省、陕西省、青海省、四川省
Ⅳ级(共5个)	湖北省、河南省、海南省、宁夏回族自治区、湖南省
Ⅴ级(共7个)	江西省、甘肃省、安徽省、广西壮族自治区、重庆市、云南省、贵州省

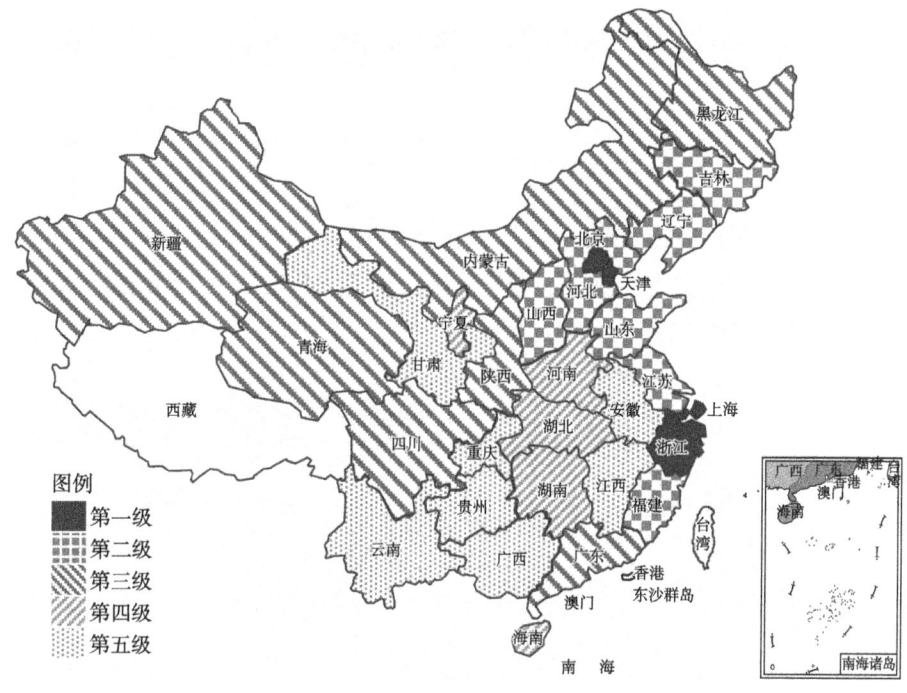

图47 30个省区市2000~2016年人民生活分级情况

将2000~2016年和上一年得到的2000~2015年人民生活等级情况进行比较，各个省份分级没有什么变化。

3. 1990~2016年各省区市人民生活分级

将1990~2016年各省区市人民生活综合得分按权重比3:3:2:1:1分为五级，第一级为上海市、北京市、天津市、浙江省，4个省区市权重之和约占总权重的30%。第二级为江苏省、辽宁省、吉林省、山西省、山东省、新疆维吾尔自治区、内蒙古自治区，7个省区市权重之和约占总权重的30%。第三级为黑龙江省、福建省、河北省、广东省、青海省、陕西省，6个省区市权重之和约占总权重的20%。第四级为海南省、湖北省、四川省、江西省、宁夏回族自治区，5个省区市权重之和约占总权重的10%。第五级为河南省、湖南省、甘肃省、安徽省、广西壮族自治区、重庆市、云南省、贵州省，8个省区市权重之和约占总权重的10%（见表50和图48）。

表50 30个省区市1990~2016年人民生活等级划分

人民生活	省区市
Ⅰ级(共4个)	上海市、北京市、天津市、浙江省
Ⅱ级(共7个)	江苏省、辽宁省、吉林省、山西省、山东省、新疆维吾尔自治区、内蒙古自治区
Ⅲ级(共6个)	黑龙江省、福建省、河北省、广东省、青海省、陕西省
Ⅳ级(共5个)	海南省、湖北省、四川省、江西省、宁夏回族自治区
Ⅴ级(共8个)	河南省、湖南省、甘肃省、安徽省、广西壮族自治区、重庆市、云南省、贵州省

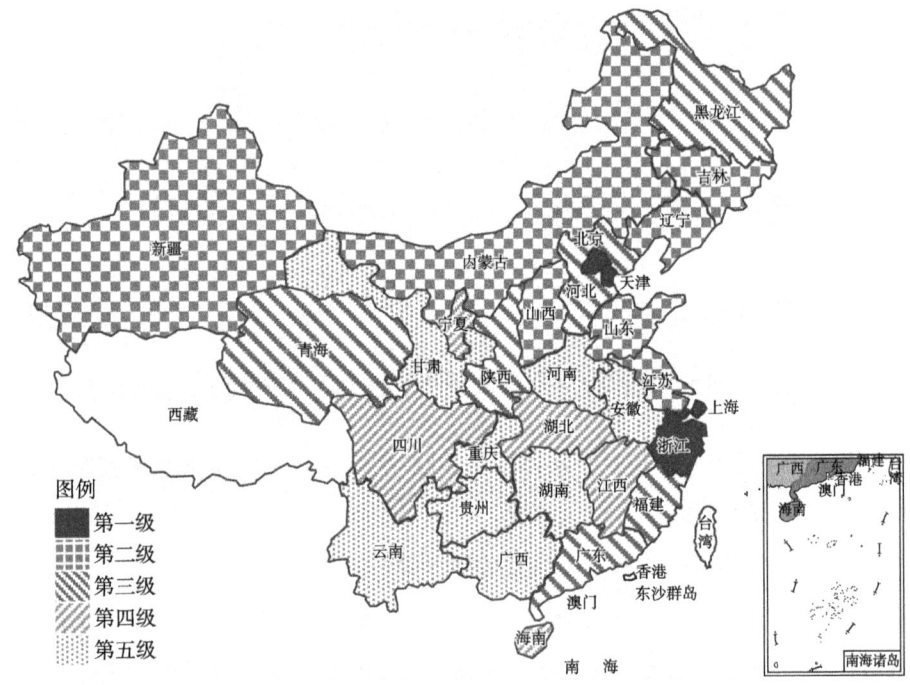

图48 30个省区市1990~2016年人民生活分级情况

将1990~2016年和上一年得到的1990~2015年人民生活等级情况进行比较,第二级发生变化的省份有:内蒙古自治区从Ⅲ级上升到Ⅱ级,上升了一级。第三级发生变化的省份有:黑龙江省从Ⅱ级下降到Ⅲ级,下降了一级。

4. 2016年各省区市人民生活分级

将2016年各省区市人民生活综合得分按权重比3∶3∶2∶1∶1分为五级,

第一级为上海市、天津市、北京市、浙江省、江苏省，5个省区市权重之和约占总权重的30%。第二级为辽宁省、山东省、吉林省、福建省、陕西省、山西省、湖北省、新疆维吾尔自治区，8个省区市权重之和约占总权重的30%。第三级为内蒙古自治区、青海省、四川省、河北省、河南省、广东省，6个省区市权重之和约占总权重的20%。第四级为海南省、黑龙江省、宁夏回族自治区、湖南省、云南省，5个省区市权重之和约占总权重的10%。和2015年相比，2016年人民生活方面云南省从Ⅴ级上升到Ⅳ级，上升了一级。第五级为安徽省、江西省、贵州省、甘肃省、重庆市、广西壮族自治区，6个省区市权重之和约占总权重的10%。和2015年相比，2016年人民生活方面江西省从Ⅳ级下降到Ⅴ级，下降了一级（见表51和图49）。

表51 30个省区市2016年人民生活等级划分

人民生活	省区市
Ⅰ级（共5个）	上海市、天津市、北京市、浙江省、江苏省
Ⅱ级（共8个）	辽宁省、山东省、吉林省、福建省、陕西省、山西省、湖北省、新疆维吾尔自治区
Ⅲ级（共6个）	内蒙古自治区、青海省、四川省、河北省、河南省、广东省
Ⅳ级（共5个）	海南省、黑龙江省、宁夏回族自治区、湖南省、云南省
Ⅴ级（共6个）	安徽省、江西省、贵州省、甘肃省、重庆市、广西壮族自治区

5. 2015年各省区市人民生活分级

将2015年各省区市人民生活综合得分按权重比3∶3∶2∶1∶1分为五级，第一级为上海市、北京市、天津市、浙江省、江苏省，5个省区市权重之和约占总权重的30%。和2014年相比，2015年人民生活方面浙江省从Ⅱ级上升到Ⅰ级，上升了一级。第二级为辽宁省、山东省、吉林省、福建省、新疆维吾尔自治区、陕西省、湖北省、山西省，8个省区市权重之和约占总权重的30%。和2014年相比，2015年人民生活方面湖北省从Ⅲ级上升到Ⅱ级，上升了一级；山西省从Ⅲ级上升到Ⅱ级，上升了一级。第三级为青海省、内蒙古自治区、四川省、河南省、河北省、广东省，6个省区市权重之和约占总权重的20%。和2014年相比，2015年人民生活方面内蒙古自治区从Ⅳ级

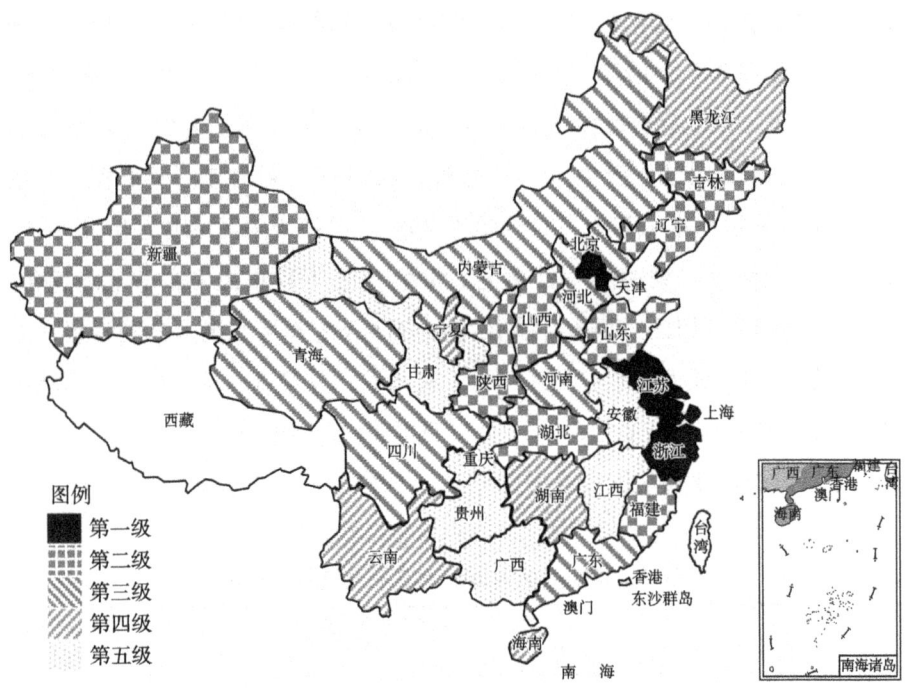

图49　30个省区市2016年人民生活分级情况

上升到Ⅲ级,上升了一级;四川省从Ⅳ级上升到Ⅲ级,上升了一级。第四级为海南省、黑龙江省、宁夏回族自治区、湖南省、江西省,5个省区市权重之和约占总权重的10%。和2014年相比,2015年人民生活方面宁夏回族自治区从Ⅴ级上升到Ⅳ级,上升了一级;湖南省从Ⅴ级上升到Ⅳ级,上升了一级。第五级为云南省、安徽省、甘肃省、贵州省、重庆市、广西壮族自治区,6个省区市权重之和约占总权重的10%(见表52和图50)。

表52　30个省区市2015年人民生活等级划分

人民生活	省区市
Ⅰ级(共5个)	上海市、北京市、天津市、浙江省、江苏省
Ⅱ级(共8个)	辽宁省、山东省、吉林省、福建省、新疆维吾尔自治区、陕西省、湖北省、山西省
Ⅲ级(共6个)	青海省、内蒙古自治区、四川省、河南省、河北省、广东省
Ⅳ级(共5个)	海南省、黑龙江省、宁夏回族自治区、湖南省、江西省
Ⅴ级(共6个)	云南省、安徽省、甘肃省、贵州省、重庆市、广西壮族自治区

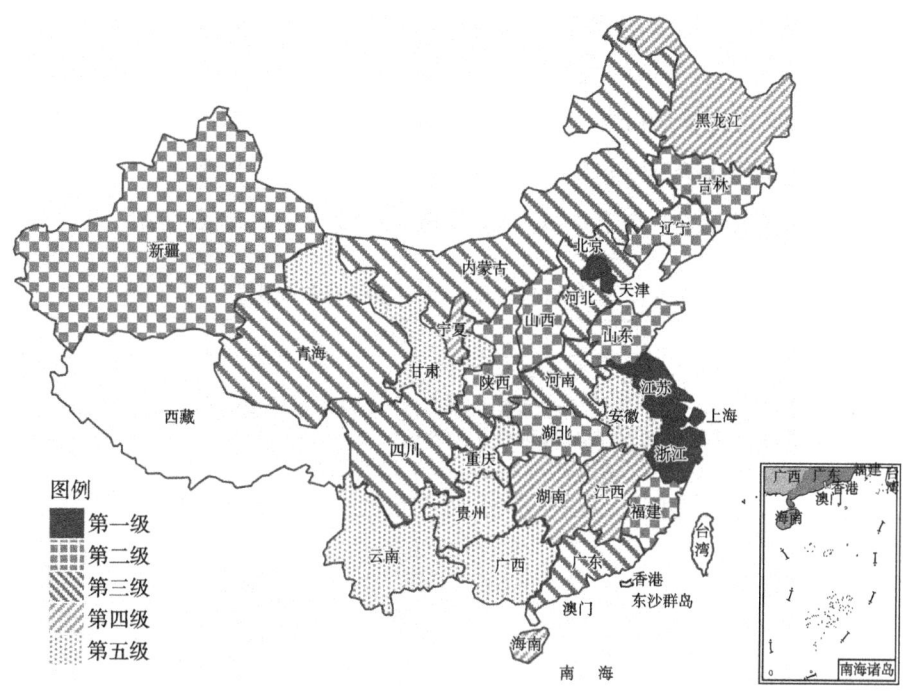

图 50　30 个省区市 2015 年人民生活分级情况

6. 2014年各省区市人民生活分级

将 2014 年各省区市人民生活综合得分按权重比 3∶3∶2∶1∶1 分为五级，第一级为上海市、北京市、天津市、江苏省，4 个省区市权重之和约占总权重的 30%。第二级为浙江省、辽宁省、山东省、吉林省、新疆维吾尔自治区、福建省、陕西省，7 个省区市权重之和约占总权重的 30%。和 2013 年相比，2014 年人民生活方面浙江省从 I 级下降到 II 级，下降了一级；陕西省从 III 级上升到 II 级，上升了一级。第三级为湖北省、山西省、青海省、河北省、河南省、广东省，6 个省区市权重之和约占总权重的 20%。和 2013 年相比，2014 年人民生活方面山西省从 II 级下降到 III 级，下降了一级；河北省从 II 级下降到 III 级，下降了一级。第四级为四川省、内蒙古自治区、黑龙江省、海南省、江西省，5 个省区市权重之和约占总权重的 10%。和 2013 年相比，2014 年人民生活方面四川省从 II 级下降到 IV 级，下降了两级；内蒙古自治区从 III 级下降到 IV 级，下降了一级；黑龙江省从Ⅲ级下降到Ⅳ级，下降了一级。第五级为宁夏回族自治区、湖南省、安徽省、云南省、甘肃省、贵州省、重庆市、广西壮族自治区，8个省区市权重之和约占总权重的10%。和2013年相比，2014年人民生活方面湖南省从Ⅳ级下降到Ⅴ级，下降了一级；甘肃省从Ⅳ级下降到Ⅴ级，下降了一级；重庆市从Ⅳ级下降到Ⅴ级，下降了一级（见表53和图51）。

表53　30个省区市2014年人民生活等级划分

人民生活	省区市
Ⅰ级（共4个）	上海市、北京市、天津市、江苏省
Ⅱ级（共7个）	浙江省、辽宁省、山东省、吉林省、新疆维吾尔自治区、福建省、陕西省
Ⅲ级（共6个）	湖北省、山西省、青海省、河北省、河南省、广东省
Ⅳ级（共5个）	四川省、内蒙古自治区、黑龙江省、海南省、江西省
Ⅴ级（共8个）	宁夏回族自治区、湖南省、安徽省、云南省、甘肃省、贵州省、重庆市、广西壮族自治区

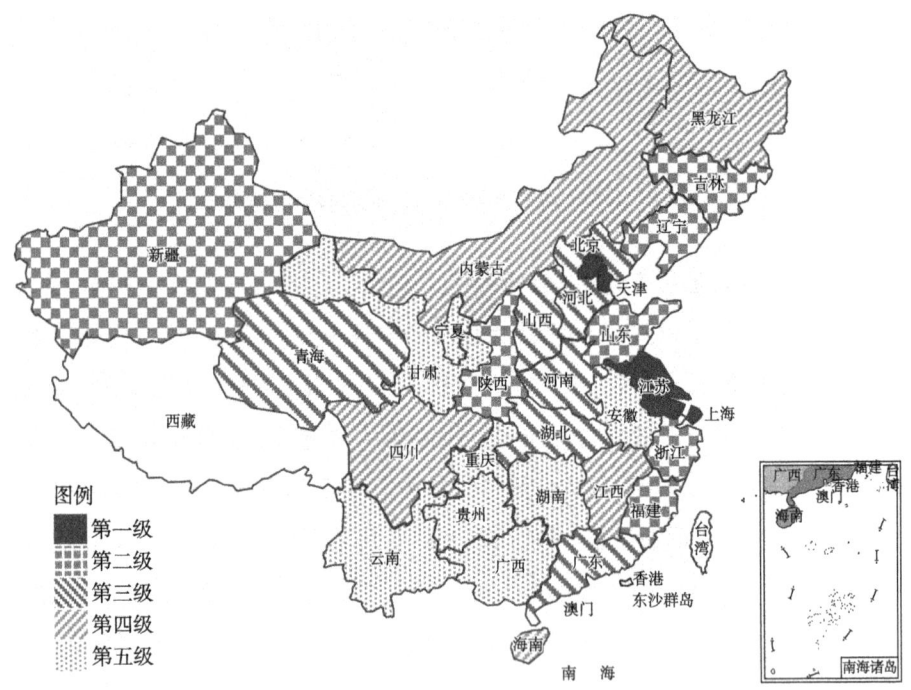

图51　30个省区市2014年人民生活分级情况

7. 2013年各省区市人民生活分级

将2013年各省区市人民生活综合得分按权重比3∶3∶2∶1∶1分为五级，

第一级为上海市、北京市、浙江省、天津市、江苏省，5个省区市权重之和约占总权重的30%。第二级为山东省、吉林省、辽宁省、山西省、福建省、河北省、四川省、新疆维吾尔自治区，8个省区市权重之和约占总权重的30%。和2012年相比，2013年人民生活方面新疆维吾尔自治区从Ⅲ级上升到Ⅱ级，上升了一级。第三级为陕西省、广东省、内蒙古自治区、青海省、黑龙江省、湖北省、河南省，7个省区市权重之和约占总权重的20%。和2012年相比，2013年人民生活方面内蒙古自治区从Ⅱ级下降到Ⅲ级，下降了一级。第四级为海南省、江西省、湖南省、甘肃省、重庆市，5个省区市权重之和约占总权重的10%。和2012年相比，2013年人民生活方面重庆市从Ⅴ级上升到Ⅳ级，上升了一级。第五级为宁夏回族自治区、安徽省、广西壮族自治区、云南省、贵州省，5个省区市权重之和约占总权重的10%。和2012年相比，2013年人民生活方面宁夏回族自治区从Ⅳ级下降到Ⅴ级，下降了一级（见表54和图52）。

表54　30个省区市2013年人民生活等级划分

人民生活	省区市
Ⅰ级（共5个）	上海市、北京市、浙江省、天津市、江苏省
Ⅱ级（共8个）	山东省、吉林省、辽宁省、山西省、福建省、河北省、四川省、新疆维吾尔自治区
Ⅲ级（共7个）	陕西省、广东省、内蒙古自治区、青海省、黑龙江省、湖北省、河南省
Ⅳ级（共5个）	海南省、江西省、湖南省、甘肃省、重庆市
Ⅴ级（共5个）	宁夏回族自治区、安徽省、广西壮族自治区、云南省、贵州省

8. 2012年各省区市人民生活分级

将2012年各省区市人民生活综合得分按权重比3∶3∶2∶1∶1分为五级，第一级为上海市、北京市、浙江省、天津市、江苏省，5个省区市权重之和约占总权重的30%。和2011年相比，2012年人民生活方面江苏省从Ⅱ级上升到Ⅰ级，上升了一级。第二级为山东省、辽宁省、吉林省、山西省、河北省、福建省、内蒙古自治区、四川省，8个省区市权重之和约占总权重的30%。和2011年相比，2012年人民生活方面四川省从Ⅲ级上升到Ⅱ级，上升了一级。第三级为广东省、新疆维吾尔自治区、黑龙江省、青海省、陕西省、湖北省、河南省，7个省区市权重之和约占总权重的20%。和2011年相比，2012年人民生活方面湖北省

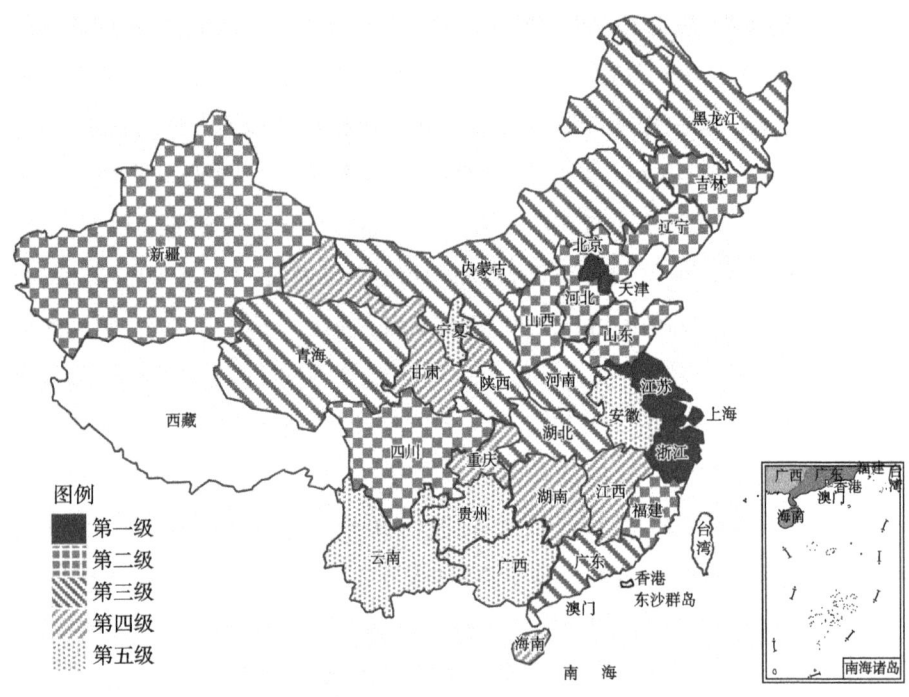

图52　30个省区市2013年人民生活分级情况

从Ⅳ级上升到Ⅲ级，上升了一级；河南省从Ⅳ级上升到Ⅲ级，上升了一级。第四级为海南省、江西省、湖南省、甘肃省、宁夏回族自治区，5个省区市权重之和约占总权重的10%。和2011年相比，2012年人民生活方面江西省从Ⅴ级上升到Ⅳ级，上升了一级；甘肃省从Ⅴ级上升到Ⅳ级，上升了一级；宁夏回族自治区从Ⅴ级上升到Ⅳ级，上升了一级。第五级为安徽省、重庆市、广西壮族自治区、云南省、贵州省，5个省区市权重之和约占总权重的10%（见表55和图53）。

表55　30个省区市2012年人民生活等级划分

人民生活	省区市
Ⅰ级（共5个）	上海市、北京市、浙江省、天津市、江苏省
Ⅱ级（共8个）	山东省、辽宁省、吉林省、山西省、河北省、福建省、内蒙古自治区、四川省
Ⅲ级（共7个）	广东省、新疆维吾尔自治区、黑龙江省、青海省、陕西省、湖北省、河南省
Ⅳ级（共5个）	海南省、江西省、湖南省、甘肃省、宁夏回族自治区
Ⅴ级（共5个）	安徽省、重庆市、广西壮族自治区、云南省、贵州省

1990~2016年中国各省区市发展前景评价

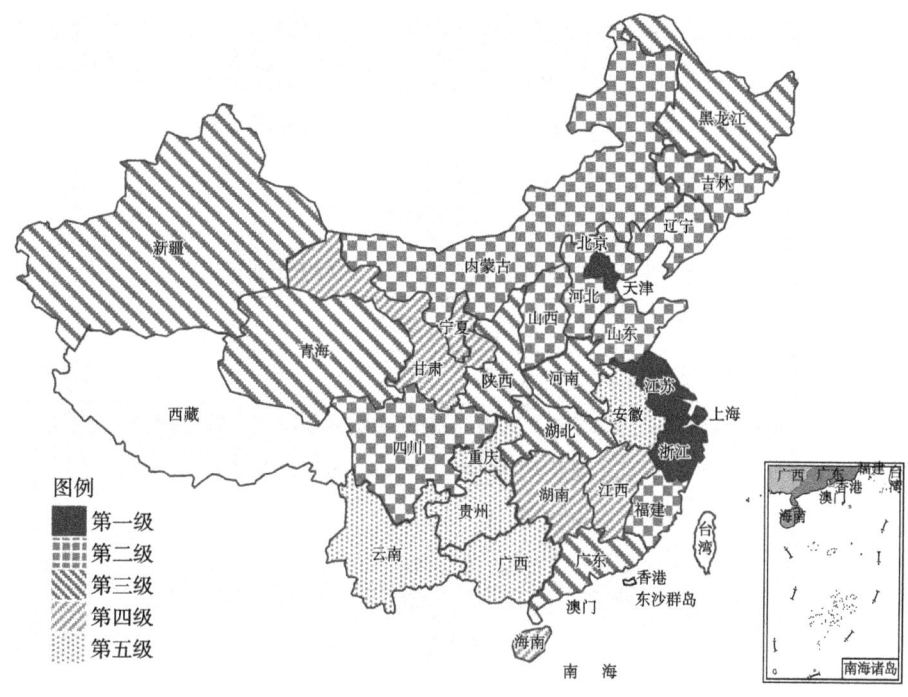

图53 30个省区市2012年人民生活分级情况

9. 2011年各省区市人民生活分级

将2011年各省区市人民生活综合得分按权重比3:3:2:1:1分为五级，第一级为上海市、北京市、浙江省、天津市，4个省区市权重之和约占总权重的30%。第二级为江苏省、辽宁省、山东省、河北省、吉林省、山西省、福建省、内蒙古自治区，8个省区市权重之和约占总权重的30%。和2010年相比，2011年人民生活方面福建省从Ⅲ级上升到Ⅱ级，上升了一级；内蒙古自治区从Ⅲ级上升到Ⅱ级，上升了一级。第三级为广东省、四川省、黑龙江省、新疆维吾尔自治区、青海省、陕西省，6个省区市权重之和约占总权重的20%。和2010年相比，2011年人民生活方面黑龙江省从Ⅱ级下降到Ⅲ级，下降了一级；陕西省从Ⅳ级上升到Ⅲ级，上升了一级。第四级为湖北省、河南省、湖南省、海南省，4个省区市权重之和约占总权重的10%。和2010年相比，2011年人民生活方面海南省从Ⅴ级上升到Ⅳ级，上升了一级。

第五级为江西省、甘肃省、宁夏回族自治区、广西壮族自治区、安徽省、重庆市、云南省、贵州省,8个省区市权重之和约占总权重的10%。和2010年相比,2011年人民生活方面宁夏回族自治区从Ⅳ级下降到Ⅴ级,下降了一级(见表56和图54)。

表56　30个省区市2011年人民生活等级划分

人民生活	省区市
Ⅰ级(共4个)	上海市、北京市、浙江省、天津市
Ⅱ级(共8个)	江苏省、辽宁省、山东省、河北省、吉林省、山西省、福建省、内蒙古自治区
Ⅲ级(共6个)	广东省、四川省、黑龙江省、新疆维吾尔自治区、青海省、陕西省
Ⅳ级(共4个)	湖北省、河南省、湖南省、海南省
Ⅴ级(共8个)	江西省、甘肃省、宁夏回族自治区、广西壮族自治区、安徽省、重庆市、云南省、贵州省

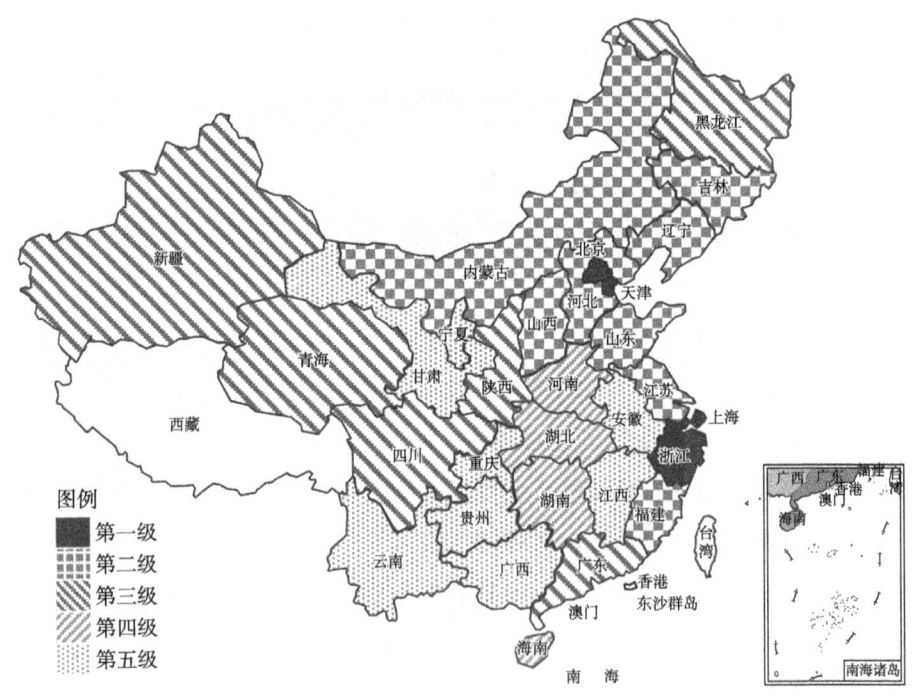

图54　30个省区市2011年人民生活分级情况

四 中国各省区市发展前景的影响因素分析

（一）一级指标

1. 一级指标权重

2016年一级指标中经济增长的权重为17.11%，增长可持续性为31.96%，政府效率为20.70%，人民生活为30.23%（见表57），与2015年的权重相差不太大。2015年一级指标中经济增长的权重为17.90%，增长可持续性为31.48%，政府效率为21.67%，人民生活为28.95%。

表57　2016年发展前景一级指标权重

单位：%

一级指标	编号	权重
经济增长	1	17.11
增长可持续性	2	31.96
政府效率	3	20.70
人民生活	4	30.23

2. 主要省区市发展前景雷达图

2010~2016年、2000~2016年、1990~2016年、2016年、2015年、2014年、2013年、2012年、2011年主要省区市发展前景雷达图见图55~图63。从雷达图可以看出影响各省区市发展前景的一级指标经济增长、增长可持续性、政府效率和人民生活的权重情况，从而可以对各省区市之间和自身发展状况进行比较。

从2016年前5个省区市发展前景雷达图来看，2016年上海市经济增长、增长可持续性、政府效率和人民生活的权重分别为8.77%、10.64%、7.14%和7.40%。上海市增长可持续性的权重在自身和其他省区市中都是最高的，上海市除经济增长的权重排名第二和政府效率的权重排名第三外，增长可持续性和人民生活的权重均排名第一。2016年江苏省经济增长、增长

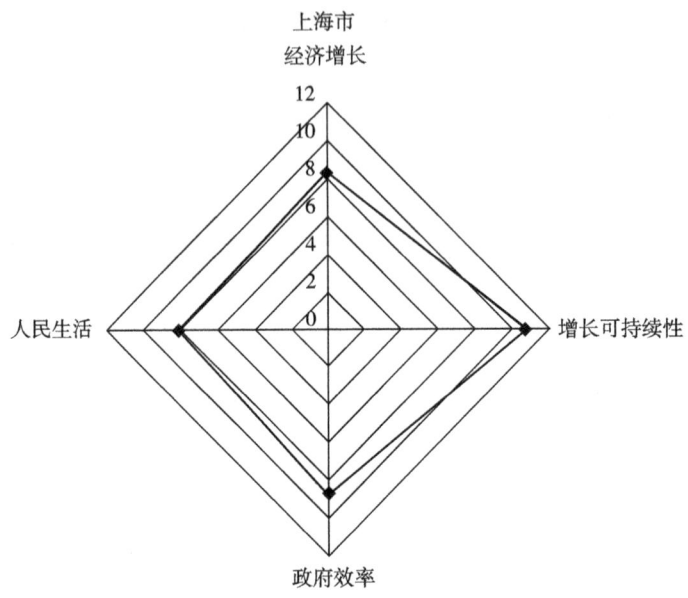

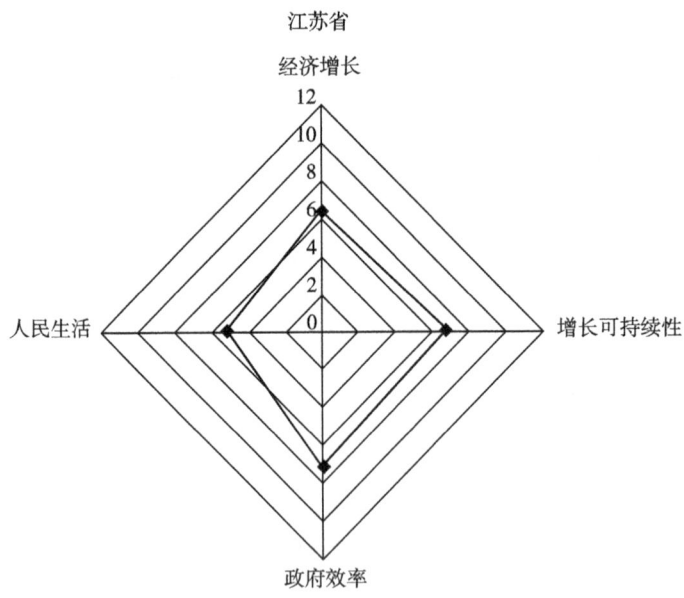

1990~2016年中国各省区市发展前景评价

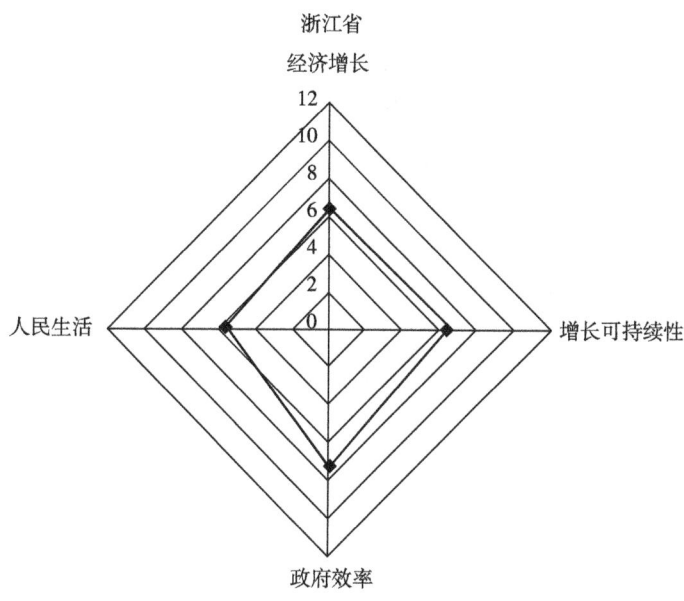

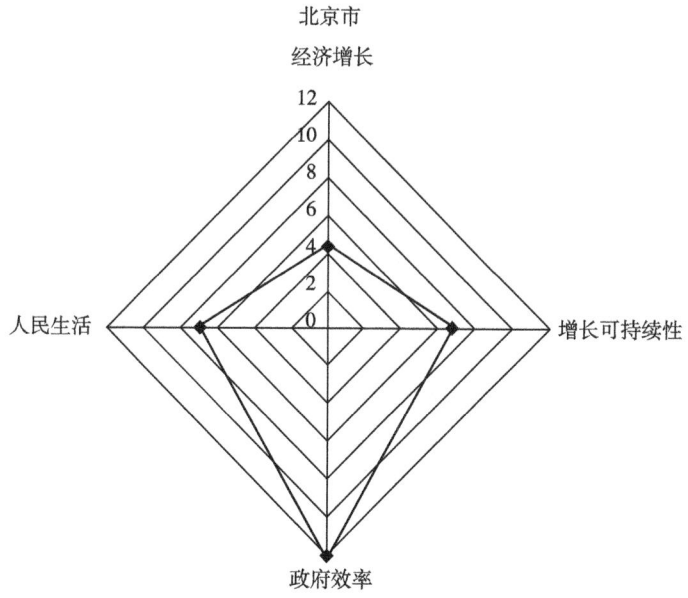

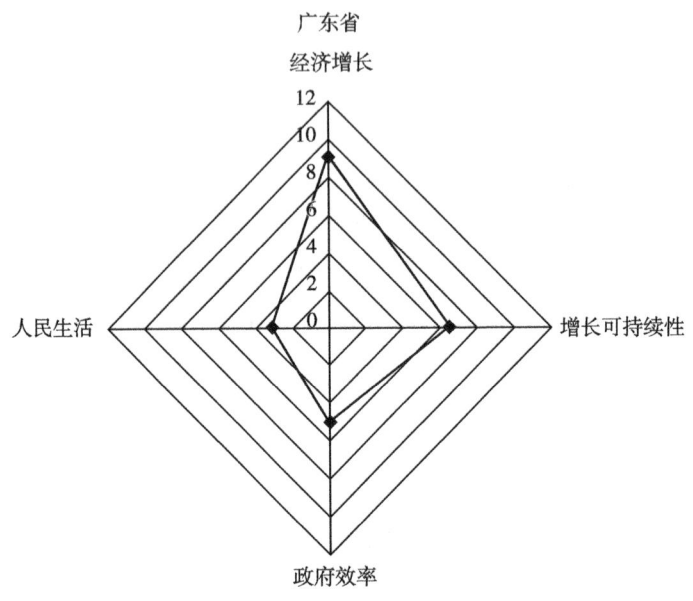

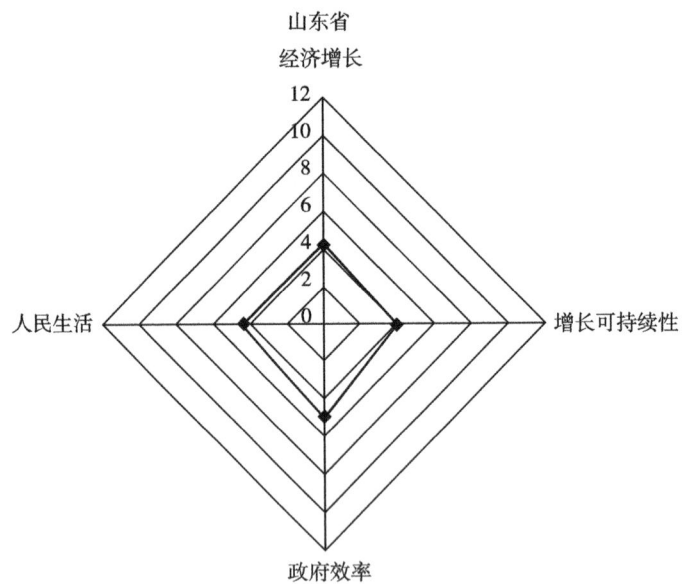

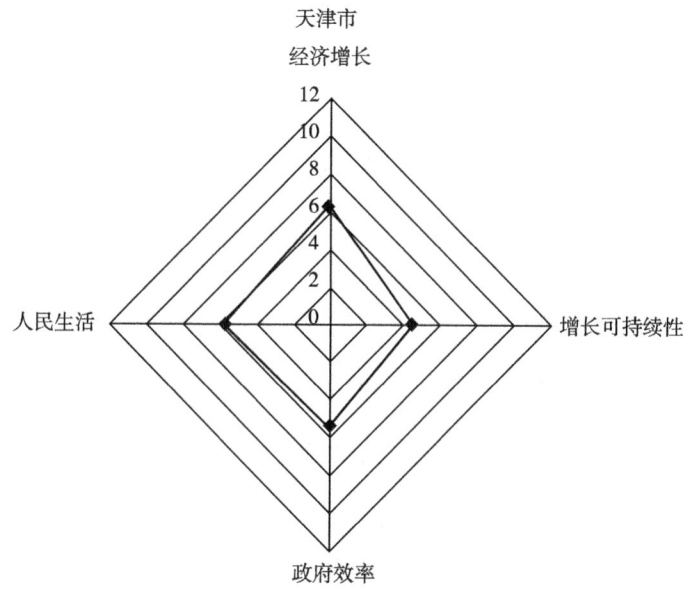

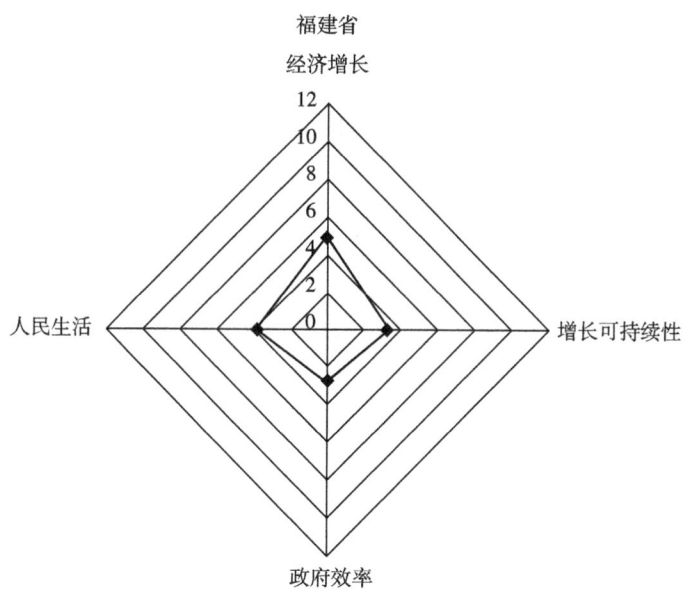

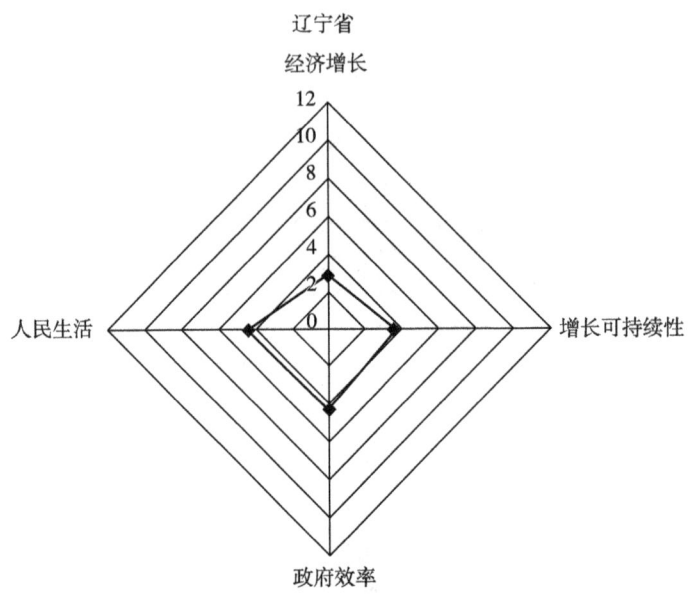

图 55　2010～2016 年主要省区市发展前景雷达图

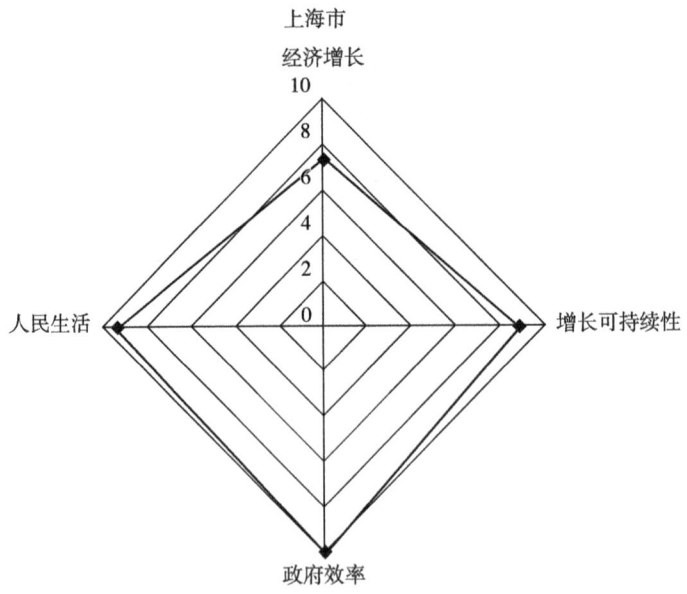

1990~2016年中国各省区市发展前景评价

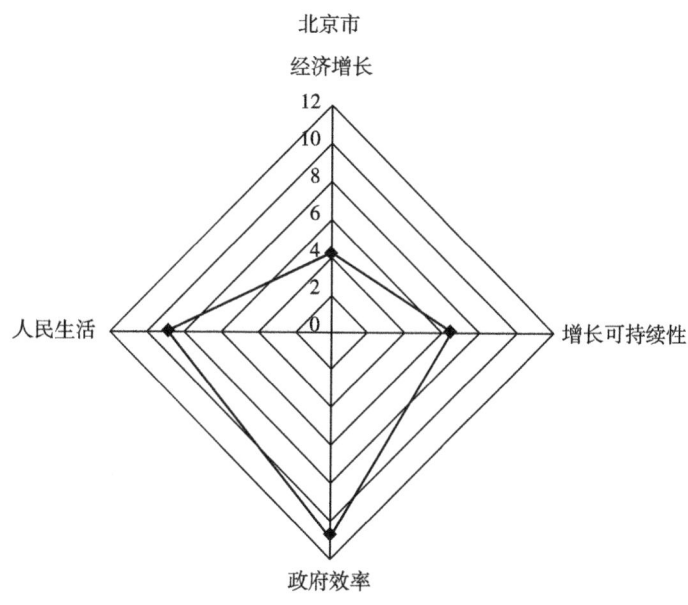

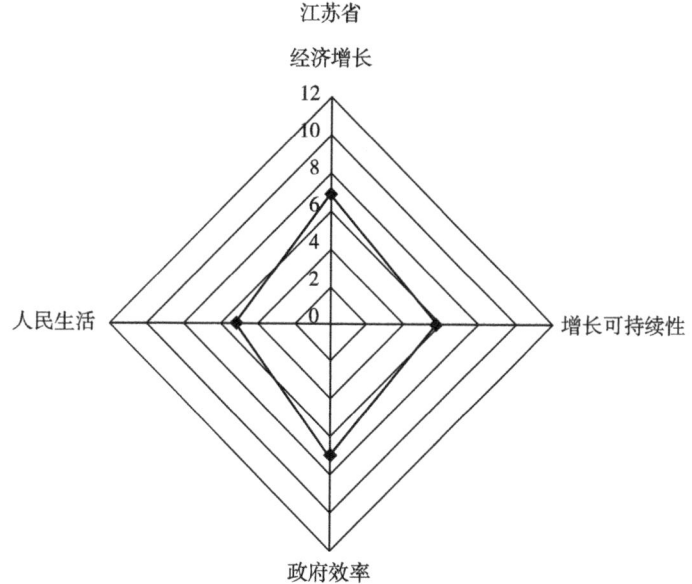

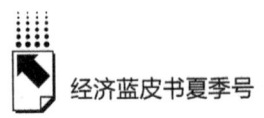

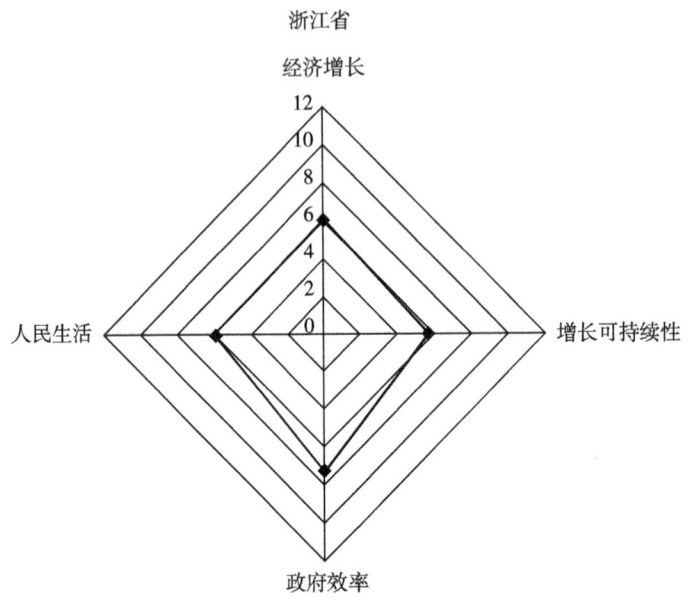

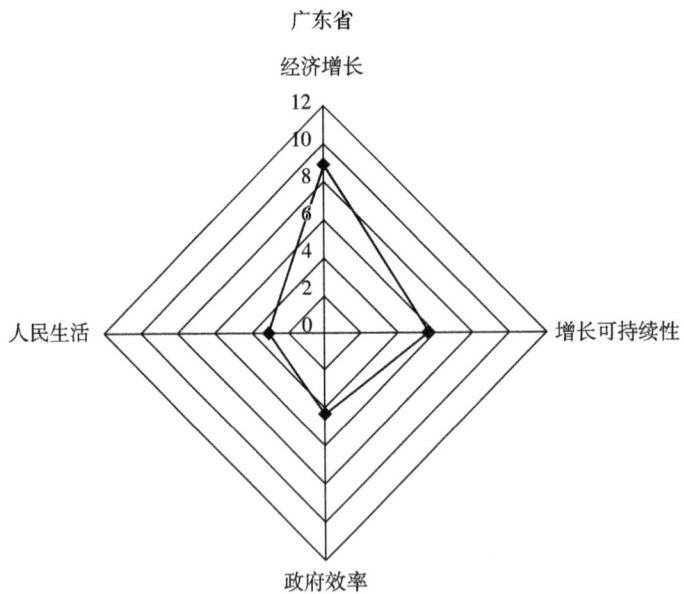

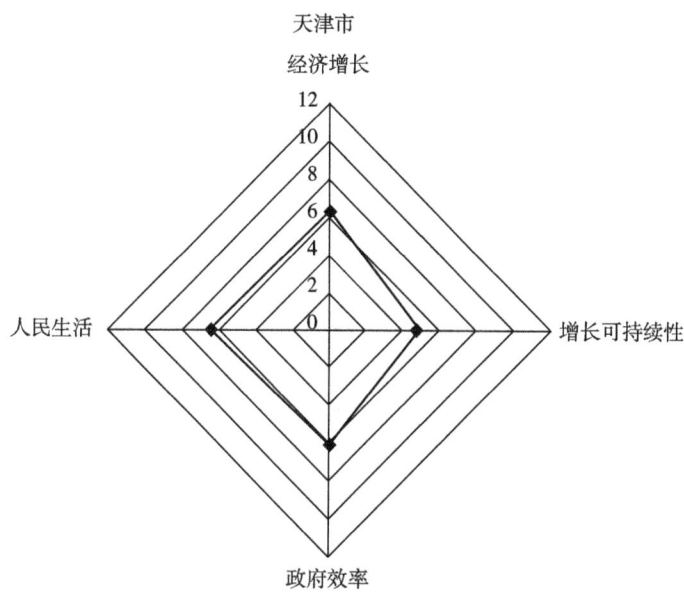

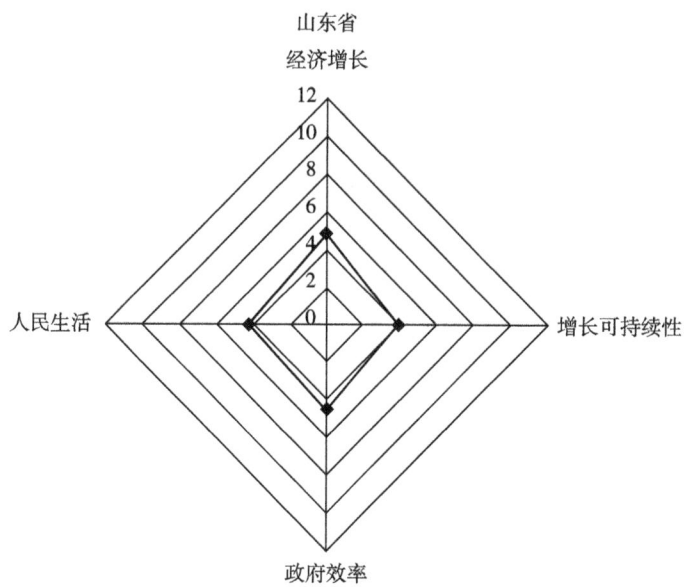

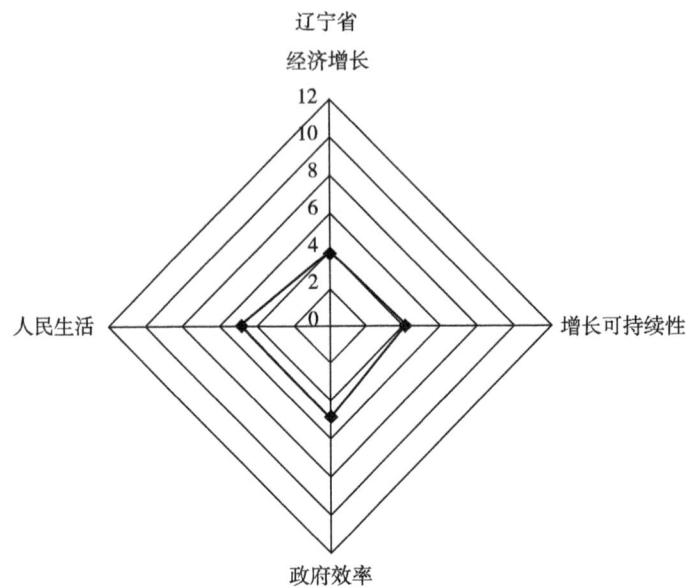

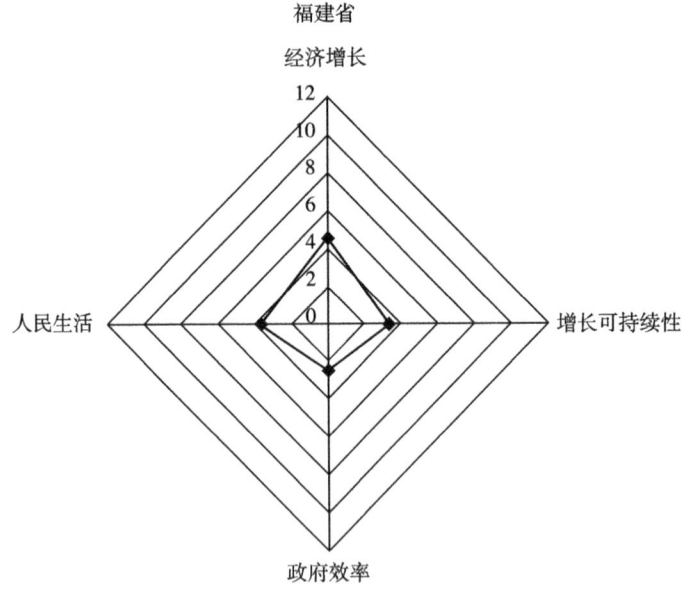

图56 2000~2016年主要省区市发展前景雷达图

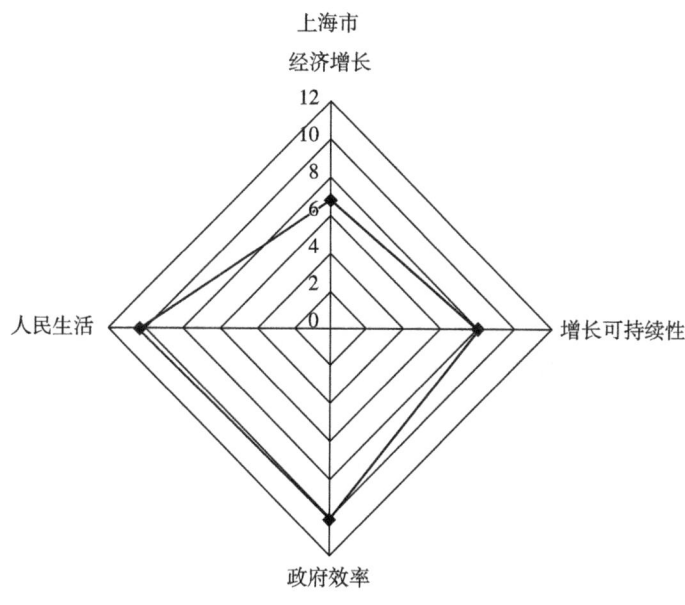

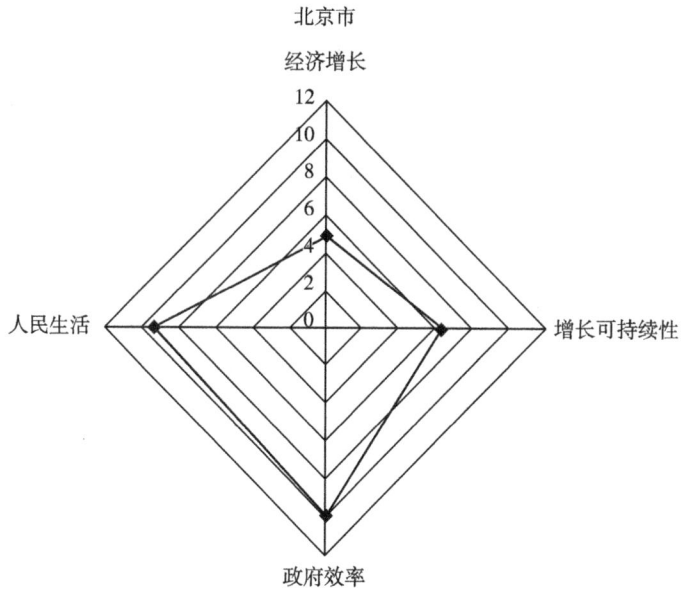

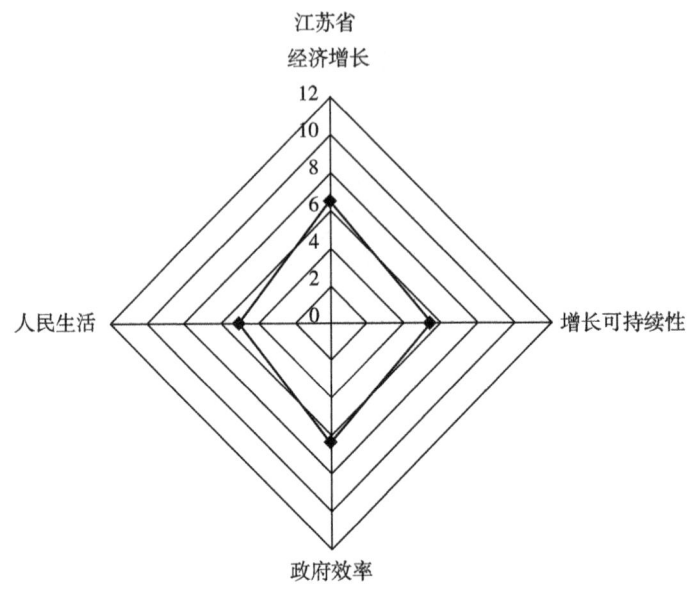

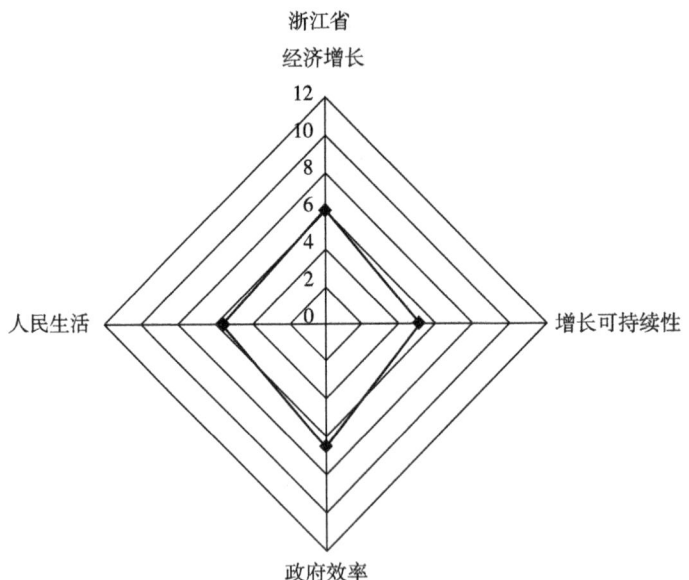

1990~2016年中国各省区市发展前景评价

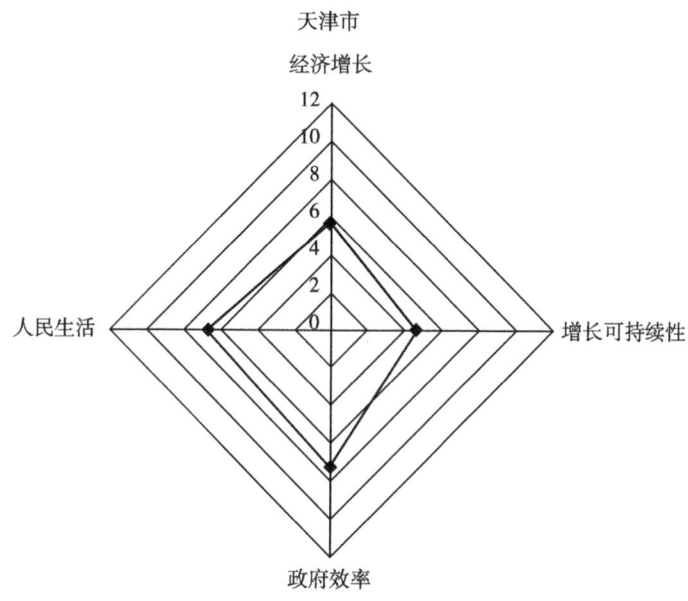

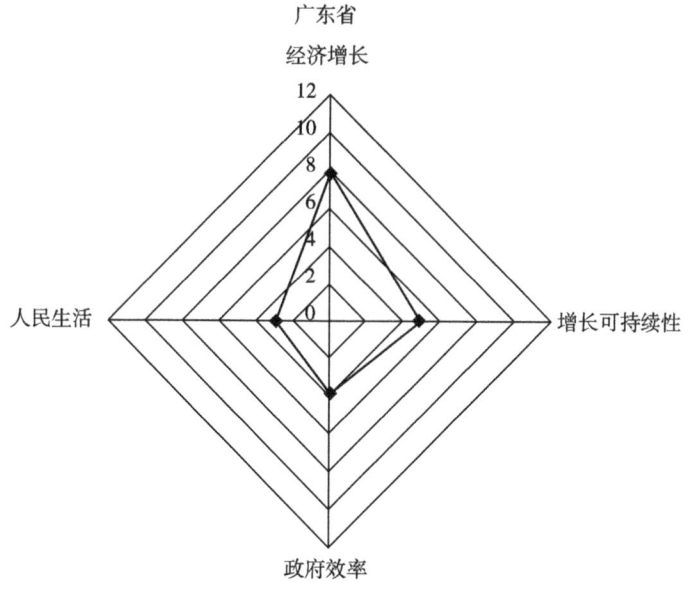

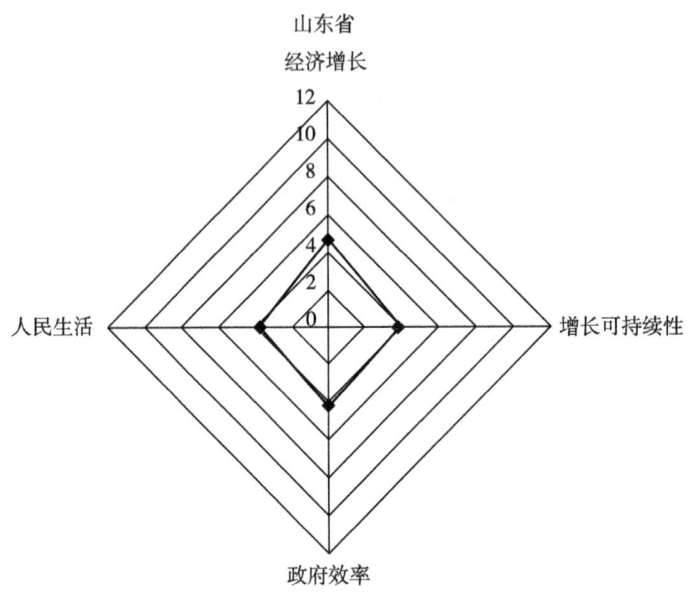

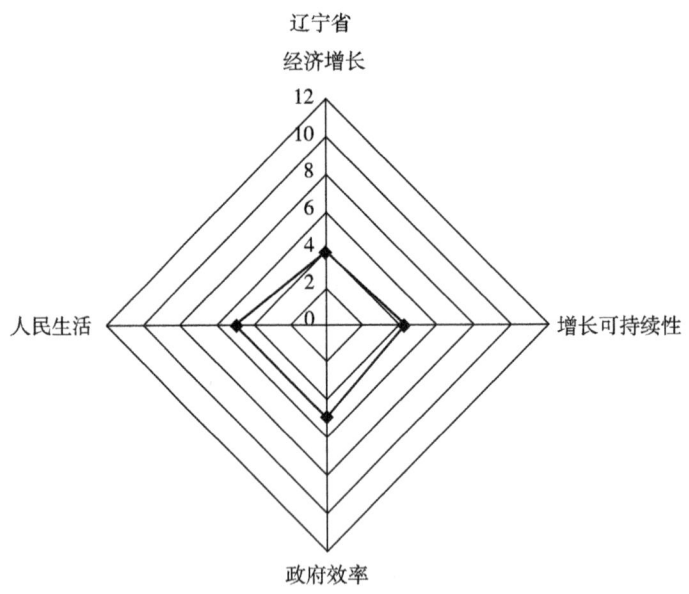

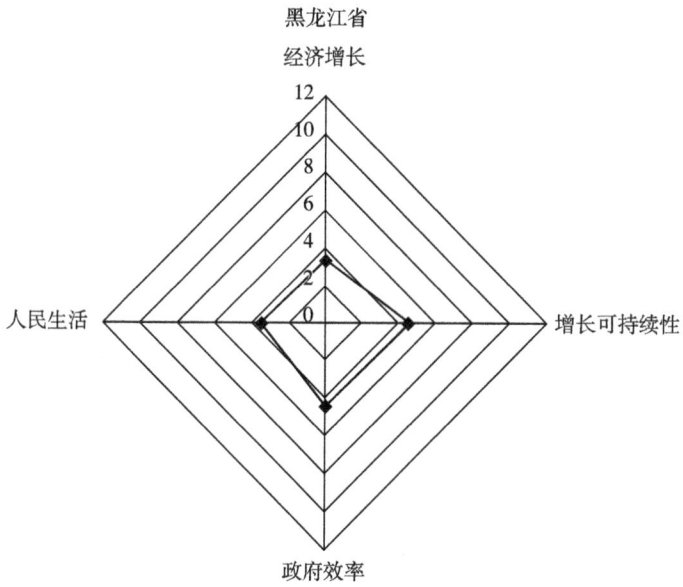

图 57 1990～2016 年主要省区市发展前景雷达图

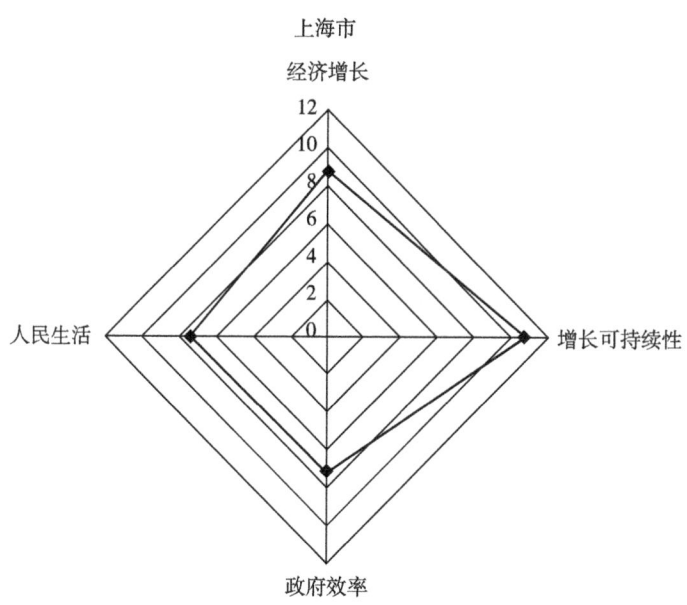

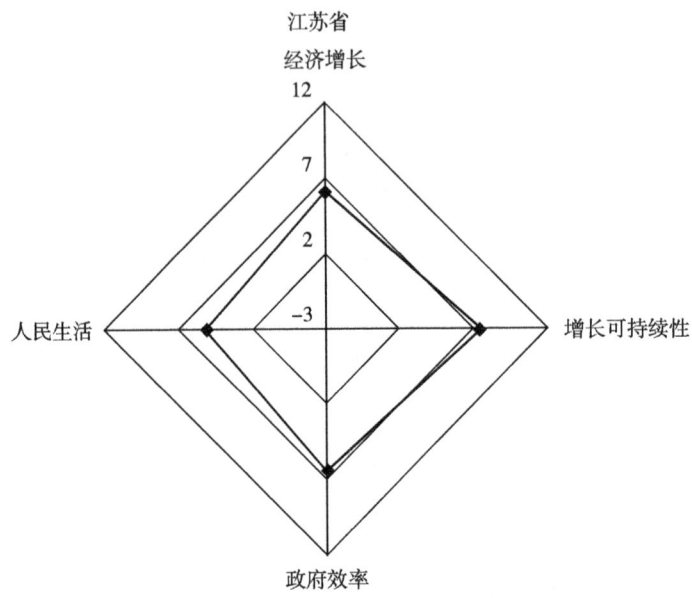

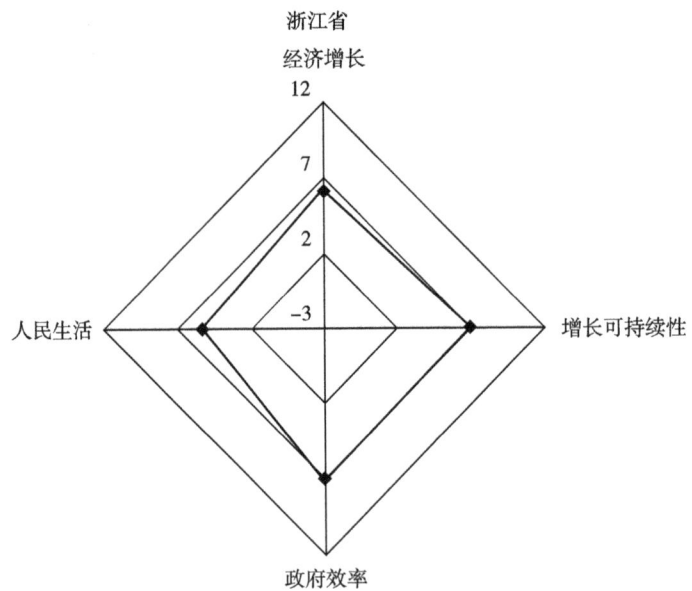

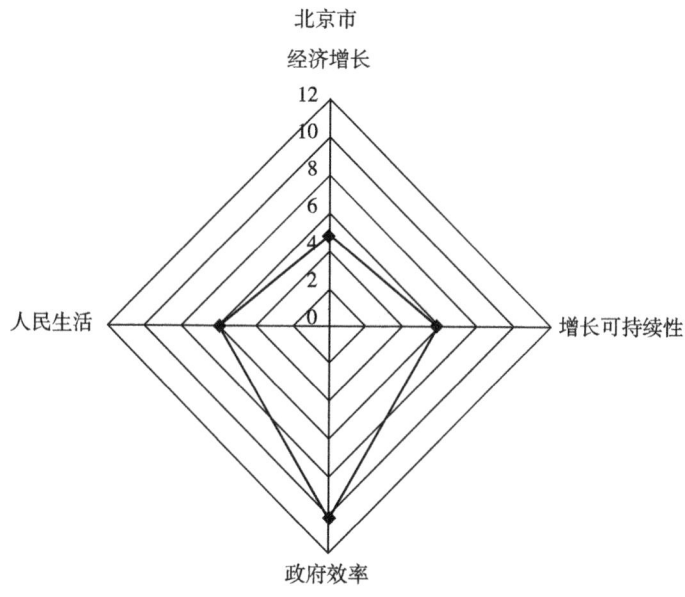

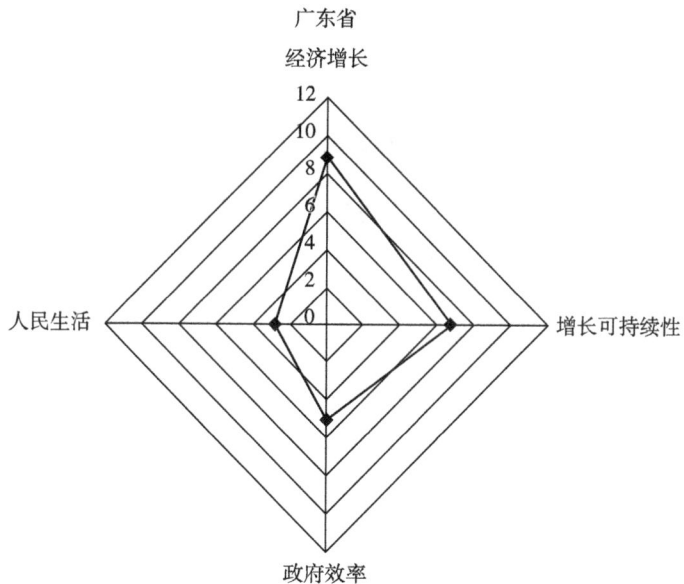

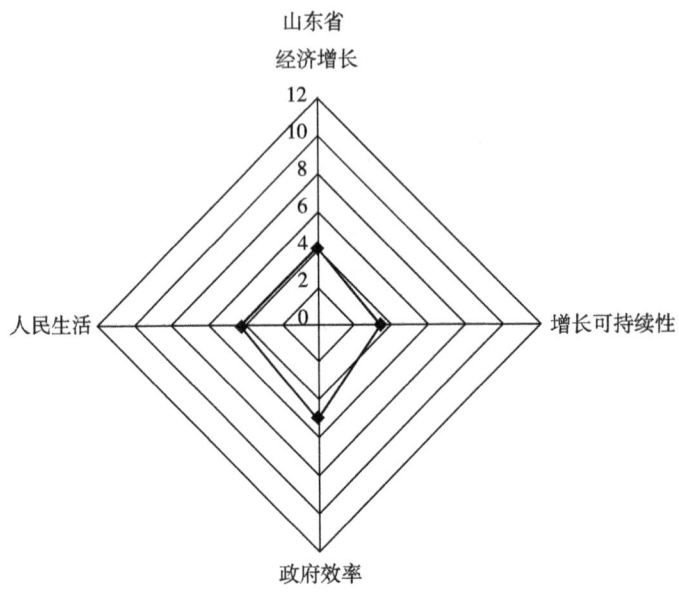

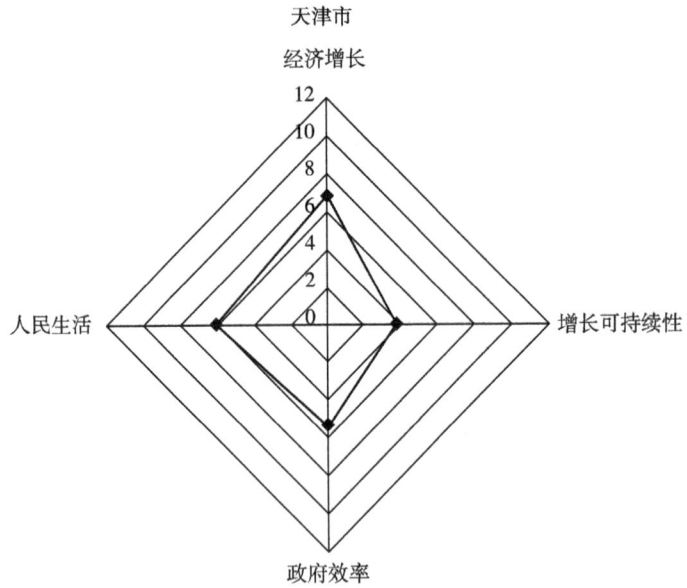

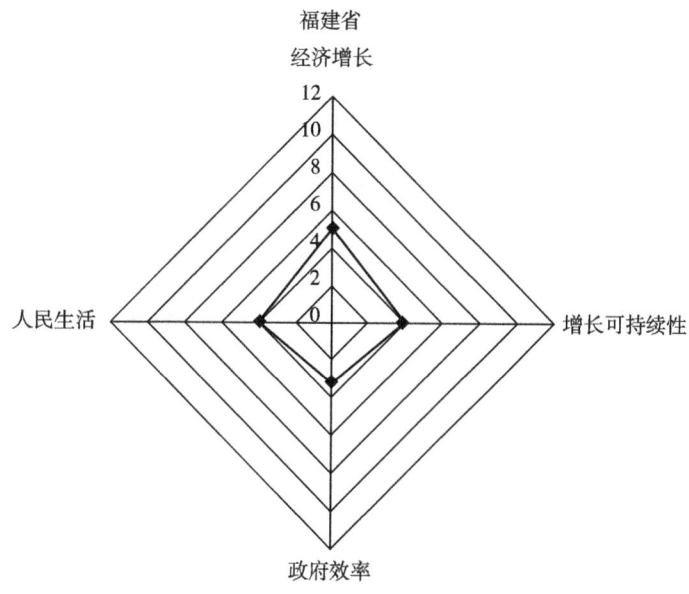

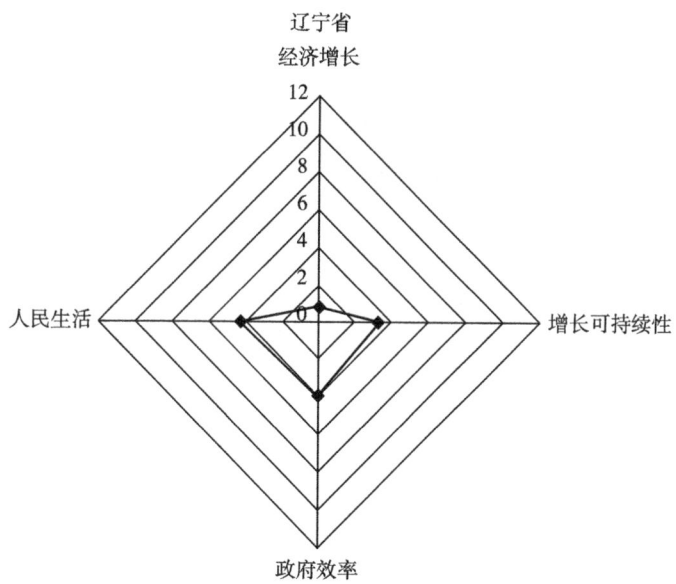

图58 2016年主要省区市发展前景雷达图

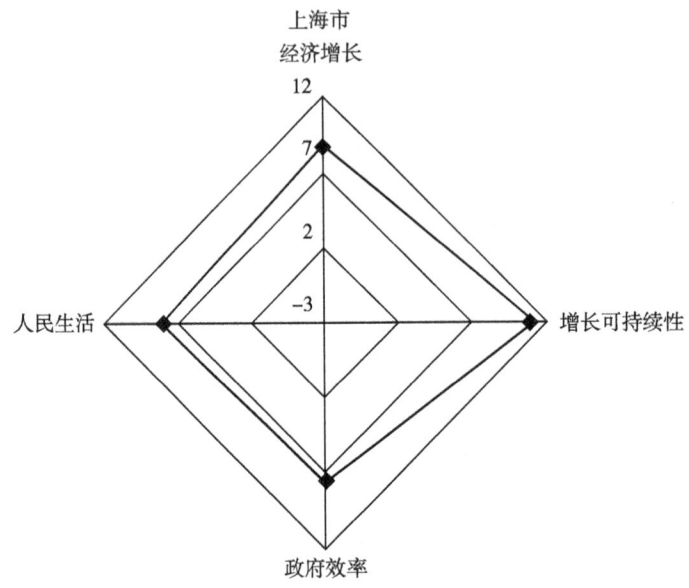

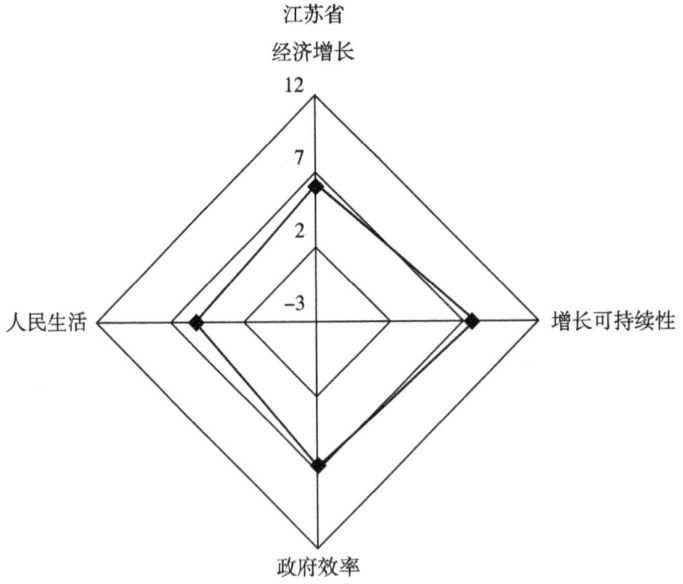

1990～2016年中国各省区市发展前景评价

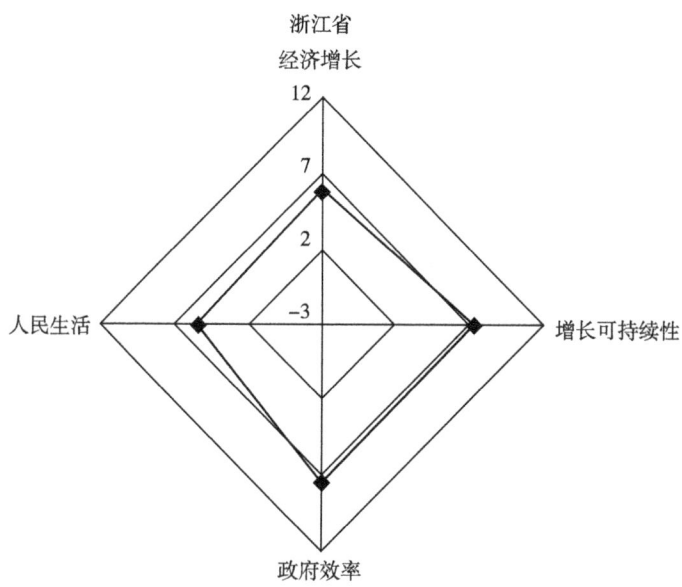

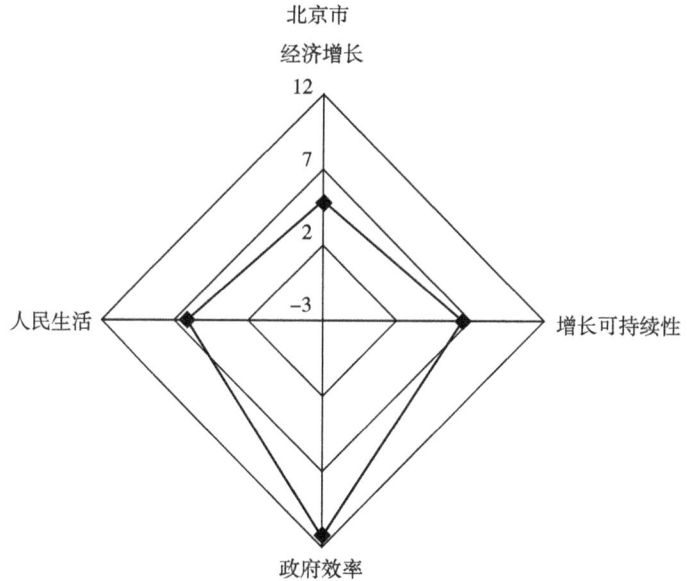

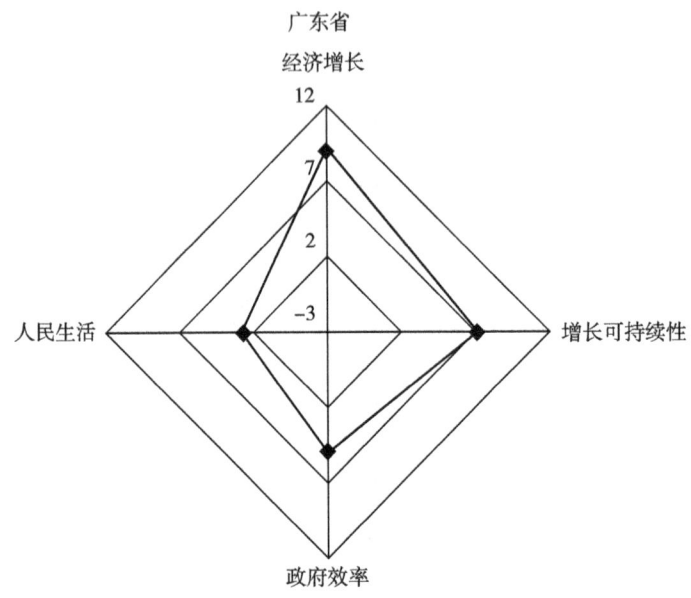

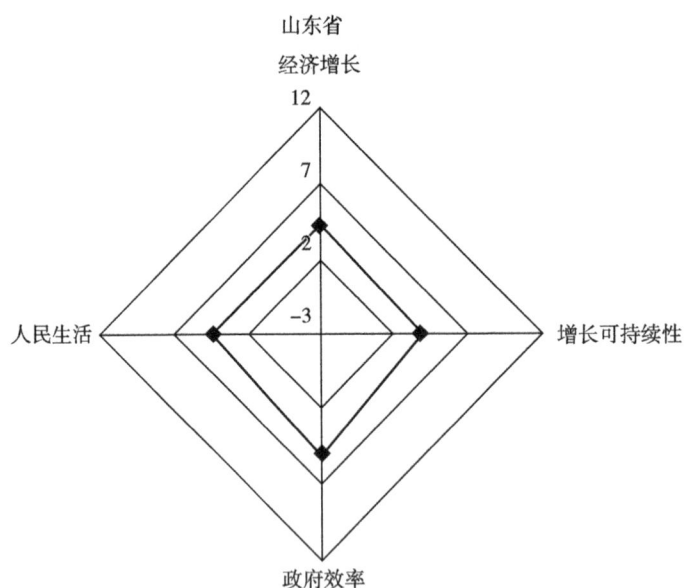

1990~2016年中国各省区市发展前景评价

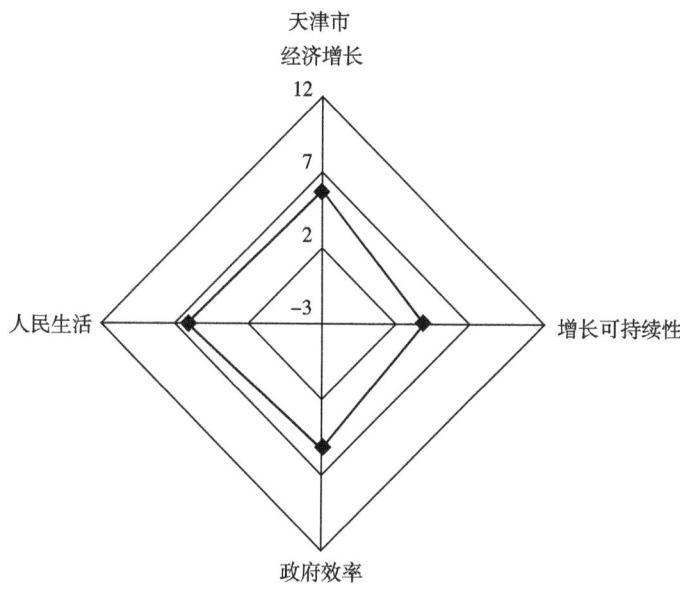

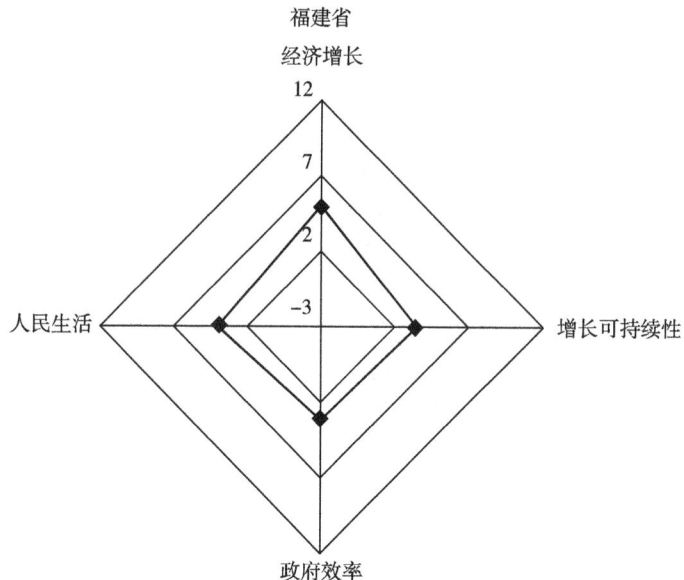

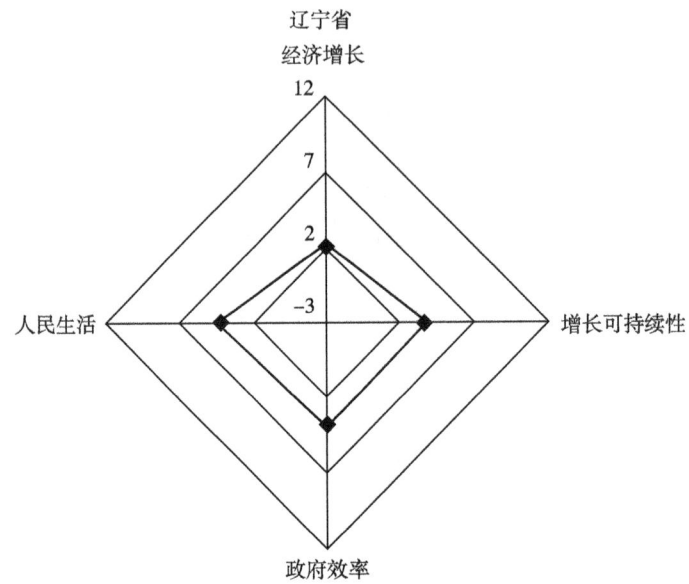

图59　2015年主要省区市发展前景雷达图

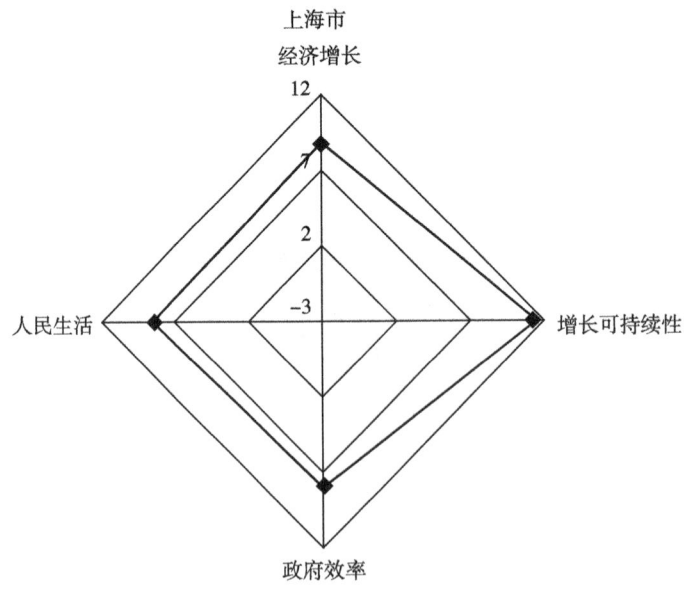

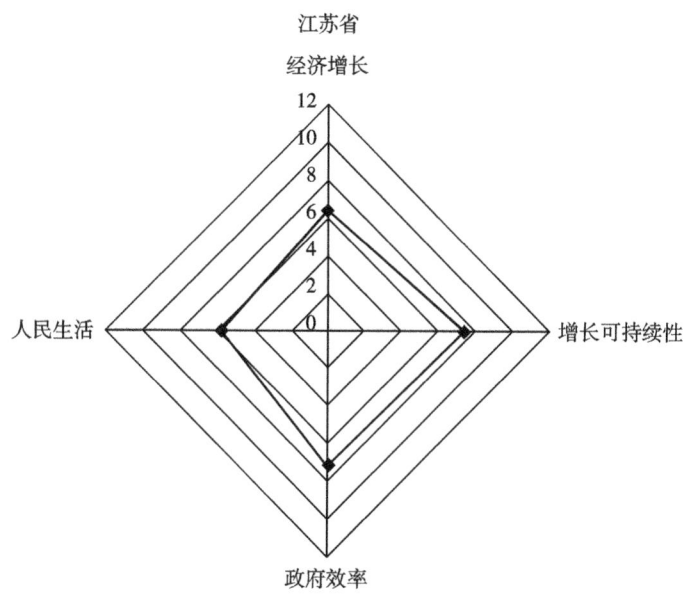

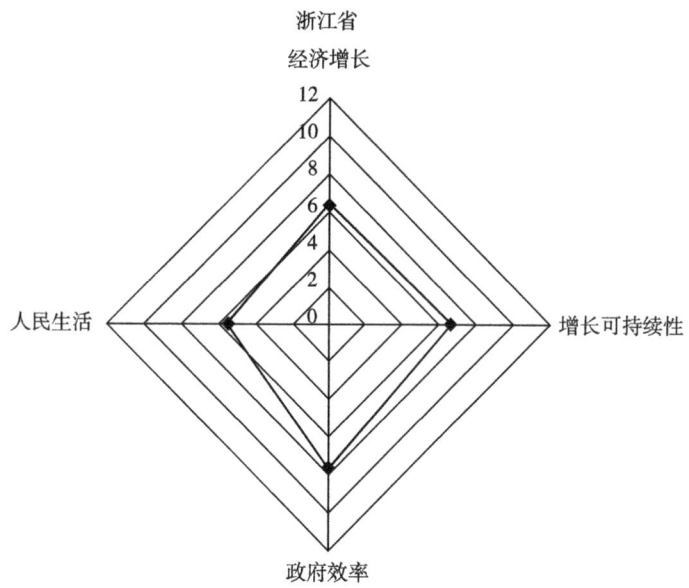

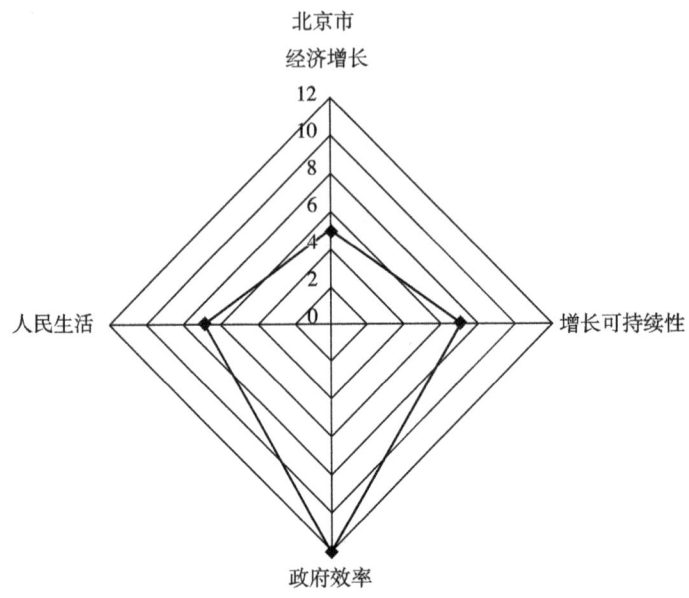

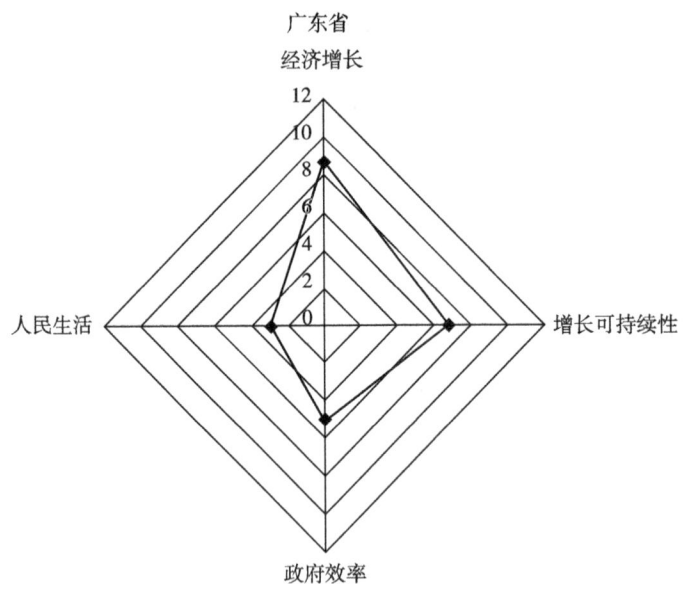

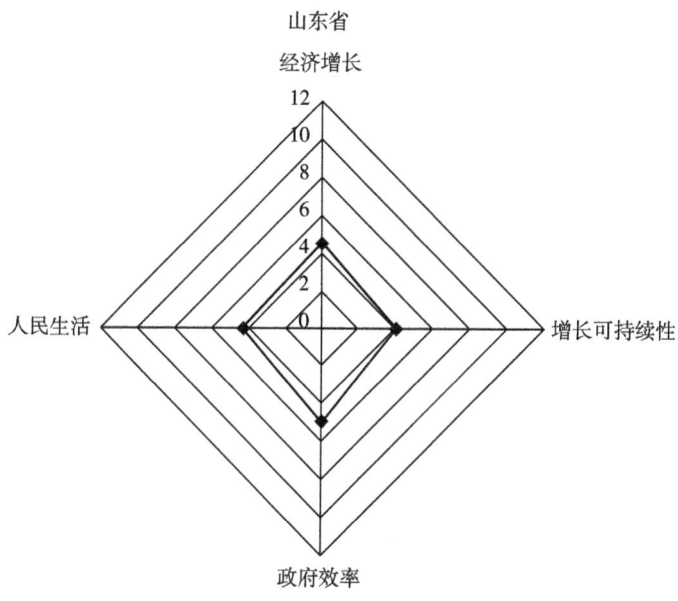

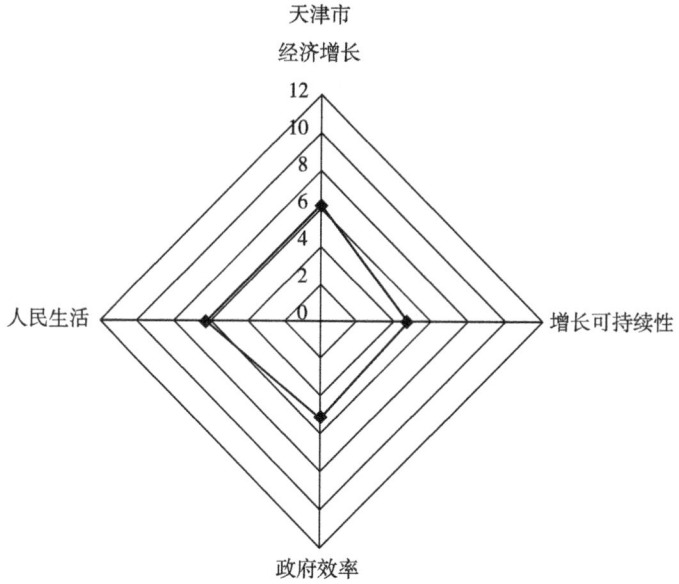

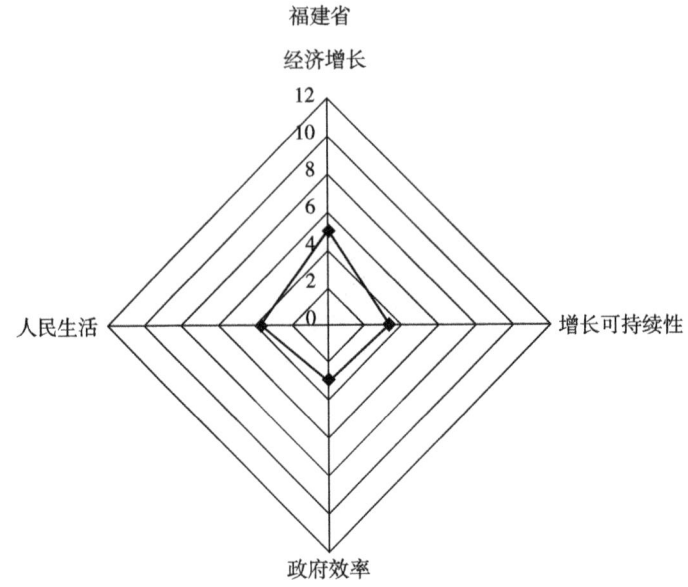

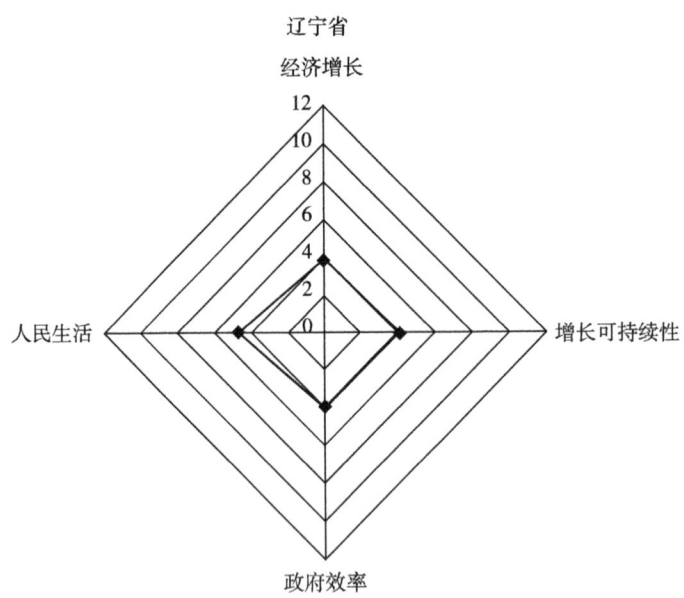

图60 2014年主要省区市发展前景雷达图

1990~2016年中国各省区市发展前景评价

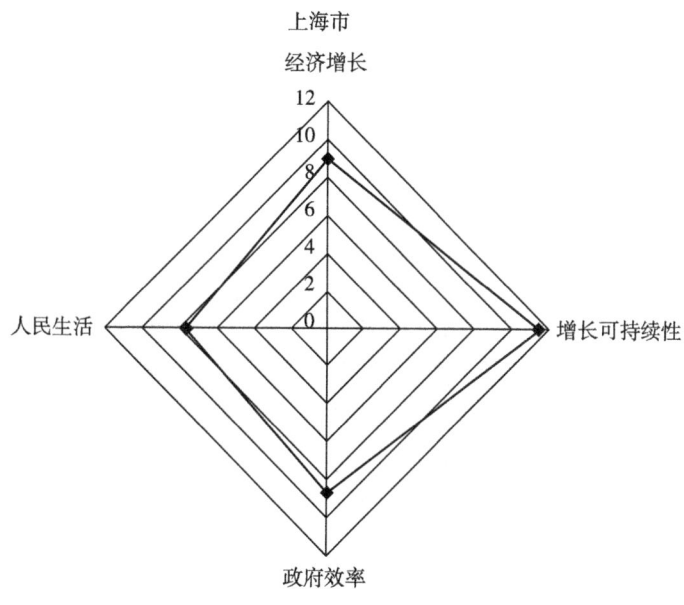

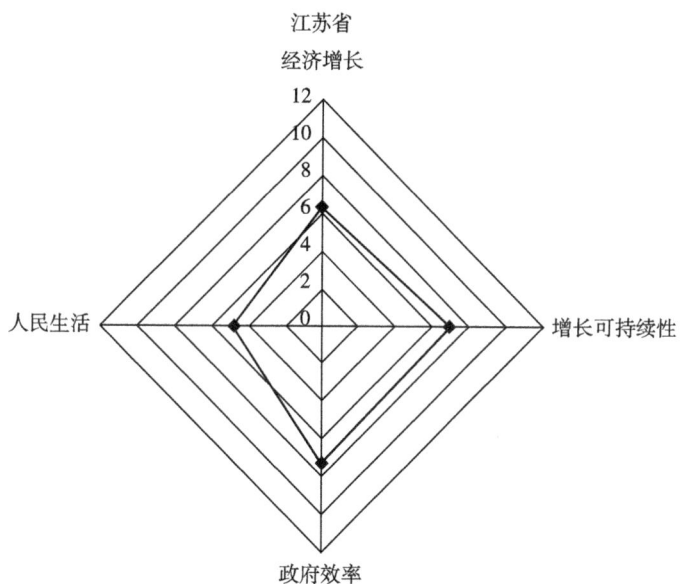

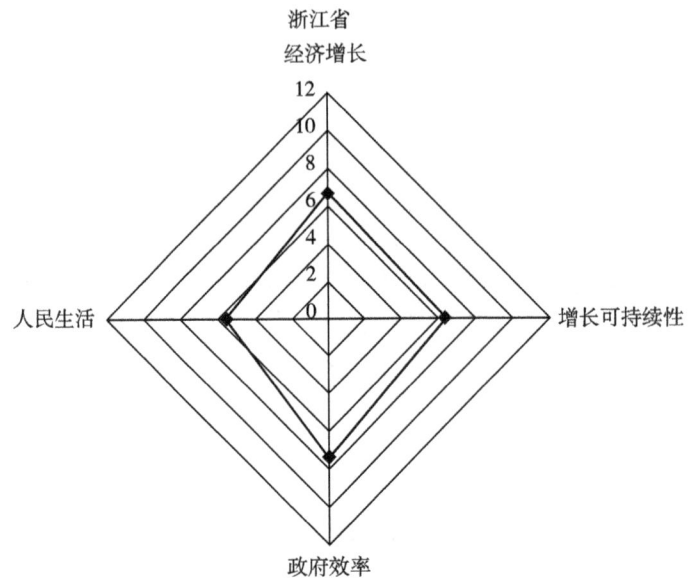

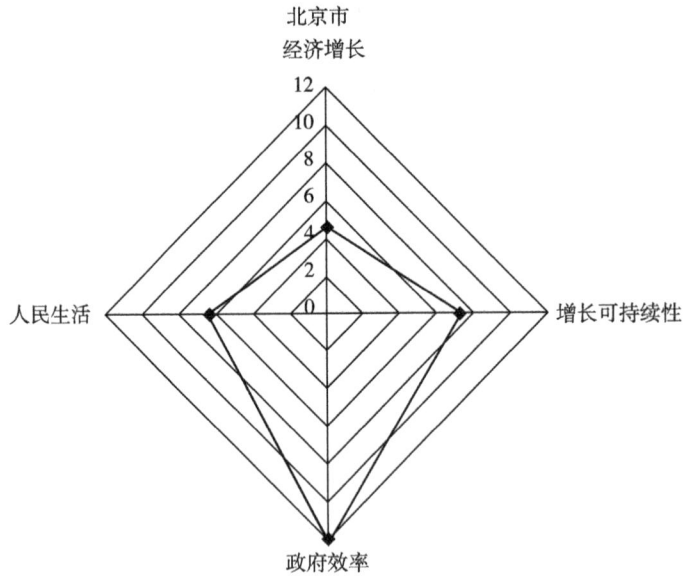

1990~2016年中国各省区市发展前景评价

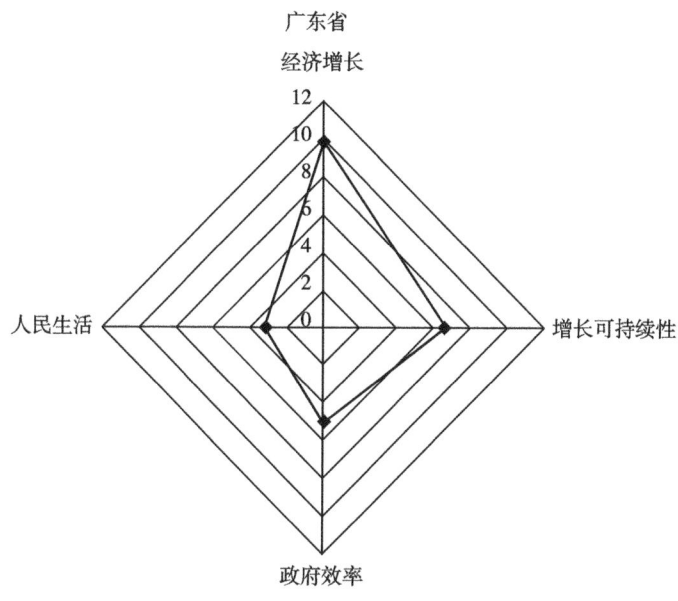

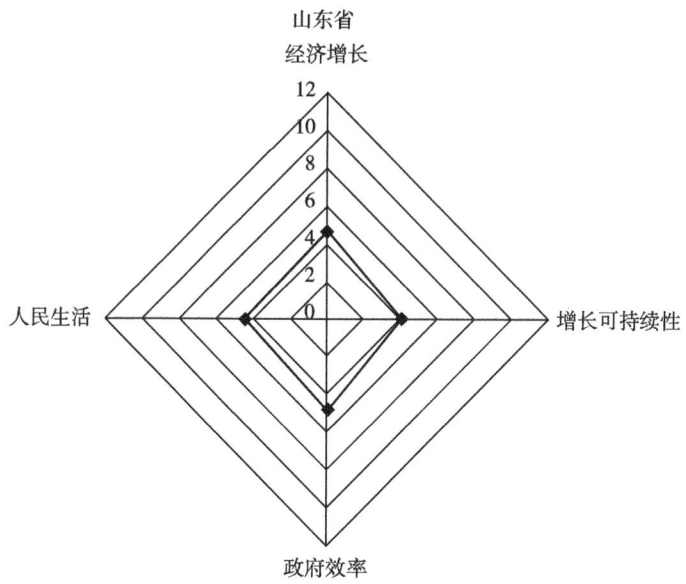

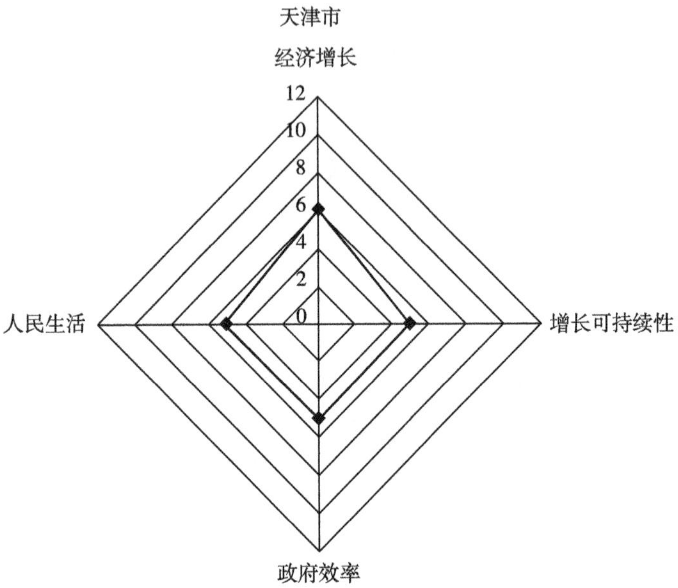
天津市
经济增长
12
10
8
6
4
2
0
增长可持续性
政府效率
人民生活

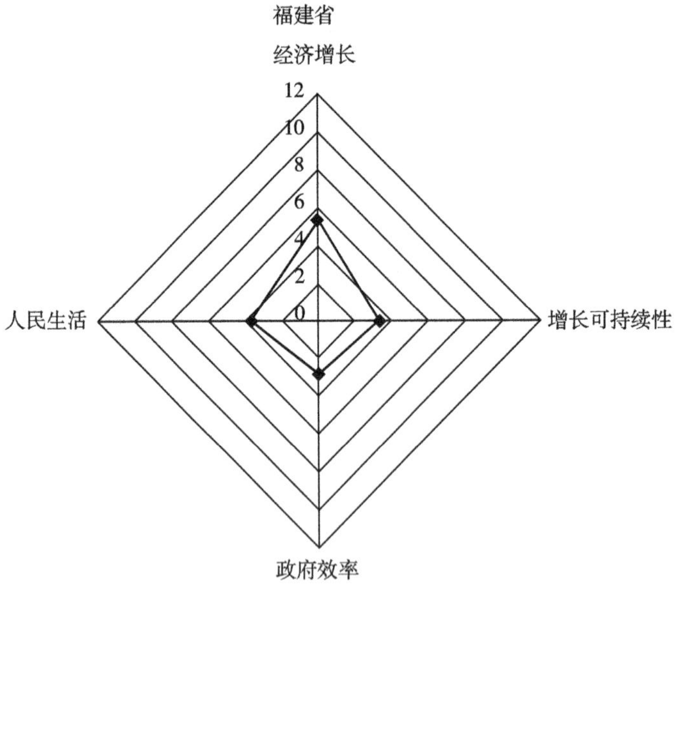
福建省
经济增长
12
10
8
6
4
2
0
增长可持续性
政府效率
人民生活

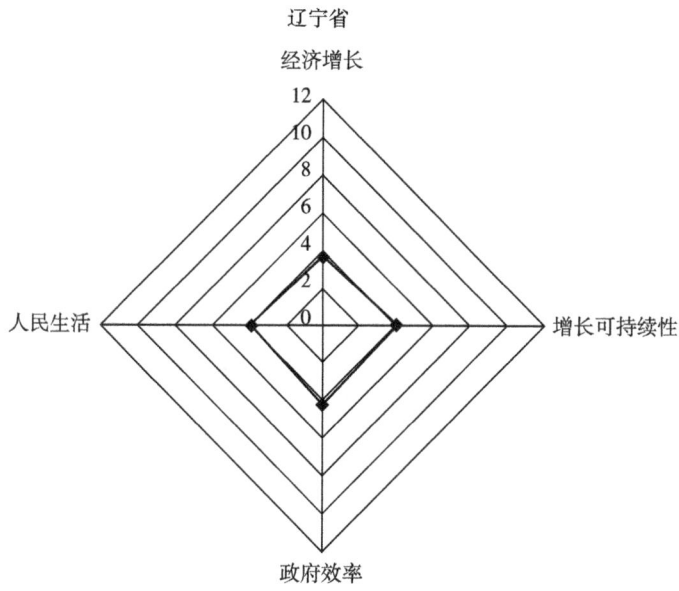

图 61 2013 年主要省区市发展前景雷达图

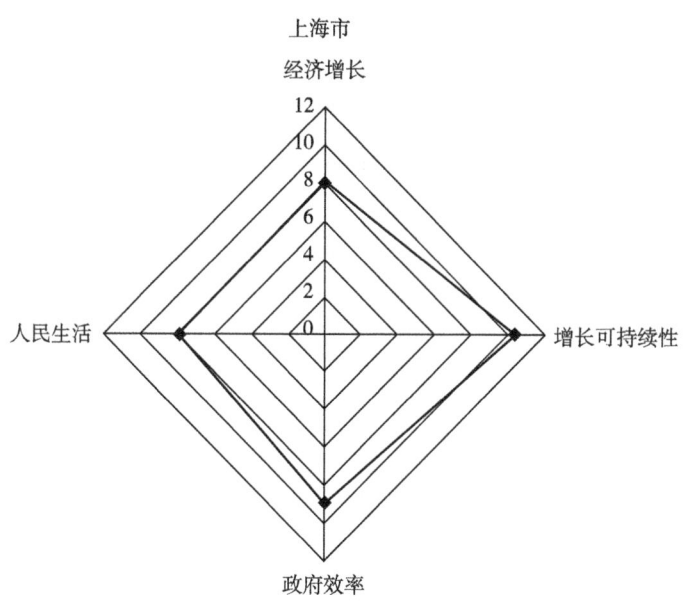

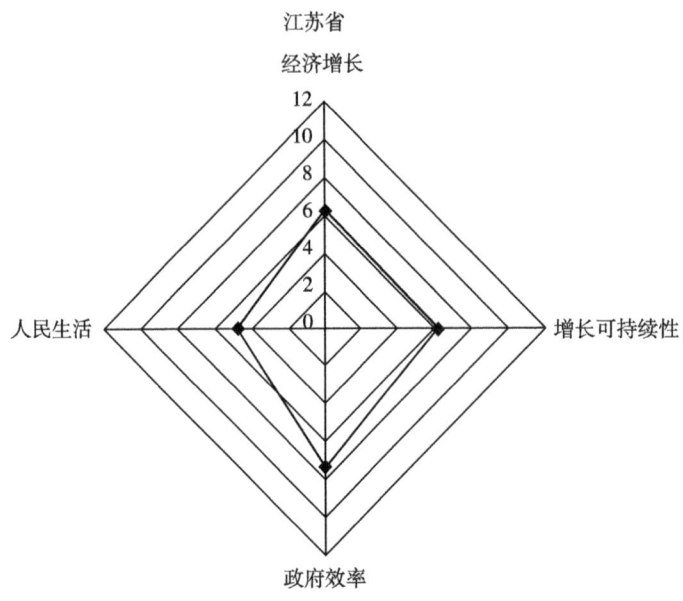

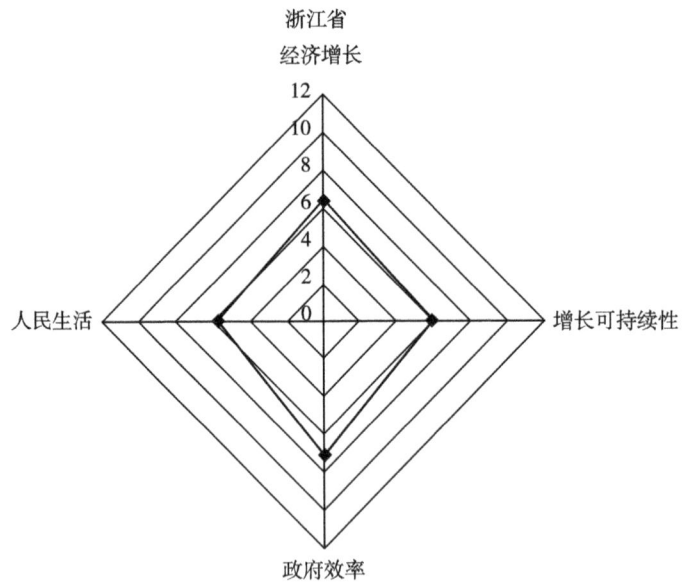

1990~2016年中国各省区市发展前景评价

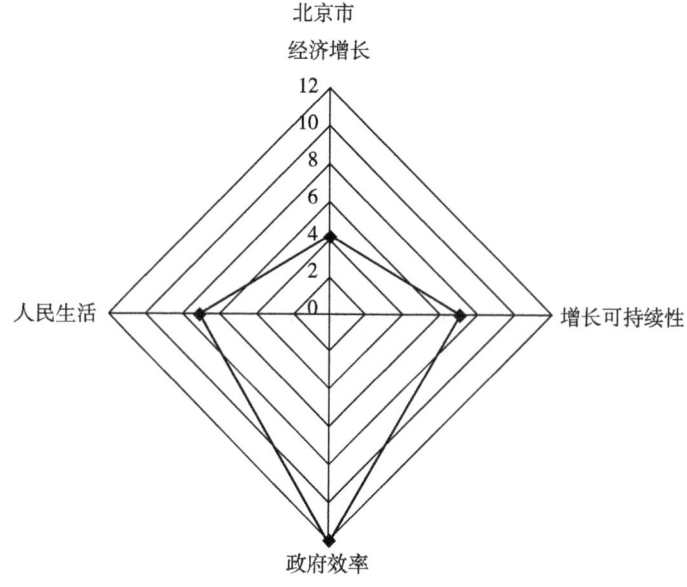

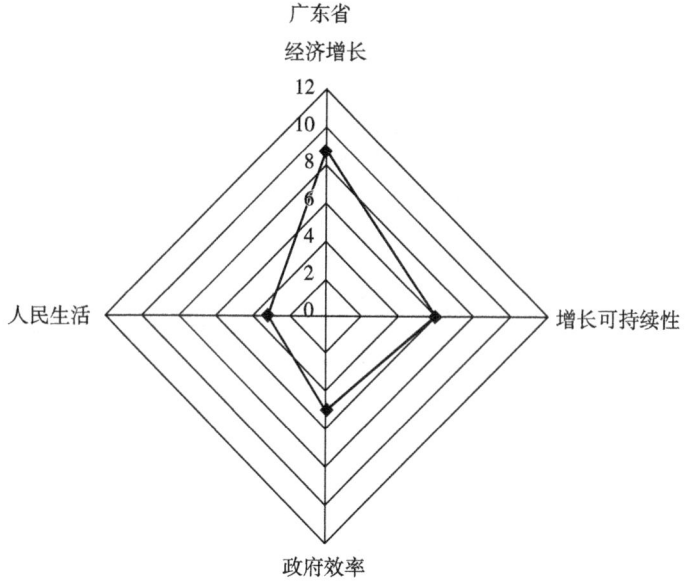

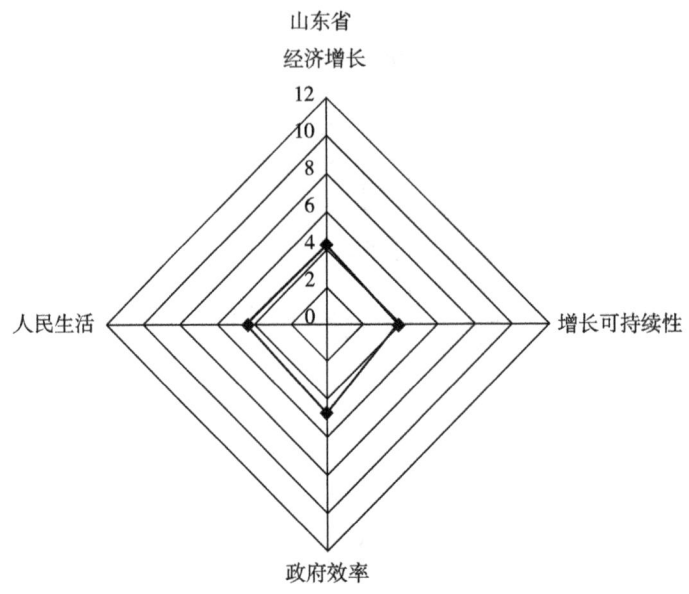

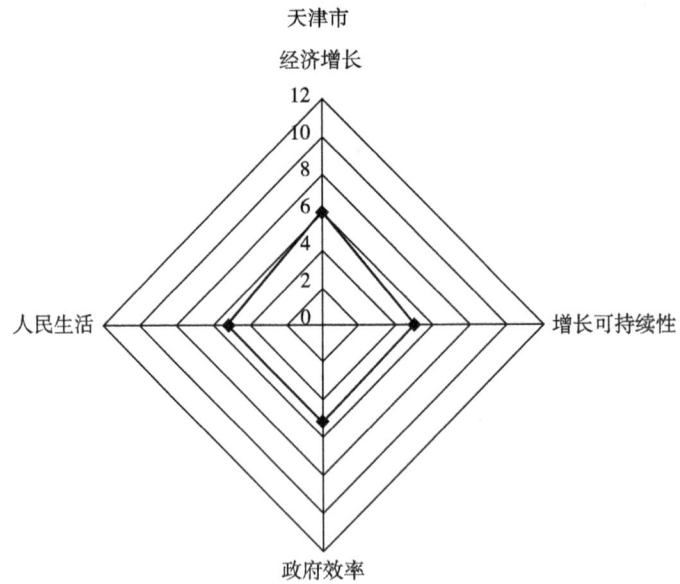

1990～2016年中国各省区市发展前景评价

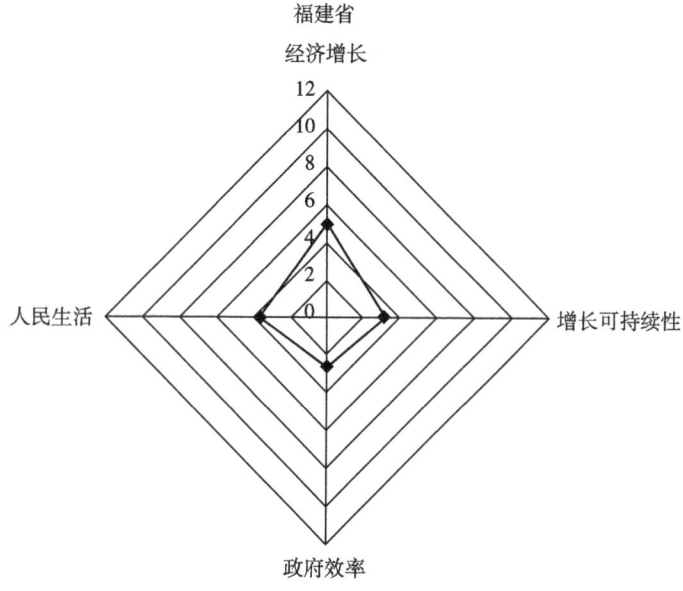

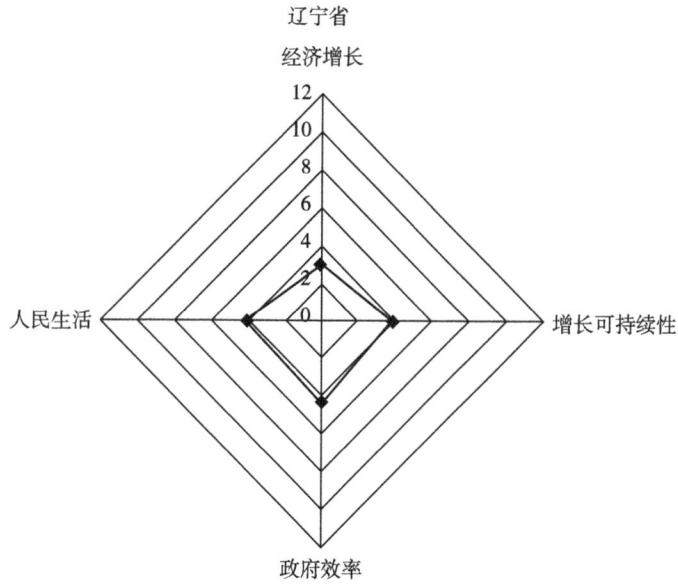

图62 2012年主要省区市发展前景雷达图

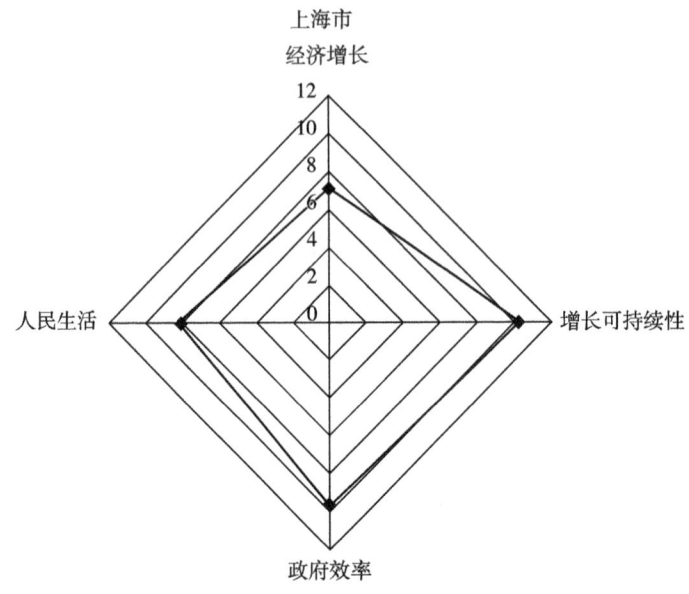

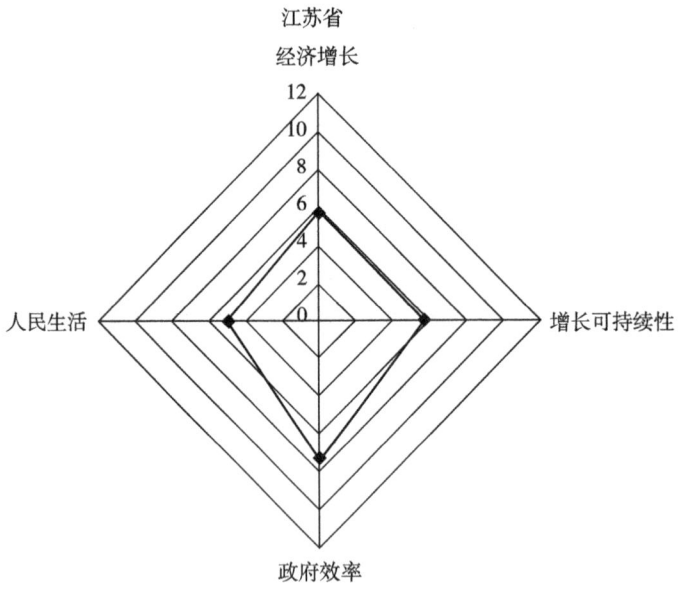

1990～2016年中国各省区市发展前景评价

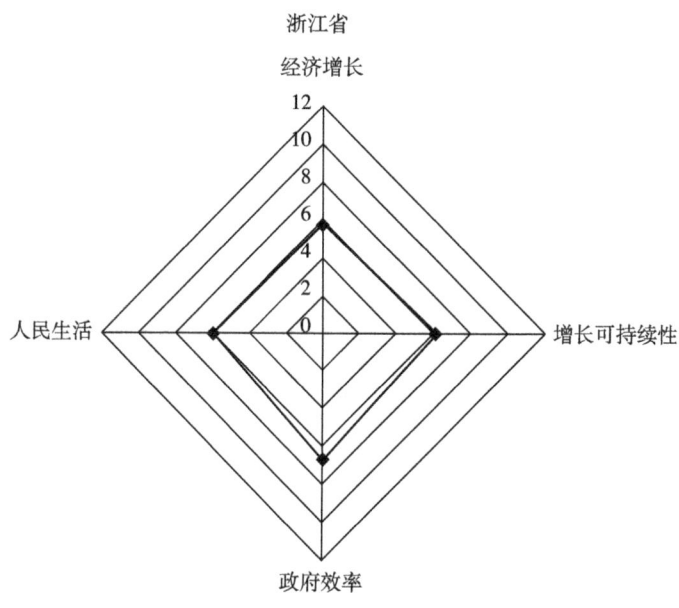

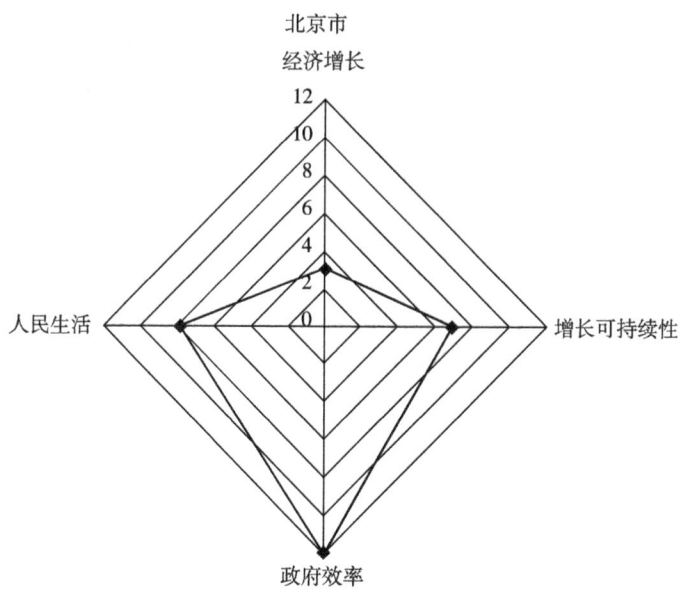

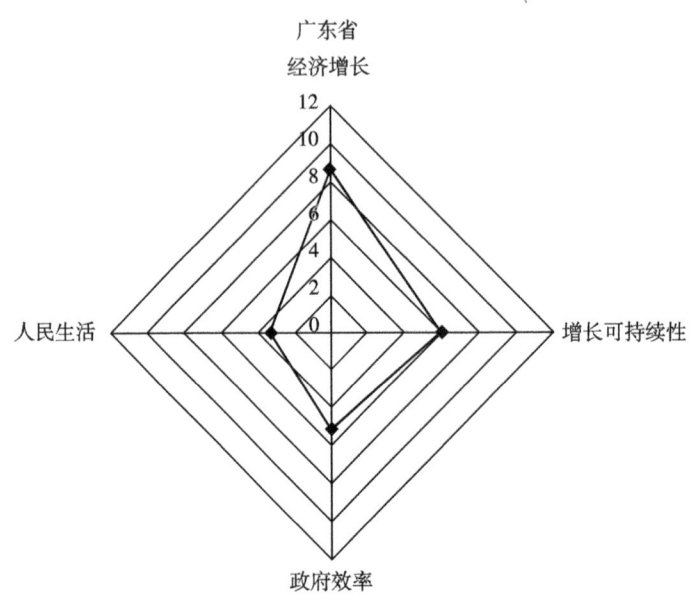

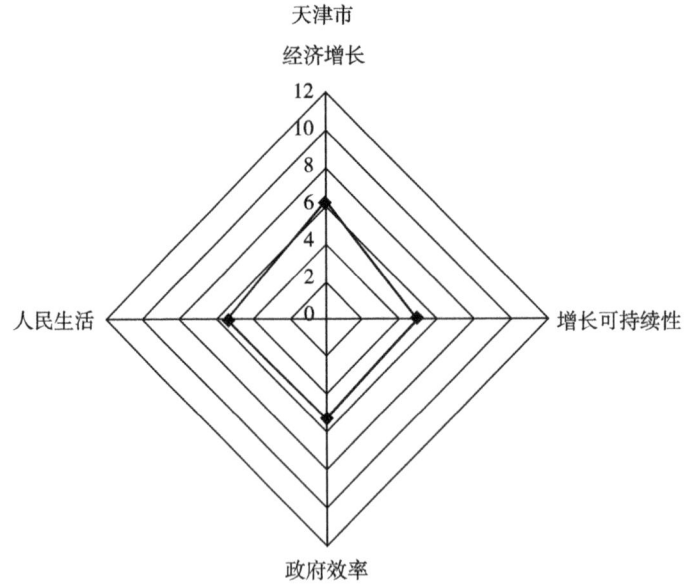

1990～2016年中国各省区市发展前景评价

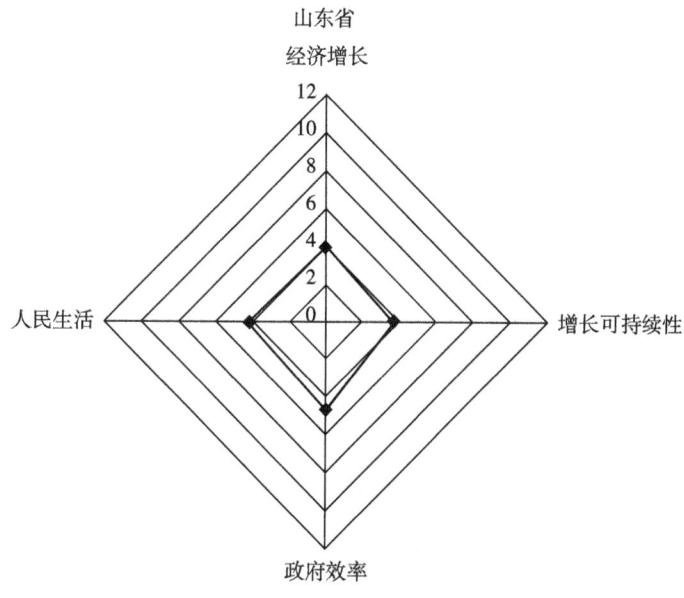

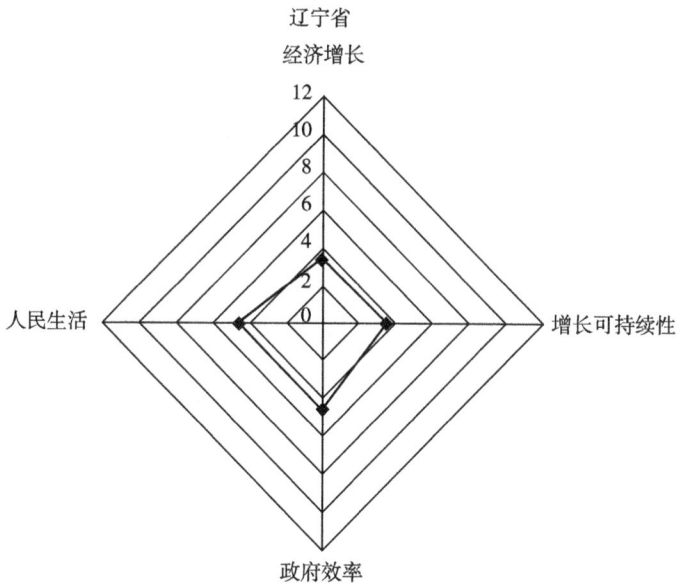

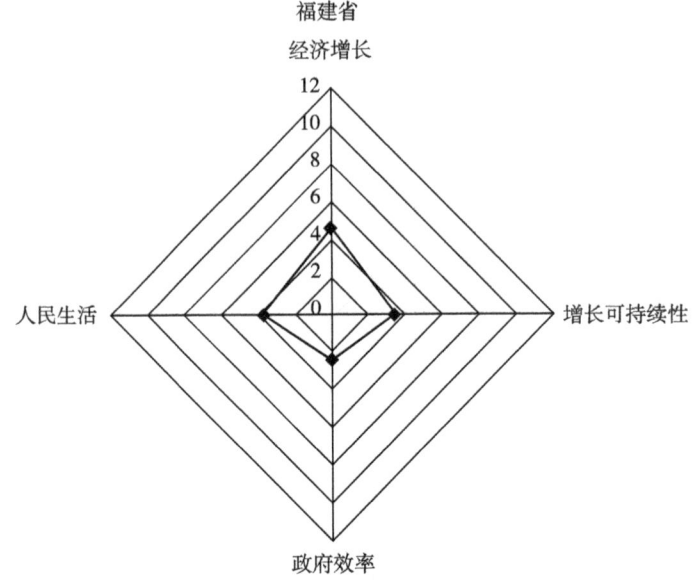

图63 2011年主要省区市发展前景雷达图

可持续性、政府效率和人民生活的权重分别为6.16%、7.47%、6.39%和5.09%。2016年浙江省经济增长、增长可持续性、政府效率和人民生活的权重分别为6.18%、7.07%、7.19%和5.30%。2016年北京市经济增长、增长可持续性、政府效率和人民生活的权重分别为4.84%、5.86%、10.22%和5.92%，在各省区市中北京市政府效率的权重最高，从自身比较来看也远远高出人民生活、增长可持续性和经济增长的权重。2016年广东省经济增长、增长可持续性、政府效率和人民生活的权重分别为8.87%、6.79%、5.03%和2.80%。在各省区市中广东省经济增长的权重排名第一，并且高于自身增长可持续性、政府效率和人民生活的权重。

从2016年前5个省区市发展前景雷达图来看，经济增长方面，广东省的权重排名第一，上海市排名第二，广东省、上海市、浙江省、江苏省、北京市在30个省区市中的权重分别为8.87%、8.77%、6.18%、6.16%、4.84%；增长可持续性方面，上海市的权重排名第一，江苏省排名第二，上海市、江苏省、浙江省、广东省、北京市在30个省区市中的权重分别为

10.64%、7.47%、7.07%、6.79%、5.86%；政府效率方面，北京市的权重排名第一，浙江省排名第二，北京市、浙江省、上海市、江苏省、广东省在30个省区市中的权重分别为10.22%、7.19%、7.14%、6.39%、5.03%；人民生活方面，上海市的权重排名第一，北京市排名第二，上海市、北京市、浙江省、江苏省、广东省在30个省区市中的权重分别为7.40%、5.92%、5.30%、5.09%、2.80%。

从2015年前5个省区市发展前景雷达图来看，2015年上海市经济增长、增长可持续性、政府效率和人民生活的权重分别为8.68%、11.11%、7.62%和8.00%。上海市增长可持续性的权重在自身和其他省区市中都是最高的，上海市除政府效率和经济增长的权重排名第二外，增长可持续性和人民生活的权重均排名第一。2015年江苏省经济增长、增长可持续性、政府效率和人民生活的权重分别为6.14%、7.58%、6.59%和5.33%。2015年浙江省经济增长、增长可持续性、政府效率和人民生活的权重分别为5.99%、7.22%、7.48%和5.47%。2015年北京市经济增长、增长可持续性、政府效率和人民生活的权重分别为4.93%、6.43%、11.38%和6.21%，在各省区市中北京市政府效率的权重最高，从自身比较来看也远远高出人民生活、增长可持续性和经济增长的权重。2015年广东省经济增长、增长可持续性、政府效率和人民生活的权重分别为9.16%、7.10%、4.93%和2.88%。在各省区市中广东省经济增长的权重排名第一，并且高于自身增长可持续性、政府效率和人民生活的权重。

从2015年前5个省区市发展前景雷达图来看，经济增长方面，广东省的权重排名第一，上海市排名第二，广东省、上海市、江苏省、浙江省、北京市在30个省区市中的权重分别为9.16%、8.68%、6.14%、5.99%、4.93%；增长可持续性方面，上海市的权重排名第一，江苏省排名第二，上海市、江苏省、浙江省、广东省、北京市在30个省区市中的权重分别为11.11%、7.58%、7.22%、7.10%、6.43%；政府效率方面，北京市的权重排名第一，上海市排名第二，北京市、上海市、浙江省、江苏省、广东省在30个省区市中的权重分别为11.38%、7.62%、7.48%、6.59%、4.93%；人民生活方面，上海市

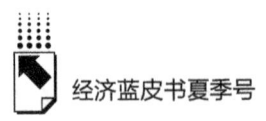

的权重排名第一,北京市排名第二,上海市、北京市、浙江省、江苏省、广东省在30个省区市中的权重分别为8.00%、6.21%、5.47%、5.33%、2.88%。

(二)二级指标

2016年二级指标中人民生活的权重最高,为30.23%;其次是增长潜力,权重为15.64%;社会保障的权重为11.26%,公共服务效率的权重为9.44%(见表58)。2015年二级指标中人民生活的权重最高,为28.95%;其次是增长潜力,权重为17.28%;社会保障的权重为11.80%,公共服务效率的权重为9.87%。

表58 2016年发展前景二级指标权重

单位:%

二级指标	权重	二级指标	权重
人民生活	30.23	产出效率	7.07
增长潜力	15.64	经济结构	6.63
社会保障	11.26	环境质量	7.22
公共服务效率	9.44	经济稳定	3.40
产出消耗	9.10		

(三)具体指标权重

共有32个权重比较高的指标,占总权重的88.29%,2016年具体指标中人均GDP和农村居民家庭人均年纯收入的权重最高,均为3.54%,全社会劳动生产率、城镇基本养老保险覆盖率、消费水平和专利授权量的权重分别为3.49%、3.45%、3.41%和3.27%(见表59)。通过对比2014~2016年具体指标权重的变化,我们可以发现,权重最高的具体指标2014年为城镇基本养老保险覆盖率,2015年为专利授权量,而2016年为人均GDP和农村居民家庭人均年纯收入,全社会劳动生产率的权重也首次进入前五位。城镇基本养老保险覆盖率在2014~2016年连续三年位于权重的前列,人均GDP、农村居民家庭人均年纯收入、消费水平和专利授权量在2015~2016年连续两年位于权重的前列。而2014~2015年连续两年位于权重前列的城市化率在2016年则排在前五位之外，可见城市化已经不是当前最关注的焦点。权重排在前几位的具体指标的变化反映了我国经济从高速发展转向中高速发展过程中，涉及的人均GDP、农村居民家庭人均年纯收入、全社会劳动生产率、养老保险、消费水平和创新等与经济发展阶段密切相关的指标的重要程度，客观指标则如实反映了现实经济的关注点，即从关注城市化发展转向关注经济发展的实际效果，也就是人均GDP所代表的经济发展水平和城乡人民的实际收入水平（见表59）。

表59 主要指标权重

单位：%

指标	名称	编号	权重
	主要指标		88.29
pgdp	人均GDP	40	3.54
countryIncome	农村居民家庭人均年纯收入	42	3.54
productivity	全社会劳动生产率	2	3.49
urbanEndowmentInsurance	城镇基本养老保险覆盖率	53	3.45
consumeLevel	消费水平	52	3.41
patent	专利授权量	18	3.27
urbanIncome	城镇居民家庭人均可支配收入	41	3.23
urban	城市化率	7	3.22
marketDegree	市场化程度	34	3.17
postCount	人均邮电业务量	24	3.15
energyExp	万元GDP能耗指标	15	3.13
serviceEstablishment	城镇社区服务设施数	35	3.10
sciFin	地方财政科学事业费支出	22	3.05
countryEndowmentInsurance	农村社会养老保险覆盖率	56	2.96
save	人均储蓄存款额	47	2.89
HC	人力资本	20	2.88
eduFin	地方财政教育事业费支出	19	2.88
parkVirescence	万人城市园林绿地面积	33	2.81
unemploymentInsurance	城镇失业保险覆盖率	55	2.79
wasteWaterEligible	工业废水排放达标率	27	2.70
urbanCountryConsume	城乡消费水平比指标	51	2.55
antiCorruption	反贪腐情况	38	2.55
eleExp	万元GDP电力消耗指标	17	2.46

续表

指标	名称	编号	权重
establishmentLevel	城市设施水平	39	2.31
sanitationFin	地方财政卫生事业费支出	44	2.15
exhaustGasDisposal	工业废气处理率	28	2.14
urbanMedicare	城镇基本医疗保险覆盖率	54	2.07
urbanCountry	城乡人均纯收入比指标	43	1.99
gdpVolatility	经济增长波动指标	8	1.91
urbanEngel	城镇居民恩格尔系数	45	1.87
GDP2	GDP2	5	1.86
countryEngel	农村居民恩格尔系数	46	1.78

五 区域协调发展的战略、模式与政策评估

"不谋全局者，不足谋一域。"习近平总书记引用清朝陈澹然《寤言二·迁都建藩议》里的这一名句，用于当前区域发展战略，可谓恰如其分①。"协调"二字，是其精髓。事实上，习近平此话正是针对地方领导干部所言，要求其在谋划本地发展时，应从全局看问题。只有这样，区域发展才能协调，避免条块分割与过去"诸侯经济"引发的冲突。这一治国理政，在《"十三五"规划纲要》中尤其是区域发展方面体现甚明：不仅"协调"，作为五大发展理念之一，仅次于"创新"排在次席，在"正确处理发展中重大关系"中，又将"重点促进城乡区域协调"列为首要；而且"区域协调发展新格局基本形成，发展空间布局得到优化"，又是七个主要目标之一的重要内容。由此，区域协调发展在《"十三五"规划纲要》中实际上被提到了史无前例的高度，诚如中国区域经济学会秘书长陈耀所言②，本次"十

---

① 《关于〈中共中央关于全面深化改革若干重大问题的决定〉的说明》，《人民日报》2013 年 11 月 16 日。
② 2016 年 3 月 18 日，中国区域经济学会秘书长陈耀接受澎湃新闻（www.thepaper.cn）采访时的分析。

三五"规划中涉及区域发展的表述是历史上内容最丰富、最充实、最具体、指向性最强的。

的确如此，就《"十三五"规划纲要》所涉及的区域发展内容来说，则是以往五年规划难以比拟的。如与《"十二五"规划纲要》相比，《"十三五"规划纲要》将"推动区域协调发展"单设一篇，内含"深入实施区域发展总体战略、推动京津冀协同发展、推进长江经济带发展、扶持特殊类型地区发展、拓展蓝色经济空间"五章，共20节，总计5000多字的篇幅。此外，作为区域发展总体战略基础内容之一的"一带一路"建设，则另在"构建全方位开放新格局"一篇中，单列一章，有近1000字的篇幅，两部分共6000多字的内容，占《"十三五"规划纲要》全文6万多字近1/10的比例。而在《"十二五"规划纲要》中，仅将"实施区域发展总体战略"单设一章，共5节，所涉篇幅仅1700字。两者相较，孰轻孰重，一目了然。

鉴于区域协调发展在新常态下所赋予的内涵、高度及意义已大幅提升，及其在我国经济社会发展全局中的地位举足轻重，深入分析之，必为当前时代之重要课题；又鉴于新一轮区域协调发展正当铺陈之时，故本报告将从未来视角，从其战略、模式与政策三方面，对区域协调发展前景进行展望。

（一）构建"经济带"：区域协调发展战略的新格局

关于区域协调发展战略，《"十三五"规划纲要》论述为：以区域发展总体战略为基础，以"一带一路"建设、京津冀协同发展、长江经济带建设为引领，形成以沿海沿江沿线经济带为主的纵向横向经济轴带。此战略格局之"新"，则在于"带"，即以区域发展总体战略下的"区域板块"格局为基础，构建具有"带状"空间布局特征的"经济带"。

1. 构建"经济带"之创新优势

改革开放以来，我国区域发展战略经历了从"城市群"到"区域板块"再至"经济带"的变迁路径。当前"经济带"之构建，并非空穴来风，而是在先前所取得成就基础之上的扬弃式的区域发展新战略，具有突出的创新优势。与"四大区域板块"相比,其"新"至少凸显在以下几方面①。

其一,"经济带"明显具有以"条状"取代"块状"的空间布局特征。这种布局可以将东、中、西部结合为一体,协同发展,克服了"区域板块"各自为政的弊端,打破了先前各区域之间静态、间隔发展的局限,促使发达地区与不发达地区之间的经济合作流动起来,即动态化,而"条状"化本身所具有的延伸性特征,更是增添了经济带动态化发展前景的魅力与憧憬。此优势在长江经济带上一目了然;京津冀的协同发展,则自然存在向东北-蒙东经济区延伸的态势,为构建京津冀、环渤海湾与东北地区协调发展的经济带奠定了龙头基础。对"一带一路"而言,"一带",可谓西部大开发的延伸与升级版,对内主要带动西北地区乃至北方经济带发展,并联动长江经济带发展;"一路",则可谓东部地区发展的延伸与升级版,主要着眼于南方沿海港口城市乃至南方经济带发展,并联动长江及北方经济带发展,由此可形成"带""路"并举、互补推进,南、中、北三大经济带全面开放的新空间布局。

其二,同样是地域上的全覆盖,构建"经济带"不仅将先前四大区域纳入其中联动起来,而且克服了"区域板块"模式对外开放性不足的弊端。着眼于全面对外开放的"一带一路",不仅打开了先前中西部的封闭大门,注入了外向驱动力,并助推其由对外开放的边缘迈向前沿;而且与自贸区扩容建设发生联动,形成"一体两面、相互配套"的格局,有助于提升东部贸易便利化与经济一体化水平,对于扭转东部经济增势疲软之态势,将有极大助力。

其三,"经济带"不仅克服了"区域板块"的弊端,而且将先前"三大城市群""四大区域板块"的区域经济发展成就结合起来,分别以珠三角、长三角、环渤海湾三大城市群为龙头,来带动其他欠发达地区、不发达地区共同发展,达到了横向互补、协调共进的目的。

其四,"经济带"的一个重大创新优势,即跳出了"区域板块"强调的

---

① 黄志钢:《构建经济带:区域经济协调发展的新格局》,《江西社会科学》2016年第4期。

陆地范畴,纳入了水域、海域的观念。长江经济带建设之最大重点就在于依托长江黄金水道,建设绿色生态廊道,有助于遏制牺牲环境发展经济之行为惯性;京津冀之环渤海湾、"21世纪海上丝绸之路"有助于确立陆域与海域的大国土观以及实施陆海统筹发展战略,将国土空间开发向海洋延伸。这种强调,不仅可以引导长江流域生态经济的发展,而且为沿海地区开辟更广阔的经济空间、增强东部经济后劲以及为东部地区经济再次腾飞带来了新机遇。

其五,"经济带"之构建的最大特点之一就是加速并有效地促使发达地区与不发达地区之间经济合作的动态化,促使区域成员从"经济带"整体发展视角考虑问题,依据当地实情,明确自身的定位及其发展方向。这不仅有助于推动特色区域及其特色产业的形成,而且有助于解决某些区域的整体性贫困问题。同时,广泛的产业转移、资金与劳动力流动,也对促进落后区域脱贫攻坚提供了先决条件。

其六,"经济带"的构建,将促进区域统计范畴的随之转变以及区域发展目标、政策支持等大方向的一致性,推动发达地区与欠发达地区形成"荣辱同俱"之原则。一方面,有助于发达地区摒弃对落后地区"事不关己"之心态,促使其以全局观念、真心实意来对待后者的扶持与产业转移;另一方面,有助于欠发达地区跳出要钱、要政策及抢项目、争投资的思维框架,转而着眼于接轨东部发达市场,完善自身市场机制,挖掘本地内在潜力,有针对性地寻求发达地区的支持与合作;同时,有助于打破先前区域内部的趋同发展及恶性竞争,也可以在一定程度上避免欠发达地区重蹈经济发展与环境恶化的覆辙。

综上,构建"经济带"之"新"、之"利",实际上是对先前"城市群""区域板块"发展战略由点到面、由静而动升级跃进式的扬弃,可谓扭转先前东快西慢、生态恶化、中西部对外开放不足以及陆海联动不够等区域经济弊端的新经济空间布局。

2. 构建"经济带"之新空间布局全景

《"十三五"规划纲要》关于区域协调发展战略的核心思路,即在"四大区域板块"的基础上,以"一带一路"建设、京津冀协同发展、长江经济带建设为引领，形成以沿海沿江沿线经济带为主的纵向横向经济轴带。其中三大战略之"引领"一词，表明"经济带"之构建绝非仅此。其不仅要覆盖"四大区域板块"，而且"经济带"之"条状"化所具有的延伸性特征，自然会促使其动态化发展，在横向轴带上，最终是要构建南、中、北三大经济带，即形成"带""路"并举、互补推进，南、中、北三大经济带全面开放的新空间布局。

北方经济带构建的核心在于京津冀协同发展。京津冀所明确的以"一核、两城、三轴、四区、多节点城市发展"的空间布局，不仅在于发展自身，而且其意实为向两侧延伸发展，奠定龙头基础。其中，向东、向北，即向辽东半岛和山东半岛环渤海湾区延伸，继而再延伸至东北－蒙东经济区，从而构建京津冀、环渤海湾与东北地区协调发展的经济带。同时，向西又可向中原－关中平原发展，延伸至陕西渭南潼关以西到宝鸡市宝鸡峡以东地区，即现在的西安市、铜川市、宝鸡市、咸阳市和渭南、杨凌一带城市群。由此构建一个可覆盖东、西部分地区与东北全境的大经济带，即北方经济带。

居中经济带，即长江经济带。长江经济带横跨东、中、西部三大区域，覆盖上海、江苏、浙江、安徽、江西、湖北、湖南、重庆、四川、云南、贵州11个省份，面积约为205万平方公里，人口和生产总值均超过全国的40%，是我国经济、人口、城市密集的重要发展轴线，可谓"中国经济的脊梁"。若譬喻之，长江就似一条龙，长三角是龙头，上海是龙珠，武汉等中游地区是龙身，重庆、四川是龙尾，依托长江黄金水道，东、中、西部协调联动，摇头摆尾舞动龙身，使长江经济带这条巨龙腾飞。显然，横跨东、中、西部的地理位置，重要的黄金水道，以及具有独特优势与巨大发展潜力的长江经济带，一旦实现腾飞，成为我国经济的脊梁就不为过。

南方经济带，则以珠三角为龙头向东、向西延伸而成。其中，向西，是以珠江流域为纽带向北部湾延伸，形成一条东、中、西部相统一，横向互补发展的经济带，即构建珠江－西江经济带。其涵盖广东的广州、佛山、肇庆、云浮四市，广西的南宁、柳州、梧州、贵港、百色、来宾、崇左七市，上接云南和贵州部分市区，是我国南方直接连接发达地区与西部欠发达地区的经济带。与长江经济带类似，该经济带依托连接西南和华南的珠江－西江流域黄金水道，借助其自然禀赋优良、航运条件优越、产业基础较好的优势，成为珠三角地区转型发展的战略腹地，同时也成为西南地区重要的出海大通道。向东则可延伸至环台湾海峡城市群，与东南方沿海港口城市连接。由此，二者结合，将在我国东南部构建一条沿海、沿江的大经济带，即南方经济带。

此外，"一带一路"战略为上述三大经济带的延伸、互动与开放加重了筹码。其中，"一带"，可谓西部大开发的延伸与升级版，对内志在建设新疆丝绸之路经济带，主要带动西北地区发展，乃至促进北方经济带发展，并联动长江经济带发展；对外则推动中蒙俄、中国－中亚－西亚、中国－中南半岛、新亚欧大陆桥、中巴、孟中印缅等国际经济合作走廊建设，推进与周边国家基础设施互联互通，共同构建连接亚洲各次区域以及亚欧非之间的基础设施网络。"一路"，则可谓东部发展的延伸与升级版，以福建为"21世纪海上丝绸之路"的核心区，推动共建临港产业集聚区，构建国际物流大通道，畅通海上贸易通道，主要着眼于南方沿海港口城市乃至南方经济带发展，并联动长江及北方经济带发展。至此，"带""路"并举、互补推进，南、中、北三大经济带全面开放的新空间布局全景得以成形。

3. 城市群——"经济带"构建的极点

由前文"经济带"新空间布局全景可见，之所以南、中、北三大经济带得以成形，乃是在先前"三大城市群"发展成就的基础上，通过城市群连接延伸，并由此覆盖"四大区域板块"的结果，此也明证"经济带"之构建，实乃一种扬弃式的发展。而"经济带"本身所具有的动态性、延伸性特征，正是以城市群为增长极，通过发挥其枢纽功能来体现的。下面将从"三大城市群"入手，来细观当前区域新空间布局的动态全景。

首先，北方经济带构建。此经济带以京津冀城市群为核心，向东延伸至辽东半岛和山东半岛，与辽中南、山东半岛两大城市群连接，形成环渤海超大城市群，由此构成北方经济带之龙头；继而向北延伸到哈长城市群，与东北板块融合；随之向西南延伸，与晋中、中原、关中平原三个城市群结合，由此，构成了北方经济带的主体区域。此外，北方经济带还存在进一步与呼包鄂、宁夏沿黄以及兰西城市群沟通的发展态势，与"一带"的西部大开发乃至新疆丝绸之路经济带相呼应，为带动西北地区发展增添筹码。其次，居中经济带以长三角城市群为龙头，居于长江下游，沿江而上则与由武汉城市圈、南昌－九江城市带、长株潭城市群组成的长江中游城市群相连，进至上游，则与由成都、重庆组成的成渝城市群相接，共同组成了长江经济带，东、中、西三大板块融为一体。最后，以珠三角为龙头的南方经济带，向东则延伸至海峡西岸城市群，向西与北部湾城市群相接，并进而延伸至云南和贵州，上接黔中、滇中两大城市群，形成一个覆盖东、西两大板块南部区域的大经济带。

如果说城市群是经济带的增长极点，那么城市，尤其是大城市、特大城市就可谓增长节点。每一城市群都是以大城市为中心点，辐射周边中小城市及小城镇而形成的城镇密集地区。如北方经济带京津冀城市群的空间布局就包括"一核、两城、三轴、四区、多节点城市发展"。其中，"一核"是指首都核心功能；"两城"是指北京、天津；"三轴"是指通过京津、京唐秦、京保石三个发展轴来带动周边发展；"四区"即东部滨海发展区、南部功能拓展区、西北部生态涵养区和中部核心功能区。中部核心功能区包括北京、天津、廊坊和保定，在此基础上，再纳入一些非区域性中心城市，形成多节点发展的空间格局。延伸至的哈长城市群包括黑龙江省的哈尔滨、大庆、齐齐哈尔、绥化、牡丹江，吉林省的长春、吉林、四平、辽源、松原、延边朝鲜族自治州。山东半岛城市群以济南、青岛为双中心，包括淄博、潍坊、东营、烟台、威海、日照等中心城市。长江经济带，除了耳熟能详的长三角地区外，长江中游三个城市群则以武汉、长沙、南昌三大城市为中心，分别包括沿长江、环洞庭湖、环鄱阳湖等若干城市，如湖北省的武汉、黄石、鄂州、黄冈、孝感、咸宁、仙桃、潜江、天门、襄阳、宜昌、荆州、荆门，湖南省的长沙、株洲、湘潭、岳阳、益阳、常德、衡阳、娄底，江西省的南昌、九江、景德镇、鹰潭、新余、宜春、萍乡、上饶以及抚州和吉安的部分县（区）。成渝城市群以成都、重庆两地为双核，包括四川省的成都、绵阳、德阳、乐山、眉山等，以及重庆市的主城九区、万州、涪陵、合川、永川、江津、大足、垫江、璧山、铜梁等。南方经济带除珠三角外，海峡西岸城市群以福州、泉州、厦门、温州、汕头五大城市为中心，带动包括福建、浙江、江西、广东四省在内的21个城市组成的城市群，以促进海峡两岸经济紧密联系；北部湾城市群则包括南宁、北海、钦州、防城港、玉林、崇左、百色等市。

显然，构建经济带区域新空间布局的实质是城市化战略的大布局，这就是当前的"两横三纵"，即以陆桥通道、沿长江通道为横轴，以沿海、京哈京广、包昆通道为纵轴，由20多个重点开发的城市群在纵横两坐标轴上聚集，以大城市为节点，带动中小城市发展的城市化战略格局。"两横三纵"促成了南、中、北三大经济带的成形，其中的三纵轴，尤其是京广、包昆通道两纵轴则将三大经济带从中、西段连通起来，从而实现了"十三五"规划所言的沿海沿江沿线纵横双向的经济轴带。

（二）区域经济发展思想与理论简评

如果说区域发展战略确立了方向，模式选择则明确了路径。通常，区域发展模式被认为是一定区域在一定历史条件下经过长期实践形成的、较为固定的发展定式，是对其经济发展过程、特征及内在机理的理论概括。由此，模式形成是实践的结果，继而又升华为理论，但付诸实践之前又需要理论指导。故探讨模式选择，有必要先梳理一下区域理论思想。

1. 平衡或均衡与否的发展思想

在区域经济理论中，存在平衡或均衡与否的两种思想，"平衡"与"均衡"二词，常常互用，区分不明。固然二词确有重合，但不无区别。平衡应用范围较广，通常包括：衡器两端重量相等；对立各方在数量或质量上相等或相抵，如产销、收支平衡；两力或多力作用一物，各力互相抵消，使物成相对静止状态。此外，还有两物齐平如衡、政治学上权衡国政使其平以及哲学上关于事物在量变阶段所显现的暂时、相对静止的面貌等。而均衡是从物理学中借鉴并发展出的概念，在西方经济学中被广泛运用，最一般的意义是指经济体系中某个变量，在多重经济力量的相互制约下所达成的一种相对静止状态。显然，平衡内涵包括了均衡，均衡只强调了多力平衡的状况，若仅从物理学观之，平衡包括了标量与矢量，均衡唯是矢量。

虽然从理论概念而言二者具有包含关系，但在实践应用中存在类似对立的倾向，这与马克思主义经济学和西方经济学之对立不无关系。前者泛用平衡，后者重用均衡，由此在当前我国语境应用中，平衡侧重宏观视角，如综合平衡、财政平衡、信贷平衡、物资平衡、外汇平衡、两大部类平衡等，均衡则侧重微观视角，如消费者均衡、生产者均衡；前者强调自上而下促成的布局平衡，后者则侧重自下而上达成的市场均衡；前者侧重行政力量干预，后者推崇市场力量制衡，即政府主导下的稳态，常称为平衡状态，反之，市场主导下通称均衡状态。甚至由于计划经济，或政府一元力量过于强大，在应用中，平衡似乎退变为一个仅重数量相等的标量概念，而均衡由于强调多重力量相抵，似乎的确是个矢量。不仅如此，就是在西方经济学中，如索洛模型，由于没有微观个体决策力量，其资本运动方程被称为平衡增长路径，而拉姆齐模型因涉及消费者和厂商决策，则被称为均衡增长路径。

综上，平衡与均衡之对立，其根源在于强调政府一元独大的计划经济与认为市场自动出清的新古典经济思想之对立，但实践证明，二者极端，皆不可取。在当前社会主义市场经济建设中，政府与个体、宏观与微观、行政力量干预与市场力量制衡，都是经济发展所必需的。故以下对区域发展理论的论述，统一以平衡与否来区分，暂时摒弃只强调市场力量的均衡概念，恢复"平衡"一词本身具有的多重内涵。但这并非意味着否定市场，而此平衡也非彼计划经济之平衡。

2. 区域平衡与不平衡发展理论

区域发展理论，之所以有平衡与不平衡两种区分，关键在于是否先假定区域发展会实现终极平衡。平衡论认为各区域经济发展水平最终趋于收敛；不平衡论则认为无论处在哪个阶段，经济发展的进一步增长总会打破平衡，即不平衡是常态，而平衡即便有，也是暂时的。

区域平衡发展理论主要来自上述两种极端情形。一是新古典主义认为在完全竞争下，随着生产要素的区际流动，将实现自动平衡的区域发展理论。如索罗和斯旺认为，各国或一国不同区域之间的增长在地域空间上将趋同，呈收敛之势。威廉姆森在要素具有完全流动性假设下，提出区域经济差异的"倒U"形理论，认为差异是暂时的，区域收入水平随着经济的增长最终将趋同[1]。二是苏联计划经济下的生产力布局学，通过政府行政力，实现了平衡布局并建立了相对完整的地方经济体系。在此基础上，又发展出在肯定自由市场的前提下，主张政府干预，在区域内平衡布局生产力，空间上平衡投资，各产业平衡发展，齐头并进，最终实现平衡的多个区域发展理论。如由国家制订统一经济发展计划的所谓"极端的、温和的与完善的"平衡发展理论，即罗森斯坦-罗丹的大推进论；纳克斯用以克服贫困恶性循环的平衡增长理论与斯特里顿以不平衡为手段、以平衡为目标的动态平衡增长理论[2]；等等。

区域不平衡发展理论的代表者是法国经济学家佩鲁的增长极理论。佩鲁将磁场内部运动在磁极最强的规律引申到经济空间中，认为增长并非同时出现在各部门、各产业间，称那些规模大、增速快、创新能力强、关联效应大、居支配地位并具有推动作用的部门和产业为推进型单元，即增长极。随着布代维尔将经济空间的增长极概念推广到地理空间，增长极理论便成为区域经济的一个重要理论。增长极既然是借喻磁极，则必是不平衡理论，其以一个区域实现平衡发展是不现实的，作为理论前提，当然顺理成章。该理论的核心观点在于：增长极是通过支配效应、乘数效应、扩散与极化（回流）效应对区域发展产生作用，造成区域经济空间的不平衡，而增长极的进一步成长将会加剧区域经济的不平衡性与差异性，故是典型的区域不平衡发展理论。之后瑞典缪尔达尔的循环累积因果论、美国弗里德曼的中心-外围理论和赫希曼的不平衡增长理论从不同层面丰富和发展了增长极运行机制，再次

---

[1] 徐梅：《当代西方区域经济理论评析》，《经济评论》2002年第3期。
[2] 聂华林、王成用：《区域经济学通论》，中国社会科学出版社，2006，第136~1140页。

论证了通过累积因果过程、生产要素从外围向中心的净转移,会强化和加剧区域发展的不平衡,而赫希曼的不平衡增长理论则更是强调了区域经济发展中平衡是有条件的、相对的和暂时的,而不平衡是客观的、绝对的这一增长极理论的思想基础。由此,增长极成为区域经济理论的主流思想,区域经济空间开发的多种模式也大多从增长极理论中演化而来。

此外,源于弗农关于工业生产产品生命周期理论的梯度转移理论,也是区域不平衡发展理论的重要分支。该理论同样以不平衡发展规律为基础,承认区域间不平衡的现实,主张发达地区应首先加快发展,然后通过产业和要素向欠发达地区转移,即产业与技术由高梯度区域向低梯度区域扩散,以带动整个经济发展。日本赤松要提出的"雁行模式"即此类。20世纪80年代以来,一些日本学者将其引申并应用于解释东亚地区国际分工体系、产业结果变化以及经济相继起飞的过程,促进了我国在改革开放之初选择梯度理论,优先发展沿海地区,进入以不平衡战略为特征的区域发展阶段。

与平衡理论相比,区域不平衡发展理论不仅否定区域发展会实现终极平衡,认为区域经济发展无论在哪个阶段,进一步的增长总要求打破原有的平衡;而且否认市场机制能自动实现区域经济差异收敛的新古典主义观念,更不认同缺乏自由市场基础的苏联计划经济生产力布局学。从现实情况看,平衡理论中的生产力布局学,无论是苏联还是我国"三线建设"时期的实践,都表明通过行政力量实施的平衡布局成效有限,否则不会摒弃之;而新古典主义完全自由市场经济体制下的一般均衡思想,认为价格机制能自动实现区域均衡发展,既远离实践,又与现实相悖,不过描绘了一幅让人期待却无法实现的世界大同之蓝图,故不可取。实际上,新古典主义本身在发展了内生增长理论后,也出现了自弃现象:如罗默通过技术进步内生化,强调知识外部性对经济的影响;卢卡斯强调人力资本溢出造成经济体系外部性,从而在地域空间上表现为区域经济不平衡增长的理论;克鲁格曼等"新经济地理学"经济学家们通过建立不完全竞争市场结构下的规模报酬递增模型,指出由于前向和后向联系,区域会出现一种自我持续的集聚经济现象;等等。

这些都表明了不平衡发展思想。由此可以说，不平衡发展，业已成为区域经济理论的思想基石。

（三）构建"经济带"的发展模式选择

1. 构建"经济带"之区域经济理论基础

区域发展模式既然是一种理论概括，就必须先明确其理论基础。首先要明确的是不平衡发展理论必是构建"经济带"的思想基础，而梯度转移理论并非选择项。从我国的实践来看，自20世纪80年代开始以此为指导的区域发展，虽然推出了"三大城市群"，活跃了东部沿海地区的经济，使该地区的居民率先富起来，但并未如期出现逐步向二级、三级、四级梯度地区推移现象，反而使东、中、西部三大区域的差距持续扩大，甚至在东部区域内，如广东南部和北部、浙江东部和西部的差距不断扩大，此举也使得中部和西部本身相对发达的地区，由于生产要素集中流向东部沿海地区，丧失了本该有的发展机遇。另外，从20世纪80年代初的理论选择来看，实际上是向以日本为"领头雁"的东亚经济"雁行模式"看齐，希冀我国东部沿海地区也参与到东亚分工体系中，发展外向型经济，继而期望在国内以东部沿海地区为"领头雁"，梯度纵向渗透，形成大陆的"雁行模式"。不可否认，当"领头雁"足够强大时，此模式在初期之功效会非常显著，如东亚"四小龙"、我国"三大城市群"之崛起，就是明证。反之，当"领头雁"趋弱时，"雁行模式"将丧失原动力，如日本20世纪90年代经济萧条后，该模式已趋向停滞，再如当前我国东部沿海地区经济增长的式微，都使"雁行模式"难以为继，此其一。其二，既然"领头雁"弱化，那么其他梯度地区，尤其是第二梯度地区，就必然寻求新的发展路径，所谓领头者则名存实亡；同时，雁行原动力的丧失，使处于"雁身"位不同梯度的地区经济在发展后，其梯度差不仅会趋平，而且出现增长方式、产业结构与出口结构上的雷同性，易导致互相之间的恶性竞争，如我国与东盟诸国，至此"雁行模式"就趋向解体。其三，为保持"领头雁"的头牌位置及各梯度的先进性，各梯度必然把自身劣质的、落后的产业向下层级转移，这不仅固化了强弱序列，而且使后梯度地区重蹈前梯度地区不当增长方式的覆辙，不具纠错能力，如环境污染的延伸、"血汗工厂"的再现，就是例证。故梯度转移理论是时效短的、保守的、对后梯度地区具有压抑性的理论，不利于激发落后者挖掘自身潜力，实现超越式发展，使强者永强、弱者久弱，况且"领头雁"还必须青春永驻，方可维持成形，这一切都与本该丰富多彩的发展图景相悖。我国自20世纪90年代末开始推出"四大板块"区域发展战略，其实质是对梯度转移理论实践效果不佳的补偿之举，却又采取了生产力布局学的思路，试图通过政府干预下的以资金扶持、转移支付、政策优惠等为主的行政手段来弥补梯度理论指导引发的区域差距，这一措施虽有效，但作用有限。由此，构建"经济带"之理论基础还需从增长极理论着眼。

增长极理论，是以推进型单元通过前文所述的四大效应促进区域发展的，此单元可以是企业、产业、行业、城市，也可以是经济特区、自贸区等制度创新点，即凡是能够促进增长的积极因素和生长点，都可能成为一个增长极。与"雁行模式"梯度渗透理论相比，该理论并非需要一个"领头雁"，而是可以依据区位、产业、基础设施等条件来选择，打造出一个增长极，也无须让不同地区存在梯度等级，增长极所辐射到的范围都可与极点直接发生联系，同步发展。该理论所蕴含的一个重要思想是，既然增长极是可打造的，那么一旦先前的增长极乏力，附近的区位以及具备条件者甚至可以创造条件，来形成一个新极点。相对于"雁行模式"，一旦"领头雁"弱化则趋于停滞，增长极理论更具积极主动、持续活跃的思想内涵。增长极理论的积极主动性，表现在其更重视政府区域政策的推进功能，如佩鲁认为现代市场充满垄断和不完善，无法自行实现对推进型企业的理性选择和环境管理问题，提出政府应对某些推进型企业进行补贴和规划；缪尔达尔则提出在经济发展初期，政府应当优先发展条件较好的地区，以寻求较高的投资效率和较快的经济增长速度。基于此，本报告强调构建"经济带"应从增长极理论着眼。不过，这并非意味着增长极理论就是一个完美的理论，主要原因在于四大效应的不平衡性，尤其是极化效应远大于扩散效应，会加速区域发展的不平衡，马太效应明显，缪尔达尔的循环累积因果论即针对于此。多数国家的实践表明，增长极理论并没有引发极点腹地的快速增长，反而扩大了差距，所以20世纪70年代以来该理论的有效性备受质疑。

既然世界是不平衡的，也非完美的，当然也无法苛求完美的理论。纵观自然界，如原子结构、太阳系结构，不是平衡布局；又观人类社会，如家庭结构、企业结构、社会结构，也非平衡发展，总是存在一个核心，有主有次。故以增长极为理论基础，不应抱怨自身存在的不平衡性，而应考虑如何弥补这一弊端，以及如何更好地利用此不平衡性。事实上，在增长极理论指导下，区域二元分化严重，这与政府干预有偏、不当的推波助澜有很大关系。通常，政府颇倾向于助推极点的形成，打造增长极的积极性更高，资源、资金、力量的集中，本是政府的优势所在，既便于操作，又立竿见影，何乐而不为？而扶持落后地区发展，缩小经济差距，就相对费力不讨好，付出与成效不对等则是常态，自然消极因素也更多。可以说，增长极理论有效性的减损，与政府的不平衡态度与行为关联很大。事实上，政府行为选择正确，也不乏成功案例。如巴西，把首都从繁荣的里约热内卢迁往落后的巴西利亚，修建贯穿亚马孙河流域的公路体系，鼓励向落后地区移民，开辟新工业区，利用优惠政策吸引外来投资，将亚马孙河中游的"玛瑙斯自由港"打造成巴西最大也是全世界最大的经济特区，形成了巴西中西部地区经济发展的增长极和辐射中心，从而有效地带动了周边地区经济的发展。

由此，本报告强调构建"经济带"要从增长极理论着眼，固然考量不可违逆世界自然之客观规律，同时也强调发挥政府不平衡与平衡两种干预的主观能动性，尤其不可偏废政府的平衡功能。也即市场虽自发趋于不平衡发展，但政府则有平衡与不平衡两种选择，我国以"协调"二字来概括甚为恰当。综上而言，构建"经济带"，应以增长极与政府协调良性互动为理论指导，即"增长极－协调"理论，而由此形成的模式，我们不妨称之为"增长极－协调"区域发展模式。

2. "增长极－协调"区域发展模式

在构建"经济带"过程中，增长极理论虽具基础地位，但鉴于政府协调,必须、必然也必将发挥举足轻重的作用,故列出协调,以示强调。从形式上看,"增长极-协调"必先凸显增长极的开拓功能,政府协调则为保障性的、助力性的功能;市场力量为主,行政力量为辅,是不可颠倒的基础。二者的关系,若形象比喻,增长极就如渠中水,政府协调则如导流渠,引导增长极始终不偏离合理的发展轨迹,以此譬喻,可凸显政府协调之多重功能。一是选定渠址,引导多种市场力量聚集入渠。二是明确渠向,导引生产要素合理流向。三是清除渠中障碍,促进顺畅流动。四是修筑渠坝,防止溢流,也即防止市场失衡。五是增强推力,如通过政策、法规加速流动,甚至由政府投资,注入流动性。六是修渠扩容,适应增长极的成长,助其辐射范围扩大。七是修渠改向,如极点回流效应过大,其他地域无发展或负增长,实际对极点后续发展已产生负面影响时,要及时发挥政府协调之平衡功能,增大其扩散效应。八是当增长极回流效应与扩散效应出现平衡状态,政府协调至少有三个选择——或是排除部分渠中水,引导创新型市场力量与生产要素注入,促进自身极点跃入更高平台的增长极;或是与其他增长极沟通,形成更大范围的增长极,互助互补,寻求更多的发展机会与更大的发展空间;或是重选渠址,促进新增长极的形成,如上例中巴西的迁都,将再现新一轮政府协调的引导功能。

以上政府协调的多重功能,可概括为三个目标,并由此形成三种具体的"增长极-协调"区域发展模式。第一,促进增长极形成,这是增长极理论的主要内容,也是上述政府协调的主要功能,以此为目标的模式,可称为"增长点-协调"区域发展模式。第二,发挥政府协调之平衡功能,增大极点扩散效应,促成极点辐射沿着最优方向发展,构造区域生长轴,以点带线,以此为目标,可称为"生长轴-协调"区域发展模式。第三,加强增长极之间的沟通,拓宽和延伸生长轴,促成更大范围的增长极,形成上下贯通、纵横交错的多维立体网络,拓宽区域发展空间,以此为目标,可称为"网络型-协调"区域发展模式。

需要说明的是,此处区域范围具有弹性,可大可小,就如增长极,既可指一个企业、产业、行业,也可指一个市镇、城市,而在"十三五"规划中，甚至将城市群视为一个增长极。当前，构建"经济带"是一个全覆盖的区域发展战略，我国地域广阔，经济发展差异极大，区域范围的弹性，意味着各地各级政府都可因地制宜、因时制宜，选择适合当地发展的模式，或是打造增长点，或是延伸生长轴，或是构筑管辖范围的区域网络。若以"网络型－协调"区域发展模式为例，大则南、中、北三大经济带之间的网络协调，中则一个经济带之间的网络型发展，次中可为一个城市群之间的网络构建，小则一个中心城市的区域网络，乃至小到一个乡镇之内的城乡经济网络，均无不可。"增长极－协调"区域发展模式的重大特征，就是强调要充分发挥政府平衡及不平衡的主动协调作用，促进以增长极为基础的区域持续性发展，这实在是因为增长极的自发发展必然导致分化，而虽有扩散效应，但其力度小、时效长，且又是被动的、相对的，这是市场力量的运行规律。就如西方市场经济下，经济繁荣的代价必是两极分化，若政府不主动实施社会福利制度，社会必将动荡，市场运行实际难以为继；当然，若政府一味地顺应市场力量，不适时协调，则必会造成灾难性的后果。因此，政府的协调能力、协调时机、协调方式等，决定了"增长极－协调"区域发展模式的成败。三种模式的具体内容[①]如下。

（1）"增长点－协调"区域发展模式

对于还未形成增长极的地区，首要的任务是打造之，这是人们所熟知的内容，此时政府协调功能表现为不平衡性，即促进各种市场力量、生产要素流向优势产业，出台多种政策倾向于区位优势地点，壮大推进型单元，促成增长点形成。至于如何促成，可充分借鉴区域经济发展的四种产业模式，即初级产品生产和出口模式、发展进口替代产品产业模式、发展出口替代产品产业模式与优先发展赶超部门的产业模式。这里虽指一国的产业模式，但任何有条件的地区同样可以借鉴，当然，出口不仅仅是指国外，还可以指全国其他区域。在此过程中，重要的是因地制宜，正确选择，并注重适时的转型

---

① 刘树成主编《现代经济词典》，凤凰出版社、江苏人民出版社，2004。此节内容的论述，参考了该词典第820～833页关于区域部分的词条。

升级，以引导民资民营、发展私有经济、壮大市场力量为主，而政府投资乃至国企只能是辅助性的、公共性的，否则难以持续。此外，一些实践中形成的如珠江三角洲东莞模式、顺德模式，长江三角洲苏南模式、温州模式、义乌模式、绍兴模式等都是可参考的对象。"增长点－协调"区域发展模式要求各级各地政府各显神通、尽情发挥。

(2)"生长轴－协调"区域发展模式

对于增长极业已形成的地区，政府要发挥平衡性的协调功能，增大极点扩散效应，使之沿着最优方向发散，确定生长轴，带动并激活沿轴地区经济发展潜力。此时，发展交通、畅通人流和物流以及加强沿线地区基础设施建设、平衡政策等是政府协调的重要职责，以尽快促成生长轴。与此同时，积极寻求与其他增长极沟通，在它们之间建立起各种交通线路以及各种经济社会联系，产生相对密集的要素流，拓宽延伸生长轴，形成增长极群，互助互补，拓展更多的发展机会与更大的发展空间，形成更大辐射范围的有利的区位条件和投资环境，以及更大规模的产业和人口的集聚。由此，政府平衡性的协调功能，又促成了更大区域的增长极，相对小地域内的平衡举措，却引发相对大范围的不平衡局面。可见，不平衡是绝对的，平衡是相对的，实质上区域发展路径正是由不平衡到平衡再到不平衡螺旋式扩展与上升的。

(3)"网络型－协调"区域发展模式

对于已发展较成熟的增长极，就要进入网络交织式发展，可谓"生长轴－协调"区域发展模式的后续发展状态。此时，政府协调应兼具平衡功能与不平衡功能。其中，平衡功能体现在继续拓宽和延伸生长轴，重点在于建立生长轴之间的联系，使之由原直线延伸并转至网状交织，形成上下贯通、纵横交错的多维立体网络，从而将增长极和生长轴纳入统一的系统中。政府要协调极点地区，加快向外转移部分原有产业，促进外围腹地的产品更新换代和产业升级，增强中心地区的扩散效应。不平衡功能则是政府要协调进行新一轮规划并出台政策，引导创新型市场力量与更高层次的生产要素注入极点，吸引新兴的高科技产业，促进极点跃入更高平台的增长极,避免成熟增长极的空心化,促使该增长极持续发展。当然,这也意味着政府的协调能力必须水涨船高,既不能如"增长点-协调"区域发展模式下的粗放式干预,也不能像"生长轴-协调"区域发展模式下的简单式平衡,同时由于整个区域之间生产要素交流的广度和密度以及规模经济都显著增大,不仅政府协调市场的能力必须大幅提高,而且对各级各地政府之间的协调也将提出更高的要求。

(四)构建"经济带"之区域经济政策的功能、原则与建议

由上文构建"经济带"之区域理论与模式选择来看,并无新意,但特别强调政府运用平衡与不平衡两种干预方式进行协调的必要性与重要性。坦率地说,不要说我国这种长期强势的政府主导型经济,就是美国面对较发达的东部与落后的南部、西部之间不平衡的困境,何尝不是政府干预,运用区域经济政策,实现整体协调发展?日本、韩国、马来西亚、巴西等国同样是政府积极发挥引导功能,应用政策工具,促进本国区域平衡发展。所以,区域发展必定离不开政府协调,是在"两只手"作用下,实现区域由绝对不平衡到相对平衡再到绝对不平衡如此往复的螺旋上升发展态势。尤其是在构建"经济带"新格局的当下,区域协调发展所覆盖的范围之广、所赋予的内涵之丰、所企及的目标之高,可谓史无前例。故构建"经济带",区域经济政策的重要性将格外突出。

那么如何看待当下的区域经济政策?鉴于构建"经济带"正当铺成之时,具体、过细的政策,如区域财税、金融、投资、产业、工业化政策或激励措施等,时机似乎还不成熟,故这里主要就区域经济政策的功能、原则等框架式问题及势必突破的障碍进行评述并提出看法。

1. **区域经济政策的功能划分**

所谓功能,是指事物或方法所发挥的有利作用,那么区域经济政策的有利作用何在?通常,区域经济政策具有两重功能:一是促进区域资源有效配置,降低区域交易成本;二是纠正市场机制配置失灵,抑制区域差距过分扩大,缩小区域居民在人均收入、就业机会、教育水平等方面的不当差距,维

护区域合理公平[1]。这些功能，细想可发现存在一个共性——被动性，即或是在市场机制运行过程中消除障碍，促其良性运行；或是对市场机制运行结果进行纠错，维护公平。当然，市场为主、干预为辅，是经济运行的铁律，政策功能的被动性、补偿性是其最基本的属性，但这是否就意味着区域经济政策不能主动先行？

若从上文对区域发展模式的认知来看，并不尽然，实际上至少有三种主动性功能。

一是当一个增长极的核心区陷入发展困境，已无力发挥带动作用时，意味着其整个覆盖区域将面临停滞的可能，此时必须主动制定实施新区域政策，以引导创新型市场力量与高端生产要素注入，促进增长极核心区跃入更高平台，从而带动整个区域升级发展。当然，待新型力量与高端要素注入后，又必须回到前面促进资源有效配置的基本功能上。

二是打造增长极。这是因为增长极分为自然增长极和潜在自然增长极或曰人工增长极两种。对于前者，运用区域政策基本功能即可；对于后者，政府必须主动制定相应政策，促进其显性化，打造增长极。当然，能否准确辨认其是不是一个潜在增长极，对政府的认知能力是个考验，成功案例即巴西迁都。

三是增大扩散效应。扩散效应本是增长极的自有属性，但实践证明此属性远小于极化效应，故区域自然发展，无不造成不平衡的分化现象，于是就有上述纠正市场机制配置失灵的政策功能，但这里所强调的不是分配性、公共性功能，而是生产性功能，即促成产业的转移、延伸与拓宽，这样区域差距才能真正缩小。对于这几重主动性功能，我国各级政府都长期在广泛运用，这对政府主导型经济而言是必然的，但效果不彰。原因并非此功能不对，而是在运作中政府常常无视市场机制配置资源。

2. 构建"经济带"之政策原则

区域经济政策原则，即政策制定所依据的准则，也可谓政策不可违逆或

---

[1] 马先标：《区域经济政策若干基本理论要素研究》，《区域经济评论》2016年第1期。

不可逾越的红线。

首先,最重要的就是市场主导、政府引导,市场为主、政府为辅的原则。本报告虽然非常强调政府的协调作用,但都要以尊重市场规律为前提,以市场机制为运行基础,以市场力量为主体,这是颠扑不破的首要原则,毋庸赘言。

其次,法制先行、政策后续原则,即将区域政策的制定和执行纳入法制与法治的轨道。这是因为我国各级政府长期以来都习惯将部门规章、规范性文件等设定为经济政策的依据,随意性大,政策出台漫无边界,擅自扩张行政自由裁量权,使得相关政策未经充分论证就匆匆出台,既缺乏科学界定,又缺乏稳定性,甚至破坏本已正常的经济秩序,故此同样是不可或缺的原则。如美国在"二战"后通过持续制定和实施区域经济政策,成功调节区域发展失衡,无一不是先行制定相关法律,再设立相关机构而成[1],这既保障了政策本身的科学性、稳定性,也保证了政策执行的规范性、可预见性,杜绝了随意性。

再次,战略分工合作原则。正如本报告开篇所引"不谋全局者,不足谋一域",跳出局部狭隘,着眼于整体"一盘棋",正是《"十三五"规划纲要》对构建"经济带"之区域协调发展战略的总体要求。当前,《"十三五"规划纲要》提出了以京津冀协同发展、长江经济带建设、"一带一路"建设三大战略为引领,优化空间布局,以促成区域协调发展新格局。故三大战略实际上成为各"经济带"的总战略,其各辖区之各地各级政府则必须围绕总战略,制定各自的分战略,以战略分工合作为原则,构筑各"经济带"的树形战略图景;继而,各分战略又成为其辖区的总战略,其下级政府同样依据战略分工合作原则,以此制定各自的细分战略,形成分树形战略图,进而形成不同层级的树形战略图。由此,战略分工合作原则,既可百花齐放,避免重复建设,恶性竞争;又能不离宗旨,杜绝各自为政、一盘散沙的情况出现,必然促成"经济带"之区域协调发展的新格局。

---

[1] 马先标:《区域经济政策若干基本理论要素研究》,《区域经济评论》2016年第1期。

最后，因地制宜、因时制宜原则。该原则是对各级各地区域政策的具体要求，以防止各地经济政策好高骛远、脱离实际；同时也激发各地政府深入调查本区域的经济实况与现实的经济条件，以量身描绘各自的发展远景，使之既充分利用现存优势，又努力挖掘自身潜力，走出一条具有当地特色的可持续发展道路。

3. 构建"经济带"之政策建议

构建"经济带"是个新事物，由此促成的区域协调发展也必然呈现新格局，但这绝非轻易之举，因为新格局必要新举措，新布局必有新突破。此外，我国区域发展政策的主要特征是自上而下推动、由点及面展开，具有鲜明的层次性。这种层级结构的发动者——中央政府，则处于最为关键的核心地位，其政策的创新程度决定了下级政策的创新空间，其政策突破的幅度规定了下级政策的突破象限。因此主要从中央视角，对构建"经济带"可能遇到的一些主要障碍、势必突破的关键点及相关举措谈一下看法。

第一，要突破的主要障碍是政府主导型运行模式，因为构建"经济带"必须建立在市场主导基础之上，否则新格局很难展现其真正的新意。当下，要坚定不移地推进及深化国务院正在全面展开的审批制度改革，为市场力量、民间经济成为区域经济发展的主导力量解开枷锁、开辟通途。由此，政府应适时调整在经济运行中的角色，减少建设性功能，增加服务性功能，并同时与民间形成新型的政商关系，促进行政功能与市场功能的互补与协调。

第二，促进要素的自由充分流动。概括而言，即人、财、物的自由充分流动，这其中要突破的主要障碍，则是户籍制度对人员流动的阻滞、金融制度对民间信贷融资的壁垒以及各自为政的区域政策对物流畅通的空间壁垒。这三个障碍的根源在于政府主导型运行模式，只要是政府主导经济运行，基于政府自身利益使然，就必然会产生如此障碍。其中，户籍制度改革极为迫切，人才充分流动是保持经济活力的关键。户籍制度的存在是计划经济便于控制管理的产物，与发展市场经济格格不入，故在区域经济发展新格局的要求下，必须努力清除户籍障碍，从县城或三、四线城市入手，逐步探索新型的人口管理与统计制度。当然，打破国有金融的全面垄断，开辟空间，发展壮大民间金融，同样不可等闲视之。

第三，建立政府间新型合作机制。构建"经济带"，必然要对各级各地政府之间的合作提出更高的要求，建立与之相适应的政府间新型合作机制，以克服多年来"诸侯经济"区域政策下的利益本地化，纠正各地区域规划中的政策碎片化现象[①]，使之有效融入所处的纵向与横向更高阶大区域发展规划，促使各级政府治下的区域成为"树形"区域发展格局的一分子。当前，京津冀协同发展的顶层设计为政府间新型合作机制的建立迈出了实质性一步，中央成立了京津冀协同发展领导小组和专家咨询委员会，编制了《京津冀协同发展规划纲要》以及相关领域的专项规划。此举可为当前各级区域协调发展形成政府间新型合作关系提供范本，当然，也对京津冀协同发展提出了只许成功的要求。因为各地政府间的合作协调机制与区域经济一体化问题是所有经济带的共同难题，若京津冀都无法有效解决这个问题，"经济带"之构建的命运也就可想而知了。

第四，与政府间新型合作机制相适应，势必形成区域发展的新评价与激励机制。这里首先要破除"唯GDP"论的经济增长评价标准，弱化之并同时强化生态环保指标与社会公平指标，强调经济增长的质量与绩效。其中有两点值得重视：一是要大力强调经济增长的就业指标，这本是宏观经济政策的首要目标，但我国在GDP指标下，该指标被弱化了，甚至成为难以了解与把握的模糊地带，但民生问题的根本就在于此；二是要促进区域经济一体化，促成区域各级政府紧密合作，使之利益均沾、荣辱同俱，有必要适时调整与构建统计指标，以充分反映区域整体发展的成就与各级政府间新型合作机制的成效，促成各级政府不仅要关注本地经济，而且要着眼区域发展大局，促进共同进步。

第五，各级区域要成立区域政府官员综合协调委员会和专家咨询委员会，以落实政府间新型合作机制，并共同制定区域发展规划与产业布局规

[①] 丁任重、陈姝兴：《区域协调：新时期我国区域经济政策的趋向分析——兼论区域经济政策"碎片化"现象》，《经济学动态》2015年第5期。

划，形成各区域定位与产业方向明确清晰、功能互补、统一衔接的区域规划体系，使之既体现各地的特色，又具有区域的共性。最后值得强调的是，区域政策虽是政府制定和实施的，旨在协调、促进区域经济发展的各种法令、条例和措施，是政府干预区域经济的重要手段，但在区域规划中，各级区域协调委员会必须明确其定位服务性与政策的公共性功能，明确市场力量才是区域经济发展的最终依靠，所规划的政府投资要始终以提供各类公共服务设施为主，为引导民间资本投资创造良好条件，以壮大市场力量、完善市场机制为宗旨。

六 结论

通过中国各省区市1990~2016年的发展前景评价，我们认为虽然近年来中国经济面临结构性减速，但各省区市发展前景指数仍然得到了改善，经济增长质量和经济可持续发展能力仍有所提高，同时区域也出现分化的趋势。

发展前景排名方面，和2015年相比，2016年发展前景排名上升的省份有6个，分别是：河北省（+3）、青海省（+2）、江西省（+2）、海南省（+2）、黑龙江省（+1）、山西省（+1）；排名下降的省份有7个，分别是湖南省（-1）、宁夏回族自治区（-1）、新疆维吾尔自治区（-1）、湖北省（-1）、重庆市（-2）、四川省（-2）、河南省（-3）；其他省份排名不变，共17个。

1990~2016年，全国发展前景指数平均上升了107.45%，东部、中部和西部地区发展前景指数分别改善了111.17%、88.65%和118.72%。东部地区发展前景指数提升速度低于西部地区，但高于中部地区，中部地区、西部地区与东部地区发展前景综合得分方面仍存在相当大的差距。

1990~2016年，中国各省区市发展前景方面，青海省改善最多，黑龙江省改善最少。西部地区发展前景指数改善优于东部地区和中部地区，东部地区发展前景指数改善优于中部地区。经济增长方面，天津市改善最多，贵州省改善最少。东部地区经济增长指数改善优于西部地区和中部地区，西部地区经济增长指数改善优于中部地区。增长可持续性方面，宁夏回族自治区改善最多，甘肃省改善最少。东部地区增长可持续性指数改善优于中部地区和西部地区，中部地区增长可持续性指数改善优于西部地区。政府效率方面，福建省改善最多，甘肃省改善最少。东部地区政府效率指数改善优于中部地区和西部地区，中部地区政府效率指数改善优于西部地区。人民生活方面，贵州省改善最多，北京市改善最少。西部地区人民生活指数改善优于中部地区和东部地区，中部地区人民生活指数改善优于东部地区。除了发展前景方面西部地区改善优于东部地区和中部地区、人民生活方面西部地区改善优于中部地区和东部地区外，经济增长、增长可持续性和政府效率等方面均是东部地区改善优于中部地区和西部地区。区域分化加剧，解决办法是通过构建"经济带"的区域经济政策来促进区域协调发展。

本报告将 2010~2016 年、2000~2016 年、1990~2016 年、2016 年、2015 年、2014 年、2013 年、2012 年和 2011 年按权重比 3:3:2:1:1 将各省区市分为五级，发展前景方面，上海市、北京市、江苏省、浙江省均处于第一级。

和 2015 年相比，2016 年发展前景分级发生变化的省区市具体如下。第三级：河北省从Ⅳ级上升到Ⅲ级，上升了一级。第四级：重庆市从Ⅲ级下降到Ⅳ级，下降了一级；青海省从Ⅴ级上升到Ⅳ级，上升了一级。第五级：宁夏回族自治区从Ⅳ级下降到Ⅴ级，下降了一级。第一级和第二级分级没有变化。

本报告对影响各省区市发展前景的主要因素进行了分析。2016 年，一级指标中人民生活的权重为 30.23%，增长可持续性为 31.96%，政府效率为 20.70%，经济增长为 17.11%。二级指标中人民生活的权重最高，为 30.23%；其次是增长潜力，权重为 15.64%；社会保障的权重为 11.26%，公共服务效率的权重为 9.44%。

2016 年具体指标中的人均 GDP 和农村居民家庭人均年纯收入的权重最高，均为 3.54%，全社会劳动生产率、城镇基本养老保险覆盖率、消费水平和专利授权量的权重分别为3.49%、3.45%、3.41%和3.27%。通过对比2014~2016年具体指标权重的变化,我们可以发现,权重最高的具体指标2014年为城镇基本养老保险覆盖率,2015年为专利授权量,而2016年为人均GDP和农村居民家庭人均年纯收入,全社会劳动生产率的权重也首次进入前五位。城镇基本养老保险覆盖率在2014~2016年连续三年位于权重的前列,人均GDP、农村居民家庭人均年纯收入、消费水平和专利授权量在2015~2016年连续两年位于权重的前列。而2014~2015年连续两年位于权重前列的城市化率在2016年则排在前五位之外,可见城市化已经不是当前最关注的焦点。权重排在前几位的具体指标的变化反映了我国经济从高速发展转向中高速发展过程中,涉及的人均GDP、农村居民家庭人均年纯收入、全社会劳动生产率、养老保险、消费水平和创新等与经济发展阶段密切相关的指标的重要程度,客观指标则如实反映了现实经济的关注点,即从关注城市化发展转向关注经济发展的实际效果,也就是人均GDP所代表的经济发展水平和城乡人民的实际收入水平。

本报告还绘制了2010~2016年、2000~2016年、1990~2016年、2016年、2015年、2014年、2013年、2012年和2011年影响主要省区市发展前景的一级指标的雷达图,从中可以看出主要省区市一级指标在30个省区市中的地位和自身一级指标发展的均衡情况。

七 附录1——评价结果相关图表

表60 各省区市1990～2016年发展前景排名情况（按排名顺序）

年份\排名	1990	1991	1992	1993	1994	1995	1996	1997	1998	1999	2000	2001	2002	2003
1	上海	上海	上海	上海	上海	上海	上海	上海	上海	北京	上海	上海	上海	上海
2	北京	北京	北京	北京	北京	北京	北京	北京	北京	上海	北京	北京	北京	北京
3	江苏	江苏	江苏	天津	天津	天津	天津	天津	天津	江苏	天津	江苏	天津	天津
4	天津	天津	天津	江苏	江苏	江苏	江苏	江苏	江苏	天津	江苏	天津	江苏	江苏
5	黑龙江	黑龙江	黑龙江	辽宁	辽宁	辽宁	辽宁	辽宁	浙江	辽宁	辽宁	辽宁	辽宁	浙江
6	辽宁	辽宁	辽宁	浙江	浙江	黑龙江	黑龙江	浙江	辽宁	浙江	浙江	浙江	黑龙江	辽宁
7	浙江	浙江	山东	黑龙江	山东	浙江	浙江	黑龙江	黑龙江	山东	山东	黑龙江	浙江	广东
8	吉林	山东	浙江	吉林	黑龙江	山东	山东	山东	山东	黑龙江	吉林	广东	广东	黑龙江
9	山东	广东	吉林	广东	广东	吉林	吉林	广东	广东	广东	黑龙江	吉林	吉林	山东
10	新疆	吉林	广东	河北	吉林	广东	广东	河北	河北	吉林	广东	山东	山东	吉林
11	广东	新疆	福建	福建	河北	河北	河北	吉林	山西	河北	河北	河北	福建	福建
12	湖北	湖北	湖北	新疆	湖北	湖北	内蒙古	山西	吉林	山西	山西	湖北	河北	河北
13	内蒙古	河北	新疆	湖北	福建	福建	湖北	湖北	湖北	湖北	湖北	福建	湖北	山西
14	安徽	福建	河北	内蒙古	新疆	山西	山西	福建	福建	福建	福建	山西	山西	湖北
15	河北	安徽	内蒙古	海南	内蒙古	内蒙古	福建	安徽	安徽	内蒙古	内蒙古	安徽	内蒙古	内蒙古
16	山西	内蒙古	安徽	安徽	山西	新疆	海南	内蒙古	内蒙古	安徽	河南	河南	安徽	安徽
17	福建	江西	海南	山西	海南	河南	新疆	河南	河南	河南	海南	内蒙古	河南	四川

续表

年份/排名	1990	1991	1992	1993	1994	1995	1996	1997	1998	1999	2000	2001	2002	2003
18	海南	山西	山西	安徽	安徽	安徽	四川	新疆	新疆	新疆	安徽	海南	四川	河南
19	江西	海南	江西	宁夏	河南	甘肃	安徽	四川	四川	海南	新疆	新疆	陕西	宁夏
20	甘肃	甘肃	宁夏	湖南	甘肃	海南	甘肃	甘肃	陕西	四川	宁夏	湖南	新疆	陕西
21	重庆	河南	甘肃	甘肃	宁夏	四川	陕西	陕西	宁夏	宁夏	陕西	宁夏	海南	海南
22	陕西	陕西	河南	江西	陕西	宁夏	海南	宁夏	甘肃	陕西	四川	陕西	宁夏	新疆
23	宁夏	宁夏	湖南	河南	江西	江西	宁夏	海南	海南	甘肃	湖南	四川	湖南	湖南
24	河南	湖南	陕西	陕西	四川	湖南	湖南	湖南	湖南	湖南	云南	云南	甘肃	甘肃
25	云南	重庆	云南	四川	湖南	云南	江西	江西	云南	广西	甘肃	甘肃	云南	青海
26	四川	四川	四川	云南	云南	重庆	云南	重庆	广西	重庆	广西	重庆	重庆	云南
27	湖南	云南	广西	重庆	重庆	广西	重庆	广西	重庆	湖北	重庆	广西	江西	广西
28	广西	广西	重庆	广西	广西	贵州	广西	青海	青海	重庆	江西	江西	广西	江西
29	青海	青海	青海	青海	青海	广西	青海	贵州	贵州	青海	青海	青海	青海	重庆
30	贵州	贵州	贵州	贵州	贵州	青海	贵州	贵州	贵州	贵州	贵州	贵州	贵州	贵州

年份/排名	2004	2005	2006	2007	2008	2009	2010	2011	2012	2013	2014	2015	2016	综合
1	上海	上海	上海	上海	上海	上海	上海	上海	上海	上海	上海	上海	上海	上海
2	北京	北京	北京	北京	北京	北京	浙江	江苏	江苏	江苏	江苏	江苏	江苏	北京
3	天津	天津	天津	浙江	浙江	江苏	北京	浙江	浙江	浙江	浙江	浙江	浙江	江苏
4	江苏	江苏	浙江	江苏	江苏	浙江	江苏	北京	北京	北京	北京	北京	北京	浙江
5	浙江	浙江	江苏	天津	天津	广东	广东	广东	广东	广东	广东	广东	广东	天津
6	辽宁	广东	辽宁	辽宁	广东	天津	天津	天津	山东	山东	山东	山东	山东	广东
7	广东	辽宁	广东	广东	辽宁	山东	山东	山东	天津	天津	天津	天津	天津	山东
8	山东	山东	山东	山东	山东	辽宁	辽宁	辽宁	福建	福建	福建	福建	福建	辽宁

续表

年份排名	2004	2005	2006	2007	2008	2009	2010	2011	2012	2013	2014	2015	2016	综合
9	黑龙江	黑龙江	山西	黑龙江	山西	福建	福建	福建	辽宁	辽宁	辽宁	辽宁	辽宁	黑龙江
10	福建	福建	黑龙江	吉林	黑龙江	黑龙江	山西	山西	吉林	吉林	吉林	吉林	吉林	吉林
11	吉林	山西	福建	山西	福建	湖北	黑龙江	黑龙江	黑龙江	海南	湖北	内蒙古	内蒙古	福建
12	山西	河北	湖北	福建	河北	吉林	湖北	湖北	山西	黑龙江	安徽	湖北	黑龙江	河北
13	河北	湖北	河北	湖北	吉林	山西	河北	河北	湖北	河北	内蒙古	黑龙江	湖北	湖北
14	湖北	吉林	吉林	河北	湖北	内蒙古	吉林	吉林	内蒙古	湖北	黑龙江	安徽	安徽	山西
15	内蒙古	吉林	内蒙古	内蒙古	内蒙古	河北	内蒙古	内蒙古	河北	山西	海南	陕西	陕西	内蒙古
16	四川	内蒙古	宁夏	宁夏	宁夏	陕西	陕西	海南	陕西	内蒙古	陕西	湖南	海南	安徽
17	宁夏	四川	海南	四川	四川	四川	四川	陕西	宁夏	陕西	河南	四川	湖南	海南
18	安徽	河南	四川	海南	陕西	海南	海南	四川	海南	安徽	四川	海南	河南	四川
19	河南	湖南	河南	陕西	海南	湖南	湖南	安徽	四川	四川	山西	重庆	四川	河南
20	新疆	陕西	湖南	河南	湖南	河南	宁夏	湖南	安徽	河南	湖南	河南	河北	陕西
21	陕西	新疆	陕西	湖南	河南	宁夏	安徽	宁夏	湖南	湖南	江西	河北	四川	新疆
22	海南	宁夏	新疆	新疆	安徽	江西	河南	河南	河南	宁夏	重庆	江西	江西	宁夏
23	湖南	海南	安徽	安徽	江西	安徽	重庆	江西	重庆	重庆	河北	山西	重庆	湖南
24	甘肃	安徽	甘肃	甘肃	甘肃	甘肃	江西	重庆	江西	江西	宁夏	宁夏	山西	甘肃
25	青海	甘肃	青海	青海	新疆	广西	甘肃	新疆	甘肃	新疆	河北	新疆	河南	江西
26	江西	江西	重庆	江西	广西	重庆	广西	甘肃	新疆	甘肃	新疆	青海	青海	重庆
27	广西	青海	江西	广西	重庆	青海	新疆	青海	青海	广西	青海	甘肃	宁夏	青海
28	重庆	广西	广西	重庆	青海	新疆	青海	广西	广西	青海	甘肃	广西	新疆	广西
29	云南	重庆	云南	云南	云南	云南	云南	云南	云南	云南	广西	云南	甘肃	云南
30	贵州	云南	贵州	贵州	贵州	贵州	贵州	贵州	贵州	贵州	云南	贵州	广西	贵州

表 61 各省区市 1990~2016 年发展前景排名情况

年份 地区	1990	1991	1992	1993	1994	1995	1996	1997	1998	1999	2000	2001	2002	2003
北京	2	2	2	2	2	2	2	2	2	1	2	2	2	2
天津	4	4	4	3	3	3	3	3	3	4	3	4	3	3
河北	15	13	14	11	11	11	11	10	10	11	11	11	12	12
山西	16	18	18	17	16	14	14	12	11	12	12	14	14	13
内蒙古	13	16	15	15	15	15	12	16	16	15	15	17	15	15
辽宁	6	6	6	5	5	5	5	5	6	5	5	5	5	6
吉林	8	10	9	9	10	9	9	11	12	10	8	9	9	10
黑龙江	5	5	5	8	8	6	6	7	7	8	9	7	6	8
上海	1	1	1	1	1	1	1	1	1	2	1	1	1	1
江苏	3	3	3	4	4	4	4	4	4	3	4	3	4	4
浙江	7	7	8	6	6	7	7	6	5	6	6	6	7	5
安徽	14	15	16	18	18	18	19	15	15	16	18	15	16	16
福建	17	14	11	12	13	13	15	14	14	14	14	13	11	11
江西	19	17	19	22	23	24	25	25	26	28	28	28	27	28
山东	9	8	7	7	7	8	8	8	8	7	7	10	10	9
河南	24	21	22	23	19	17	16	17	17	17	16	16	17	18
湖北	12	12	12	14	12	12	13	13	13	13	13	12	13	14
湖南	27	24	23	20	25	25	24	24	24	26	23	20	23	23
广东	11	9	10	10	9	10	10	9	9	9	10	8	8	9
广西	29	28	27	29	28	29	28	28	27	25	26	27	28	27
海南	18	19	17	16	17	20	22	23	23	19	17	18	21	21
重庆	21	25	28	28	27	27	27	27	28	27	27	26	26	29
四川	26	26	26	25	24	21	18	19	19	20	22	23	18	17

续表

年份\地区	1990	1991	1992	1993	1994	1995	1996	1997	1998	1999	2000	2001	2002	2003
贵州	30	30	30	30	30	28	30	30	30	30	30	30	30	30
云南	25	27	25	26	26	26	26	26	25	24	24	24	25	26
陕西	22	22	24	24	22	22	21	21	20	22	21	22	19	20
甘肃	20	20	21	27	20	19	20	20	22	23	25	25	24	24
青海	28	29	29	29	29	30	29	29	29	29	29	29	29	25
宁夏	23	23	20	19	21	23	23	22	21	21	20	21	22	19
新疆	10	11	13	13	14	16	17	18	18	18	19	19	20	22

年份\地区	2004	2005	2006	2007	2008	2009	2010	2011	2012	2013	2014	2015	2016	综合
北京	2	2	2	2	2	2	3	4	4	4	4	4	4	2
天津	3	3	3	5	5	6	6	6	7	7	7	7	7	5
河北	13	12	13	14	12	15	13	13	15	13	23	21	18	12
山西	15	15	9	11	9	13	10	10	14	16	19	23	22	14
内蒙古	6	7	6	6	8	8	8	8	9	9	9	11	11	8
辽宁	11	14	14	10	13	12	14	14	11	10	10	10	10	10
吉林	9	9	10	9	10	10	11	11	11	12	14	13	12	9
黑龙江	1	1	1	1	1	1	1	1	1	1	1	1	1	1
上海	4	4	5	4	4	3	4	2	2	2	2	2	2	3
江苏	5	5	4	3	3	4	2	3	3	3	3	3	3	4
浙江	18	23	23	23	22	23	21	19	20	18	12	14	14	16
安徽	10	10	11	12	11	9	9	9	8	8	8	8	8	11
福建	26	25	27	26	23	22	24	23	24	24	21	22	20	25
江西	8	8	8	8	7	7	7	7	6	6	6	6	6	7

续表

地区\年份	2004	2005	2006	2007	2008	2009	2010	2011	2012	2013	2014	2015	2016	综合
河南	19	17	19	20	21	20	22	22	22	20	17	20	23	19
湖北	14	13	12	13	14	11	12	12	13	14	11	12	13	13
湖南	23	18	20	21	20	19	19	20	21	21	20	16	17	23
广东	7	6	7	7	6	5	5	5	5	5	5	5	5	6
广西	27	27	28	27	26	25	26	28	28	27	28	28	28	28
海南	22	22	17	18	19	18	18	16	18	11	15	18	16	17
重庆	28	28	26	28	27	26	23	24	23	23	22	19	21	26
四川	16	16	18	17	17	17	17	18	19	19	18	17	19	18
贵州	30	30	30	30	30	30	30	30	30	30	30	30	30	30
云南	29	29	29	29	29	29	29	29	29	29	29	29	29	29
陕西	21	19	21	19	18	16	16	17	16	17	16	15	15	20
甘肃	24	24	24	24	24	24	25	26	25	26	27	27	27	24
青海	25	26	25	25	28	27	28	27	27	28	26	26	24	27
宁夏	17	21	16	16	16	21	20	21	17	22	24	24	25	22
新疆	20	20	22	22	25	28	27	25	26	25	25	25	26	21

表62 各省区市1990～2016年发展前景指数（上一年=100）

地区\年份	1990	1991	1992	1993	1994	1995	1996	1997	1998	1999	2000	2001	2002	2003
北京	100	102.5	102.1	97.9	98.0	98.0	96.7	99.5	100.4	107.5	95.9	102.0	100.7	98.5
天津	100	104.5	109.0	97.6	97.9	102.4	104.7	99.2	100.4	94.7	101.9	105.1	105.0	99.6
河北	100	110.5	105.7	107.3	97.9	97.9	113.2	103.2	96.4	96.3	96.6	96.5	96.3	108.5
辽宁	100	105.5	108.0	107.4	97.0	104.8	104.6	94.7	97.3	101.4	104.1	104.0	103.8	94.6

续表

年份 地区	1990	1991	1992	1993	1994	1995	1996	1997	1998	1999	2000	2001	2002	2003
上海	100	104.6	104.4	92.3	95.0	97.5	100.4	105.2	96.5	94.8	106.7	99.7	101.3	102.7
江苏	100	105.0	104.7	90.6	99.0	97.4	109.9	96.9	97.9	102.4	98.0	109.4	95.3	98.4
浙江	100	106.3	105.9	105.6	99.5	98.5	103.8	102.7	102.1	99.8	98.6	101.4	101.4	108.8
福建	100	116.4	114.1	97.9	95.2	98.9	98.9	105.9	98.6	99.3	100.2	100.2	103.4	110.5
山东	100	111.4	110.2	101.4	98.8	96.6	103.7	107.0	96.8	103.2	95.6	95.4	93.3	107.4
广东	100	109.7	108.4	98.8	96.9	102.5	100.4	103.5	98.7	102.4	101.8	105.2	100.1	105.2
海南	100	109.2	108.4	107.7	95.4	95.2	95.0	94.7	104.1	104.0	110.3	92.7	96.2	104.9
东部平均	100	106.7	106.7	99.2	97.4	99.1	102.8	101.1	98.8	100.3	100.6	101.6	100.0	102.7
山西	100	97.0	106.1	105.7	105.4	103.7	100.6	112.3	99.4	99.4	99.4	91.6	100.0	111.7
吉林	100	99.6	111.7	97.0	94.8	107.1	104.9	91.5	91.4	112.3	110.9	98.7	98.6	98.6
黑龙江	100	99.0	100.7	97.2	96.9	105.3	106.3	97.8	97.8	97.7	97.7	104.8	106.0	95.2
安徽	100	99.9	100.4	99.6	99.6	99.6	101.0	113.0	96.5	96.4	94.5	108.5	98.1	102.1
江西	100	114.3	98.9	98.9	98.9	98.9	95.7	95.5	95.3	95.1	94.8	100.5	100.5	104.3
河南	100	112.2	107.7	107.1	106.6	103.5	104.7	102.7	97.9	97.9	99.1	99.1	99.1	103.7
湖北	100	101.7	108.7	93.1	101.1	99.1	99.7	107.6	97.7	101.7	99.8	98.0	98.0	103.3
湖南	100	112.2	110.9	109.8	91.5	104.4	97.9	97.9	97.8	97.8	108.2	107.6	94.2	99.7
中部平均	100	103.1	105.4	100.1	99.0	103.0	101.9	101.8	96.7	100.1	100.7	100.8	99.7	101.7
内蒙古	100	97.5	110.2	99.5	100.2	101.8	102.1	97.8	97.8	97.7	97.7	97.6	106.4	104.8
广西	100	117.7	115.1	94.2	93.8	93.4	108.0	107.4	106.9	106.5	95.1	94.8	94.5	106.8
重庆	100	97.7	97.7	97.6	97.6	97.5	106.7	106.3	99.1	99.1	99.1	99.1	97.7	97.6
四川	100	107.8	107.2	106.7	106.3	105.9	106.9	97.1	97.0	96.9	96.8	96.7	111.5	110.3
贵州	100	108.5	107.9	104.3	98.8	98.8	98.8	98.8	98.7	98.7	98.7	98.7	104.8	104.5

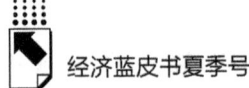

续表

地区\年份	1990	1991	1992	1993	1994	1995	1996	1997	1998	1999	2000	2001	2002	2003
云南	100	98.1	118.9	97.1	97.0	99.8	103.7	101.4	101.4	107.5	98.8	95.7	95.5	95.3
陕西	100	105.1	104.9	104.6	104.4	102.8	102.2	98.7	98.6	98.6	98.6	98.6	105.2	107.8
甘肃	100	103.5	104.5	104.3	104.2	102.8	102.3	94.8	94.5	97.0	96.9	96.8	97.3	97.3
青海	100	102.2	116.4	108.3	92.4	91.8	106.2	105.8	98.8	97.0	98.7	98.7	106.0	112.6
宁夏	100	109.2	118.8	102.8	98.3	98.3	98.1	101.1	101.1	100.5	100.5	100.4	95.7	113.9
新疆	100	105.5	95.1	97.3	97.2	97.1	97.0	96.9	96.8	96.2	102.7	97.2	96.8	103.3
西部平均	100	104.2	107.7	101.2	99.3	99.5	102.5	99.9	98.9	99.6	98.5	97.6	101.0	105.1
全国平均	100	105.2	106.6	99.9	98.3	100.2	102.5	101.0	98.3	100.1	100.1	100.4	100.2	103.0

地区\年份	2004	2005	2006	2007	2008	2009	2010	2011	2012	2013	2014	2015	2016	平均
北京	102.8	102.3	105.2	105.9	103.1	109.4	108.4	100.9	100.0	103.4	103.1	102.2	103.9	101.9
天津	99.5	106.0	105.2	103.5	101.6	97.9	108.2	104.1	98.7	98.3	100.8	100.6	108.2	102.0
河北	106.0	108.3	103.9	104.6	104.8	101.9	111.9	104.0	97.0	98.6	88.4	102.2	108.4	102.5
辽宁	101.5	104.3	105.9	108.5	95.3	104.3	106.0	101.1	96.0	102.0	103.8	95.7	97.7	101.8
上海	109.6	95.5	107.4	111.4	99.7	107.8	109.6	104.3	100.4	104.0	101.9	103.4	105.2	102.3
江苏	106.5	104.6	104.8	110.1	106.4	109.5	108.6	113.1	104.1	103.3	102.5	102.1	105.4	103.2
浙江	108.7	106.3	105.9	114.0	103.5	107.1	113.3	105.5	100.9	102.5	101.6	104.7	103.7	104.2
福建	109.0	107.3	98.6	106.0	104.9	109.0	112.0	104.9	103.1	103.6	101.0	101.1	104.3	103.9
山东	109.7	102.8	113.9	106.8	106.2	105.1	108.3	106.7	102.8	105.1	104.2	103.7	102.7	103.7
广东	110.0	106.2	101.5	109.2	108.8	114.0	112.3	104.7	100.8	106.1	101.5	103.0	102.0	104.2
海南	104.7	104.3	117.8	107.7	107.1	106.6	115.5	107.7	95.7	104.4	96.1	97.8	106.3	103.3
东部平均	106.0	103.9	106.0	108.2	103.4	106.8	110.1	105.2	100.3	103.0	101.1	101.9	104.2	102.9

续表

年份 地区	2004	2005	2006	2007	2008	2009	2010	2011	2012	2013	2014	2015	2016	平均
山西	110.5	107.0	107.8	100.9	112.4	95.1	115.0	101.4	96.2	95.2	93.0	97.1	106.4	102.6
吉林	98.6	96.9	104.6	115.7	97.5	106.5	105.6	105.2	100.6	97.9	101.8	101.7	105.7	102.1
黑龙江	95.0	101.9	100.1	114.1	103.0	101.5	107.0	101.4	97.2	96.3	97.2	104.0	106.9	101.0
安徽	103.9	91.9	105.6	109.7	108.0	108.9	112.9	111.9	99.8	99.0	106.7	98.4	105.9	102.7
江西	116.0	113.8	97.4	117.5	114.9	113.0	103.0	110.2	99.4	99.4	103.9	100.6	106.1	103.2
河南	103.5	110.7	101.2	105.2	104.9	110.9	106.0	107.3	98.4	102.8	102.7	98.0	100.9	103.5
湖北	107.2	112.8	104.5	105.0	103.9	107.1	110.8	101.5	96.9	97.0	101.8	100.7	102.7	102.3
湖南	112.7	109.5	111.1	105.1	111.6	105.5	115.1	100.6	98.1	97.6	101.8	106.0	105.1	104.1
中部平均	104.6	105.0	104.1	108.8	106.5	105.4	109.4	104.6	98.3	98.0	101.0	100.8	105.0	102.4
内蒙古	107.3	108.4	110.2	109.4	104.2	104.2	107.5	104.9	99.3	94.8	102.1	105.3	106.7	102.8
广西	104.9	113.3	107.4	114.8	112.9	111.4	106.1	101.2	101.1	100.0	95.9	99.8	102.5	103.9
重庆	106.1	115.3	113.3	111.7	112.7	111.3	110.1	109.4	99.8	99.9	102.6	103.6	103.2	103.4
四川	109.4	110.0	94.7	109.5	111.8	110.5	109.1	102.9	97.8	96.6	100.0	102.2	103.3	103.9
贵州	104.3	114.1	112.3	104.8	104.6	104.5	106.5	109.4	97.0	100.0	98.6	102.4	101.9	103.0
云南	97.8	111.1	110.0	113.9	112.2	100.7	106.9	112.2	98.8	97.9	87.8	104.8	99.2	102.4
陕西	102.7	105.6	106.0	111.5	114.1	112.3	111.0	101.7	100.1	94.9	100.3	100.9	107.0	103.6
甘肃	113.1	111.6	111.2	109.3	107.7	107.2	106.7	103.7	106.2	93.1	97.8	102.5	104.0	102.6
青海	111.2	110.1	109.2	108.4	107.7	109.6	108.7	102.8	105.5	92.6	109.1	98.2	108.9	104.4
宁夏	112.2	94.4	115.7	114.4	112.7	92.0	110.3	105.6	106.9	89.7	97.7	100.6	103.9	103.5
新疆	113.8	100.8	105.2	108.0	102.1	103.3	111.0	108.7	101.1	99.8	99.3	98.7	105.2	101.3
西部平均	107.8	107.8	108.2	110.5	109.3	105.9	108.6	105.3	101.3	96.0	99.4	101.7	104.4	103.0
全国平均	106.1	105.1	106.1	109.0	105.7	106.2	109.5	105.1	100.1	99.9	100.6	101.6	104.5	102.8

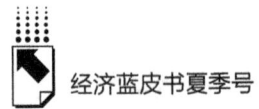

表63 各省区市1990~2016年发展前景指数（以1990年为基期）

年份 地区	1990	1991	1992	1993	1994	1995	1996	1997	1998	1999	2000	2001	2002	2003
北京	100	102.5	104.6	102.5	100.4	98.4	95.1	94.6	95.0	102.1	97.9	99.9	100.5	99.1
天津	100	104.5	113.8	111.1	108.8	111.5	116.7	115.8	116.2	110.0	112.1	117.8	123.7	123.2
河北	100	110.5	116.7	125.3	122.7	120.1	135.9	140.3	135.3	130.3	125.8	121.4	116.9	126.8
辽宁	100	105.5	114.0	122.5	118.8	124.6	130.3	123.5	120.2	121.9	126.9	131.9	137.0	129.5
上海	100	104.6	109.1	100.8	95.8	93.4	93.7	98.6	95.2	90.3	96.4	96.0	97.3	99.9
江苏	100	105.0	109.9	99.6	98.6	96.0	105.6	102.2	100.1	102.4	100.4	109.8	104.7	103.0
浙江	100	106.3	112.5	118.8	118.2	116.5	120.9	124.1	126.8	126.5	124.8	126.6	128.3	139.6
福建	100	116.4	132.7	130.0	123.7	122.4	121.1	128.2	126.5	125.6	125.8	126.1	130.3	144.1
山东	100	111.4	122.8	124.6	123.1	119.0	123.4	132.0	127.8	131.8	126.1	120.3	112.2	120.5
广东	100	109.7	118.9	117.5	113.8	116.6	117.2	121.2	119.7	122.6	124.8	131.3	131.4	138.2
海南	100	109.2	118.3	127.5	121.7	115.9	110.1	104.2	108.6	112.9	124.5	115.5	111.1	116.5
东部平均	100	106.7	113.8	112.9	110.0	109.0	112.1	113.3	111.9	112.3	113.0	114.8	114.8	117.8
山西	100	97.0	102.9	108.8	114.7	118.9	119.6	134.3	133.5	132.7	132.0	120.9	120.9	135.1
吉林	100	99.6	111.3	108.0	102.4	109.6	115.0	105.3	96.2	108.0	119.8	118.2	116.6	115.0
黑龙江	100	99.0	99.7	96.9	93.9	98.8	105.1	102.8	100.5	98.2	95.9	100.5	106.5	101.4
安徽	100	99.9	100.3	99.9	99.5	99.1	100.1	113.1	109.1	105.2	99.4	107.9	105.9	108.1
江西	100	114.3	113.1	111.8	110.5	109.3	104.6	99.9	95.3	90.5	85.9	86.3	86.7	90.4
河南	100	112.2	120.8	129.3	137.9	142.7	149.4	153.5	150.3	147.1	145.7	144.4	143.1	148.3
湖北	100	101.7	110.6	102.9	104.0	103.1	102.8	110.6	108.0	109.8	109.6	107.4	105.2	108.8
湖南	100	112.2	124.5	136.7	125.1	130.6	127.8	125.1	122.4	119.6	129.5	139.3	131.3	130.9
中部平均	100	103.1	108.7	108.8	107.8	111.0	113.1	115.1	111.3	111.4	112.2	113.1	112.8	114.7

续表

年份 地区	1990	1991	1992	1993	1994	1995	1996	1997	1998	1999	2000	2001	2002	2003
内蒙古	100	97.5	107.4	106.9	107.1	109.0	111.4	108.9	106.5	104.1	101.6	99.2	105.5	110.6
广 西	100	117.7	135.5	127.6	119.7	111.8	120.8	129.8	138.8	147.8	140.5	133.2	125.9	134.4
重 庆	100	97.7	95.4	93.2	90.9	88.6	94.5	100.5	99.6	98.6	97.7	96.8	94.5	92.3
四 川	100	107.8	115.6	123.4	131.2	139.0	148.5	144.2	139.8	135.4	131.1	126.7	141.3	155.9
贵 州	100	108.5	117.1	122.1	120.6	119.2	117.7	116.2	114.8	113.3	111.8	110.4	115.6	120.9
云 南	100	98.1	116.7	113.3	110.0	109.7	113.8	115.3	116.9	125.7	124.2	118.9	113.6	108.3
陕 西	100	105.1	110.2	115.3	120.4	123.8	126.5	124.8	123.1	121.4	119.7	118.0	124.2	133.9
甘 肃	100	103.5	108.2	112.9	117.6	120.9	123.7	117.3	110.9	107.6	104.2	100.9	98.2	95.5
青 海	100	102.2	118.9	128.8	119.0	109.3	116.0	122.8	121.2	119.7	118.2	116.7	123.7	139.3
宁 夏	100	109.2	129.7	133.3	131.1	128.9	126.4	127.7	129.1	129.7	130.3	130.8	125.3	142.7
新 疆	100	105.5	100.3	97.6	94.8	92.1	89.3	86.6	83.8	80.6	82.8	80.5	77.9	80.5
西部平均	100	104.2	112.3	113.7	112.9	112.3	115.2	115.1	113.8	113.3	111.7	109.0	110.1	115.7
全国平均	100	105.2	112.2	112.1	110.2	110.4	113.1	114.2	112.3	112.4	112.5	112.9	113.1	116.5

年份 地区	2004	2005	2006	2007	2008	2009	2010	2011	2012	2013	2014	2015	2016
北 京	101.8	104.2	109.7	116.2	119.8	131.1	142.2	143.4	143.4	148.2	152.8	156.1	162.2
天 津	122.6	130.0	136.7	141.4	143.8	140.7	152.2	158.4	156.4	153.7	155.0	156.0	168.7
河 北	134.4	145.5	151.2	158.1	165.7	168.8	188.9	196.6	190.7	188.0	166.2	169.8	184.2
辽 宁	131.4	137.1	145.1	157.5	150.1	156.5	165.9	167.6	161.0	164.2	170.4	163.1	159.4
上 海	109.5	104.5	112.3	125.1	124.7	134.5	147.3	153.7	154.3	160.5	163.6	169.2	178.1
江 苏	109.8	114.8	120.4	132.6	141.1	154.4	167.7	189.7	197.5	203.9	209.0	213.5	225.0
浙 江	151.8	161.3	170.9	194.8	201.7	216.0	244.7	258.0	260.5	267.0	271.2	283.8	294.3
福 建	157.0	168.5	166.2	176.1	184.8	201.3	225.4	236.4	243.8	252.6	255.0	258.0	269.0
山 东	132.3	136.0	155.0	165.6	175.8	184.9	200.2	213.5	219.5	230.8	240.5	249.4	256.2

续表

年份 地区	2004	2005	2006	2007	2008	2009	2010	2011	2012	2013	2014	2015	2016
广 东	152.1	161.6	164.1	179.2	194.9	222.2	249.5	261.1	263.3	279.8	284.0	292.4	298.2
海 南	122.0	127.2	149.9	161.3	172.8	184.3	212.8	229.1	219.2	228.8	220.0	215.1	228.6
东部平均	125.0	129.8	137.6	148.8	153.9	164.3	181.0	190.4	190.9	196.7	198.8	202.6	211.2
山 西	149.2	159.7	172.2	173.7	195.3	185.8	213.6	216.7	208.4	198.5	184.7	179.3	190.8
吉 林	113.4	109.9	114.9	132.9	129.6	138.0	145.7	153.2	154.1	150.9	153.6	156.2	165.1
黑龙江	96.3	98.1	98.2	112.0	115.4	117.1	125.4	127.1	123.5	118.9	115.6	120.2	128.6
安 徽	112.4	103.2	109.0	119.6	129.2	140.7	158.9	177.8	177.3	175.6	187.4	184.5	195.3
江 西	104.8	119.2	116.1	136.4	156.8	177.2	182.5	201.1	199.9	198.6	206.3	207.5	220.2
河 南	153.6	170.0	172.1	181.0	189.9	210.6	223.2	239.6	235.8	242.5	249.1	244.2	246.4
湖 北	116.6	131.6	137.5	144.5	150.1	160.8	178.2	180.9	175.2	169.9	172.9	174.1	178.9
湖 南	147.4	161.5	179.4	188.4	210.2	221.8	255.2	256.8	252.0	245.9	250.4	265.3	278.9
中部平均	120.0	125.9	131.1	142.7	151.9	160.1	175.2	183.2	180.0	176.5	178.2	179.7	188.6
内蒙古	118.6	128.6	141.8	155.1	161.6	168.5	181.0	189.8	188.5	178.7	182.5	192.2	205.1
广 西	141.0	159.8	171.6	197.0	222.3	247.6	262.7	265.9	268.9	269.0	258.0	257.5	263.9
重 庆	97.9	112.8	127.8	142.7	160.9	179.0	197.1	215.5	215.2	215.0	220.6	228.5	235.9
四 川	170.5	187.6	177.7	194.7	217.6	240.6	262.4	269.9	263.9	254.8	254.8	260.4	268.9
贵 州	126.1	143.9	161.6	169.4	177.3	185.2	197.3	215.8	209.4	209.5	206.5	211.5	215.4
云 南	105.9	117.7	129.4	147.4	165.3	166.5	178.0	199.7	197.3	193.2	169.7	177.8	176.4
陕 西	137.5	145.1	153.9	171.5	195.7	219.8	243.9	248.1	248.3	235.7	236.4	238.5	255.1
甘 肃	108.0	120.5	134.0	146.5	157.9	169.2	180.5	187.2	198.9	185.1	181.1	185.6	193.0
青 海	155.0	170.6	186.2	201.9	217.5	238.3	259.2	266.5	281.0	260.1	283.8	278.6	303.5
宁 夏	160.2	151.3	175.0	200.2	225.7	207.7	229.0	241.9	258.5	232.2	227.0	228.3	237.2
新 疆	91.5	92.3	97.1	104.9	107.1	110.6	122.8	133.4	134.9	134.6	133.7	131.9	138.7
西部平均	124.8	134.5	145.5	160.8	175.8	186.2	202.3	213.1	215.8	207.2	206.0	209.5	218.7
全国平均	123.7	130.0	138.0	150.3	159.0	168.8	185.0	194.4	194.5	194.3	195.5	198.6	207.4

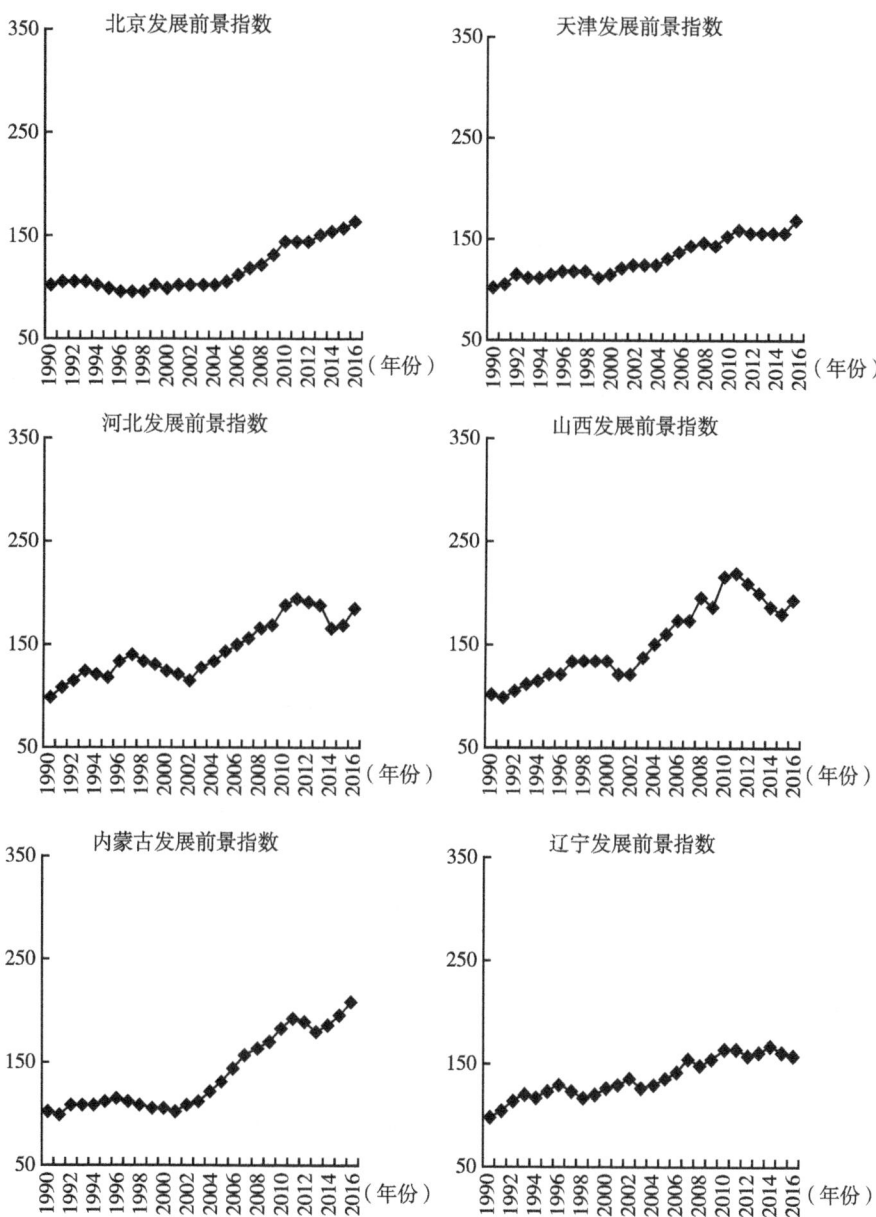

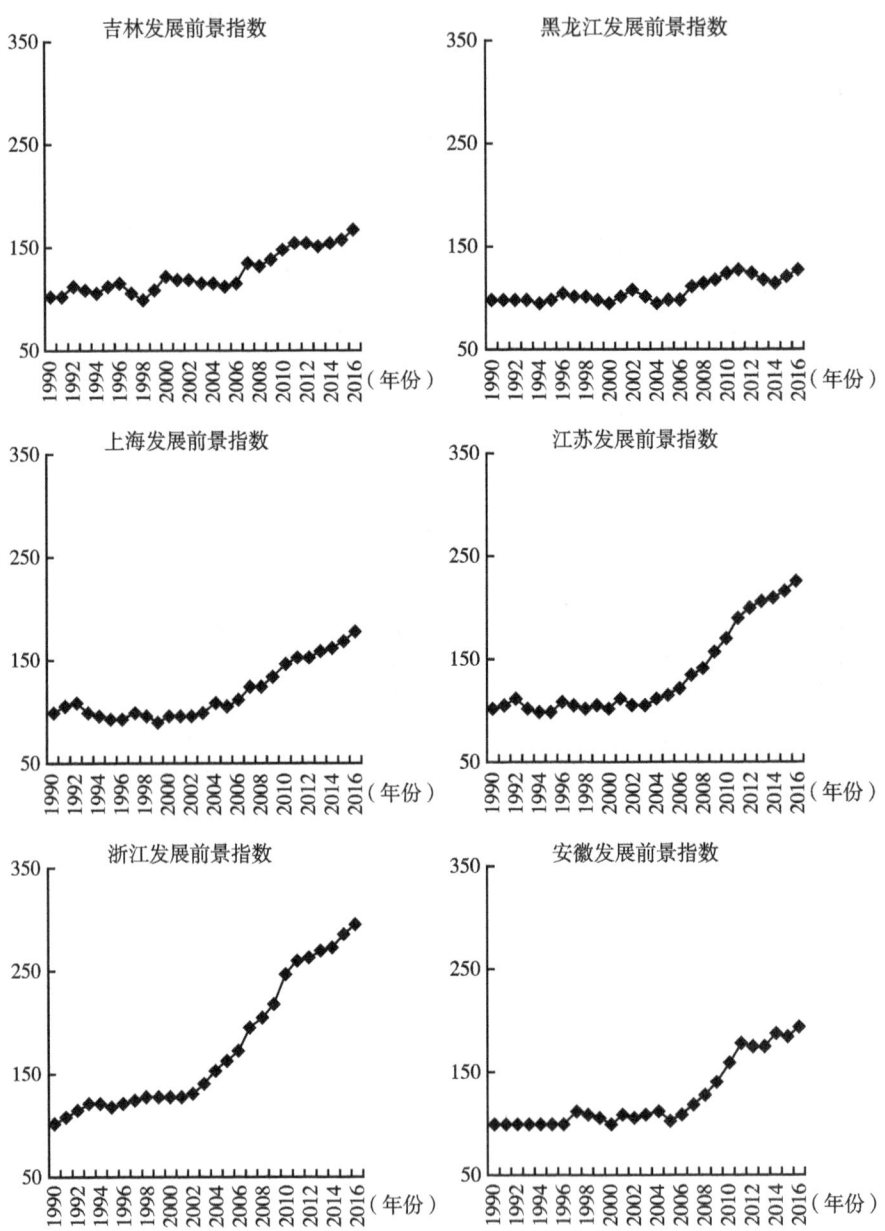

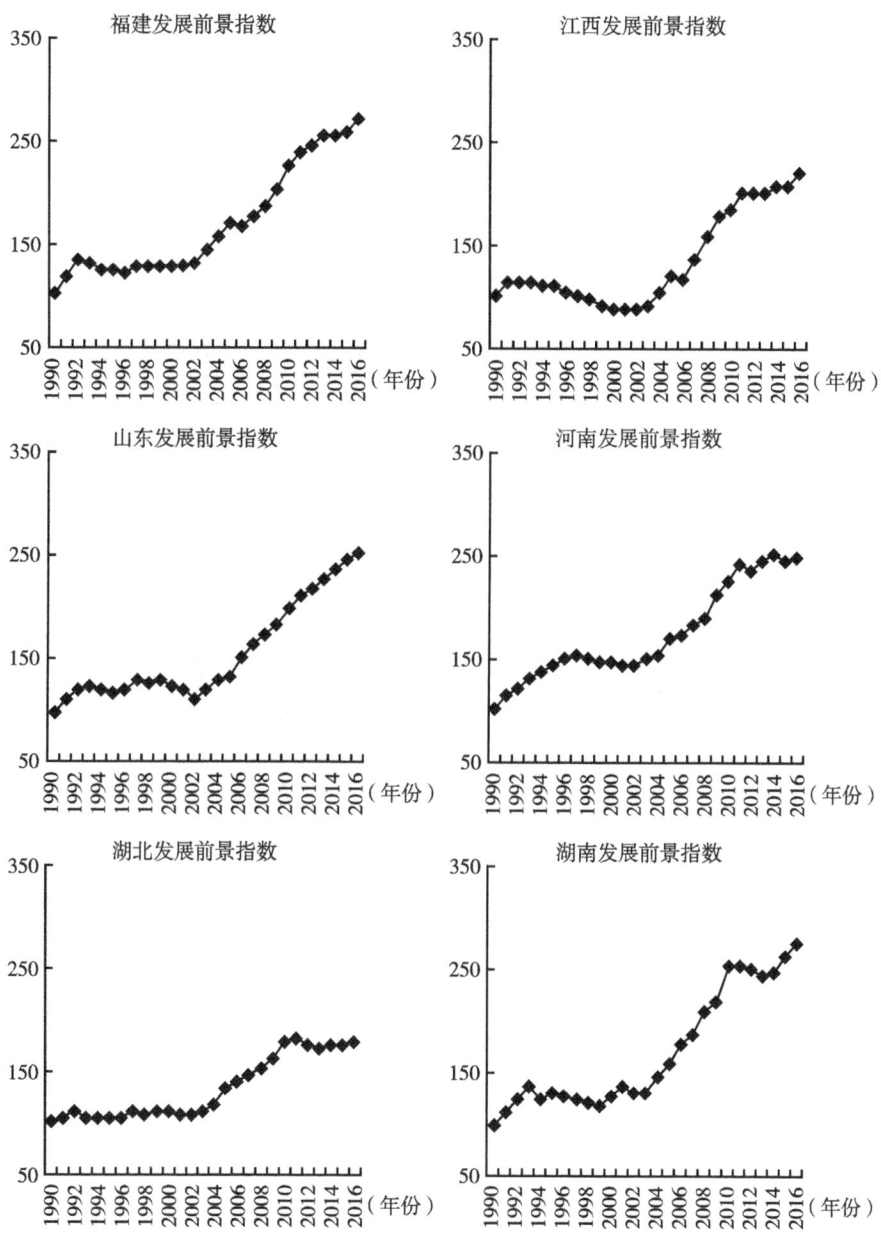

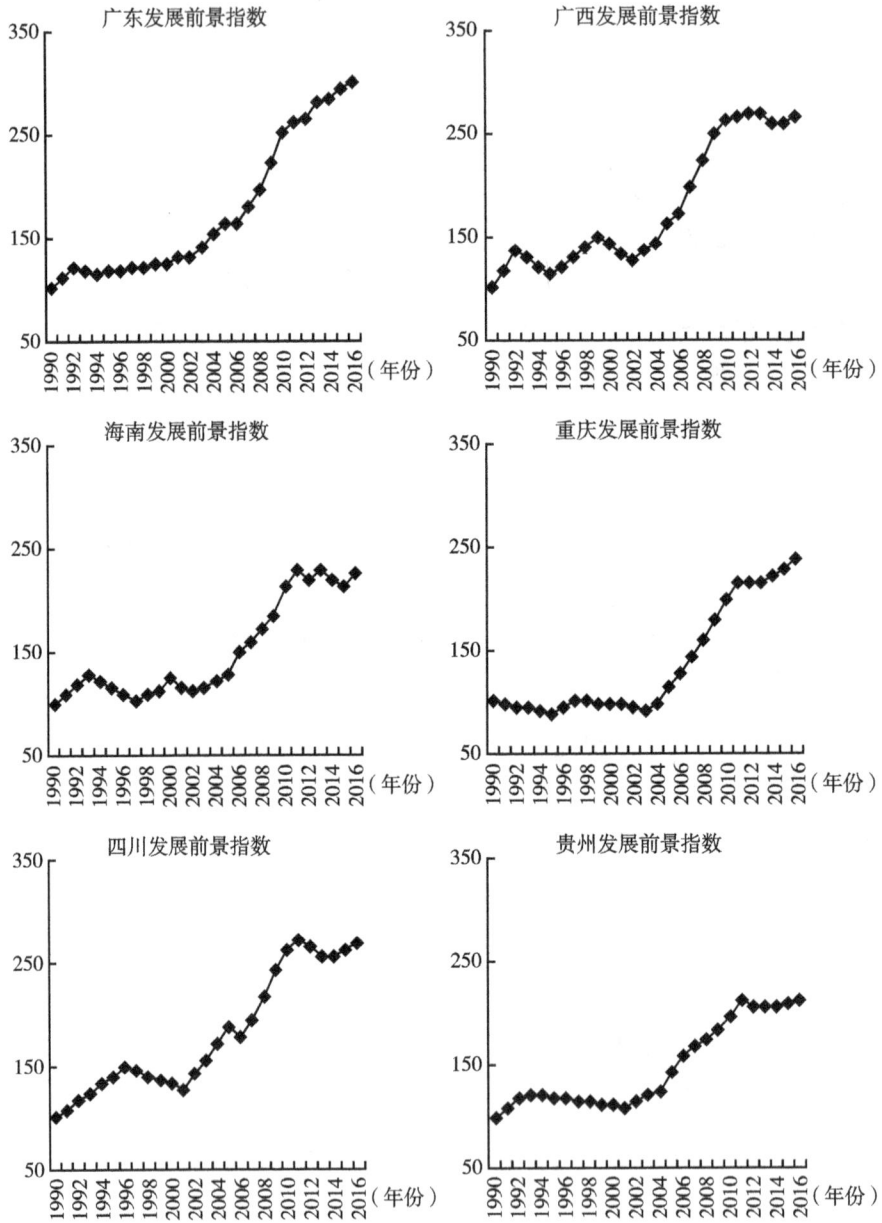

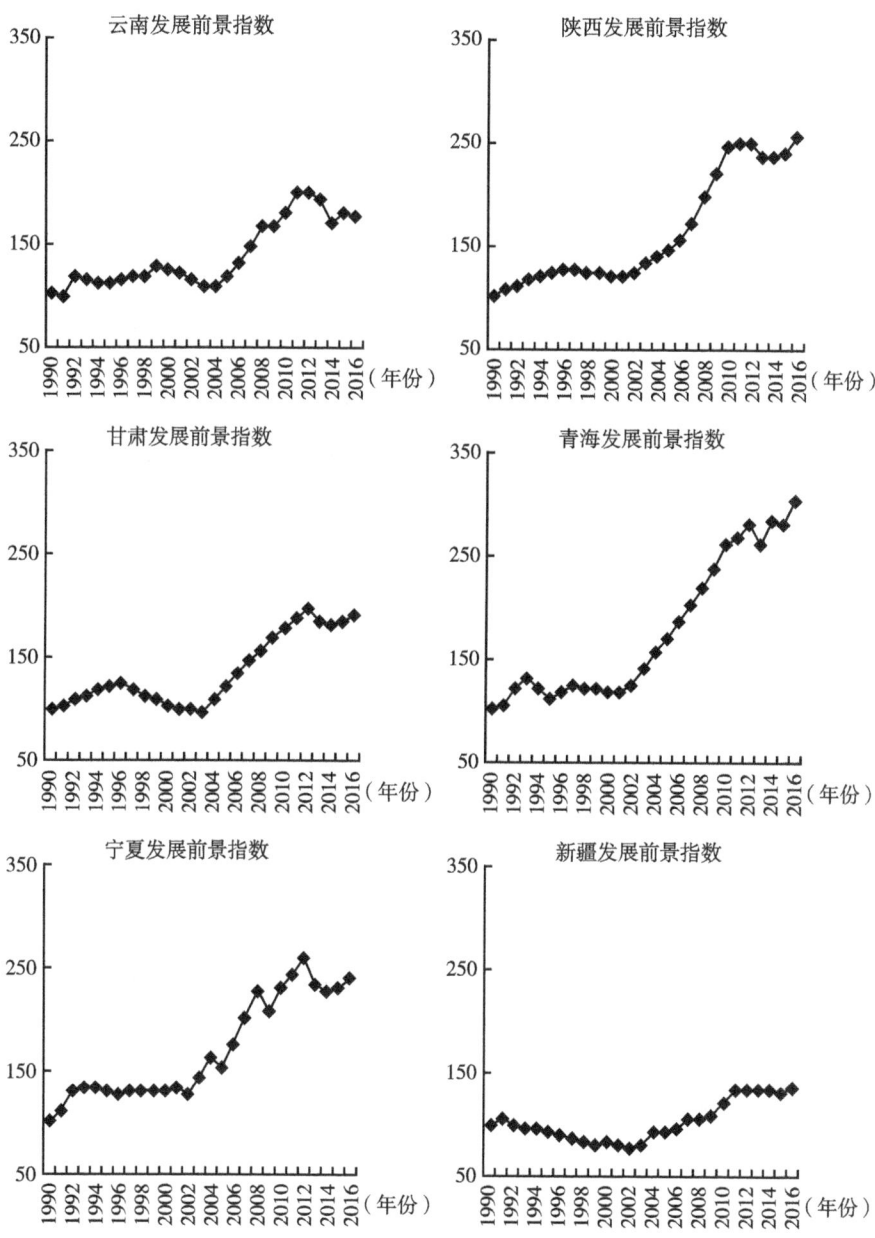

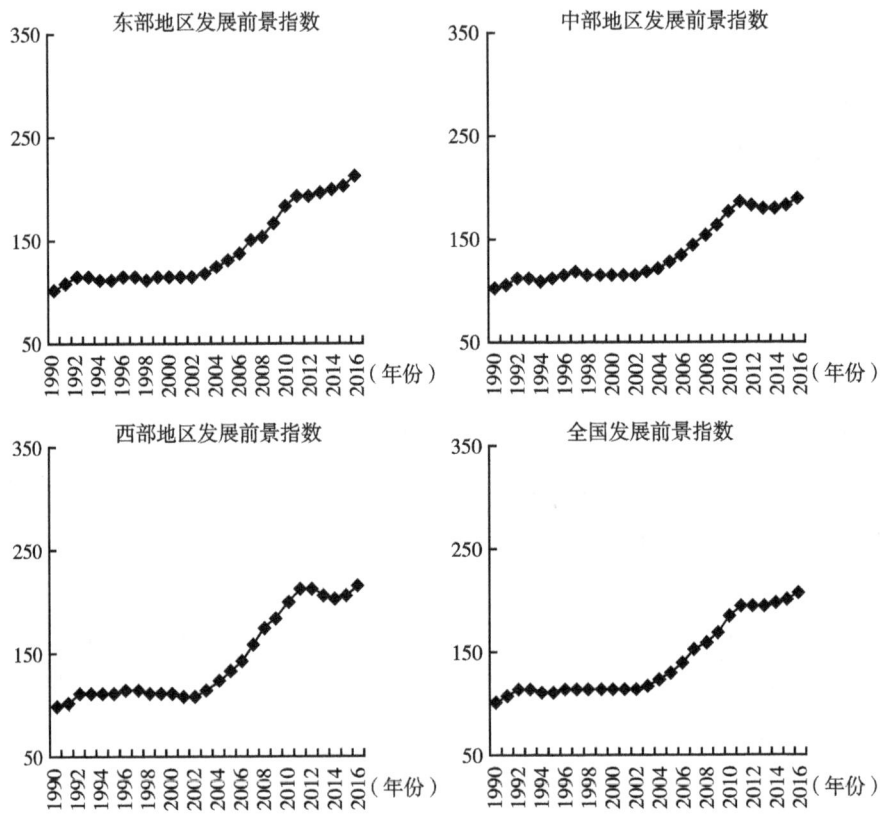

图64 30个省区市以及东部、中部、西部地区与全国1990~2016年发展前景指数（以1990年为基期）

1990~2016年中国各省区市发展前景评价

表64 各省区市1990~2016年经济增长排名情况（按排名顺序）

年份\排名	1990	1991	1992	1993	1994	1995	1996	1997	1998	1999	2000	2001	2002	2003
1	浙江	北京	北京	北京	江苏	江苏	天津	广东	广东	广东	江苏	江苏	江苏	广东
2	北京	浙江	浙江	广东	上海	广东	广东	江苏	江苏	江苏	广东	广东	广东	江苏
3	上海	上海	广东	浙江	广东	天津	江苏	上海	浙江	浙江	上海	上海	上海	上海
4	河北	广东	上海	上海	浙江	上海	北京	浙江	上海	上海	浙江	浙江	天津	天津
5	黑龙江	福建	山东	福建	北京	北京	上海	天津	山东	辽宁	辽宁	辽宁	浙江	浙江
6	湖北	江苏	福建	江苏	天津	浙江	浙江	辽宁	辽宁	天津	江苏	天津	江苏	辽宁
7	江苏	河北	黑龙江	山东	福建	山东	江西	北京	北京	北京	天津	山东	辽宁	黑龙江
8	山东	黑龙江	江苏	天津	山东	河南	吉林	山东	天津	山东	山东	北京	山东	山东
9	福建	湖北	湖北	黑龙江	河北	吉林	山东	陕西	吉林	黑龙江	陕西	陕西	福建	福建
10	陕西	山东	天津	湖北	辽宁	福建	陕西	黑龙江	陕西	陕西	北京	吉林	吉林	陕西
11	广东	陕西	河北	陕西	河北	安徽	辽宁	吉林	福建	福建	黑龙江	福建	河南	北京
12	河南	贵州	新疆	河北	安徽	黑龙江	河南	山西	内蒙古	河南	福建	湖北	河北	吉林
13	新疆	山西	贵州	辽宁	湖北	河北	黑龙江	福建	甘肃	甘肃	河南	山西	黑龙江	湖北
14	贵州	江西	陕西	河南	吉林	山西	甘肃	河南	黑龙江	吉林	甘肃	内蒙古	陕西	河北
15	江西	河南	辽宁	安徽	重庆	甘肃	河北	河北	山西	安徽	河北	黑龙江	甘肃	河南
16	辽宁	新疆	安徽	吉林	山西	辽宁	福建	安徽	河南	江西	吉林	安徽	河北	甘肃
17	湖南	天津	吉林	重庆	内蒙古	湖北	安徽	重庆	河北	内蒙古	安徽	河北	安徽	安徽
18	山西	辽宁	江西	甘肃	云南	西	重庆	甘肃	湖北	山西	湖北	江西	山西	内蒙古
19	甘肃	甘肃	山西	山西	甘肃	陕西	云南	湖北	重庆	湖北	云南	江西	内蒙古	新疆
20	重庆	重庆	甘肃	贵州	陕西	重庆	湖北	内蒙古	安徽	河北	山西	新疆	湖南	湖南
21	天津	安徽	河南	江西	江西	云南	内蒙古	贵州	贵州	新疆	新疆	湖南	新疆	海南
22	青海	湖南	重庆	内蒙古	山西	内蒙古	宁夏	云南	江西	湖南	江西	海南	江西	海南

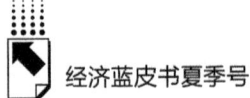

续表

年份\排名	1990	1991	1992	1993	1994	1995	1996	1997	1998	1999	2000	2001	2002	2003
23	云南	青海	内蒙古	新疆	新疆	江西	四川	四川	新疆	云南	湖南	云南	海南	江西
24	海南	吉林	海南	云南	贵州	贵州	贵州	湖南	云南	贵州	贵州	重庆	宁夏	云南
25	安徽	云南	青海	湖南	湖南	新疆	江西	江西	湖南	重庆	重庆	海南	云南	青海
26	宁夏	宁夏	云南	海南	四川	四川	湖南	宁夏	四川	宁夏	海南	宁夏	重庆	重庆
27	吉林	内蒙古	湖南	青海	宁夏	宁夏	海南	新疆	宁夏	海南	宁夏	贵州	青海	四川
28	内蒙古	海南	四川	四川	青海	青海	新疆	青海	青海	四川	广西	四川	贵州	宁夏
29	四川	四川	宁夏	宁夏	广西	广西	广西	广西	海南	青海	四川	青海	四川	贵州
30	广西	广西	广西	广西	海南	海南	青海	海南	广西	广西	海南	广西	广西	广西

年份\排名	2004	2005	2006	2007	2008	2009	2010	2011	2012	2013	2014	2015	2016	综合
1	广东	广东	广东	广东	广东	广东	广东	广东	广东	广东	广东	广东	广东	广东
2	江苏	江苏	江苏	江苏	天津	江苏	上海	上海	上海	上海	上海	上海	上海	上海
3	上海	天津	天津	上海	江苏	天津	江苏	天津	浙江	浙江	浙江	江苏	天津	江苏
4	天津	上海	上海	天津	上海	上海	天津	浙江	江苏	江苏	江苏	浙江	浙江	浙江
5	浙江	山东	浙江	浙江	浙江	浙江	浙江	江苏	天津	天津	天津	天津	江苏	天津
6	山东	浙江	山东	山东	山东	山东	山东	福建	福建	福建	福建	北京	福建	北京
7	福建	福建	河北	辽宁	辽宁	辽宁	福建	山东	北京	北京	北京	福建	北京	福建
8	山西	辽宁	辽宁	福建	福建	福建	辽宁	陕西	山东	山东	山东	安徽	山东	辽宁
9	辽宁	黑龙江	陕西	内蒙古	陕西	湖北	陕西	内蒙古	陕西	辽宁	安徽	陕西	内蒙古	陕西
10	北京	河北	山西	黑龙江	北京	内蒙古	内蒙古	湖北	内蒙古	河南	陕西	湖北	湖北	湖北
11	黑龙江	山西	黑龙江	北京	黑龙江	北京	吉林	辽宁	新疆	陕西	内蒙古	河南	安徽	黑龙江
12	河北	吉林	福建	河北	内蒙古	陕西	重庆	吉林	湖北	内蒙古	湖北	重庆	吉林	河南
13	陕西	北京	北京	湖北	吉林	重庆	四川	北京	辽宁	安徽	吉林	吉林	河南	吉林
14	吉林	陕西	湖北	湖北	湖北	江西	吉林	河南	吉林	湖北	湖南	河南	四川	河北
15	内蒙古	内蒙古	河南	陕西	山西	黑龙江	四川	重庆	北京	重庆	重庆	吉林	河北	河北

1990～2016年中国各省区市发展前景评价

续表

排名\年份	2004	2005	2006	2007	2008	2009	2010	2011	2012	2013	2014	2015	2016	综合
16	甘	河	甘	吉	江	山	河	山	河	山	重	四	重	内蒙古
17	湖	湖	新	河	新	河	江	四	重	河	江	甘	河	山西
18	河	甘	内蒙古	甘	河	吉	山	安	四	河	四	江	甘	安徽
19	新	新	吉	宁	青	河	黑龙江	徽	甘	南	新	黑龙江	南	甘肃
20	江	海	湖	海	宁	湖	湖	黑龙江	江	吉	湖	辽	黑龙江	江西
21	海	江	四	新	夏	新	河	江	河	新	山	南	新	重庆
22	安	宁	安	四	南	安	安	西	山	四	海	宁	江	新疆
23	宁	宁	徽	青	甘	甘	甘	南	湖	甘	青	河	西	湖南
24	青	青	南	江	重	海	新	甘	黑龙江	湖	甘	广	西	四川
25	云	四	南	安	南	宁	南	南	海	南	河	新	夏	云南
26	重	安	西	湖	南	四	夏	夏	南	黑龙江	黑龙江	海	海	宁
27	四	贵	庆	云	四	青	青	青	青	云	广	云	南	宁夏
28	湖	云	贵	重	云	广	广	云	云	青	夏	山	南	贵州
29	贵	重	青	贵	西	贵	云	广	广	夏	贵	青	云	青海
30	广西	广西	云南	广西	贵州	云南	贵州	贵州	贵州	贵州	云南	贵州	贵州	广西

表65 各省区市1990～2016年经济增长排名情况

地区\年份	1990	1991	1992	1993	1994	1995	1996	1997	1998	1999	2000	2001	2002	2003
北京	2	1	1	1	5	5	4	7	7	7	9	8	11	11
天津	21	17	10	8	6	3	1	5	8	6	6	6	4	4
河北	4	7	11	12	11	13	15	15	17	20	12	18	16	16
山西	8	13	22	19	17	14	7	12	15	18	21	14	18	12
内蒙古	28	27	23	22	18	21	21	20	12	17	19	15	19	19

265

续表

年份 地区	1990	1991	1992	1993	1994	1995	1996	1997	1998	1999	2000	2001	2002	2003
辽宁	16	18	15	13	10	16	11	6	6	5	5	5	6	6
吉林	27	24	17	16	15	9	8	11	9	14	16	10	9	13
黑龙江	5	8	7	9	14	12	13	10	14	9	10	16	12	7
上海	3	3	4	4	2	4	5	3	4	4	3	3	3	3
江苏	7	6	8	6	1	1	3	2	2	2	1	1	1	2
浙江	1	2	2	3	4	6	6	4	3	3	4	4	5	5
安徽	25	21	16	15	12	11	17	16	20	15	17	17	17	18
福建	9	5	6	5	7	10	16	13	11	11	11	11	8	9
江西	15	14	18	21	22	23	25	25	22	16	13	20	22	23
山东	18	10	5	7	8	7	9	8	5	8	7	7	7	8
河南	12	15	20	14	9	8	12	14	16	12	15	13	10	15
湖北	6	9	9	10	13	17	20	19	18	19	18	12	13	14
湖南	17	22	27	25	25	22	26	24	25	22	23	22	20	21
广东	11	4	3	2	3	2	2	1	1	1	2	2	2	1
广西	30	30	30	30	28	29	28	29	30	30	30	30	30	30
海南	24	28	24	26	30	30	30	30	29	27	28	25	23	22
重庆	20	20	21	17	16	19	18	17	19	25	26	24	26	26
四川	29	29	28	28	26	26	23	23	26	28	25	28	29	27
贵州	14	12	13	20	24	24	24	21	21	24	24	27	28	29
云南	23	25	26	24	19	20	19	22	24	23	20	23	25	24
陕西	10	11	14	11	21	18	10	9	10	10	8	9	14	10
甘肃	19	19	19	18	20	15	14	18	13	13	14	19	15	17
青海	22	23	25	27	29	28	29	28	28	29	29	29	27	25
宁夏	26	26	29	29	27	27	22	26	27	26	27	26	24	28
新疆	13	16	12	23	23	25	27	27	23	21	22	21	21	20

续表

年份地区	2004	2005	2006	2007	2008	2009	2010	2011	2012	2013	2014	2015	2016	综合
北京	10	13	13	11	10	11	11	13	7	7	7	6	7	6
天津	4	3	3	4	2	3	4	3	5	5	5	5	3	5
河北	12	10	7	12	18	17	21	20	21	17	25	23	17	15
山西	8	11	10	13	15	16	18	16	22	16	21	28	23	17
内蒙古	15	15	18	9	12	10	12	9	10	12	13	8	10	9
辽宁	9	8	8	7	7	7	8	11	13	9	10	20	27	14
吉林	14	12	19	16	13	18	13	12	15	20	15	15	13	12
黑龙江	11	9	11	10	11	15	19	19	24	25	26	19	20	2
上海	3	4	4	3	4	4	2	2	2	2	2	2	2	3
江苏	2	2	2	2	3	2	3	5	4	4	3	3	5	4
浙江	5	6	5	5	5	5	5	4	3	3	4	4	4	18
安徽	22	26	22	25	25	22	22	18	14	13	11	10	12	8
福建	7	7	12	8	8	8	7	6	6	6	6	7	6	20
江西	20	21	24	24	16	14	17	21	20	19	17	18	22	7
山东	6	5	6	6	6	6	6	7	8	8	8	9	9	13
河南	18	16	15	17	21	19	16	14	16	10	9	13	14	11
湖北	17	17	14	14	14	9	10	10	12	14	14	12	11	23
湖南	28	23	20	26	24	20	20	25	23	24	20	21	19	1
广东	1	1	1	1	1	1	1	1	1	1	1	1	1	30
广西	30	30	29	30	29	28	27	29	29	27	27	24	24	26
海南	21	20	23	20	26	24	25	23	25	18	22	26	28	21
重庆	26	29	26	28	23	13	14	15	17	15	16	14	16	

续表

年份 地区	2004	2005	2006	2007	2008	2009	2010	2011	2012	2013	2014	2015	2016	综合
四川	27	25	21	22	27	26	15	17	18	22	18	16	15	24
贵州	29	27	27	29	30	29	30	30	30	30	29	30	30	28
云南	25	28	30	27	28	30	28	28	28	26	30	27	29	25
陕西	13	14	9	15	9	12	9	8	9	11	12	11	8	10
甘肃	16	18	16	18	22	23	23	24	19	23	24	17	18	19
青海	24	24	28	23	19	27	29	27	27	28	23	29	26	29
宁夏	23	22	25	19	20	25	26	26	26	29	28	22	25	27
新疆	19	19	17	21	17	21	24	22	11	21	19	25	21	22

表66 各省区市1990~2016年经济增长指数(上一年=100)

年份 地区	1990	1991	1992	1993	1994	1995	1996	1997	1998	1999	2000	2001	2002	2003
北京	100	103.4	103.3	103.9	93.9	98.2	96.0	95.9	98.1	101.1	97.5	99.2	97.7	100.3
天津	100	113.6	111.9	110.7	109.7	107.5	99.6	93.5	93.7	103.6	102.4	99.7	104.5	100.1
河北	100	97.3	97.3	104.5	104.3	100.0	100.1	96.4	96.5	97.7	110.1	99.8	100.0	99.0
辽宁	100	103.0	102.9	109.1	108.3	93.4	108.7	107.8	98.8	103.4	100.0	104.3	93.7	100.8
上海	100	99.2	99.2	106.9	106.4	97.7	94.5	103.0	93.5	105.8	99.3	104.2	99.8	104.7
江苏	100	101.5	101.4	114.9	112.9	101.0	92.1	109.3	98.3	100.6	105.3	100.7	98.0	97.8
浙江	100	100.8	99.1	101.6	102.6	93.0	95.5	106.7	102.7	100.5	95.3	103.0	94.6	101.7
福建	100	102.7	102.6	114.6	96.6	95.4	95.2	104.3	97.7	97.7	101.7	103.0	102.8	102.4
山东	100	115.6	113.5	105.1	98.4	99.5	98.1	102.1	104.3	95.8	103.5	100.5	96.9	102.2
广东	100	116.7	112.8	113.2	95.6	98.9	96.0	112.7	99.0	97.2	99.3	101.6	99.6	107.0

续表

年份 地区	1990	1991	1992	1993	1994	1995	1996	1997	1998	1999	2000	2001	2002	2003
海 南	100	92.1	114.4	97.4	97.1	97.1	97.0	96.9	111.3	110.2	100.1	104.2	103.3	99.4
东部平均	100	103.8	104.8	107.5	102.2	98.4	97.3	102.8	99.0	100.9	101.1	101.8	99.0	101.5
山 西	100	91.7	90.9	110.7	109.6	104.4	107.0	97.6	93.7	93.9	97.6	114.6	94.0	107.1
吉 林	100	120.3	116.9	106.1	105.8	111.0	99.0	99.0	99.0	94.0	99.8	108.7	100.3	97.8
黑龙江	100	97.5	104.5	104.3	96.9	101.7	102.0	103.9	92.4	103.3	102.6	97.0	102.4	107.0
安 徽	100	109.9	109.0	108.3	107.6	103.3	96.3	96.2	92.5	108.7	99.6	104.6	96.9	99.4
江 西	100	100.2	100.2	102.3	102.3	99.9	91.4	102.9	102.8	109.7	103.4	95.4	94.0	97.8
河 南	100	96.6	96.5	114.8	112.9	100.9	96.3	95.5	95.3	105.1	99.0	106.0	102.1	95.8
湖 北	100	98.0	102.1	102.0	102.0	96.2	92.7	106.7	98.4	98.4	104.9	107.9	99.9	98.6
湖 南	100	94.1	93.8	108.7	108.0	107.0	91.0	106.2	96.0	108.0	95.8	105.9	100.1	96.2
中部平均	100	100.0	101.5	106.9	105.5	103.0	97.2	100.7	96.1	102.3	100.4	104.8	98.8	100.0
内蒙古	100	113.9	112.2	110.2	109.3	95.7	95.6	104.8	113.4	91.9	97.1	112.5	93.2	99.0
广 西	100	116.6	112.0	110.7	109.7	98.3	98.2	98.2	94.8	94.6	119.7	97.1	100.8	100.8
重 庆	100	105.4	101.7	109.0	108.3	98.7	99.4	101.2	93.6	93.2	98.4	104.8	95.5	99.6
四 川	100	111.3	110.2	107.2	106.8	104.3	100.1	107.4	93.7	93.7	93.3	110.1	97.4	103.7
贵 州	100	102.3	102.2	96.5	98.4	99.7	95.4	109.4	99.1	98.7	95.5	95.4	100.6	97.4
云 南	100	98.9	98.3	114.9	113.0	100.9	98.8	95.1	95.8	104.4	102.0	96.1	94.5	100.4
陕 西	100	100.6	100.6	108.3	96.0	102.9	110.0	102.2	95.3	99.5	107.4	96.8	97.8	102.4
甘 肃	100	103.1	103.0	105.0	104.8	104.6	104.4	93.9	105.9	97.1	99.7	102.1	103.3	95.2
青 海	100	99.6	101.7	98.0	99.1	108.1	90.7	106.9	105.3	92.2	102.9	102.6	102.5	102.3
宁 夏	100	111.1	92.9	109.5	108.7	104.4	103.2	99.2	99.2	98.9	98.1	104.5	103.0	93.1
新 疆	100	97.6	107.3	93.3	104.7	92.2	91.6	104.1	109.4	105.0	96.6	105.4	96.2	104.9
西部平均	100	104.5	103.6	105.2	105.1	100.7	99.1	101.8	100.4	97.2	100.7	102.3	98.5	99.8
全国平均	100	103.0	103.5	106.6	103.9	100.3	97.8	101.9	98.7	100.0	100.8	102.7	98.8	100.6

续表

年份地区	2004	2005	2006	2007	2008	2009	2010	2011	2012	2013	2014	2015	2016	平均
北京	101.4	101.4	101.4	101.4	101.4	101.3	101.3	100.7	108.8	102.0	96.4	107.5	103.4	100.6
天津	108.1	100.7	105.0	99.2	101.5	101.5	102.2	108.3	95.4	99.0	98.2	101.4	112.0	103.1
河北	106.7	106.5	101.6	96.1	90.8	104.0	97.0	108.8	93.8	100.3	85.4	103.7	123.3	100.8
辽宁	97.7	105.5	98.6	103.2	97.7	102.9	100.4	100.7	93.1	104.4	98.6	87.3	88.8	100.5
上海	101.3	97.7	107.1	101.5	94.4	106.1	108.3	109.4	104.3	104.3	98.6	102.5	102.9	102.0
江苏	105.5	102.2	100.8	100.8	93.4	108.2	100.4	103.2	101.0	98.8	99.8	100.9	103.6	101.9
浙江	108.2	97.0	107.6	103.5	92.2	106.9	104.0	107.9	101.6	101.3	94.6	101.5	105.1	101.1
福建	104.5	101.5	94.4	106.3	97.9	103.5	105.8	106.6	101.1	100.5	95.3	103.2	104.4	101.5
山东	104.7	105.0	104.2	99.1	93.6	107.9	100.6	99.4	98.9	102.3	96.6	100.2	104.6	101.9
广东	108.6	100.2	101.8	103.1	93.1	107.0	106.0	108.7	98.2	105.4	94.6	104.7	100.2	103.0
海南	107.8	102.8	96.2	108.1	91.7	105.4	97.5	112.4	92.7	105.3	89.0	97.0	100.5	101.0
东部平均	105.0	101.7	101.9	101.9	95.2	105.1	102.5	106.0	99.2	102.1	95.6	101.2	104.2	101.6
山西	108.6	98.1	102.6	95.2	98.9	98.9	98.9	110.8	89.2	100.4	88.5	94.7	114.6	100.5
吉林	100.0	106.3	90.5	106.2	102.5	94.8	107.3	108.6	92.9	89.3	107.6	103.5	106.4	102.7
黑龙江	95.3	107.9	97.9	99.1	100.1	94.9	98.2	107.2	88.5	97.2	88.7	119.3	105.8	100.6
安徽	95.2	95.0	105.7	98.3	100.7	107.3	101.8	114.3	97.8	96.2	106.8	102.0	101.4	102.0
江西	111.5	98.7	97.4	100.4	110.5	105.9	97.5	104.5	94.8	98.1	102.4	98.5	102.4	100.9
河南	96.4	110.2	99.8	98.4	92.3	102.7	107.2	108.3	94.6	104.9	104.5	93.0	104.8	101.3
湖北	97.6	105.7	103.1	98.8	99.4	108.7	99.7	104.5	92.9	95.6	102.3	103.3	108.4	101.0
湖南	93.1	113.6	101.0	95.6	104.4	106.7	102.5	100.5	98.4	95.3	102.6	101.9	107.6	101.3
中部平均	99.6	104.3	99.6	99.0	100.9	102.3	101.5	107.3	93.6	97.1	100.6	101.6	106.2	101.3

续表

年份 地区	2004	2005	2006	2007	2008	2009	2010	2011	2012	2013	2014	2015	2016	平均
内蒙古	108.6	105.2	96.2	109.1	97.9	104.0	98.4	109.6	93.8	93.5	101.9	115.6	99.8	103.1
广西	92.4	103.0	111.2	99.4	101.9	106.1	107.8	97.7	99.9	95.6	94.6	111.0	108.0	103.0
重庆	101.3	96.6	113.0	97.8	107.9	114.7	99.3	106.8	92.6	98.6	99.6	105.5	103.1	101.7
四川	102.2	109.7	104.3	103.9	91.3	103.5	117.9	106.6	91.8	93.5	101.3	109.4	106.7	103.0
贵州	101.7	106.2	105.8	90.9	90.6	113.0	98.2	103.8	95.1	97.1	95.6	107.4	104.7	100.0
云南	100.4	97.1	99.0	111.3	95.0	98.4	109.8	103.4	97.7	96.5	81.8	119.8	100.9	100.9
陕西	100.1	101.8	105.1	94.0	107.1	98.3	106.3	104.3	98.8	91.0	100.6	103.1	115.5	101.7
甘肃	103.3	103.7	101.6	97.9	91.4	101.3	100.0	106.3	101.6	92.3	93.3	115.4	105.7	101.3
青海	101.0	108.6	97.0	107.0	105.1	92.4	91.8	115.1	99.0	90.1	106.4	89.9	110.4	101.0
宁夏	107.8	108.1	98.0	109.9	98.1	94.8	100.3	104.7	99.4	85.9	92.9	119.4	99.8	101.7
新疆	104.6	102.1	105.2	94.8	103.1	97.7	97.6	113.2	103.3	87.8	100.4	89.6	119.3	101.0
西部平均	102.3	103.8	103.0	101.2	99.1	101.8	102.3	106.5	97.4	92.8	97.4	107.3	106.6	101.7
全国平均	102.7	103.0	101.6	100.9	97.9	103.3	102.2	106.5	97.2	97.9	97.4	103.2	105.5	101.5

表67 各省区市1990～2016年经济增长指数（以1990年为基期）

年份 地区	1990	1991	1992	1993	1994	1995	1996	1997	1998	1999	2000	2001	2002	2003
北京	100	103.4	106.7	111.0	104.2	102.3	98.2	94.2	92.4	93.4	91.0	90.3	88.2	88.4
天津	100	113.6	127.1	140.7	154.4	166.0	165.4	154.6	144.9	150.2	153.7	153.2	160.1	160.4
河北	100	97.3	94.6	98.9	103.2	103.3	103.4	99.6	96.1	93.9	103.4	103.2	103.2	102.1
辽宁	100	103.0	106.0	115.7	125.4	117.1	127.3	137.2	135.5	140.1	140.1	146.1	136.9	138.0

续表

年份 地区	1990	1991	1992	1993	1994	1995	1996	1997	1998	1999	2000	2001	2002	2003
上 海	100	99.2	98.4	105.2	112.0	109.4	103.3	106.4	99.5	105.2	104.5	108.9	108.6	113.8
江 苏	100	101.5	102.9	118.2	133.5	134.9	124.3	135.9	133.6	134.5	141.6	142.5	139.6	136.5
浙 江	100	100.8	100.0	101.5	104.2	96.9	92.6	98.8	101.4	102.0	97.2	100.1	94.8	96.3
福 建	100	102.7	105.4	120.8	116.7	111.3	105.9	110.5	108.0	105.4	107.2	110.5	113.6	116.3
山 东	100	115.6	131.2	137.9	135.7	135.0	132.5	135.3	141.1	135.1	139.8	140.5	136.2	139.2
广 东	100	116.7	131.6	149.0	142.5	140.9	135.3	152.5	151.0	146.8	145.7	148.0	147.5	157.8
海 南	100	92.1	105.3	102.6	99.7	96.8	93.8	90.9	101.1	111.4	111.5	116.2	120.0	119.2
东部平均	100	103.8	108.8	116.9	119.4	117.5	114.3	117.5	116.3	117.4	118.7	120.8	119.6	121.4
山 西	100	91.7	83.4	92.3	101.2	105.6	113.0	110.3	103.3	97.0	94.6	108.5	102.0	109.3
吉 林	100	120.3	140.6	149.3	157.9	175.3	173.6	171.8	170.1	159.9	159.7	173.6	174.1	170.2
黑龙江	100	97.5	101.9	106.3	103.1	104.9	106.9	111.1	102.7	106.1	108.8	105.6	108.1	115.7
安 徽	100	109.9	119.8	129.7	139.6	144.2	139.0	133.7	123.6	134.3	133.8	140.0	135.6	134.8
江 西	100	100.2	100.4	102.8	105.1	105.0	96.0	98.8	101.5	111.4	115.2	109.9	103.2	101.0
河 南	100	96.6	93.3	107.1	120.9	122.0	117.4	112.1	106.8	112.2	111.1	117.7	120.1	115.1
湖 北	100	98.0	100.0	102.0	104.1	100.2	92.9	99.1	97.5	95.9	100.6	108.6	108.5	107.1
湖 南	100	94.1	88.3	95.9	103.6	110.8	100.9	107.1	102.8	111.1	106.5	112.7	112.8	108.5
中部平均	100	100.0	101.5	108.5	114.4	117.8	114.5	115.3	110.8	113.3	113.7	119.2	117.7	117.8
内蒙古	100	113.9	127.8	140.8	153.9	147.3	140.8	147.7	167.5	153.9	149.5	168.2	156.8	155.2
广 西	100	116.6	130.6	144.5	158.5	155.8	153.0	150.3	142.5	134.8	161.4	156.7	157.9	159.2
重 庆	100	105.4	107.2	116.9	126.6	125.0	124.2	125.7	117.7	109.7	108.0	113.1	108.0	107.6
四 川	100	111.3	122.6	131.5	140.4	146.4	146.5	157.4	147.5	138.3	129.0	142.1	138.4	143.5
贵 州	100	102.3	104.6	100.9	99.3	99.0	94.4	103.2	102.3	101.0	96.4	92.0	92.5	90.2

续表

年份\地区	1990	1991	1992	1993	1994	1995	1996	1997	1998	1999	2000	2001	2002	2003
云南	100	98.9	97.8	112.4	127.0	128.1	126.6	120.5	115.5	120.5	123.0	118.2	111.6	112.1
陕西	100	100.6	101.3	109.7	105.3	108.3	119.1	121.7	116.0	115.4	124.0	120.1	117.5	120.3
甘肃	100	103.1	106.1	111.5	116.8	122.1	127.5	119.7	126.8	123.1	122.8	125.4	129.5	123.2
青海	100	99.6	101.2	99.2	98.3	106.2	96.3	103.0	108.4	99.9	102.8	105.5	108.2	110.7
宁夏	100	111.1	103.2	113.1	122.9	128.3	132.4	131.4	130.3	128.9	126.4	132.1	136.1	126.7
新疆	100	97.6	104.7	97.7	102.3	94.3	86.4	89.9	98.4	103.3	99.8	105.1	101.1	106.1
西部平均	100	104.5	108.2	113.8	119.7	120.5	119.4	121.5	122.0	118.6	119.4	122.1	120.3	120.0
全国平均	100	103.0	106.6	113.7	118.2	118.6	116.0	118.2	116.6	116.7	117.6	120.8	119.3	120.0

年份\地区	2004	2005	2006	2007	2008	2009	2010	2011	2012	2013	2014	2015	2016
北京	89.7	91.0	92.3	93.6	94.8	96.1	97.4	98.1	106.7	108.8	104.8	112.7	116.6
天津	173.4	174.5	183.3	181.8	184.5	187.3	191.5	207.5	197.9	195.9	192.5	195.2	218.6
河北	109.0	116.1	118.0	113.3	102.9	107.1	103.9	113.0	106.1	106.3	90.8	94.1	116.0
辽宁	134.8	142.2	140.2	144.6	141.3	145.5	146.1	147.1	137.0	143.0	141.1	123.2	109.3
上海	115.3	112.7	120.7	122.6	115.7	122.8	133.1	145.6	151.9	158.3	156.1	160.0	164.6
江苏	144.1	147.2	148.3	149.5	139.6	151.0	151.6	156.5	158.0	156.0	155.7	157.1	162.8
浙江	104.2	101.1	108.8	112.5	103.7	110.9	115.3	124.4	126.4	128.1	121.2	122.9	129.2
福建	121.6	123.4	116.5	123.9	121.3	125.6	132.9	141.7	143.2	143.9	137.1	141.5	147.8
山东	145.8	153.0	159.5	158.0	147.9	159.6	160.6	159.6	157.9	161.5	156.0	156.3	163.5
广东	171.4	171.8	174.8	180.3	167.9	179.7	190.6	207.1	203.4	214.3	202.7	212.2	212.8
海南	128.5	132.1	127.1	137.5	126.1	132.9	129.6	145.6	135.0	142.1	126.4	122.6	123.2
东部平均	127.5	129.6	132.0	134.5	128.0	134.5	137.9	146.1	145.0	148.1	141.6	143.3	149.3

续表

年份 地区	2004	2005	2006	2007	2008	2009	2010	2011	2012	2013	2014	2015	2016
山 西	118.7	116.4	119.5	113.8	112.6	111.3	110.1	122.1	108.9	109.3	96.8	91.7	105.1
吉 林	170.2	180.9	163.8	174.0	178.4	169.2	181.5	197.2	183.2	163.5	175.9	182.0	193.6
黑龙江	110.3	119.0	116.5	115.5	115.6	109.7	107.8	115.6	102.3	99.4	88.2	105.2	111.2
安 徽	128.4	122.0	129.0	126.8	127.7	137.0	139.4	159.3	155.8	149.8	159.9	163.2	165.5
江 西	112.7	111.2	108.4	108.8	120.2	127.3	124.1	129.7	122.9	120.6	123.4	121.5	124.4
河 南	110.9	122.3	122.1	120.1	110.8	113.8	122.1	132.2	125.1	131.2	137.2	127.6	133.7
湖 北	104.5	110.4	113.9	112.5	111.8	121.5	121.1	126.5	117.5	112.3	114.8	118.6	128.6
湖 南	101.1	114.9	116.0	111.0	115.9	123.6	126.6	127.3	125.3	119.3	122.4	124.8	134.2
中部平均	117.3	122.3	121.8	120.5	121.6	124.3	126.2	135.4	126.7	123.0	123.7	125.7	133.4
内蒙古	168.6	177.4	170.6	186.1	182.2	189.4	186.5	204.3	191.6	179.1	182.5	210.9	210.4
广 西	147.1	151.5	168.4	167.4	170.6	181.1	195.1	190.6	190.5	182.2	172.4	191.4	206.7
重 庆	109.0	105.3	119.0	116.4	125.6	144.0	143.1	152.7	141.5	139.6	138.9	146.5	151.0
四 川	146.7	161.0	167.8	174.3	159.1	164.6	194.0	206.9	189.9	177.5	179.9	196.9	210.1
贵 州	91.7	97.4	103.1	93.7	84.9	95.9	94.2	97.8	93.0	90.3	86.3	92.7	97.1
云 南	112.5	109.2	108.2	120.4	114.5	112.7	123.8	127.9	125.0	120.7	98.7	118.3	119.4
陕 西	120.4	122.5	128.8	121.0	129.5	127.3	135.3	141.2	139.5	126.9	127.6	131.4	151.8
甘 肃	127.2	132.0	134.1	131.3	120.0	121.6	121.6	129.2	131.2	121.1	113.0	130.4	137.8
青 海	111.8	121.5	117.8	126.1	132.6	122.6	112.5	129.5	128.3	115.6	123.0	110.6	122.1
宁 夏	136.5	147.5	144.6	158.8	155.8	147.7	148.1	155.1	154.2	132.5	123.1	147.0	146.6
新 疆	111.0	113.4	119.3	113.1	116.5	113.8	111.1	125.8	130.0	114.1	114.5	102.6	122.5
西部平均	122.7	127.4	131.2	132.7	131.5	133.9	137.0	145.9	142.1	131.8	128.4	137.8	146.8
全国平均	123.2	126.9	129.0	130.2	127.4	131.6	134.5	143.2	139.2	136.2	132.6	136.8	144.3

1990~2016年中国各省区市发展前景评价

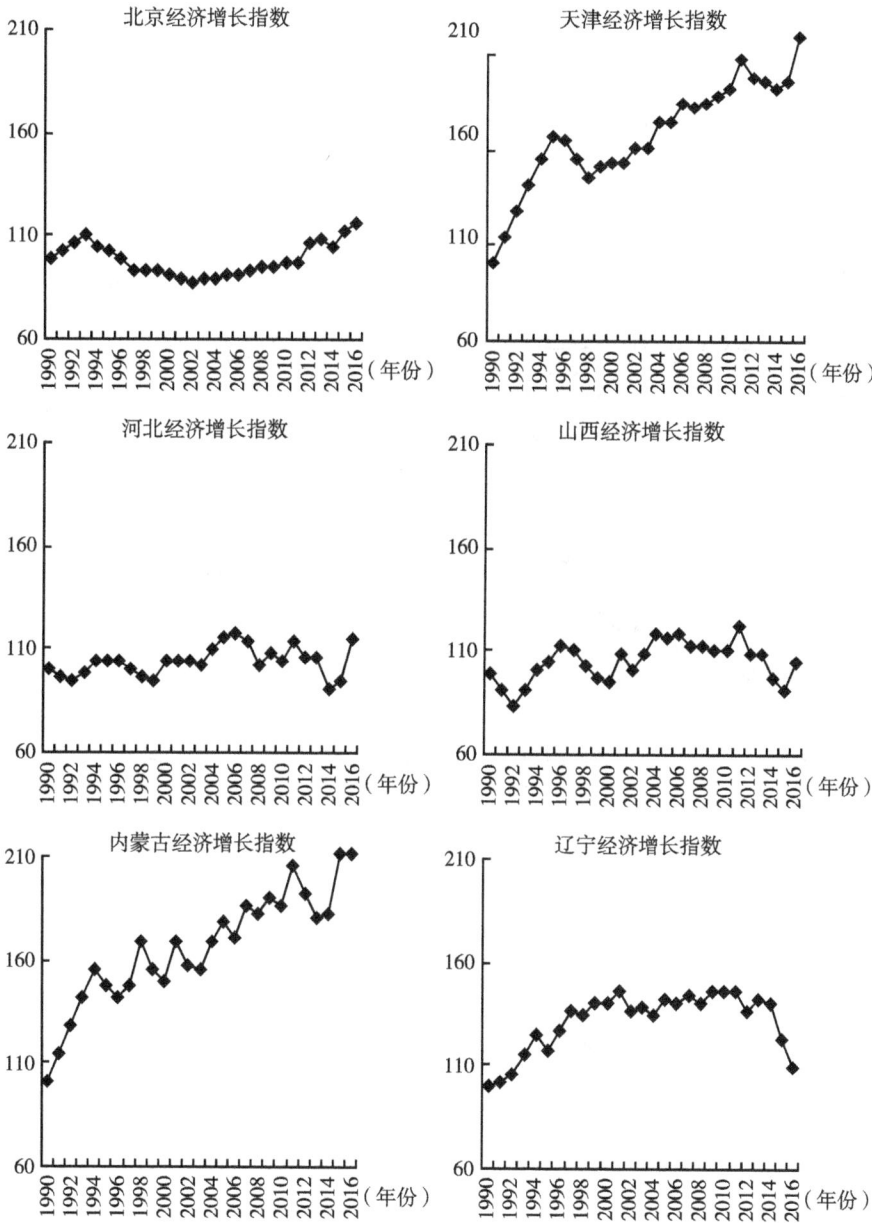

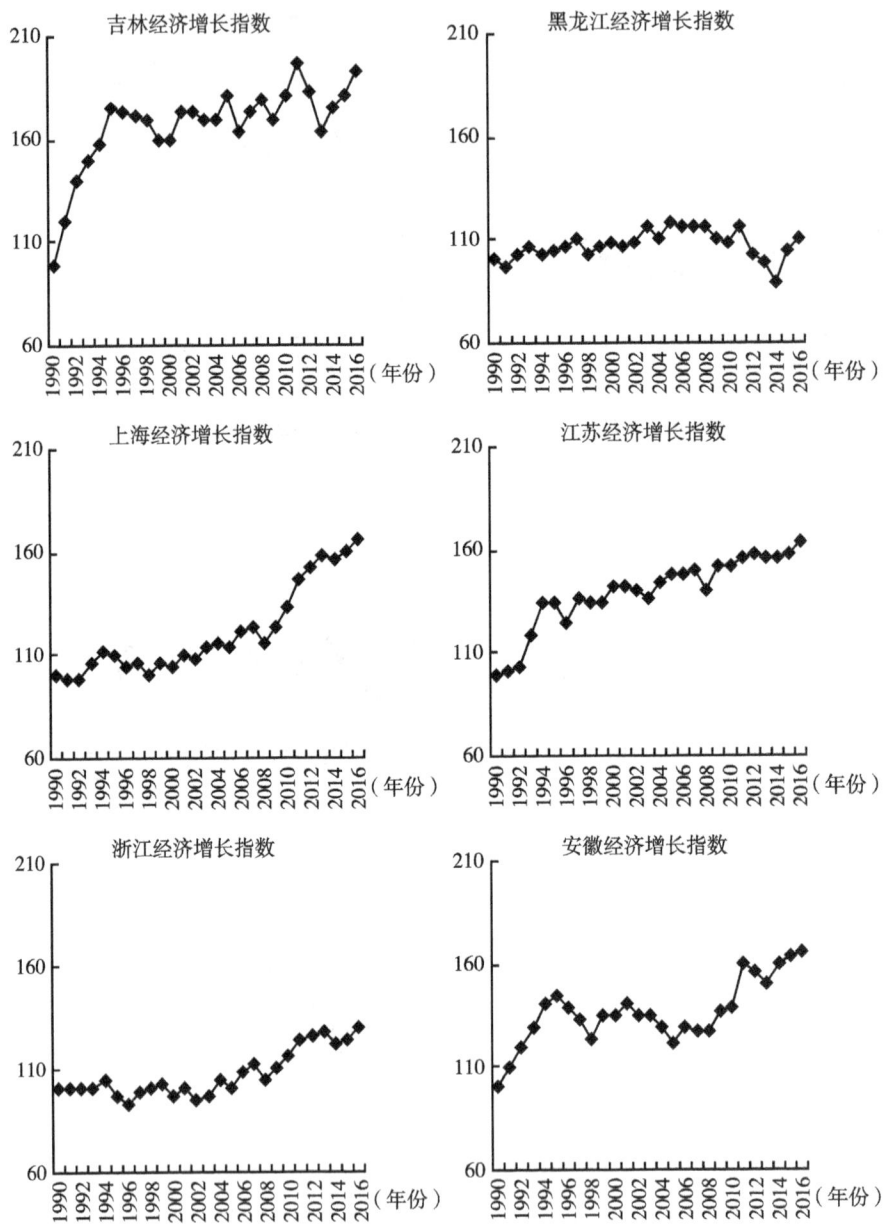

1990～2016年中国各省区市发展前景评价

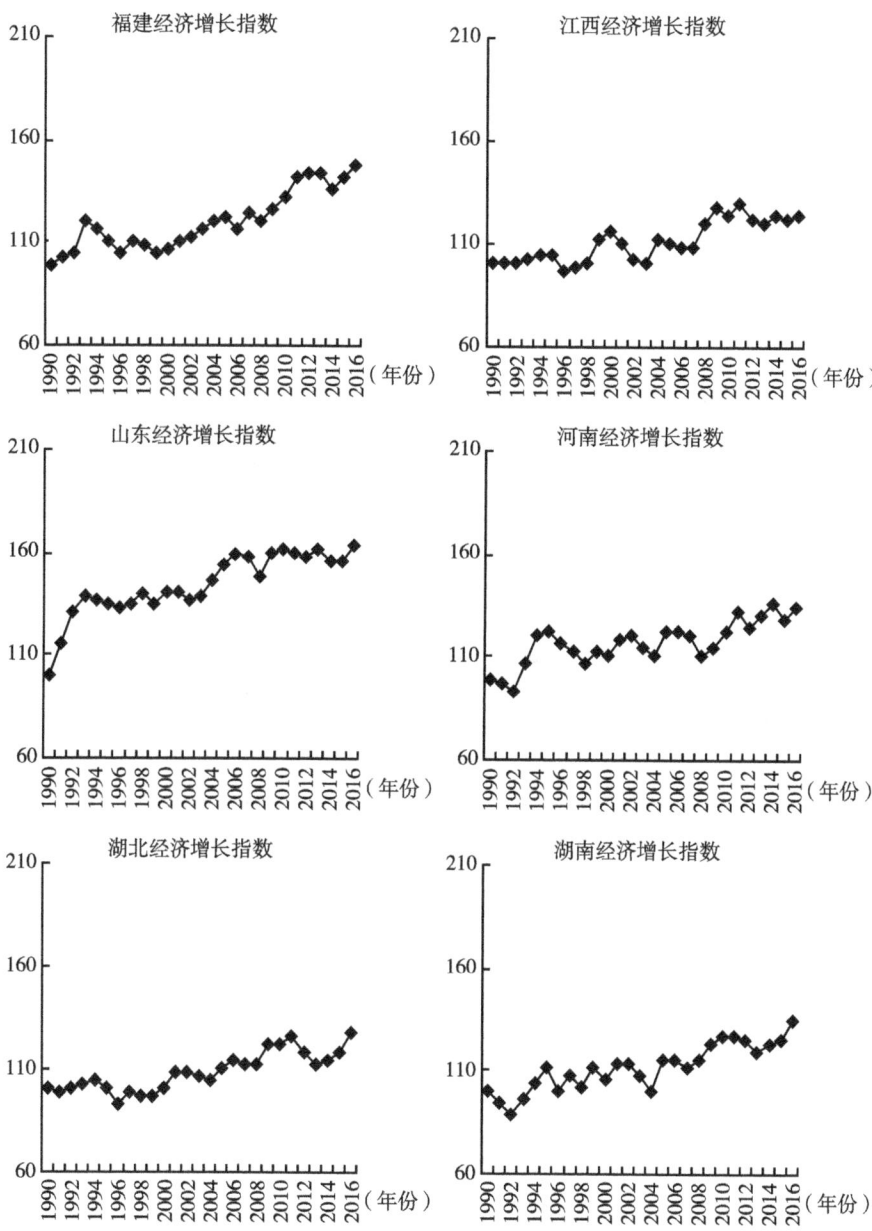

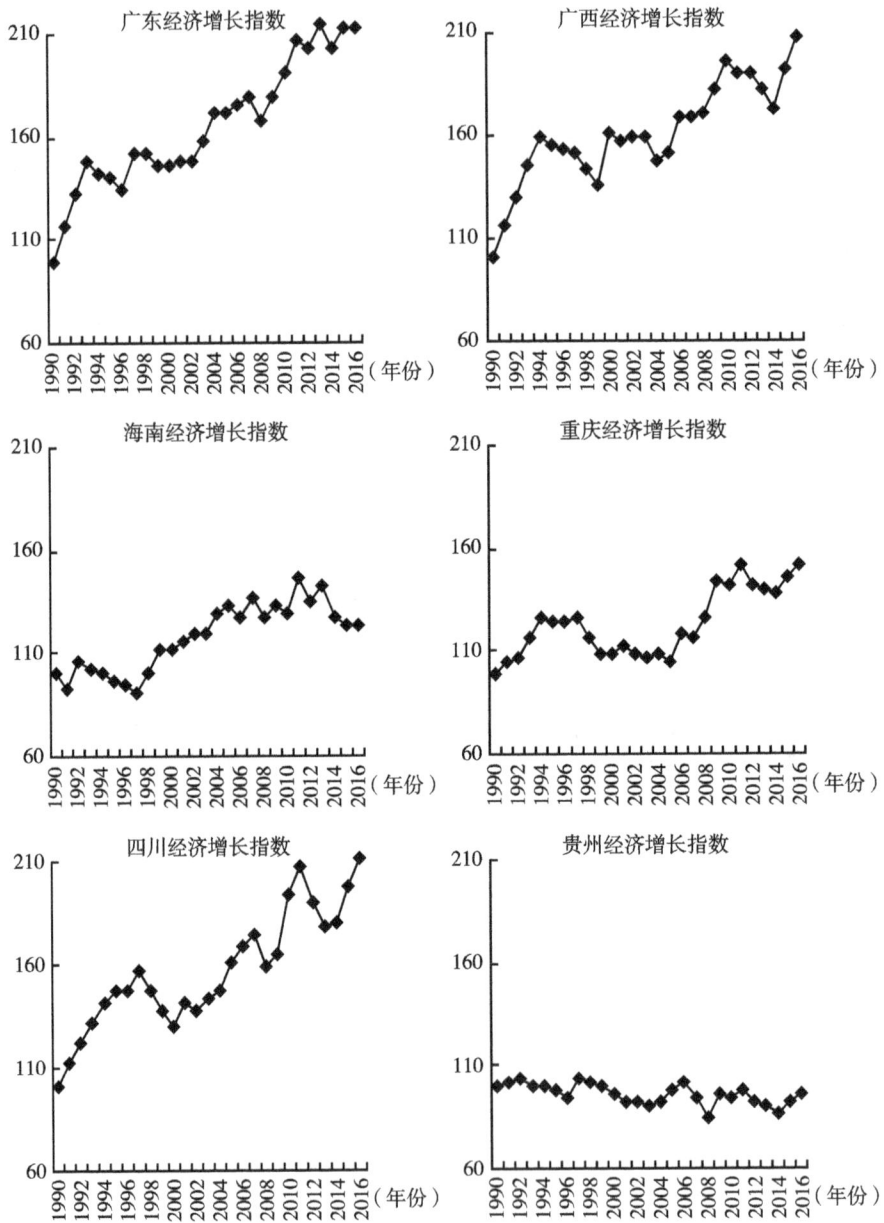

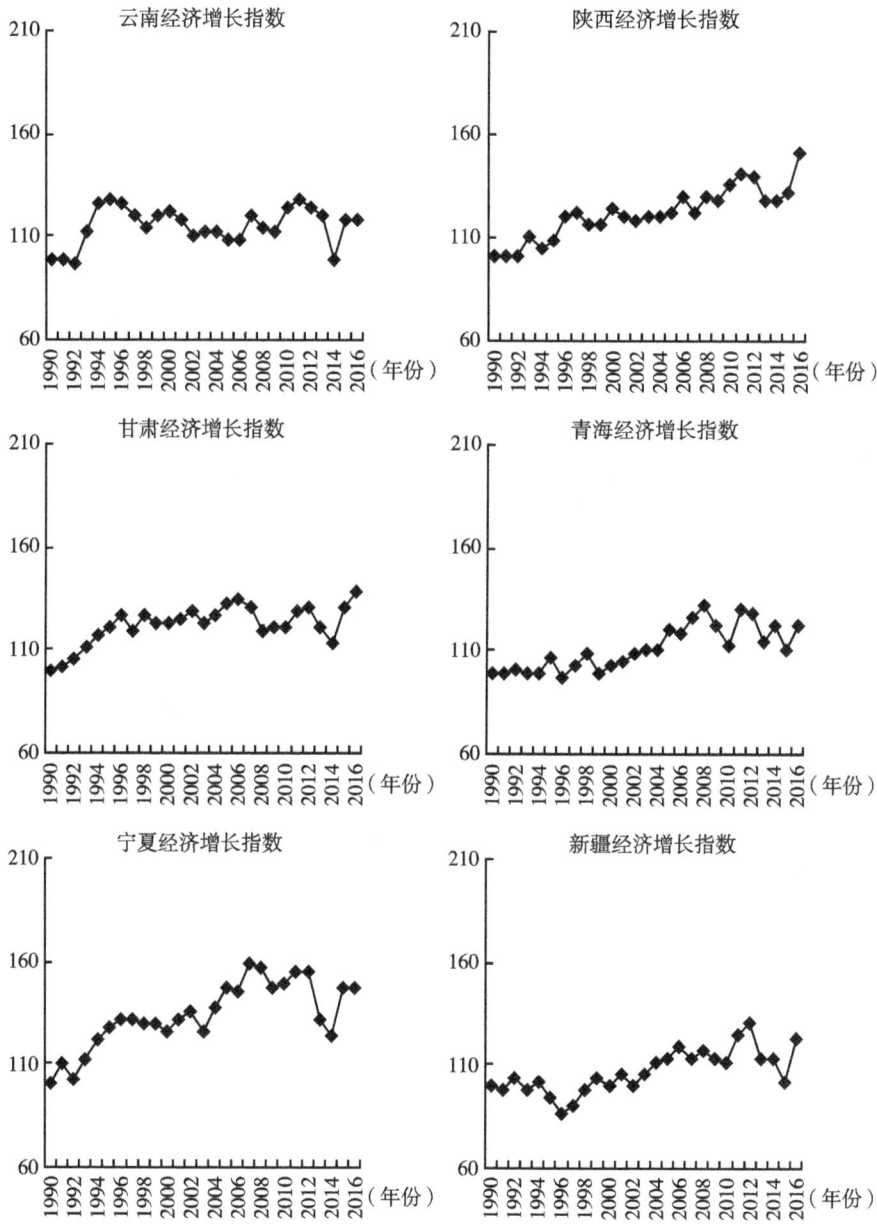

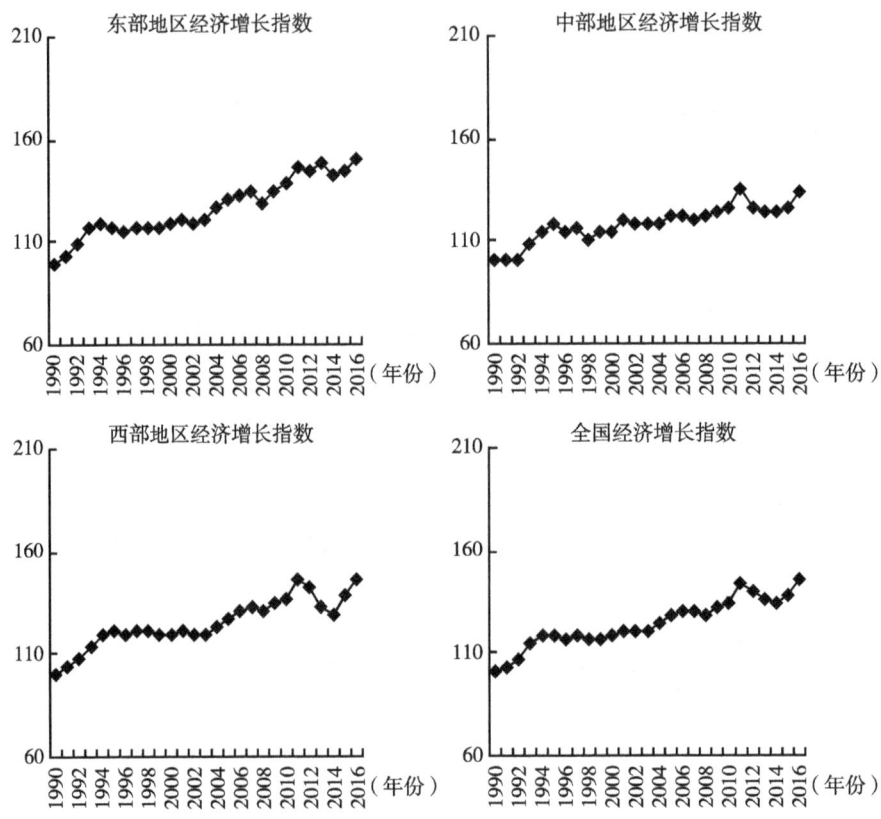

图 65 30 个省区市以及东部、中部、西部地区与全国 1990~2016 年经济增长指数（以 1990 年为基期）

表 68 各省区市 1990~2016 年增长可持续性排名情况（按排名顺序）

年份 排名	1990	1991	1992	1993	1994	1995	1996	1997	1998	1999	2000	2001	2002	2003
1	上海	上海	上海	上海	北京	北京	北京	上海	上海	上海	上海	北京	上海	上海
2	北京	北京	北京	北京	上海	上海	上海	北京	北京	北京	北京	上海	北京	北京
3	江苏	黑龙江	江苏	江苏	江苏	辽宁	江苏	辽宁	辽宁	吉林	吉林	黑龙江	新疆	新疆
4	黑龙江	江苏	黑龙江	黑龙江	辽宁	江苏	辽宁	江苏	吉林	辽宁	天津	新疆	黑龙江	黑龙江
5	新疆	新疆	辽宁	辽宁	黑龙江	黑龙江	黑龙江	黑龙江	黑龙江	天津	黑龙江	吉林	天津	天津
6	青海	浙江	新疆	山东	山东	天津	吉林	吉林	天津	江苏	辽宁	天津	辽宁	辽宁
7	广东	青海	吉林	天津	天津	吉林	天津	天津	江苏	黑龙江	江苏	辽宁	江苏	江苏
8	海南	广东	浙江	新疆	新疆	山东	新疆	浙江	山东	山东	新疆	江苏	浙江	内蒙古
9	吉林	吉林	山东	吉林	浙江	新疆	浙江	内蒙古	浙江	新疆	山东	山东	山东	广东
10	辽宁	辽宁	天津	浙江	吉林	浙江	山东	新疆	内蒙古	浙江	浙江	四川	广东	湖北
11	浙江	山东	青海	青海	青海	广东	内蒙古	山东	新疆	四川	四川	浙江	内蒙古	青海
12	四川	天津	广东	四川	四川	安徽	四川	四川	四川	内蒙古	海南	内蒙古	青海	四川
13	辽宁	四川	福建	广东	广东	四川	湖北	广东	海南	安徽	内蒙古	青海	湖北	浙江
14	天津	海南	四川	福建	湖北	青海	青海	湖南	广东	青海	广东	广东	四川	吉林
15	甘肃	福建	海南	广西	福建	湖北	安徽	福建	广东	海南	青海	海南	广西	山东
16	福建	甘肃	重庆	重庆	内蒙古	内蒙古	广东	海南	湖南	广东	湖北	湖北	广东	福建
17	山东	重庆	广西	海南	湖南	甘肃	湖南	安徽	湖北	福建	甘肃	安徽	吉林	广西
18	重庆	广西	甘肃	湖北	重庆	福建	福建	湖北	广西	湖北	福建	广西	福建	海南
19	广西	湖北	湖北	湖南	广西	湖南	甘肃	海南	海南	广西	广西	福建	海南	安徽
20	湖北	湖南	湖南	甘肃	甘肃	广西	重庆	甘肃	甘肃	海南	安徽	甘肃	安徽	甘肃
21	云南	云南	内蒙古	内蒙古	云南	重庆	广西	广西	福建	甘肃	湖南	湖南	甘肃	云南
22	湖南	内蒙古	云南	云南	安徽	河北	云南	重庆	安徽	云南	云南	云南	云南	湖南

续表

年份/排名	1990	1991	1992	1993	1994	1995	1996	1997	1998	1999	2000	2001	2002	2003
23	陕西	陕西	江西	安徽	海南	云南	海南	云南	重庆	江西	山西	山西	河北	重庆
24	河北	江西	陕西	陕西	河北	海南	河北	河北	河北	陕西	陕西	重庆	山西	河北
25	贵州	河北	河北	河北	陕西	陕西	陕西	陕西	江西	山西	江西	河北	重庆	山西
26	江西	河南	安徽	江西	江西	江西	江西	江西	河南	河南	重庆	陕西	江西	江西
27	河南	安徽	河南	河南	河南	河南	河南	河南	宁夏	宁夏	河南	河南	陕西	河南
28	安徽	山西	贵州	宁夏	宁夏	山西	宁夏	宁夏	陕西	河北	河北	江西	河南	陕西
29	山西	宁夏	山西	贵州	山西	宁夏	山西	宁夏	山西	重庆	宁夏	宁夏	宁夏	宁夏
30	宁夏	宁夏	宁夏	山西	贵州	贵州	贵州	贵州	贵州	贵州	贵州	贵州	贵州	贵州

年份/排名	2004	2005	2006	2007	2008	2009	2010	2011	2012	2013	2014	2015	2016	综合
1	上海	北京	北京	上海	上海	上海	上海	上海	上海	上海	上海	上海	上海	上海
2	北京	上海	上海	北京	北京	北京	北京	北京	北京	北京	江苏	江苏	江苏	北京
3	黑龙江	广东	江苏	江苏	浙江	浙江	海南	浙江	江苏	江苏	北京	浙江	浙江	江苏
4	辽宁	天津	广东	广东	江苏	广东	浙江	江苏	广东	浙江	浙江	广东	广东	浙江
5	新疆	江苏	天津	天津	广东	江苏	广东	广东	浙江	广东	广东	北京	北京	广东
6	天津	黑龙江	浙江	江苏	天津	天津	江苏	天津	天津	天津	天津	内蒙古	内蒙古	天津
7	江苏	辽宁	黑龙江	辽宁	海南	海南	黑龙江	海南	海南	海南	海南	海南	海南	海南
8	内蒙古	新疆	辽宁	黑龙江	黑龙江	黑龙江	天津	黑龙江	黑龙江	山东	辽宁	山东	福建	黑龙江
9	广东	浙江	内蒙古	新疆	内蒙古	青海	新疆	内蒙古	内蒙古	辽宁	山东	天津	天津	辽宁
10	浙江	福建	四川	青海	青海	内蒙古	内蒙古	新疆	新疆	黑龙江	新疆	新疆	吉林	新疆
11	吉林	四川	海南	海南	新疆	辽宁	山东	山东	山东	新疆	黑龙江	黑龙江	山东	吉林
12	湖北	内蒙古	青海	四川	辽宁	新疆	青海	辽宁	辽宁	内蒙古	内蒙古	吉林	海南	山东
13	青海	青海	福建	山东	山东	吉林	辽宁	吉林	青海	青海	青海	青海	辽宁	内蒙古
14	四川	湖北	新疆	内蒙古	四川	山东	吉林	青海	吉林	吉林	吉林	吉林	宁	青海
15	福建	山东	吉林	吉林	吉林	四川	四川	福建	四川	福建	福建	福建	黑龙江	四川

1990～2016年中国各省区市发展前景评价

续表

排名\年份	2004	2005	2006	2007	2008	2009	2010	2011	2012	2013	2014	2015	2016	综合
16	山东	吉林	山东	湖北	福建	福建	福建	四川	福建	四川	四川	四川	四川	福建
17	甘肃	海南	湖北	福建	湖北	湖北	安徽	湖北	陕西	安徽	安徽	安徽	湖南	湖北
18	安徽	甘肃	甘肃	甘肃	广西	广西	湖北	陕西	湖北	陕西	陕西	江西	安徽	广西
19	云南	广西	云南	云南	云南	甘肃	广西	安徽	安徽	重庆	重庆	湖北	江西	甘肃
20	广西	湖南	广西	山西	湖南	安徽	陕西	重庆	重庆	湖北	江西	陕西	湖北	安徽
21	海南	云南	湖南	广西	甘肃	云南	重庆	云南	广西	广西	湖北	重庆	陕西	湖南
22	湖北	河北	湖北	湖北	安徽	陕西	云南	南	云南	云南	广西	湖南	河北	云南
23	河北	安徽	安徽	陕西	陕西	重庆	甘肃	甘肃	江西	湖南	云南	云南	重庆	重庆
24	山西	山西	山西	安徽	河北	湖北	江西	江西	甘肃	甘肃	湖南	南	云南	陕西
25	河南	江西	江西	河北	宁夏	山西	山西	山西	湖南	宁夏	甘肃	宁夏	宁夏	江西
26	宁夏	河南	宁夏	江西	重庆	江西	河北	河北	河北	山西	宁夏	甘肃	广西	河北
27	重庆	宁夏	河南	重庆	山西	宁夏	宁夏	宁夏	宁夏	河北	山西	河北	甘肃	山西
28	江西	重庆	贵州	宁夏	江西	贵州	河南	河南	南	河南	河北	河南	山西	宁夏
29	陕西	贵州	贵州	贵州	贵州	河南	南	贵州	南	宁夏	河南	山西	河南	河南
30	贵州	贵州	重庆	河南	南	河南	贵州	贵州	贵州	贵州	贵州	贵州	贵州	贵州

表69 各省区市1990～2016年增长可持续性排名情况

地区\年份	1990	1991	1992	1993	1994	1995	1996	1997	1998	1999	2000	2001	2002	2003
北京	2	2	2	2	1	1	1	2	2	2	2	1	2	2
天津	13	12	10	7	7	6	7	7	6	5	4	6	5	5
河北	24	25	25	25	24	22	24	24	24	28	27	25	23	24
山西	29	29	29	30	29	28	29	27	29	25	23	23	24	25
内蒙古	21	22	21	21	16	16	11	9	10	12	13	12	11	8

283

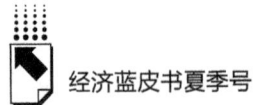

续表

年份 地区	1990	1991	1992	1993	1994	1995	1996	1997	1998	1999	2000	2001	2002	2003
辽宁	12	10	5	5	4	3	4	3	3	4	6	7	6	6
吉林	9	9	7	9	10	7	6	6	4	3	3	5	16	14
黑龙江	4	3	4	4	5	5	5	5	5	7	5	3	4	4
上海	1	1	1	1	2	2	2	1	1	1	1	2	1	1
江苏	3	4	3	3	3	4	3	4	7	6	7	8	7	7
浙江	10	6	8	10	9	10	9	8	9	10	10	11	8	13
安徽	28	28	26	23	22	12	15	17	21	13	20	17	19	19
福建	15	15	13	14	15	18	18	15	20	17	18	19	17	16
江西	26	24	23	26	26	26	26	26	25	23	25	27	26	26
山东	16	11	9	6	6	8	10	11	8	8	9	9	9	15
河南	27	26	27	27	27	27	27	28	26	26	28	28	28	27
湖北	19	19	19	20	14	15	13	18	16	21	16	16	13	10
湖南	22	20	20	18	17	19	17	14	15	18	21	21	20	22
广东	7	8	12	13	13	11	16	13	14	16	14	14	10	9
广西	18	18	17	15	19	20	21	21	17	19	19	18	15	17
海南	8	14	15	17	23	24	23	16	13	15	12	15	18	18
重庆	17	17	16	16	18	21	20	22	23	29	26	24	25	23
四川	11	13	14	12	12	13	12	12	12	11	11	10	14	12
贵州	25	27	28	29	30	30	30	30	30	30	30	30	30	30
云南	20	21	22	22	21	23	22	23	22	22	22	22	22	21
陕西	23	23	24	24	25	25	25	25	28	24	24	26	27	28
甘肃	14	16	18	19	20	17	19	20	19	20	17	20	21	20

续表

年份地区	1990	1991	1992	1993	1994	1995	1996	1997	1998	1999	2000	2001	2002	2003
青海	6	7	11	11	11	14	14	19	18	14	15	13	12	11
宁夏	30	30	30	28	28	29	28	29	27	27	29	29	29	29
新疆	5	5	6	8	8	9	8	10	11	9	8	4	3	3

年份地区	2004	2005	2006	2007	2008	2009	2010	2011	2012	2013	2014	2015	2016	综合
北京	2	1	1	2	2	2	2	2	2	2	3	5	5	2
天津	6	4	5	5	6	6	8	7	6	6	6	9	10	6
河北	23	22	22	25	24	25	27	27	28	28	28	27	22	26
山西	24	25	24	20	27	26	26	26	27	27	27	29	29	27
内蒙古	8	12	9	14	9	10	10	9	9	12	12	6	6	13
辽宁	4	7	8	7	12	11	13	12	12	9	8	12	14	8
吉林	11	16	15	15	15	14	14	15	14	14	14	13	11	10
黑龙江	3	6	7	8	8	8	7	8	8	10	11	11	15	7
上海	1	2	2	1	1	1	1	1	1	1	1	1	1	1
江苏	7	5	3	6	5	5	6	5	3	3	2	2	2	3
浙江	10	9	6	3	3	3	4	3	5	5	5	3	3	4
安徽	18	23	23	24	22	20	17	19	19	17	17	17	18	20
福建	15	10	13	17	16	16	16	13	16	15	15	15	8	16
江西	28	26	26	26	28	27	25	24	23	22	20	18	19	25
山东	16	15	16	13	13	13	11	11	11	8	9	7	13	11
河南	25	27	28	30	29	30	29	29	29	29	29	28	28	29
湖北	12	14	17	16	17	17	18	17	18	20	21	19	20	17

续表

年份\地区	2004	2005	2006	2007	2008	2009	2010	2011	2012	2013	2014	2015	2016	综合
湖南	22	20	21	22	20	24	24	25	25	24	24	22	17	21
广东	9	3	4	4	4	4	5	4	4	4	4	4	4	5
广西	20	19	20	21	18	18	19	22	21	21	22	25	26	18
海南	21	17	11	11	7	7	3	6	7	7	7	8	7	12
重庆	27	29	30	27	26	23	21	20	20	19	19	21	23	23
四川	14	11	10	12	14	15	15	16	15	16	16	16	16	15
贵州	30	30	29	29	30	29	30	30	30	30	30	30	30	30
云南	19	21	19	19	19	21	22	21	22	23	23	23	24	22
陕西	29	24	25	23	23	22	20	18	17	18	18	20	21	24
甘肃	17	18	18	18	21	19	23	23	24	25	25	26	27	19
青海	13	13	12	10	10	9	12	14	13	13	13	14	12	14
宁夏	26	28	27	28	25	28	28	28	26	26	26	24	25	28
新疆	5	8	14	9	11	12	9	10	10	11	10	10	9	9

表70 各省区市1990~2016年增长可持续性指数（上一年=100）

年份\地区	1990	1991	1992	1993	1994	1995	1996	1997	1998	1999	2000	2001	2002	2003
北京	100	105.8	103.6	99.4	97.4	97.9	97.9	97.8	104.5	104.3	106.6	103.7	105.1	103.7
天津	100	107.1	106.6	106.2	97.9	101.9	99.8	98.5	103.1	103.0	111.0	101.3	110.2	100.9
河北	100	108.8	108.3	104.6	101.5	109.6	96.3	100.8	95.6	100.2	109.7	108.8	108.1	105.6
辽宁	100	106.0	113.5	100.6	99.7	104.7	99.0	99.6	101.1	99.4	106.3	104.9	107.2	102.1
上海	100	97.6	105.9	96.1	91.5	96.4	98.8	102.5	105.2	104.9	104.7	101.4	106.1	104.0

续表

地区\年份	1990	1991	1992	1993	1994	1995	1996	1997	1998	1999	2000	2001	2002	2003
江苏	100	101.0	103.3	103.2	96.8	95.1	105.0	97.0	97.5	102.5	106.9	105.0	106.0	102.6
浙江	100	107.4	104.9	99.6	99.4	99.3	98.6	103.6	100.0	103.0	106.7	103.7	106.9	101.8
福建	100	104.2	108.7	100.7	95.1	96.8	100.3	105.5	94.3	108.6	103.8	106.1	109.4	107.7
山东	100	113.2	106.6	106.2	99.6	96.5	96.9	98.7	107.2	102.6	106.1	104.4	104.8	99.5
广东	100	103.4	100.8	100.2	98.2	99.3	94.9	107.1	100.4	99.8	112.3	106.3	108.5	106.3
海南	100	100.5	97.9	97.9	97.8	92.8	103.6	111.1	106.4	98.4	113.6	101.8	102.6	102.5
东部平均	100	104.5	103.2	103.1	97.5	98.9	99.2	101.7	101.5	102.5	107.8	104.1	106.7	103.2
山西	100	107.0	106.5	106.1	105.8	104.0	103.0	103.5	95.8	112.4	111.0	109.3	102.9	102.1
吉林	100	104.5	108.4	100.0	95.8	106.2	105.7	96.2	103.6	101.1	114.9	97.3	97.2	102.9
黑龙江	100	103.8	99.6	99.6	97.1	100.4	104.0	96.8	100.1	100.1	111.3	108.2	107.6	100.9
安徽	100	105.7	116.8	114.4	109.9	107.2	96.4	101.6	95.3	112.2	100.3	107.9	107.1	102.0
江西	100	118.2	106.9	95.2	102.0	102.0	102.0	101.9	101.9	107.9	103.8	105.2	104.9	105.2
河南	100	112.2	103.9	104.3	99.5	104.2	99.3	102.4	103.8	103.7	103.5	101.3	109.5	108.7
湖北	100	105.9	103.4	98.9	106.7	100.3	100.3	99.5	98.1	99.7	113.5	107.7	112.5	104.7
湖南	100	109.5	109.4	103.6	101.3	98.4	101.4	106.1	99.8	99.8	103.9	104.3	106.9	102.8
中部平均	100	107.7	106.2	102.2	101.8	102.8	101.6	100.6	99.9	104.1	108.0	105.0	105.9	103.5
内蒙古	100	107.5	106.8	104.3	104.3	102.3	108.0	101.2	101.2	101.2	106.8	106.4	106.0	106.7
广西	100	103.9	103.8	103.6	97.8	98.7	95.9	102.6	104.2	102.3	107.4	106.9	115.5	96.8
重庆	100	103.0	104.7	101.3	98.7	97.7	98.7	99.3	94.8	94.5	116.5	111.2	103.2	106.9
四川	100	103.8	101.9	101.8	98.3	98.3	102.0	101.9	101.9	106.9	105.8	105.5	105.2	103.5
贵州	100	102.8	102.2	102.2	100.7	100.7	100.9	101.1	101.3	101.5	101.7	101.9	102.1	116.7
云南	100	103.1	103.7	103.6	105.4	96.8	99.0	99.1	103.6	103.5	103.4	108.2	107.5	105.1

续表

年份 地区	1990	1991	1992	1993	1994	1995	1996	1997	1998	1999	2000	2001	2002	2003
陕西	100	104.3	104.1	103.9	98.0	100.2	103.1	100.9	94.9	111.5	105.8	105.5	104.2	104.0
甘肃	100	100.6	102.0	100.4	101.1	100.6	98.4	100.5	100.5	102.8	111.2	101.3	106.6	106.2
青海	100	102.0	101.4	101.4	97.1	97.0	99.3	99.3	97.1	109.7	108.9	108.1	107.5	103.8
宁夏	100	114.4	111.8	110.6	103.3	101.9	103.8	102.7	102.6	102.5	102.5	102.4	109.9	109.0
新疆	100	101.4	98.8	98.8	98.8	99.3	97.7	98.9	101.7	106.1	109.4	110.4	109.7	101.3
西部平均	100	103.7	103.3	102.6	100.2	99.3	100.6	100.7	100.4	103.9	107.3	106.4	107.2	104.9
全国平均	100	105.0	104.9	101.9	99.4	100.0	100.3	101.1	100.7	103.4	107.7	105.1	106.7	103.9

年份 地区	2004	2005	2006	2007	2008	2009	2010	2011	2012	2013	2014	2015	2016	平均
北京	105.4	100.3	104.9	108.1	107.5	102.3	102.3	102.2	100.4	99.0	101.4	97.4	101.7	102.3
天津	103.7	103.5	102.6	111.4	98.8	103.4	100.8	100.8	99.7	97.9	100.7	94.1	103.9	102.6
河北	105.2	102.2	98.5	105.8	101.6	99.2	99.2	99.2	96.8	97.3	98.5	104.2	114.4	103.1
辽宁	106.5	98.7	100.5	111.0	96.9	100.6	99.5	99.5	102.1	101.6	102.2	99.6	100.9	102.4
上海	106.4	97.1	105.9	114.1	112.3	107.7	106.8	106.3	99.2	102.9	103.3	100.7	105.5	103.2
江苏	106.0	102.9	106.8	106.3	101.3	103.5	103.8	103.7	104.2	104.0	105.4	103.6	106.3	103.1
浙江	105.9	103.8	107.0	116.5	101.6	103.3	103.2	103.1	97.7	101.6	104.3	107.0	105.8	103.7
福建	104.4	106.5	100.7	102.5	100.3	102.5	102.4	102.4	96.6	100.8	102.3	103.3	110.2	102.9
山东	103.9	102.1	103.0	110.4	101.2	100.5	113.3	90.7	100.7	101.2	101.9	101.1	99.7	102.8
广东	104.7	107.6	103.3	111.1	103.4	102.9	102.8	102.8	99.4	103.2	103.7	104.8	104.4	103.5
海南	99.2	107.9	110.3	109.8	108.5	103.8	115.1	90.5	95.8	99.0	98.2	98.3	106.5	102.7
东部平均	104.7	102.7	104.0	109.8	103.3	102.9	104.6	100.3	99.4	101.0	102.2	101.3	105.1	102.9
山西	106.6	99.1	103.1	113.0	95.2	99.7	99.7	99.7	96.7	97.1	101.1	98.2	102.6	103.1

续表

年份 地区	2004	2005	2006	2007	2008	2009	2010	2011	2012	2013	2014	2015	2016	平均
吉 林	107.5	97.2	104.7	104.8	103.0	102.2	100.3	100.3	100.3	99.2	102.5	102.3	105.1	102.4
黑龙江	104.5	97.6	100.0	106.3	106.0	101.2	109.4	90.3	98.1	98.4	101.5	102.1	99.5	101.7
安 徽	104.4	92.9	101.1	107.1	101.6	102.3	110.8	92.9	99.5	100.3	102.0	103.1	105.7	103.9
江 西	102.9	100.8	102.0	109.2	101.1	100.6	101.4	101.4	101.3	99.9	101.8	102.8	110.9	103.6
河 南	106.3	96.3	99.5	106.8	99.6	98.8	100.6	100.6	97.4	100.7	101.2	105.7	104.6	102.9
湖 北	104.2	99.2	100.6	105.9	99.2	99.1	98.2	98.1	97.3	97.5	100.3	103.0	104.7	102.2
湖 南	103.8	100.9	98.7	108.6	100.4	98.3	99.2	99.2	99.5	99.1	101.7	106.0	110.4	102.8
中部平均	105.0	97.9	101.2	107.6	100.9	100.3	102.7	97.4	98.8	99.0	101.6	102.9	104.7	102.7
内蒙古	104.7	97.7	105.1	104.8	104.6	100.2	110.9	91.2	100.5	98.1	101.7	104.7	106.0	103.6
广 西	102.1	99.9	100.1	106.2	102.4	101.0	97.9	97.9	100.8	98.7	99.6	96.2	102.2	101.7
重 庆	99.0	94.5	99.3	117.6	102.9	102.5	102.0	102.0	99.4	98.7	102.3	99.4	100.7	102.0
四 川	103.4	103.3	103.2	106.8	100.0	100.7	100.3	100.3	98.1	97.5	100.0	103.8	103.6	102.2
贵 州	106.3	103.7	102.3	107.7	98.4	100.2	98.1	98.1	99.3	102.0	101.7	102.8	102.7	102.3
云 南	107.3	96.2	105.1	108.3	96.3	98.7	101.0	101.0	98.3	98.6	99.9	103.0	101.0	102.2
陕 西	103.9	105.6	101.2	108.4	100.8	102.3	102.2	102.2	99.9	98.7	101.7	99.9	102.8	102.7
甘 肃	105.8	101.4	103.0	106.2	92.0	103.3	98.5	98.5	97.9	98.6	101.1	98.1	102.2	101.5
青 海	103.1	102.1	102.8	109.5	101.8	101.7	98.4	98.4	102.6	97.9	102.4	101.1	104.5	102.3
宁 夏	108.3	94.1	103.3	112.5	103.3	98.8	98.8	98.8	100.0	98.9	101.2	102.9	105.6	104.0
新 疆	101.5	98.6	96.8	110.3	101.4	99.3	113.1	90.3	100.5	98.7	102.3	102.3	106.5	102.1
西部平均	104.0	99.7	102.0	108.7	100.4	100.8	102.2	97.7	99.8	98.7	101.3	101.4	103.6	102.3
全国平均	104.5	100.5	102.6	108.9	101.7	101.6	103.3	98.7	99.4	99.8	101.8	101.7	104.5	102.7

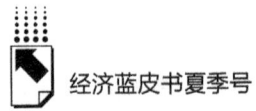

表71 各省区市1990~2016年增长可持续性指数（以1990年为基期）

年份 地区	1990	1991	1992	1993	1994	1995	1996	1997	1998	1999	2000	2001	2002	2003
北京	100	105.8	109.6	108.9	106.1	103.9	101.7	99.4	103.9	108.3	115.5	119.8	125.9	130.6
天津	100	107.1	114.2	121.3	118.7	121.0	120.7	118.9	122.6	126.3	140.1	142.0	156.4	157.8
河北	100	108.8	117.9	123.3	125.1	137.2	132.1	133.2	127.4	127.6	140.0	152.4	164.7	173.9
辽宁	100	106.0	120.2	120.9	120.6	126.3	125.0	124.6	125.1	125.1	132.9	139.4	149.4	152.5
上海	100	97.6	103.4	99.4	90.9	87.7	86.6	88.8	93.3	97.9	102.5	104.0	110.3	114.7
江苏	100	101.0	104.3	107.7	104.2	99.1	104.0	100.8	98.3	100.8	107.8	113.2	120.0	123.0
浙江	100	107.4	112.6	112.2	111.5	110.7	109.2	113.1	113.1	116.5	124.3	128.9	137.8	140.3
福建	100	104.2	113.3	114.0	108.4	105.0	105.3	111.0	104.7	113.7	117.9	125.1	136.9	147.3
山东	100	113.2	120.7	128.2	127.7	123.2	119.4	117.8	126.3	129.6	137.5	143.6	150.5	149.8
广东	100	103.4	104.2	104.4	102.5	101.8	96.6	103.5	103.9	103.7	116.5	123.9	134.4	142.9
海南	100	100.5	98.4	96.3	94.1	87.3	90.5	100.6	107.0	105.3	119.6	121.8	125.0	128.1
东部平均	100	104.5	107.9	111.2	108.4	107.3	106.4	108.1	109.8	112.5	121.3	126.3	134.8	139.2
山西	100	107.0	113.9	120.9	127.9	133.0	137.0	141.8	135.9	152.7	169.5	185.2	190.6	194.6
吉林	100	104.5	113.3	113.1	108.5	115.3	121.9	117.2	121.5	122.7	141.0	137.2	133.4	137.3
黑龙江	100	103.8	103.4	103.0	100.0	100.4	104.4	101.1	101.2	101.4	112.8	122.0	131.3	132.5
安徽	100	105.7	123.5	141.2	155.2	166.4	160.4	163.1	155.5	174.4	174.8	188.6	202.1	206.0
江西	100	118.2	126.4	120.3	122.7	125.2	127.6	130.0	132.5	143.0	148.5	156.1	163.8	172.3
河南	100	112.2	116.5	121.5	120.9	126.0	125.2	128.2	133.1	138.0	142.9	144.8	158.6	172.3
湖北	100	105.9	109.4	108.2	115.5	115.9	116.3	115.6	113.5	113.1	128.4	138.3	155.6	162.9
湖南	100	109.5	119.8	124.1	125.7	123.7	125.4	133.1	132.7	132.4	137.6	143.5	153.4	157.8
中部平均	100	107.7	114.5	117.0	119.1	122.4	124.4	125.2	125.0	130.1	140.6	147.5	156.3	161.7
内蒙古	100	107.5	114.8	119.7	124.9	127.7	138.0	139.7	141.4	143.1	152.9	162.6	172.4	184.0
广西	100	103.9	107.9	111.8	109.4	107.9	103.5	106.2	110.7	113.2	121.6	130.1	150.2	145.5

290

续表

年份 地区	1990	1991	1992	1993	1994	1995	1996	1997	1998	1999	2000	2001	2002	2003
重庆	100	103.0	107.9	109.3	107.9	105.4	104.0	103.3	97.9	92.6	107.9	119.9	123.7	132.3
四川	100	103.8	105.8	107.7	105.8	104.0	106.1	108.1	110.2	117.0	123.9	130.7	137.6	142.4
贵州	100	102.8	105.1	107.4	108.1	108.9	109.9	111.1	112.5	114.2	116.1	118.3	120.7	140.9
云南	100	103.1	106.9	110.8	116.8	113.1	111.9	111.0	115.0	119.0	123.0	133.0	143.1	150.3
陕西	100	104.3	108.6	112.8	110.6	110.8	114.3	115.3	109.4	122.0	129.1	136.1	141.9	147.6
甘肃	100	100.6	102.6	103.0	104.2	104.8	103.1	103.6	104.1	107.0	118.9	120.5	128.4	136.3
青海	100	102.0	103.5	105.0	101.9	98.9	98.2	97.5	94.7	104.0	113.2	122.4	131.6	136.6
宁夏	100	114.4	128.0	141.5	146.2	149.0	154.7	158.9	163.0	167.1	171.2	175.4	192.8	210.2
新疆	100	101.4	100.2	99.0	97.9	97.2	95.0	93.9	95.5	101.3	110.9	122.4	134.3	136.1
西部平均	100	103.7	107.2	110.0	110.1	109.4	110.0	110.8	111.3	115.7	124.1	132.0	141.5	148.4
全国平均	100	105.0	110.1	112.1	111.5	111.5	111.8	113.0	113.9	117.7	126.8	133.2	142.1	147.7

年份 地区	2004	2005	2006	2007	2008	2009	2010	2011	2012	2013	2014	2015	2016
北京	137.6	138.0	144.7	156.5	168.2	172.1	176.0	179.9	180.7	178.8	181.4	176.7	179.6
天津	163.6	169.4	173.8	193.5	191.3	197.9	199.4	201.0	200.5	196.2	197.6	185.9	193.2
河北	183.0	187.1	184.3	195.0	198.0	196.4	194.8	193.2	187.0	182.1	179.4	186.9	213.8
辽宁	162.4	160.2	161.0	178.7	173.2	174.3	173.3	172.4	176.0	178.8	182.6	181.9	183.5
上海	122.0	118.4	125.3	143.0	160.6	173.0	184.7	196.5	194.9	200.6	207.1	208.6	219.9
江苏	130.4	134.2	143.3	152.3	154.4	159.8	165.9	172.0	179.2	186.3	196.4	203.4	216.3
浙江	148.6	154.3	165.2	192.3	195.3	201.7	208.1	214.5	209.5	212.8	222.0	237.5	251.3
福建	153.8	163.7	164.9	168.9	169.4	173.6	177.8	182.0	175.8	177.2	181.3	187.3	206.5
山东	155.6	158.9	163.6	180.6	182.8	183.7	208.2	188.9	190.2	192.4	196.0	198.1	197.5
广东	149.5	160.9	166.2	184.7	191.0	196.5	202.1	207.7	206.4	213.0	220.8	231.3	241.5
海南	127.1	137.2	151.4	165.5	179.6	186.3	214.5	194.1	185.9	184.0	180.7	177.6	189.2

续表

年份 地区	2004	2005	2006	2007	2008	2009	2010	2011	2012	2013	2014	2015	2016
东部平均	145.8	149.8	155.8	171.1	176.6	181.8	190.2	190.8	189.6	191.5	195.8	198.2	208.4
山 西	207.6	205.7	212.1	239.7	228.1	227.4	226.7	226.0	218.6	212.3	214.7	210.9	216.3
吉 林	147.6	143.4	150.1	157.2	162.0	165.5	166.1	166.6	167.1	165.7	169.9	173.8	182.6
黑龙江	138.5	135.1	135.1	143.7	152.2	154.1	168.6	152.2	149.3	146.9	149.1	152.2	151.3
安 徽	215.2	199.8	202.0	216.3	219.7	224.9	249.2	231.4	230.1	230.7	235.4	242.7	256.4
江 西	177.2	178.7	182.3	199.2	201.3	202.5	205.4	208.3	211.0	210.7	214.5	220.5	244.6
河 南	183.1	176.3	175.4	187.3	186.6	184.2	185.4	186.5	181.7	183.0	185.2	195.8	204.8
湖 北	169.6	168.3	169.3	179.4	178.0	176.4	173.1	169.9	165.3	161.1	161.5	166.4	174.3
湖 南	163.7	165.2	163.0	177.0	177.8	174.8	173.5	172.2	171.3	169.8	172.7	183.0	202.1
中部平均	169.8	166.3	168.3	181.1	182.7	183.3	188.2	183.3	181.1	179.2	182.0	187.2	196.0
内蒙古	192.6	188.3	197.8	207.3	216.9	217.2	240.8	219.6	220.7	216.5	220.1	230.4	244.2
广 西	148.4	148.2	148.3	157.6	161.3	162.9	159.5	156.2	157.4	155.4	154.9	149.0	152.2
重 庆	130.9	123.7	122.8	144.4	148.5	152.2	155.3	158.4	157.4	155.3	158.9	158.0	159.1
四 川	147.1	151.9	156.7	167.4	167.4	168.5	169.0	169.4	166.2	162.0	162.1	168.2	174.2
贵 州	149.7	155.3	158.9	171.0	168.3	168.6	165.4	162.2	161.2	164.5	167.2	171.9	176.5
云 南	161.4	155.3	163.2	176.8	170.3	168.2	169.9	171.6	168.8	166.5	166.2	171.2	172.9
陕 西	153.3	161.9	163.9	177.6	179.0	183.1	187.2	191.2	191.0	188.5	191.6	191.4	196.8
甘 肃	144.3	146.2	150.6	160.0	147.2	152.0	149.7	147.5	144.3	142.2	143.8	141.1	144.2
青 海	140.8	143.8	147.8	161.9	164.9	167.7	165.0	162.4	166.5	163.1	166.9	168.7	176.3
宁 夏	227.5	214.0	221.1	248.8	257.1	254.0	250.9	247.8	247.8	245.1	248.2	255.5	269.7
新 疆	138.1	136.2	131.8	145.4	147.4	146.4	165.6	149.6	150.4	148.4	151.4	155.3	165.4
西部平均	154.3	153.9	156.9	170.6	171.3	172.6	176.4	172.3	172.0	169.7	171.9	174.2	180.5
全国平均	154.4	155.1	159.1	173.2	176.2	179.0	184.9	182.6	181.5	181.0	184.2	187.3	195.8

1990~2016年中国各省区市发展前景评价

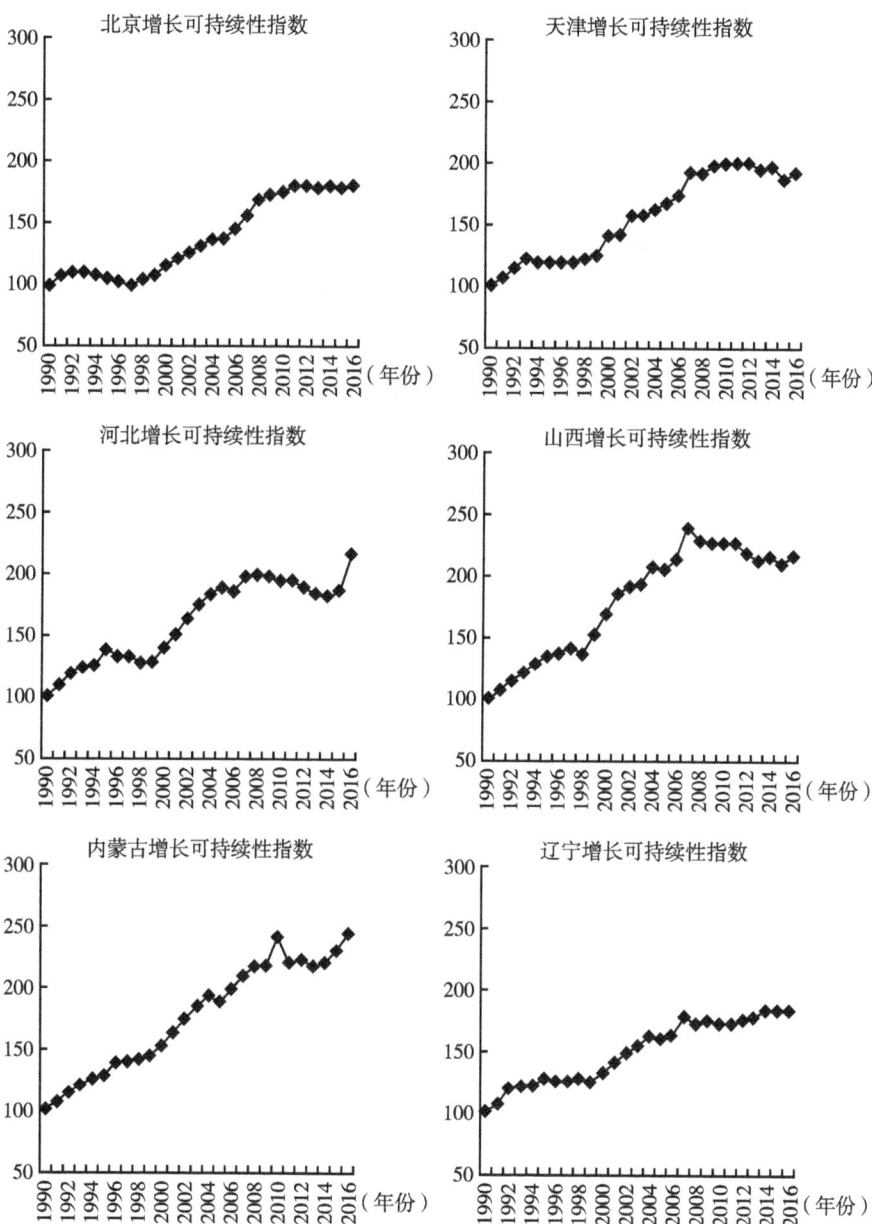

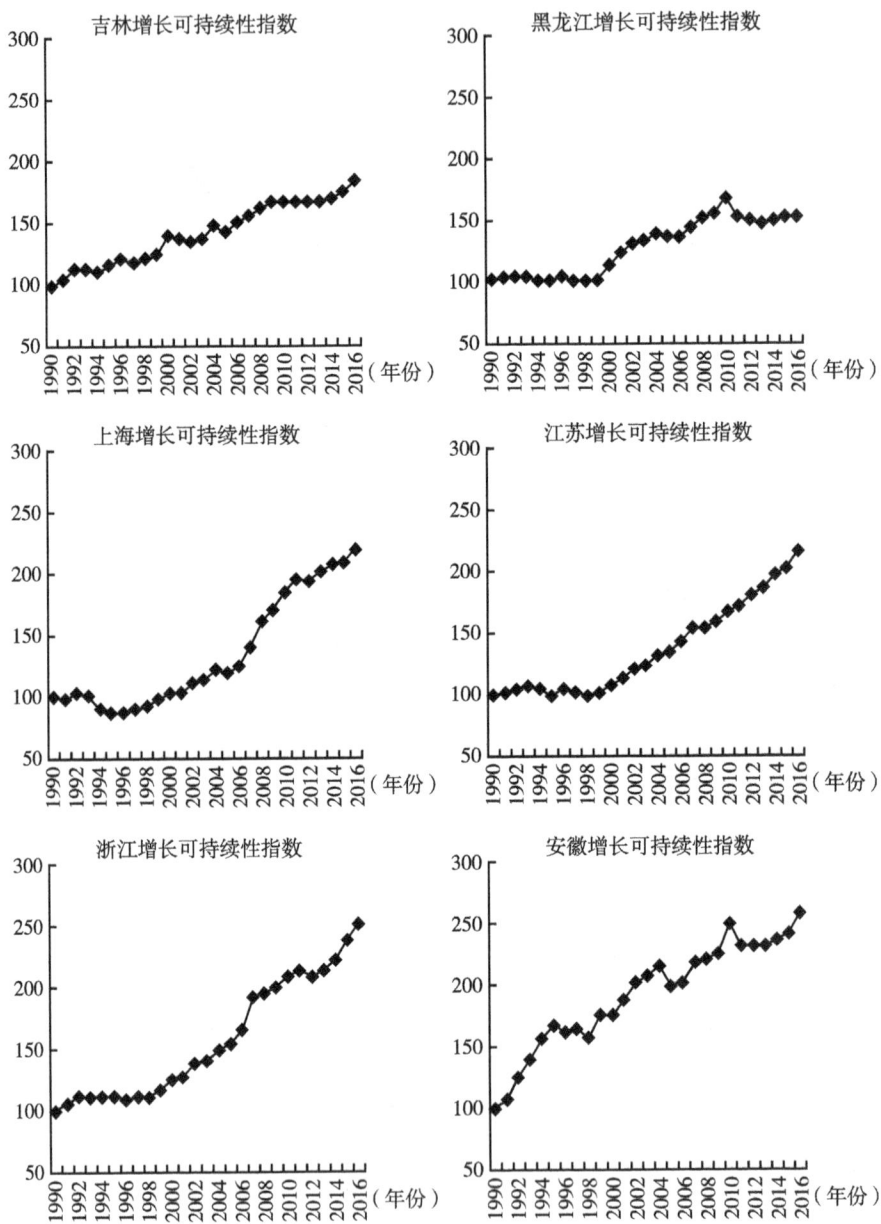

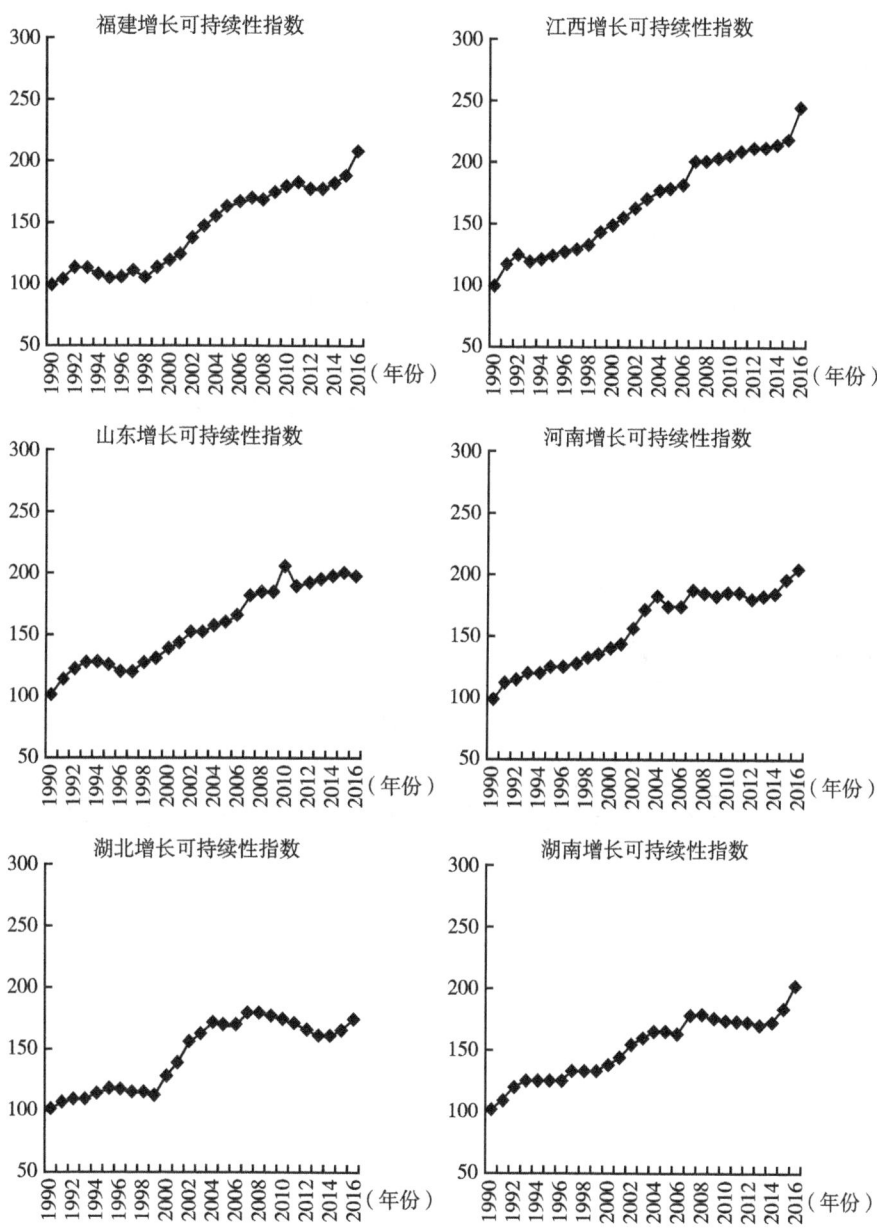

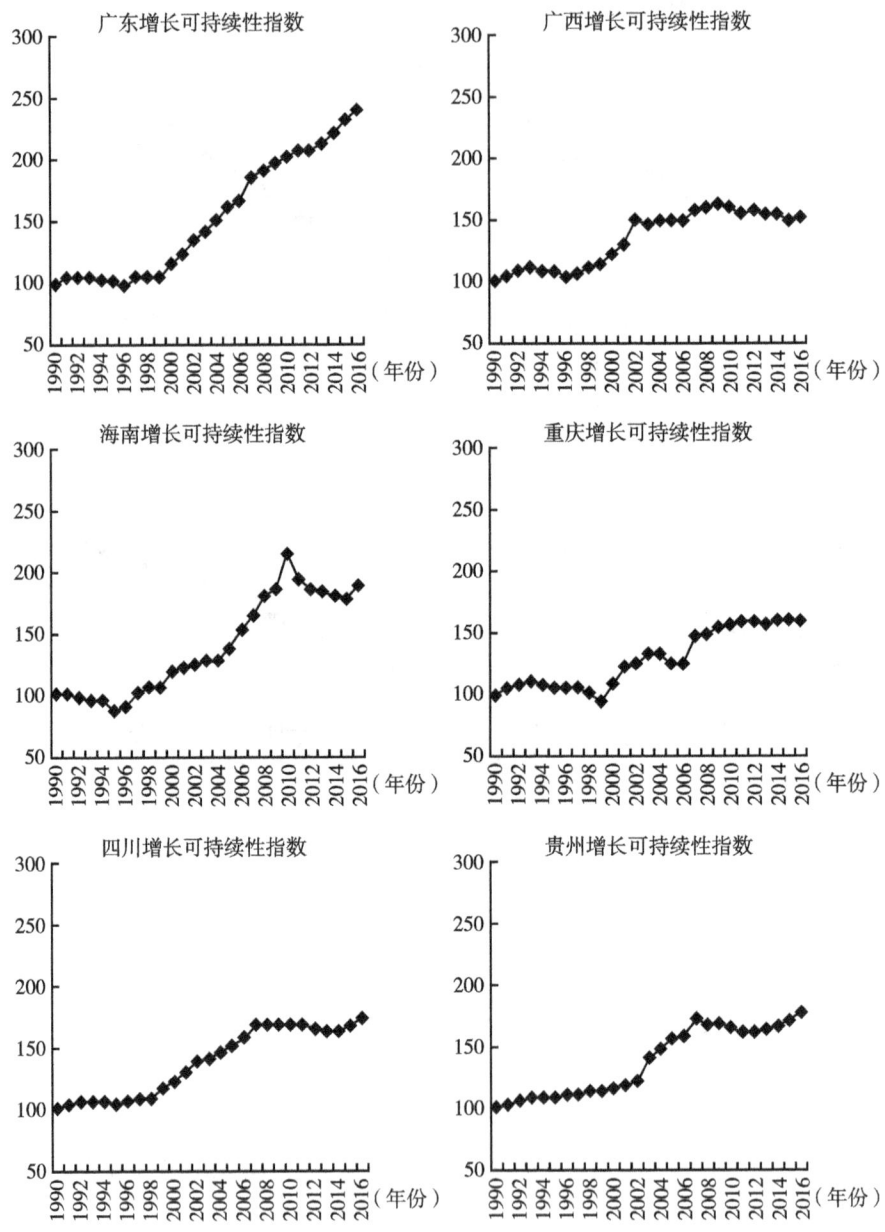

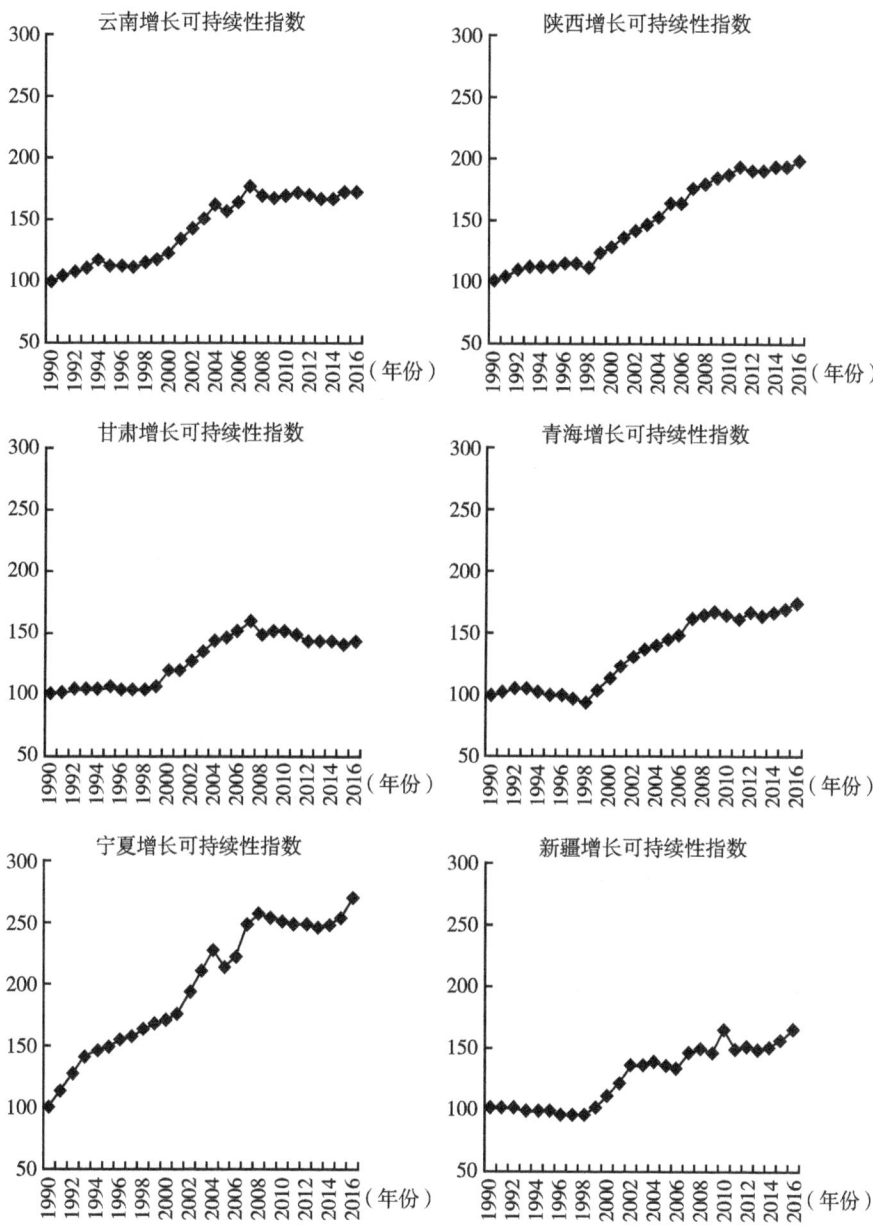

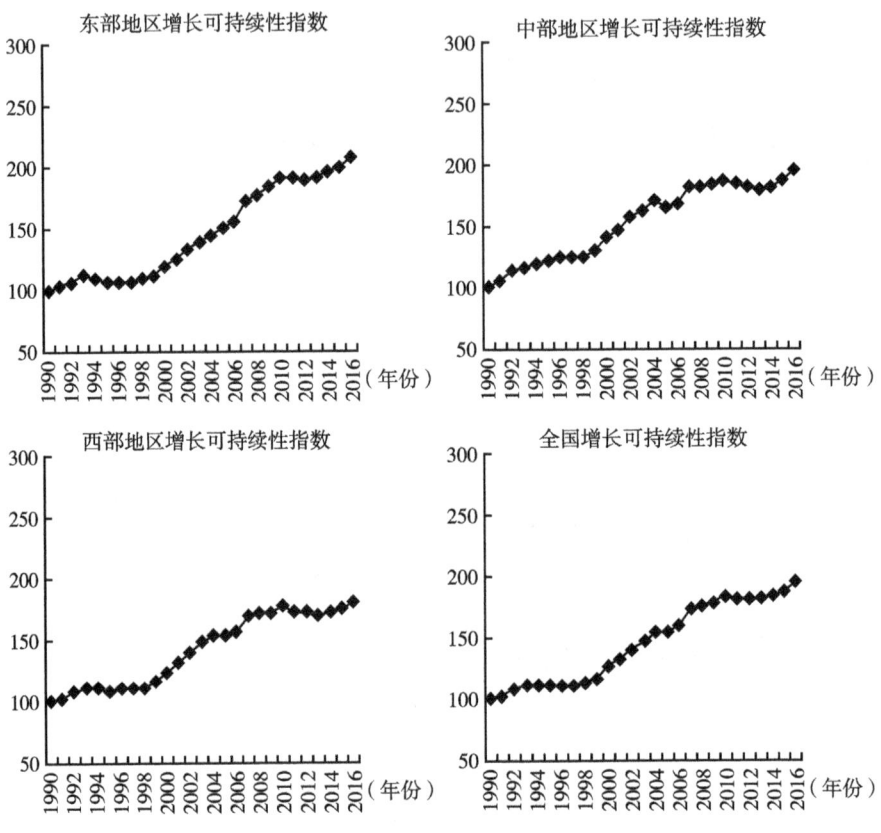

图 66 30个省区市以及东部、中部、西部地区与全国 1990~2016 年增长可持续性指数（以 1990 年为基期）

表 72 各省区市 1990～2016 年政府效率排名情况（按排名顺序）

年份\排名	1990	1991	1992	1993	1994	1995	1996	1997	1998	1999	2000	2001	2002	2003
1	天津	天津	天津	天津	天津	天津	上海	上海	上海	上海	上海	上海	上海	上海
2	上海	上海	上海	上海	上海	上海	天津	天津	天津	天津	天津	北京	北京	北京
3	北京	北京	北京	北京	北京	北京	北京	北京	北京	北京	北京	天津	天津	江苏
4	海南	海南	海南	海南	海南	海南	海南	海南	海南	海南	海南	江苏	江苏	浙江
5	黑龙江	黑龙江	黑龙江	黑龙江	黑龙江	黑龙江	黑龙江	黑龙江	黑龙江	江苏	江苏	海南	海南	天津
6	辽宁	青海	辽宁	辽宁	浙江	浙江	浙江	辽宁	辽宁	黑龙江	黑龙江	浙江	江苏	海南
7	青海	辽宁	青海	青海	青海	青海	辽宁	青海	青海	辽宁	辽宁	辽宁	浙江	辽宁
8	江苏	江苏	浙江	浙江	辽宁	辽宁	青海	江苏	浙江	青海	青海	黑龙江	辽宁	黑龙江
9	浙江	浙江	江苏	江苏	江苏	江苏	江苏	浙江	江苏	浙江	海南	青海	黑龙江	青海
10	山东	山东	山东	宁夏	宁夏	宁夏	宁夏	山东	山东	山东	山东	山东	青海	山东
11	山西	山西	山西	山东	山东	山东	山东	宁夏	宁夏	吉林	吉林	广东	山东	广东
12	宁夏	宁夏	宁夏	山西	山西	甘肃	山西	吉林	吉林	宁夏	广东	内蒙古	广东	内蒙古
13	甘肃	甘肃	甘肃	甘肃	甘肃	湖北	吉林	山西	内蒙古	湖北	湖北	吉林	内蒙古	新疆
14	广东	广东	广东	内蒙古	内蒙古	内蒙古	湖北	内蒙古	湖北	广东	宁夏	湖北	吉林	吉林
15	湖北	河北	河北	湖北	湖北	江西	内蒙古	湖北	河北	河北	内蒙古	宁夏	湖北	河北
16	河北	湖北	内蒙古	江西	江西	河北	甘肃	河北	山西	内蒙古	河北	河北	河北	湖北
17	江西	江西	江西	广东	吉林	吉林	江西	广东	广东	山西	江西	江西	新疆	福建
18	内蒙古	内蒙古	江西	吉林	河北	新疆	河北	江西	江西	陕西	甘肃	新疆	陕西	湖南
19	吉林	吉林	吉林	河北	新疆	新疆	广东	甘肃	甘肃	江西	陕西	甘肃	宁夏	陕西

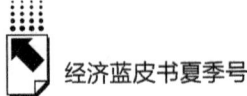

续表

排名	1990	1991	1992	1993	1994	1995	1996	1997	1998	1999	2000	2001	2002	2003
20	新疆	新疆	新疆	新疆	广东	广东	新疆	新疆	陕西	贵州	山西	山西	湖南	山西
21	重庆	重庆	重庆	陕西	陕西	陕西	陕西	陕西	新疆	甘肃	新疆	陕西	江西	甘肃
22	陕西	陕西	陕西	重庆	重庆	重庆	重庆	安徽	安徽	新疆	贵州	贵州	甘肃	江西
23	安徽	安徽	安徽	安徽	安徽	安徽	安徽	贵州	贵州	安徽	安徽	福建	山西	宁夏
24	贵州	贵州	贵州	贵州	贵州	贵州	贵州	重庆	重庆	重庆	福建	湖南	贵州	四川
25	云南	云南	云南	云南	云南	四川	四川	四川	福建	福建	湖南	安徽	四川	安徽
26	福建	四川	四川	福建	福建	福建	福建	福建	湖南	湖南	重庆	四川	安徽	贵州
27	四川	福建	河南	河南	云南	云南	云南	云南	四川	四川	四川	重庆	重庆	河南
28	河南	河南	云南	四川	河南	湖南	广西	湖南	云南	云南	河南	云南	云南	广西
29	湖南	湖南	河南	湖南	湖南	河南	湖南	河南	河南	河南	广西	河南	河南	重庆
30	广西	广西	广西	广西	广西	广西	河南	广西	广西	广西	云南	广西	广西	云南

排名	2004	2005	2006	2007	2008	2009	2010	2011	2012	2013	2014	2015	2016	综合
1	上海	上海	上海	上海	北京	北京	北京	北京	北京	北京	北京	北京	北京	上海
2	北京	北京	北京	北京	上海	上海	上海	上海	上海	上海	上海	上海	浙江	北京
3	浙江	浙江	天津	浙江	江苏	浙江	江苏	江苏	江苏	浙江	浙江	浙江	上海	天津
4	江苏	天津	浙江	天津	浙江	江苏	浙江	浙江	浙江	江苏	江苏	江苏	天津	浙江
5	天津	江苏	江苏	江苏	天津	天津	天津	天津	天津	天津	天津	天津	山东	江苏
6	辽宁	辽宁	辽宁	辽宁	辽宁	辽宁	海南	广东	广东	广东	广东	山东	广东	海南
7	海南	青海	青海	青海	海南	海南	辽宁	海南	山东	山东	山东	广东	海南	辽宁
8	青海	海南	海南	海南	青海	黑龙江	广东	山东	海南	海南	海南	海南	海南	黑龙江

300

续表

年份\排名	2004	2005	2006	2007	2008	2009	2010	2011	2012	2013	2014	2015	2016	综合
9	黑龙江	黑龙江	山东	山东	山东	山东	山东	辽宁	辽宁	辽宁	辽宁	黑龙江	黑龙江	山东
10	山东	山东	黑龙江	广东	黑龙江	广东	黑龙江	黑龙江	黑龙江	宁夏	黑龙江	辽宁	辽宁	青海
11	广东	广东	广东	黑龙江	广东	青海	青海	宁夏	宁夏	宁夏	宁夏	宁夏	宁夏	广东
12	内蒙古	内蒙古	内蒙古	内蒙古	宁夏	宁夏	宁夏	青海	青海	福建	福建	福建	福建	宁夏
13	新疆	新疆	河北	宁夏	内蒙古	内蒙古	河北	湖北	湖北	青海	湖北	湖北	重庆	湖北
14	湖北	湖北	宁夏	湖北	湖北	湖北	湖北	福建	福建	湖北	青海	重庆	吉林	内蒙古
15	湖南	湖南	湖南	福建	湖南	吉林	内蒙古	内蒙古	内蒙古	吉林	重庆	青海	湖北	吉林
16	福建	福建	河南	吉林	福建	湖南	湖南	江西	吉林	重庆	吉林	吉林	山西	山西
17	河北	河北	山西	河南	吉林	湖北	福建	湖南	湖南	内蒙古	内蒙古	内蒙古	青海	河北
18	吉林	吉林	新疆	湖南	河北	江西	吉林	吉林	湖南	湖南	湖南	湖南	内蒙古	福建
19	陕西	宁夏	福建	新疆	新疆	福建	江西	山西	江西	江西	江西	河北	湖南	江西
20	宁夏	河南	吉林	河北	江西	河南	山西	河北	山西	山西	河北	贵州	贵州	河北
21	山西	山西	江西	山西	山西	新疆	河南	重庆	河北	河北	贵州	四川	四川	新疆
22	四川	吉林	陕西	江西	陕西	山西	新疆	新疆	贵州	贵州	四川	江西	河北	湖南
23	甘肃	四川	四川	陕西	四川	陕西	重庆	陕西	陕西	四川	陕西	陕西	陕西	陕西
24	江西	西	河南	河南	重庆	重庆	陕西	贵州	四川	陕西	江西	安徽	江西	重庆
25	安徽	安徽	重庆	四川	四川	四川	四川	四川	新疆	新疆	安徽	新疆	安徽	甘肃
26	贵州	河南	贵州	贵州	重庆	贵州	贵州	甘肃	甘肃	甘肃	甘肃	甘肃	广西	贵州
27	河南	甘肃	安徽	重庆	贵州	河南	安徽	安徽	安徽	安徽	新疆	广西	新疆	四川
28	重庆	重庆	甘肃	安徽	河南	甘肃	河南	河南	河南	河南	广西	河南	甘肃	安徽
29	广西	贵州	广西	甘肃	甘肃	安徽	甘肃	广西	广西	广西	河南	新疆	河南	河南
30	云南	云南	云南	云南	云南	云南	云南	云南	云南	云南	云南	云南	云南	广西

表 73 各省区市 1990~2016 年政府效率排名情况

年份 地区	1990	1991	1992	1993	1994	1995	1996	1997	1998	1999	2000	2001	2002	2003
北京	3	3	3	3	3	3	3	3	3	3	3	2	2	2
天津	1	1	1	1	1	1	2	2	2	2	2	3	3	5
河北	16	15	15	19	18	17	18	16	15	15	16	16	15	15
山西	11	11	11	12	11	12	12	13	16	17	20	20	23	20
内蒙古	18	18	16	14	14	15	15	14	13	16	15	12	12	12
辽宁	6	7	6	6	8	8	7	6	6	7	8	7	7	7
吉林	19	19	19	18	17	18	13	12	12	11	11	13	13	14
黑龙江	5	5	5	5	5	5	5	5	5	6	7	8	8	8
上海	2	2	2	2	2	2	1	1	1	1	1	1	1	1
江苏	8	8	9	9	9	9	9	8	9	5	6	4	4	3
浙江	9	9	8	8	6	6	6	9	8	9	5	6	6	4
安徽	23	23	23	23	23	23	23	22	22	23	23	25	26	25
福建	26	27	25	26	25	26	25	26	25	25	24	23	19	17
江西	17	17	18	16	16	16	17	18	18	19	17	17	21	22
山东	10	10	10	11	12	11	11	10	10	10	10	10	10	10
河南	28	28	28	27	28	30	30	30	30	29	29	29	29	27
湖北	15	16	17	15	15	14	14	15	14	13	13	14	14	16
湖南	29	29	30	30	30	29	29	28	26	26	25	24	20	18
广东	14	14	14	17	20	20	19	17	17	14	12	11	11	11
广西	30	30	29	29	29	28	28	29	29	30	30	30	30	28

续表

地区\年份	1990	1991	1992	1993	1994	1995	1996	1997	1998	1999	2000	2001	2002	2003
海南	4	4	4	4	4	4	4	4	4	4	4	5	5	6
重庆	21	21	21	22	22	22	22	24	24	24	26	27	27	29
四川	27	26	26	28	27	25	26	25	27	27	27	26	25	24
贵州	24	24	24	24	26	24	24	23	23	20	22	22	24	26
云南	25	25	27	25	21	27	27	27	28	28	28	28	28	30
陕西	22	22	22	21	13	21	21	21	20	18	19	21	17	19
甘肃	13	13	13	13	13	13	16	19	19	21	18	19	22	21
青海	7	6	7	7	7	7	8	7	7	8	9	9	9	9
宁夏	12	12	12	10	10	10	10	11	11	12	14	15	18	23
新疆	20	20	20	20	19	19	20	20	21	22	21	18	16	13

地区\年份	2004	2005	2006	2007	2008	2009	2010	2011	2012	2013	2014	2015	2016	综合
北京	2	2	2	2	1	1	1	1	1	1	1	1	1	2
天津	5	4	3	4	5	5	5	5	5	5	5	5	5	3
河北	17	18	16	19	18	19	20	20	21	21	21	20	22	17
山西	21	20	17	20	21	21	19	19	20	20	18	18	16	16
内蒙古	12	12	12	12	13	13	14	15	15	17	17	17	18	14
辽宁	6	6	6	6	6	6	7	9	9	9	9	10	10	7
吉林	18	21	20	16	17	15	17	18	16	15	16	16	14	15
黑龙江	9	9	10	11	10	8	10	10	10	10	10	9	9	8
上海	1	1	1	1	2	2	2	2	2	2	2	2	3	1
江苏	4	5	5	5	3	4	3	3	3	4	4	4	4	5

续表

年份地区	2004	2005	2006	2007	2008	2009	2010	2011	2012	2013	2014	2015	2016	综合
浙江	3	3	4	3	4	3	4	4	4	3	3	3	2	4
安徽	25	24	27	27	28	28	26	27	27	27	25	25	25	27
福建	16	15	19	15	16	18	16	14	14	12	12	12	12	18
江西	24	23	21	21	20	17	18	16	18	19	20	23	24	19
山东	10	10	9	9	9	9	9	8	7	7	7	6	6	9
河南	27	25	24	23	26	26	27	28	28	28	29	29	29	28
湖北	14	14	13	14	15	14	13	13	13	14	13	13	15	13
湖南	15	16	15	17	14	16	15	17	17	18	19	19	19	21
广东	11	11	11	10	11	10	8	6	6	6	6	7	7	11
广西	29	29	29	29	29	29	29	29	29	29	28	28	26	29
海南	7	8	8	8	7	7	6	7	8	8	8	8	8	6
重庆	28	27	25	26	24	23	22	21	19	16	15	14	13	23
四川	22	22	23	24	23	24	24	25	24	23	23	22	21	26
贵州	26	28	26	25	25	25	25	24	22	22	22	21	20	25
云南	30	30	30	30	30	30	30	30	30	30	30	30	30	30
陕西	19	19	22	22	22	22	23	23	23	24	24	24	23	22
甘肃	23	26	28	28	27	27	28	26	26	26	26	27	28	24
青海	8	7	7	7	8	11	11	12	12	13	14	15	17	10
宁夏	20	17	14	13	12	12	12	11	11	11	11	11	11	12
新疆	13	13	18	18	19	20	21	22	25	25	27	26	27	20

1990~2016年中国各省区市发展前景评价

表74 各省区市1990~2016年政府效率指数（上一年＝100）

年份 地区	1990	1991	1992	1993	1994	1995	1996	1997	1998	1999	2000	2001	2002	2003
北京	100	100.4	100.4	100.1	100.9	99.1	101.9	94.7	96.7	99.1	100.6	102.7	98.9	101.8
天津	100	98.8	100.6	99.5	100.6	100.9	100.7	95.5	93.5	93.0	92.5	96.4	96.5	96.7
河北	100	101.0	101.0	92.3	102.7	100.5	100.5	99.9	99.9	99.9	93.6	93.2	99.2	105.1
辽宁	100	97.1	101.3	100.8	98.6	100.0	103.2	102.0	96.7	101.1	99.0	102.8	100.3	107.6
上海	100	99.7	102.5	101.9	100.4	101.1	103.4	103.6	98.7	97.7	103.6	98.1	96.7	97.0
江苏	100	98.6	100.9	100.0	102.9	99.9	100.4	99.0	100.1	112.9	105.6	108.9	102.5	103.8
浙江	100	98.6	108.5	100.3	103.4	102.8	100.3	91.5	103.6	102.9	114.7	102.1	97.6	111.6
福建	100	97.7	104.1	99.3	102.0	104.2	99.4	92.3	102.3	102.3	99.7	107.5	107.3	106.8
山东	100	98.6	98.6	93.9	99.5	100.4	105.5	105.2	93.9	102.9	96.7	97.9	98.2	107.4
广东	100	99.0	103.3	93.1	92.6	101.8	101.9	101.9	100.5	101.4	99.4	107.4	95.4	104.7
海南	100	99.8	99.6	101.7	100.8	101.2	100.7	97.2	97.1	97.0	96.9	97.3	97.2	97.1
东部平均	100	99.1	101.6	99.1	100.5	100.9	101.7	98.4	97.8	100.0	100.3	100.8	98.6	102.7
山西	100	99.7	99.7	94.1	100.4	99.2	101.4	93.1	92.6	93.2	91.7	97.6	97.6	97.5
吉林	100	97.7	104.1	99.1	103.6	98.7	110.0	99.6	100.5	100.5	91.4	93.7	99.0	99.0
黑龙江	100	99.1	99.4	103.7	100.5	100.4	97.4	97.2	99.7	99.7	97.4	97.3	98.7	98.7
安徽	100	98.9	98.9	99.4	102.9	102.9	102.8	102.7	102.6	95.2	94.9	94.7	90.7	105.0
江西	100	98.5	98.5	101.4	101.2	97.9	101.1	96.8	96.7	96.6	96.4	96.3	96.2	96.0
河南	100	98.6	98.6	102.5	94.8	94.6	101.8	96.4	96.3	100.2	98.2	95.3	102.5	102.4
湖北	100	97.4	101.0	98.7	102.6	102.4	99.9	99.9	98.1	98.1	96.4	92.5	96.9	101.5
湖南	100	98.5	98.4	98.6	101.4	102.3	102.3	102.2	103.4	103.3	103.2	107.9	107.3	106.8
中部平均	100	98.6	99.9	99.7	101.1	99.9	101.7	98.2	98.6	98.2	95.9	96.7	98.5	100.5

305

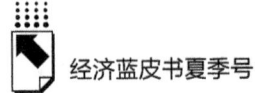

续表

地区	1990	1991	1992	1993	1994	1995	1996	1997	1998	1999	2000	2001	2002	2003
内蒙古	100	98.6	102.2	100.4	101.5	100.6	100.8	100.4	100.4	92.4	96.1	101.9	105.6	100.7
广西	100	98.9	98.9	101.8	102.1	102.2	100.8	99.2	94.4	94.1	93.7	93.3	104.9	104.7
重庆	100	99.2	99.2	101.3	102.0	102.5	95.7	95.5	95.2	95.0	94.7	92.9	92.4	91.8
四川	100	101.9	101.9	94.5	100.6	113.6	95.4	95.2	95.0	97.9	97.8	105.5	105.2	105.0
贵州	100	98.7	98.7	103.2	102.3	102.3	102.4	106.0	103.0	102.9	94.7	94.4	94.1	93.7
云南	100	97.8	99.6	102.0	98.1	100.6	97.3	95.0	96.5	96.4	97.3	97.2	97.1	97.0
陕西	100	98.9	98.8	107.3	100.3	104.5	99.1	99.1	101.1	101.4	93.8	94.3	103.4	103.3
甘肃	100	98.3	100.7	95.8	95.6	100.4	96.0	95.8	95.6	95.4	97.3	97.0	96.7	96.4
青海	100	99.3	99.1	99.8	100.2	99.9	100.6	98.5	100.3	102.9	95.0	98.4	91.6	101.7
宁夏	100	99.1	101.3	99.9	101.3	100.2	100.8	94.6	94.3	94.0	93.6	93.1	92.6	92.1
新疆	100	99.6	100.7	101.8	101.5	100.5	99.4	96.8	96.6	93.2	101.0	99.2	100.6	109.7
西部平均	100	99.1	100.2	100.5	100.4	102.0	99.0	97.7	97.7	97.1	95.8	97.1	98.0	99.9
全国平均	100	99.0	100.8	99.8	100.6	101.0	100.9	98.2	98.0	98.8	98.1	98.9	98.4	101.5

地区	2004	2005	2006	2007	2008	2009	2010	2011	2012	2013	2014	2015	2016	平均
北京	109.5	108.6	115.1	118.4	115.5	112.8	106.7	109.6	104.7	106.4	104.8	104.3	99.9	104.4
天津	109.7	108.8	104.4	102.8	104.3	95.8	105.6	105.3	103.5	105.0	107.0	110.7	110.9	101.5
河北	102.9	102.8	105.9	106.6	107.4	105.2	104.6	108.5	105.7	106.1	106.5	108.9	107.9	102.6
辽宁	107.3	106.8	102.4	104.2	106.9	106.6	97.5	106.0	101.7	103.3	103.6	105.4	107.7	102.7
上海	108.7	108.0	108.1	113.2	102.7	107.1	94.3	109.6	97.2	102.9	100.1	105.2	103.3	102.5
江苏	106.4	103.6	99.3	108.7	110.7	105.8	109.4	113.6	103.3	105.3	105.5	102.0	106.0	104.4
浙江	113.4	110.6	94.7	110.5	101.2	108.3	103.0	111.9	108.2	110.4	108.2	107.2	105.4	105.0

续表

年份地区	1990	1991	1992	1993	1994	1995	1996	1997	1998	1999	2000	2001	2002	2003
福建	106.4	111.7	95.9	113.7	104.7	103.4	113.8	112.3	109.3	110.2	109.3	110.4	109.3	105.2
山东	106.9	106.5	106.1	104.4	109.2	110.0	112.5	111.2	106.8	107.7	108.9	110.1	106.8	104.1
广东	109.3	111.5	103.2	110.6	109.6	111.4	117.8	117.6	102.3	107.1	105.9	106.6	109.5	104.8
海南	97.0	96.9	108.1	100.3	106.6	112.4	111.0	106.0	103.8	105.7	107.0	109.3	107.8	102.1
东部平均	107.4	107.0	104.3	109.1	107.2	107.4	105.6	110.1	103.8	106.2	105.7	106.7	106.0	103.6
山西	106.5	106.1	114.1	103.1	105.8	106.9	108.3	108.8	107.7	107.7	108.7	110.6	110.5	102.4
吉林	97.2	97.1	111.1	117.0	106.2	109.8	102.7	107.3	108.2	107.8	108.1	111.1	110.8	103.5
黑龙江	98.7	102.8	103.7	102.4	110.9	112.8	103.2	105.5	107.3	106.3	106.8	109.6	108.9	102.6
安徽	104.6	100.5	101.5	103.0	112.7	109.8	109.2	108.4	105.8	107.3	106.2	108.7	107.4	103.0
江西	95.9	107.3	112.7	111.3	110.1	112.3	106.9	110.3	103.7	106.6	104.9	101.8	106.1	102.4
河南	114.7	112.8	108.0	110.1	108.3	111.1	100.8	105.6	104.0	104.2	104.3	103.9	107.1	103.0
湖北	109.3	108.5	107.8	102.7	108.0	106.1	116.4	104.8	106.7	108.1	106.8	108.9	101.2	103.1
湖南	109.3	108.5	103.9	103.7	114.0	99.1	113.1	100.8	107.2	106.7	105.8	108.4	107.0	104.7
中部平均	103.7	105.2	107.5	106.2	109.5	108.4	107.5	106.3	106.4	106.9	106.6	108.1	107.4	103.1
内蒙古	105.7	105.4	107.4	100.3	110.9	106.6	98.7	104.9	105.0	105.9	107.4	109.2	107.7	102.9
广西	104.5	108.1	109.3	111.0	114.2	110.1	109.0	103.5	105.7	106.0	106.0	109.4	108.5	103.6
重庆	117.2	107.2	111.5	109.5	114.8	115.4	111.4	112.0	109.9	110.4	109.9	112.2	111.7	104.2
四川	104.7	105.4	98.9	107.4	113.6	109.5	101.3	114.7	107.7	109.2	108.6	111.6	111.3	104.4
贵州	93.3	103.7	112.3	112.3	110.9	110.2	104.0	115.7	107.8	108.4	109.3	111.9	110.9	104.1
云南	97.0	108.4	101.7	112.3	111.0	103.9	103.7	106.1	109.7	107.8	108.5	112.3	111.2	102.5
陕西	103.2	102.0	93.6	106.1	114.3	109.4	109.0	104.3	105.4	106.6	107.1	110.1	108.9	103.3
甘肃	96.0	95.6	95.1	112.7	117.3	112.9	102.6	112.4	104.6	106.6	104.7	101.2	102.0	101.0

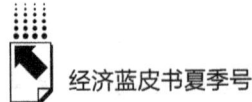

续表

年份 地区	1990	1991	1992	1993	1994	1995	1996	1997	1998	1999	2000	2001	2002	2003
青海	113.4	111.8	105.6	99.6	99.9	100.7	97.9	104.2	105.5	104.1	103.9	103.9	104.5	101.6
宁夏	114.5	113.5	112.1	108.4	113.8	113.1	105.4	110.9	107.2	108.1	108.2	109.3	108.0	103.5
新疆	108.8	108.1	92.7	108.5	105.1	105.1	104.1	106.9	98.6	103.1	99.8	102.4	102.9	101.8
西部平均	105.8	106.7	103.5	106.8	110.4	108.4	103.9	108.5	106.0	106.8	106.7	108.5	108.1	103.0
全国平均	106.2	106.5	104.7	107.9	108.5	107.9	105.5	108.9	104.9	106.5	106.1	107.5	106.9	103.2

表75 各省区市1990~2016年政府效率指数（以1990年为基期）

年份 地区	1990	1991	1992	1993	1994	1995	1996	1997	1998	1999	2000	2001	2002	2003
北京	100	100.4	100.8	100.9	101.8	100.9	102.8	97.4	94.1	93.3	93.8	96.4	95.3	97.0
天津	100	98.8	99.5	98.9	99.5	100.5	101.1	96.5	90.2	83.9	77.6	74.8	72.2	69.8
河北	100	101.0	102.0	94.2	96.7	97.2	97.7	97.6	97.6	97.5	91.3	85.1	84.4	88.7
辽宁	100	97.1	98.4	99.2	97.8	97.8	100.9	103.0	99.5	100.6	99.6	102.3	102.6	110.5
上海	100	99.7	102.2	104.2	104.6	105.7	109.3	113.2	111.7	109.2	113.1	111.0	107.4	104.2
江苏	100	98.6	99.4	99.4	102.3	102.2	102.6	101.5	101.6	114.6	121.0	131.8	135.0	140.2
浙江	100	98.6	106.9	107.2	110.8	113.9	114.3	104.6	108.4	111.5	127.9	130.6	127.4	142.1
福建	100	97.7	101.7	100.9	102.9	107.2	106.6	98.4	100.7	103.0	102.7	110.4	118.5	126.5
山东	100	98.6	97.3	91.4	91.0	91.3	96.3	101.3	95.2	98.0	94.7	92.7	91.1	97.8
广东	100	99.0	102.3	95.2	88.1	89.7	91.4	93.2	93.7	95.0	94.4	101.4	96.8	101.3
海南	100	99.8	99.5	101.2	102.0	103.2	104.0	101.0	98.1	95.2	92.2	89.7	87.2	84.7
东部平均	100	99.1	100.7	99.9	100.3	101.2	103.0	101.3	99.1	99.1	99.5	100.3	98.9	101.6
山西	100	99.7	99.4	93.6	94.0	93.2	94.5	88.0	81.6	76.0	69.6	68.0	66.3	64.7
吉林	100	97.7	101.6	100.7	104.4	103.1	113.4	113.0	113.5	114.0	104.3	97.7	96.7	95.6

续表

年份\地区	1990	1991	1992	1993	1994	1995	1996	1997	1998	1999	2000	2001	2002	2003
黑龙江	100	99.1	98.5	102.2	102.7	103.1	100.5	97.7	97.4	97.1	94.5	92.0	90.8	89.6
安徽	100	98.9	97.9	97.3	100.2	103.0	105.9	108.7	111.6	106.2	100.9	95.5	86.6	90.9
江西	100	98.5	97.0	98.3	99.5	97.5	98.6	95.4	92.3	89.1	86.0	82.8	79.6	76.5
河南	100	98.6	97.3	99.7	94.6	89.4	91.0	87.7	84.5	84.6	83.1	79.2	81.2	83.1
湖北	100	97.4	98.4	97.2	99.7	102.1	102.0	101.9	100.0	98.0	94.5	87.4	84.7	85.9
湖南	100	98.5	96.9	95.5	96.8	99.1	101.3	103.6	107.1	110.6	114.2	123.1	132.1	141.1
中部平均	100	98.6	98.5	98.3	99.3	99.2	100.9	99.0	97.6	95.9	91.9	88.9	87.5	87.9
内蒙古	100	98.6	100.8	101.2	102.7	103.3	104.1	104.5	104.9	96.9	93.1	94.9	100.2	101.0
广西	100	98.9	97.9	99.7	101.7	104.0	104.2	103.3	97.6	91.8	86.0	80.3	84.2	88.2
重庆	100	99.2	98.5	99.7	101.7	104.2	99.7	95.2	90.6	86.1	81.6	75.8	70.1	64.3
四川	100	101.9	103.9	98.2	98.8	112.3	107.1	102.0	96.8	94.8	92.8	97.9	102.9	108.0
贵州	100	98.7	97.4	100.5	102.8	105.2	107.7	114.1	117.5	121.0	114.5	108.1	101.7	95.3
云南	100	97.8	97.4	99.3	97.4	98.0	95.3	90.5	87.4	84.2	81.9	79.7	77.4	75.1
陕西	100	98.9	97.7	104.8	105.2	109.8	108.9	107.9	109.1	110.6	103.7	97.8	101.2	104.5
甘肃	100	98.3	99.1	94.9	90.7	91.1	87.5	83.8	80.1	76.4	74.3	72.1	69.7	67.2
青海	100	99.3	98.4	98.1	98.3	98.2	98.8	97.3	97.6	100.5	95.4	93.9	86.1	87.5
宁夏	100	99.1	100.4	100.3	101.6	101.7	102.5	97.0	91.5	86.0	80.5	74.9	69.4	63.9
新疆	100	99.6	100.3	102.1	103.7	104.2	103.6	100.2	96.8	90.3	91.2	90.5	91.1	99.9
西部平均	100	99.1	99.3	99.7	100.1	102.1	101.1	98.8	96.6	93.8	89.8	87.2	85.5	85.4
全国平均	100	99.0	99.8	99.5	100.0	101.0	101.9	100.1	98.0	96.8	95.0	93.9	92.5	93.8

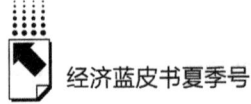

续表

地区\年份	2004	2005	2006	2007	2008	2009	2010	2011	2012	2013	2014	2015	2016
北京	106.2	115.4	132.8	157.2	181.7	204.9	218.6	239.4	250.7	266.8	279.8	291.7	291.5
天津	76.6	83.4	87.1	89.5	93.3	89.4	94.4	99.4	102.9	108.0	115.6	127.9	141.9
河北	91.3	93.8	99.4	105.9	113.7	119.6	125.2	135.8	143.5	152.3	162.2	176.6	190.7
辽宁	118.5	126.6	129.6	135.1	144.5	154.0	150.1	159.1	161.7	167.0	173.1	182.4	196.4
上海	113.2	122.3	132.2	149.6	153.7	164.6	155.2	170.1	165.3	170.2	170.4	179.3	185.3
江苏	149.2	154.6	153.5	166.8	184.7	195.4	213.8	242.8	250.9	264.3	278.8	284.4	301.4
浙江	161.1	178.2	168.8	186.6	188.8	204.5	210.7	235.8	255.2	281.7	304.9	326.9	344.6
福建	134.6	150.4	144.2	164.0	171.7	177.5	202.1	227.0	248.1	273.5	298.8	329.8	360.4
山东	104.6	111.3	118.1	123.2	134.6	148.0	166.6	185.3	197.9	213.0	231.9	255.4	272.8
广东	110.8	123.5	127.5	141.0	154.5	172.0	202.6	238.2	243.7	261.0	276.3	294.4	322.3
海南	82.1	79.6	86.1	86.3	92.0	103.4	114.8	121.7	126.4	133.6	142.9	156.1	168.4
东部平均	109.1	116.7	121.7	132.8	142.4	152.9	161.4	177.8	184.4	195.9	207.1	221.0	234.3
山西	68.9	73.1	83.3	85.9	90.9	97.2	105.3	114.5	123.4	132.8	144.4	159.7	176.5
吉林	93.0	90.3	100.3	117.3	124.6	136.8	140.5	150.8	163.1	175.8	190.1	211.3	234.1
黑龙江	88.4	90.9	94.3	96.5	107.0	120.7	124.5	131.3	140.9	149.8	159.9	175.3	190.9
安徽	95.1	95.6	97.1	100.0	112.7	123.7	135.1	146.4	155.0	166.2	176.5	191.8	206.0
江西	73.3	78.6	88.6	98.6	108.6	122.0	130.4	143.8	149.2	159.1	166.9	169.9	180.2

续表

年份 地区	2004	2005	2006	2007	2008	2009	2010	2011	2012	2013	2014	2015	2016
河　南	95.3	107.5	116.1	127.8	138.4	153.8	154.9	163.7	170.1	177.3	184.8	192.0	205.7
湖　北	93.9	101.9	109.8	112.8	121.8	129.2	150.4	157.6	168.1	181.8	194.1	211.4	214.0
湖　南	154.2	167.2	173.7	180.2	205.4	203.5	230.2	232.1	248.8	265.4	280.9	304.5	325.9
中部平均	91.2	95.9	103.1	109.5	119.9	130.0	139.7	148.5	158.1	168.9	180.0	194.7	209.1
内蒙古	106.7	112.5	120.8	121.2	134.5	143.3	141.5	148.4	155.9	164.1	176.1	192.4	207.3
广　西	92.1	99.6	108.9	120.9	138.0	151.9	165.5	171.4	181.0	191.9	203.5	222.7	241.6
重　庆	75.3	80.7	90.0	98.6	113.2	130.5	145.4	162.9	179.0	197.5	217.0	243.5	272.0
四　川	113.1	119.2	117.9	126.6	143.7	157.3	159.4	182.8	197.0	215.1	233.6	260.8	290.3
贵　州	88.8	92.1	103.5	116.1	128.8	141.9	147.7	170.9	184.2	199.7	218.2	244.2	270.8
云　南	72.8	78.9	80.3	90.2	100.1	103.9	107.8	114.3	125.4	135.2	146.7	164.7	183.1
陕　西	107.8	110.0	103.0	109.4	125.0	136.8	149.1	155.5	163.9	174.7	187.2	206.1	224.4
甘　肃	64.5	61.7	58.6	66.1	77.5	87.5	89.8	101.0	105.7	112.7	117.9	119.3	121.7
青　海	99.2	111.0	117.2	116.8	116.7	117.5	115.0	119.9	126.5	131.6	136.7	142.0	148.3
宁　夏	73.2	83.3	93.3	101.2	115.2	130.3	137.4	152.4	163.4	176.6	191.1	208.9	225.7
新　疆	108.7	117.6	109.0	118.3	124.3	130.7	136.0	145.4	143.4	147.9	147.5	151.0	155.4
西部平均	90.4	96.5	99.8	106.6	117.7	127.6	132.5	143.8	152.5	162.9	173.8	188.6	203.8
全国平均	99.7	106.2	111.2	120.0	130.2	140.4	148.1	161.3	169.2	180.2	191.3	205.7	219.8

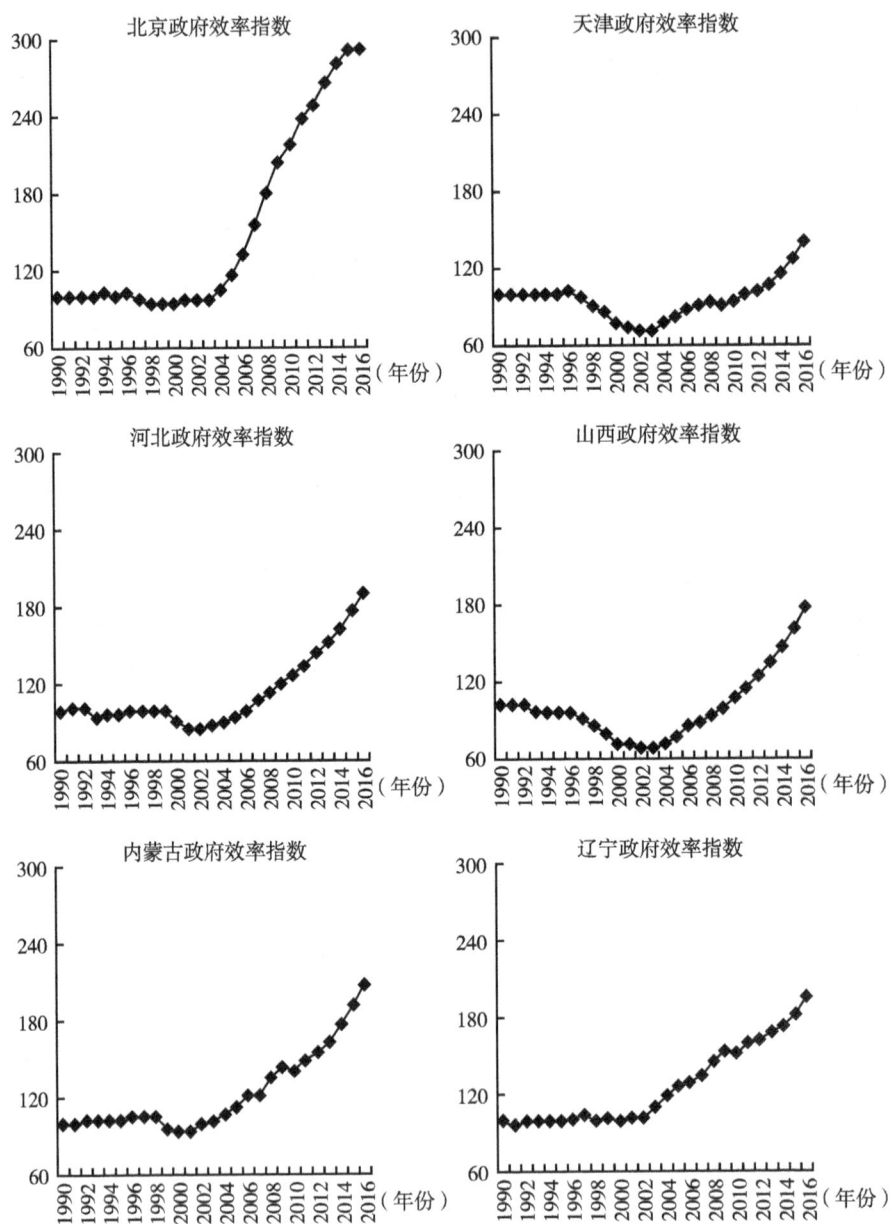

1990～2016年中国各省区市发展前景评价

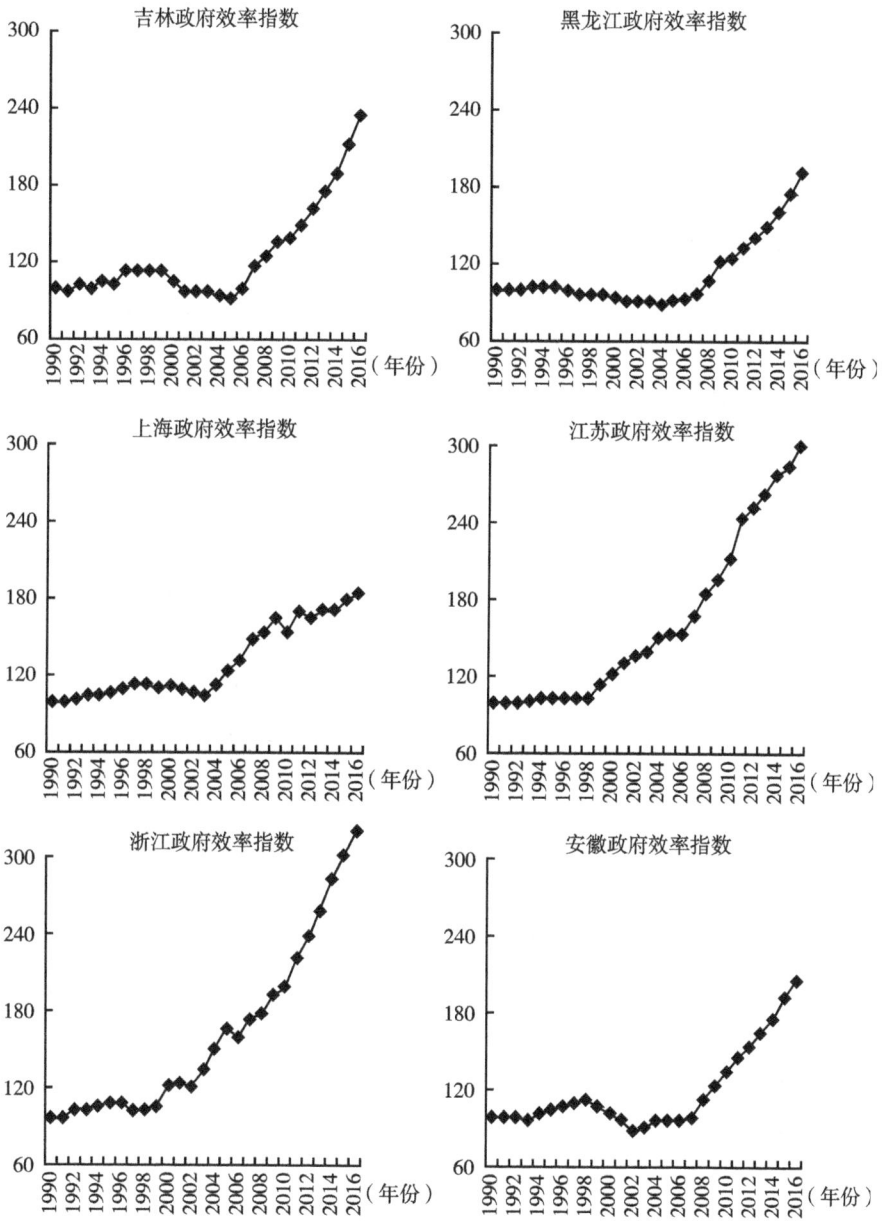

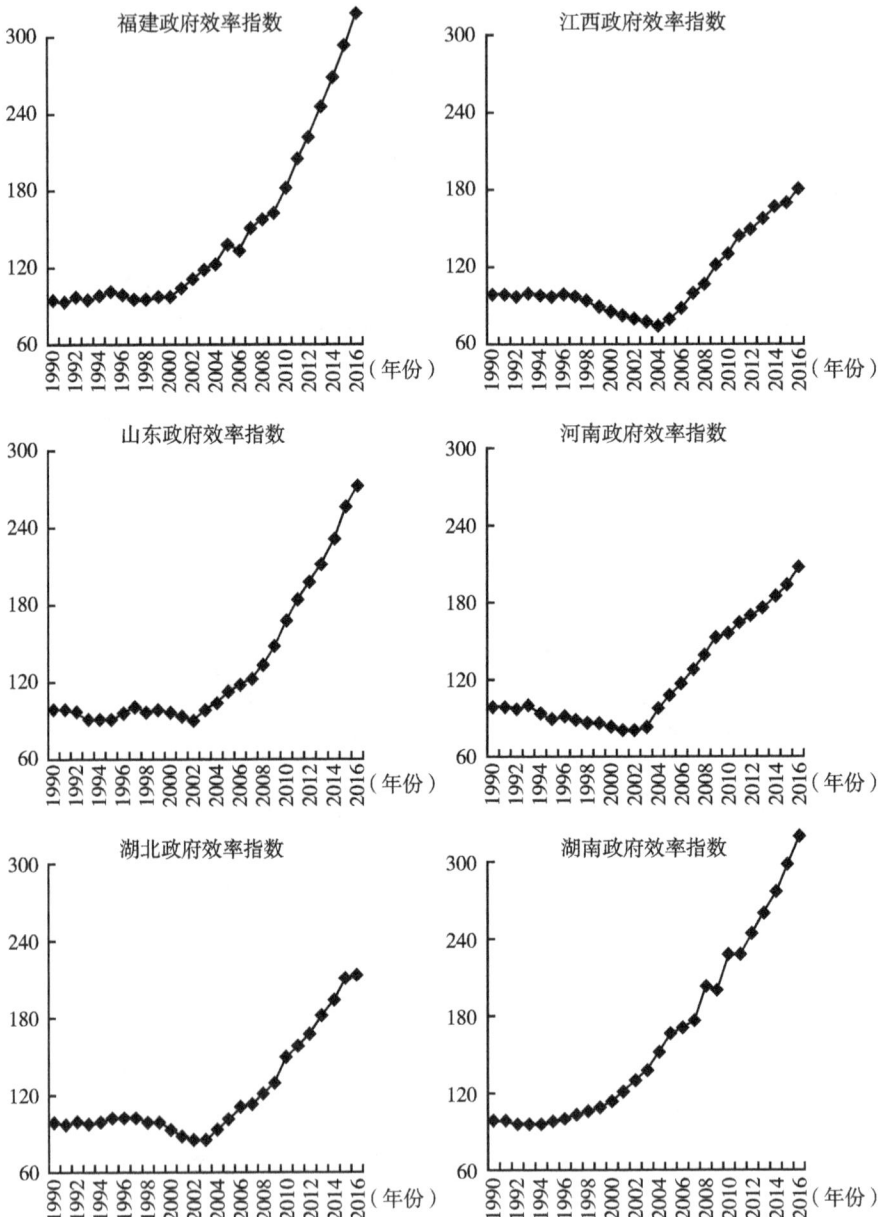

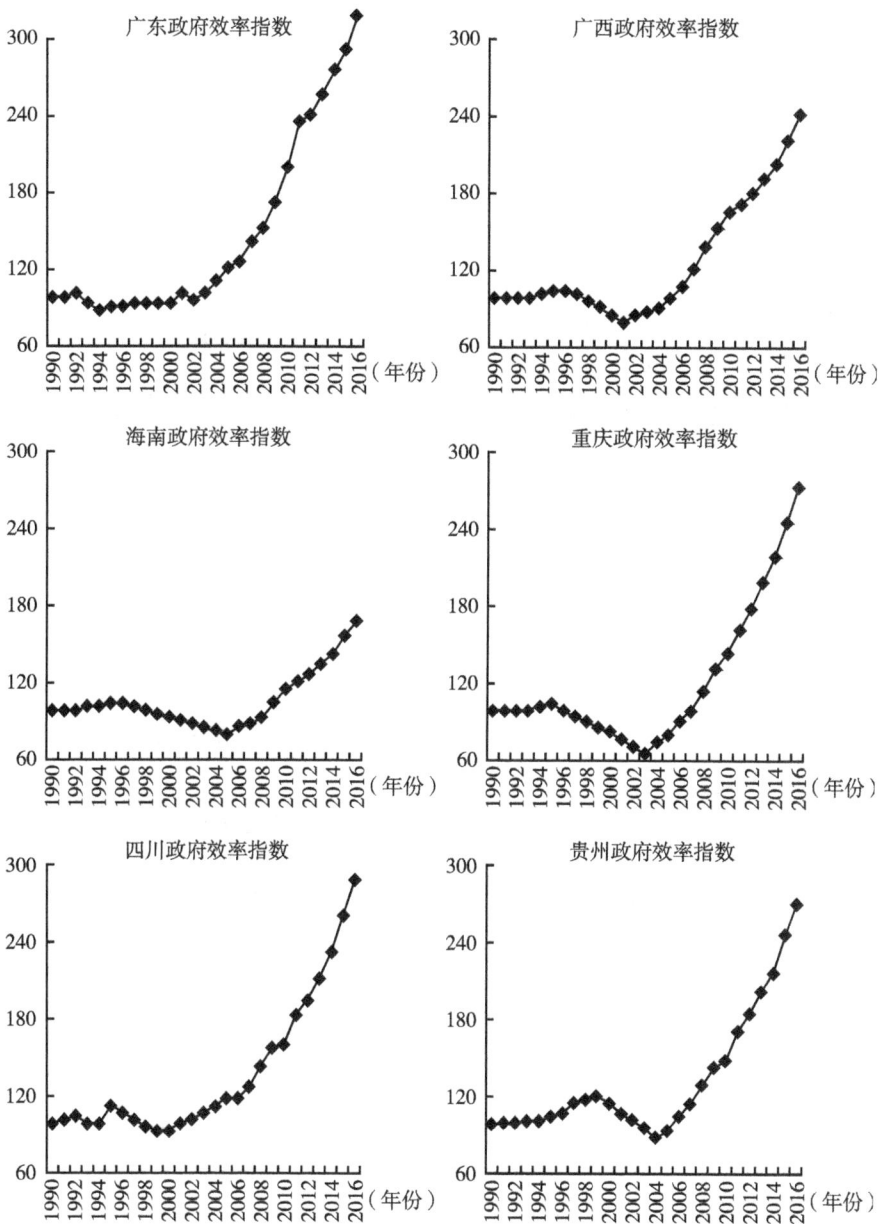

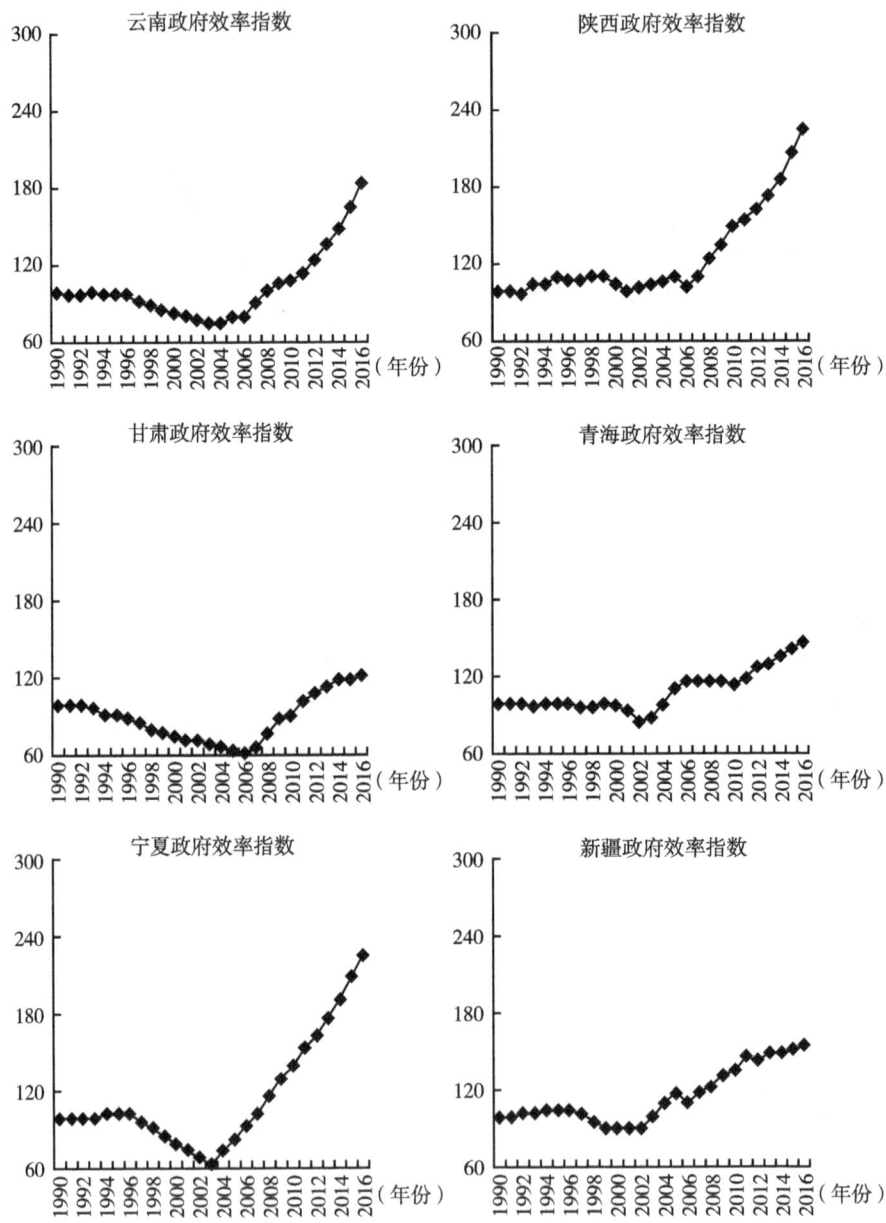

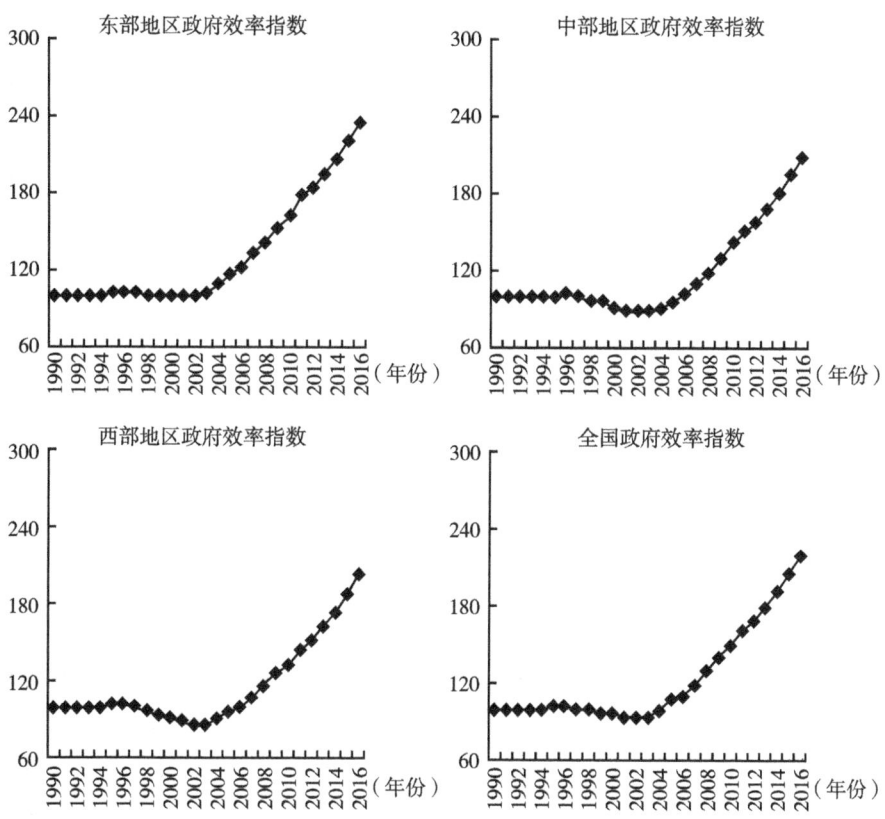

图 67 30 个省区市以及东部、中部、西部地区与全国 1990～2016 年政府效率指数（以 1990 年为基期）

表76 各省区市1990~2016年人民生活排名情况（按排名顺序）

年份排名	1990	1991	1992	1993	1994	1995	1996	1997	1998	1999	2000	2001	2002	2003
1	上海	上海	上海	上海	上海	上海	上海	上海	上海	北京	北京	北京	北京	上海
2	北京	北京	北京	北京	北京	北京	北京	北京	北京	上海	上海	上海	上海	北京
3	天津	天津	天津	天津	天津	天津	天津	天津	天津	天津	天津	天津	天津	天津
4	新疆	新疆	辽宁	辽宁	辽宁	辽宁	江苏	辽宁	辽宁	辽宁	浙江	浙江	浙江	浙江
5	吉林	辽宁	新疆	新疆	新疆	黑龙江	辽宁	江苏	江苏	浙江	辽宁	辽宁	辽宁	辽宁
6	辽宁	吉林	海南	海南	海南	山东	黑龙江	浙江	浙江	江苏	江苏	江苏	江苏	江苏
7	江苏	江苏	吉林	黑龙江	黑龙江	江苏	吉林	山西	内蒙古	河北	河北	山西	山西	山西
8	山西	浙江	浙江	山西	江苏	吉林	新疆	黑龙江	河北	山西	内蒙古	河北	福建	山西
9	浙江	山西	黑龙江	浙江	山西	海南	山西	新疆	山西	内蒙古	福建	内蒙古	河北	新疆
10	黑龙江	黑龙江	江苏	江苏	吉林	浙江	浙江	内蒙古	吉林	吉林	山东	山东	山东	吉林
11	内蒙古	海南	内蒙古	内蒙古	浙江	内蒙古	内蒙古	河北	新疆	福建	山西	吉林	黑龙江	内蒙古
12	青海	内蒙古	山西	吉林	内蒙古	新疆	山东	吉林	黑龙江	山东	黑龙江	福建	内蒙古	福建
13	湖北	江西	青海	青海	山东	山西	河北	福建	山东	新疆	吉林	黑龙江	吉林	山东
14	江西	青海	江西	福建	青海	河北	海南	山东	福建	黑龙江	广东	广东	广东	广东
15	海南	湖北	福建	江西	广东	广东	广东	广东	广东	广东	新疆	新疆	新疆	黑龙江
16	福建	福建	湖北	陕西	福建	江西	福建	江西	海南	青海	海南	海南	陕西	河北
17	陕西	陕西	河北	广东	陕西	福建	江西	海南	陕西	海南	青海	湖南	海南	陕西
18	河北	山东	湖北	山东	江西	青海	宁夏	陕西	江西	陕西	南	陕西	南	宁夏
19	山东	广东	广东	河北	河北	陕西	陕西	宁夏	宁夏	江西	湖南	宁夏	宁夏	青海
20	广东	宁夏	宁夏	湖北	四川	湖北	湖北	青海	青海	宁夏	宁夏	四川	江西	湖北
21	宁夏	广东	山东	湖南	宁夏	宁夏	青海	湖北	湖北	四川	四川	江西	四川	四川
22	湖南	四川	四川	湖北	湖北	四川	四川	湖南	湖南	湖北	江西	青海	湖南	湖南

续表

年份\排名	1990	1991	1992	1993	1994	1995	1996	1997	1998	1999	2000	2001	2002	2003
23	安徽	湖南	湖南	四川	湖南	湖南	湖南	四川	四川	湖南	湖北	湖北	河南	广西
24	云南	云南	云南	云南	河南	河南	河南	河南	重庆	重庆	重庆	河南	甘肃	河南
25	河南	安徽	安徽	河南	甘肃	重庆	重庆	重庆	河南	广西	河南	重庆	湖北	江西
26	四川	河南	河南	安徽	广西	甘肃	甘肃	广西	广西	河南	广西	广西	重庆	安徽
27	广西	广西	广西	甘肃	安徽	广西	安徽	甘肃	甘肃	云南	云南	甘肃	广西	甘肃
28	甘肃	甘肃	甘肃	广西	云南	云南	广西	安徽	云南	甘肃	甘肃	安徽	安徽	重庆
29	重庆	重庆	重庆	重庆	重庆	安徽	云南	云南	安徽	安徽	安徽	云南	云南	云南
30	贵州	贵州	贵州	贵州	贵州	贵州	贵州	贵州	贵州	贵州	贵州	贵州	贵州	贵州

年份\排名	2004	2005	2006	2007	2008	2009	2010	2011	2012	2013	2014	2015	2016	综合
1	北京	北京	北京	上海	北京	北京	北京	上海	上海	上海	上海	上海	上海	上海
2	上海	上海	上海	北京	上海	上海	上海	北京	北京	北京	北京	北京	天津	北京
3	天津	天津	天津	天津	天津	浙江	浙江	浙江	浙江	浙江	天津	天津	北京	天津
4	浙江	浙江	浙江	浙江	浙江	天津	天津	天津	天津	天津	江苏	浙江	浙江	浙江
5	辽宁	辽宁	辽宁	江苏	江苏	辽宁	辽宁	江苏	江苏	江苏	浙江	江苏	江苏	江苏
6	江苏	江苏	江苏	辽宁	辽宁	黑龙江	江苏	辽宁	山东	山东	辽宁	辽宁	辽宁	辽宁
7	吉林	黑龙江	吉林	吉林	山东	吉林	山东	山东	辽宁	吉林	山东	山东	山东	吉林
8	山东	山东	黑龙江	黑龙江	山西	山东	河北	河北	吉林	辽宁	吉林	吉林	吉林	山东
9	内蒙古	内蒙古	内蒙古	山东	黑龙江	山西	河南	吉林	山西	山西	新疆	福建	福建	新疆
10	新疆	吉林	吉林	内蒙古	河北	河南	吉林	山西	河北	福建	福建	新疆	陕西	内蒙古
11	广东	广东	山西	河北	内蒙古	河北	黑龙江	福建	福建	河北	陕西	陕西	山西	

续表

排名\年份	2004	2005	2006	2007	2008	2009	2010	2011	2012	2013	2014	2015	2016	综合
12	福建	新疆	福建	山西	吉林	内蒙古	内蒙古	内蒙古	内蒙古	四川	湖北	湖北	湖北	黑龙江
13	黑龙江	福建	广东	新疆	福建	福建	福建	广东	四川	新疆	山西	山西	新疆	福建
14	山西	山西	新疆	广东	广东	新疆	四川	四川	广东	陕西	青海	青海	内蒙古	河北
15	河北	河北	河北	福建	青海	四川	新疆	黑龙江	新疆	广东	河北	内蒙古	青海	广东
16	宁夏	宁夏	青海	青海	四川	广东	青海	新疆	黑龙江	内蒙古	河南	四川	四川	青海
17	海南	四川	宁夏	陕西	陕西	青海	广东	青海	青海	青海	广东	河南	河南	陕西
18	湖北	青海	湖北	湖北	新疆	陕西	陕西	陕西	陕西	黑龙江	四川	河北	河北	海南
19	四川	湖北	四川	宁夏	湖北	湖北	河北	湖北	湖北	湖北	内蒙古	广东	广东	湖南
20	陕西	海南	海南	四川	河北	河北	湖北	河北	河北	河北	黑龙江	海南	海南	四川
21	青海	陕西	陕西	海南	江西	江西	湖南	海南	海南	海南	海南	黑龙江	黑龙江	江西
22	江西	湖南	河南	江西	宁夏	湖南	宁夏	江西	江西	江西	江西	宁夏	宁夏	宁夏
23	湖南	湖南	湖南	河南	湖南	宁夏	江西	湖南	湖南	湖南	宁夏	湖南	湖南	河南
24	河南	江西	江西	湖南	河南	海南	甘肃	海南	甘肃	甘肃	湖南	江西	云南	湖南
25	广西	河南	甘肃	安徽	海南	甘肃	海南	甘肃	宁夏	重庆	安徽	云南	安徽	甘肃
26	甘肃	甘肃	安徽	甘肃	甘肃	安徽	安徽	宁夏	安徽	宁夏	云南	安徽	江西	安徽
27	安徽	安徽	广西	广西	安徽	重庆	重庆	广西	重庆	安徽	甘肃	甘肃	贵州	广西
28	重庆	广西	重庆	重庆	广西	广西	广西	安徽	广西	广西	贵州	贵州	甘肃	重庆
29	贵州	重庆	贵州	贵州	重庆	云南	云南	重庆	云南	云南	重庆	重庆	重庆	云南
30	云南	云南	云南	云南	贵州	贵州	贵州	贵州	贵州	贵州	广西	广西	广西	贵州

表 77 各省区市 1990~2016 年人民生活排名情况

年份 地区	1990	1991	1992	1993	1994	1995	1996	1997	1998	1999	2000	2001	2002	2003
北京	2	2	2	2	2	2	2	2	2	1	1	1	1	2
天津	3	3	3	3	3	3	3	3	3	3	3	3	3	3
河北	18	16	16	20	19	14	13	11	8	7	7	8	9	15
山西	8	9	12	8	9	6	9	7	9	8	11	7	7	7
内蒙古	11	12	11	11	12	11	11	10	7	9	8	9	12	10
辽宁	6	5	4	4	4	4	5	4	4	4	5	5	5	5
吉林	5	6	7	12	10	8	7	12	10	10	13	11	13	9
黑龙江	10	10	9	7	7	5	6	8	12	14	12	13	11	14
上海	1	1	1	1	1	1	1	1	1	2	2	2	2	1
江苏	7	7	10	10	8	7	4	5	5	6	6	6	6	6
浙江	9	8	8	9	11	10	10	6	6	5	4	4	4	4
安徽	23	25	25	26	27	29	27	28	29	29	29	28	28	26
福建	16	17	15	14	16	17	16	13	14	11	9	12	8	11
江西	14	13	14	15	18	16	17	16	18	19	22	21	20	25
山东	19	19	21	19	13	13	12	14	13	12	10	10	10	12
河南	25	26	26	25	24	24	24	24	25	26	25	24	23	24
湖北	13	15	17	21	22	20	20	21	22	22	23	23	25	19
湖南	22	23	23	22	23	23	23	22	21	23	18	17	22	22
广东	20	21	18	17	15	15	15	15	15	15	14	14	14	13
广西	27	27	27	28	26	27	28	26	26	25	26	26	27	23
海南	15	11	6	6	6	9	14	17	16	17	16	16	17	18

续表

年份地区	1990	1991	1992	1993	1994	1995	1996	1997	1998	1999	2000	2001	2002	2003
重庆	29	29	29	29	29	25	25	25	24	24	24	25	26	28
四川	26	22	22	23	20	22	22	23	23	21	20	20	21	21
贵州	30	30	30	30	30	30	30	30	30	30	30	30	30	30
云南	24	24	24	24	28	28	29	29	28	27	27	29	29	29
陕西	17	18	19	16	17	19	19	18	17	18	21	18	16	16
甘肃	28	28	28	27	25	26	26	27	27	28	28	27	24	27
青海	12	14	13	13	14	18	21	20	20	16	17	22	18	20
宁夏	21	20	20	18	21	21	18	19	19	20	19	19	19	17
新疆	4	4	5	5	5	12	8	9	11	13	15	15	15	8

年份地区	2004	2005	2006	2007	2008	2009	2010	2011	2012	2013	2014	2015	2016	综合
北京	1	1	1	2	1	1	1	2	2	2	2	2	3	2
天津	3	3	3	3	3	4	4	4	4	4	3	3	2	3
河北	15	15	15	11	10	11	9	8	10	11	15	18	17	14
山西	14	14	11	12	8	10	7	10	9	9	13	13	11	8
内蒙古	9	9	10	10	11	12	12	12	12	16	19	15	14	11
辽宁	5	5	5	6	6	5	5	6	7	8	6	6	6	6
吉林	7	10	7	7	12	8	10	9	8	7	8	8	8	7
黑龙江	13	7	8	8	9	7	11	15	16	18	20	21	21	12
上海	2	2	2	1	2	2	2	1	1	1	1	1	1	1
江苏	6	6	6	5	5	6	6	5	5	5	4	5	5	5
浙江	4	4	4	4	4	3	3	3	3	3	5	4	4	4

续表

年份地区	2004	2005	2006	2007	2008	2009	2010	2011	2012	2013	2014	2015	2016	综合
安徽	27	26	26	25	26	26	26	27	26	27	25	26	25	26
福建	12	13	12	15	13	13	13	11	11	10	10	9	9	13
江西	22	23	24	22	21	21	23	23	22	22	22	24	26	21
山东	8	8	9	9	7	9	8	7	6	6	7	7	7	9
河南	24	24	22	23	20	20	19	20	20	20	16	17	18	23
湖北	18	19	18	18	19	19	20	19	19	19	12	12	12	19
湖南	23	22	23	24	23	22	21	21	23	23	24	23	23	24
广东	11	11	13	14	14	16	17	13	14	15	17	19	19	15
广西	25	27	27	27	27	28	28	26	28	28	30	30	30	27
海南	17	20	20	21	24	24	25	22	21	21	21	20	20	18
重庆	28	28	28	28	28	27	27	28	27	25	29	29	29	28
四川	19	17	19	20	16	15	14	14	13	12	18	16	16	20
贵州	29	29	29	29	30	30	30	30	30	30	28	28	27	30
云南	30	30	30	30	29	29	29	29	29	29	26	25	24	29
陕西	20	21	21	17	17	18	18	18	18	14	11	11	10	17
甘肃	26	25	25	26	25	25	24	24	24	24	27	27	28	25
青海	21	18	16	16	15	17	16	17	17	17	14	14	15	16
宁夏	16	16	17	19	22	23	22	25	25	26	23	22	22	22
新疆	10	12	14	13	18	14	15	16	15	13	9	10	13	10

表78 各省区市1990~2016年人民生活指数（上一年=100）

年份 地区	1990	1991	1992	1993	1994	1995	1996	1997	1998	1999	2000	2001	2002	2003
北京	100	90.3	100.6	99.3	97.1	106.1	101.4	103.3	101.0	106.1	103.2	104.6	97.9	102.7
天津	100	100.8	98.0	96.9	92.6	102.1	106.6	106.1	103.1	98.2	106.1	100.5	102.5	109.9
河北	100	101.9	94.2	93.8	98.9	118.9	115.2	111.8	105.1	106.1	101.9	99.3	96.0	93.6
辽宁	100	99.1	103.6	96.3	98.4	99.3	108.0	104.4	107.2	99.5	100.2	102.7	95.9	104.2
上海	100	99.0	99.0	93.5	96.4	102.5	102.1	101.2	101.2	98.0	98.5	102.8	102.4	107.7
江苏	100	92.8	92.3	97.7	103.9	105.7	114.5	103.7	99.8	98.2	101.9	103.6	101.3	101.3
浙江	100	96.6	96.5	96.1	95.9	103.9	106.6	115.4	103.0	103.6	107.5	106.0	98.7	104.7
福建	100	94.1	100.9	96.6	96.5	107.9	110.8	115.7	101.4	103.1	104.8	99.3	104.4	94.8
山东	100	98.0	90.6	105.6	116.6	105.1	109.2	104.0	104.2	101.6	104.6	103.6	100.4	95.5
广东	100	95.5	100.7	101.0	102.8	105.8	111.7	108.1	103.2	101.6	100.6	101.6	102.8	101.7
海南	100	106.6	106.2	101.5	95.9	97.7	97.7	97.6	102.1	99.0	105.2	96.5	98.7	99.7
东部平均	100	97.3	98.7	97.5	98.5	104.3	106.6	105.7	102.7	101.3	102.9	102.2	100.1	102.3
山西	100	92.0	94.5	101.5	100.3	107.2	99.1	107.5	101.2	99.3	99.3	112.3	96.1	95.9
吉林	100	91.9	91.2	90.4	102.0	106.3	108.9	99.3	105.0	97.8	100.0	105.2	95.3	102.3
黑龙江	100	92.0	102.0	97.8	101.2	110.3	102.2	99.8	96.2	96.6	106.5	101.7	100.3	97.7
安徽	100	94.5	94.2	93.8	93.5	99.6	110.1	109.2	102.4	102.9	105.5	108.5	103.8	106.2
江西	100	97.7	92.1	93.3	97.0	110.2	108.5	105.8	98.6	95.3	98.4	100.1	101.8	91.4
河南	100	96.7	90.9	100.4	99.2	111.9	114.5	106.2	101.0	100.6	107.6	101.9	100.4	99.5
湖北	100	90.3	92.3	91.7	99.5	104.6	104.5	108.6	101.4	97.7	101.4	101.2	95.5	112.8
湖南	100	99.5	98.3	104.3	95.7	91.7	118.7	113.9	102.6	96.7	109.8	106.0	91.2	99.8
中部平均	100	93.8	94.5	96.4	99.0	105.7	107.1	105.5	100.9	98.1	103.2	104.8	97.7	100.2
内蒙古	100	91.5	107.5	94.3	98.5	106.6	105.6	108.3	104.2	97.3	107.3	97.9	95.4	100.6
广西	100	94.3	93.7	101.3	101.3	101.3	101.3	118.2	115.4	104.1	100.1	104.6	95.9	110.3

续表

地区\年份	1990	1991	1992	1993	1994	1995	1996	1997	1998	1999	2000	2001	2002	2003
重庆	100	111.7	93.4	106.8	104.6	116.9	114.5	112.6	111.2	96.5	105.9	99.4	93.8	93.4
四川	100	113.9	95.0	101.8	104.0	97.5	106.2	107.0	105.5	102.2	104.9	100.0	99.9	98.5
贵州	100	94.6	93.4	92.9	92.4	101.5	101.7	113.8	112.1	110.5	103.1	106.8	101.6	113.5
云南	100	100.0	92.7	91.7	91.0	104.0	98.4	113.8	112.1	96.7	105.5	91.0	90.1	92.9
陕西	100	99.1	94.2	101.9	98.2	104.0	102.2	114.1	102.9	100.9	96.5	105.7	105.0	101.8
甘肃	100	100.8	99.7	103.3	103.7	99.9	105.1	111.8	110.6	112.1	106.9	104.9	103.5	99.1
青海	100	91.0	96.3	104.6	97.3	94.2	95.7	114.1	102.4	95.2	93.6	93.1	103.1	100.4
宁夏	100	98.4	95.9	103.0	95.6	102.7	112.3	106.9	106.5	96.6	101.3	99.7	100.0	107.0
新疆	100	98.4	95.8	93.3	92.8	92.2	113.3	104.7	99.5	96.6	96.5	97.1	107.9	106.6
西部平均	100	98.4	96.6	99.0	97.8	101.0	105.5	110.6	106.4	101.1	101.6	99.5	99.8	102.1
全国平均	100	96.7	97.1	97.7	98.4	103.7	106.4	107.0	103.3	100.5	102.6	102.0	99.4	101.8

地区\年份	2004	2005	2006	2007	2008	2009	2010	2011	2012	2013	2014	2015	2016	平均
北京	100.6	104.6	105.3	101.4	102.0	109.3	103.8	101.6	102.9	101.9	94.1	102.4	106.0	101.9
天津	93.7	100.4	107.0	102.6	100.8	105.1	106.7	110.4	106.4	106.1	103.1	106.9	108.9	103.1
河北	99.9	105.1	108.3	108.9	113.7	112.1	110.8	107.6	104.7	104.9	86.5	103.1	107.8	104.2
辽宁	102.4	110.1	104.7	100.0	102.0	119.6	104.8	105.7	103.4	103.2	102.1	104.4	105.5	103.3
上海	97.7	103.4	103.7	105.2	101.0	107.6	104.2	105.4	107.9	106.7	96.8	104.4	104.3	102.0
江苏	102.6	106.0	108.9	106.1	100.1	113.6	106.8	114.3	106.4	106.7	101.8	102.7	105.7	103.8
浙江	103.7	106.4	107.8	105.7	101.9	111.2	110.2	107.2	106.8	105.3	91.5	107.2	106.7	104.1
福建	101.6	102.7	110.3	98.5	105.6	117.5	114.9	111.3	106.1	106.3	93.6	109.4	108.8	104.5
山东	105.6	106.0	107.1	104.9	112.8	111.3	110.2	110.1	108.7	107.9	91.5	106.6	105.7	104.9
广东	103.5	105.6	104.3	102.7	103.1	112.3	111.3	113.9	104.8	106.0	90.8	104.4	105.0	104.0
海南	99.7	102.5	108.8	105.3	103.2	113.6	109.0	116.3	108.0	106.2	92.9	108.4	105.6	103.2

续表

年份 地区	2004	2005	2006	2007	2008	2009	2010	2011	2012	2013	2014	2015	2016	平均
东部平均	100.5	104.7	106.6	103.6	103.6	111.5	107.8	108.7	106.0	105.5	95.2	105.3	106.3	103.6
山西	95.7	105.0	110.8	103.9	115.7	113.5	111.9	103.4	107.3	104.3	90.9	107.6	109.5	103.3
吉林	105.3	104.3	113.1	103.0	104.8	116.8	105.8	108.9	110.7	106.4	91.2	109.0	107.0	103.1
黑龙江	102.5	114.1	104.2	107.0	107.2	117.9	102.8	101.4	104.8	102.2	89.2	102.0	102.6	102.4
安徽	97.3	107.8	109.9	109.9	105.3	115.1	113.1	106.4	109.9	106.1	89.6	108.1	107.6	104.2
江西	108.6	104.9	103.8	114.3	112.5	111.1	105.6	113.7	105.2	105.5	89.2	104.1	105.8	102.9
河南	103.2	107.4	112.8	106.2	116.3	114.0	112.3	107.7	105.8	105.7	101.1	104.7	106.7	105.2
湖北	103.2	105.9	107.7	105.4	114.2	112.5	111.1	110.6	106.5	105.5	104.6	107.1	107.9	104.0
湖南	99.0	110.0	105.9	103.6	115.3	113.3	111.7	109.6	103.6	105.4	88.4	106.8	109.2	104.2
中部平均	101.8	107.4	108.5	106.3	111.1	114.4	109.0	107.4	106.8	105.2	93.1	106.3	107.1	103.7
内蒙古	103.2	107.1	106.1	105.4	110.2	109.3	108.5	107.7	104.7	103.0	90.0	108.5	109.7	103.4
广西	100.3	100.3	104.3	103.2	115.2	113.2	111.7	112.8	106.4	106.7	81.2	105.9	107.8	104.3
重庆	106.7	107.5	102.6	107.6	116.9	114.5	112.7	109.5	108.9	108.1	81.3	105.0	107.8	105.8
四川	106.3	108.5	105.9	104.2	119.1	116.0	113.8	109.9	107.6	105.7	88.6	107.1	108.2	105.3
贵州	114.8	112.9	111.4	110.3	109.3	108.5	107.8	109.7	111.1	108.4	97.3	108.1	110.4	106.1
云南	111.0	108.8	114.9	110.3	112.1	110.8	109.7	112.0	106.4	107.0	102.0	108.5	109.5	104.5
陕西	94.1	103.9	109.3	108.6	114.7	112.8	111.3	112.2	108.0	107.6	99.1	106.8	109.2	104.6
甘肃	102.5	109.5	103.3	105.7	115.4	113.3	111.8	108.3	107.5	106.0	86.0	104.4	106.5	105.0
青海	100.4	111.0	107.6	106.4	115.8	113.6	112.0	109.3	108.2	105.5	96.5	105.1	106.1	103.7
宁夏	106.6	100.9	105.2	103.3	110.3	109.3	108.5	104.3	109.0	105.6	91.5	108.4	109.3	103.7
新疆	101.6	103.7	104.3	104.9	98.4	119.3	109.2	109.9	107.2	106.8	100.2	107.0	102.0	102.7
西部平均	103.5	106.4	106.5	106.3	112.1	112.8	110.7	109.5	107.6	106.3	92.2	106.8	107.7	104.4
全国平均	101.7	105.8	107.0	105.0	107.9	112.6	109.0	108.6	106.7	105.7	93.7	106.0	107.0	103.9

表79 各省区市1990~2016年人民生活指数（以1990年为基期）

年份 地区	1990	1991	1992	1993	1994	1995	1996	1997	1998	1999	2000	2001	2002	2003
北京	100	90.3	90.9	90.2	87.6	92.9	94.2	97.4	98.3	104.3	107.7	112.7	110.3	113.4
天津	100	100.8	98.7	95.6	88.6	90.4	96.4	102.3	105.5	103.5	109.9	110.5	113.3	124.5
河北	100	101.9	96.0	90.1	89.1	105.9	122.0	136.3	143.3	152.0	155.0	153.9	147.8	138.3
辽宁	100	99.1	102.7	98.8	97.2	96.6	104.3	108.9	116.7	116.2	116.4	119.5	114.6	119.4
上海	100	99.0	98.1	91.6	88.3	90.5	92.4	93.5	94.6	92.7	91.3	93.8	96.1	103.5
江苏	100	92.8	85.6	83.6	86.9	91.9	105.2	109.1	108.9	107.0	109.0	112.9	114.3	115.9
浙江	100	96.6	93.2	89.5	85.9	89.2	95.1	109.7	112.9	117.1	125.8	133.3	131.6	137.7
福建	100	94.1	95.0	91.7	88.5	95.5	105.8	122.4	124.1	128.0	134.2	133.3	139.2	132.0
山东	100	98.0	88.9	93.9	109.5	115.0	125.6	130.6	136.2	138.1	144.4	149.6	150.2	143.4
广东	100	95.5	96.2	97.2	99.9	105.8	118.2	127.8	131.9	133.9	134.8	137.0	140.8	143.3
海南	100	106.6	113.2	114.9	110.2	107.7	105.2	102.8	105.0	103.9	109.2	105.5	104.1	103.9
东部平均	100	97.3	96.0	93.6	92.2	96.2	102.5	108.4	111.2	112.7	115.9	118.5	118.6	121.3
山西	100	92.0	87.0	88.4	88.6	95.1	94.2	101.3	102.4	101.7	101.1	113.5	109.0	104.5
吉林	100	91.9	83.9	75.8	77.3	82.1	89.5	88.8	93.2	91.1	91.1	95.9	91.4	93.5
黑龙江	100	92.0	93.8	91.8	92.9	102.4	104.7	104.4	100.4	97.0	103.4	105.2	105.5	103.1
安徽	100	94.5	89.1	83.6	78.1	77.8	85.6	93.5	95.7	98.5	103.9	112.7	117.0	124.2
江西	100	97.7	90.0	84.0	81.5	89.8	97.4	103.0	101.6	96.8	95.3	95.3	97.0	88.7
河南	100	96.7	87.9	88.3	87.6	98.1	112.3	119.2	120.5	121.2	130.4	132.9	133.4	132.7
湖北	100	90.3	83.4	76.5	76.1	79.6	83.2	90.3	91.6	89.5	90.8	91.9	87.7	98.9
湖南	100	99.5	97.9	102.0	97.7	89.5	106.3	121.0	124.1	120.0	131.7	139.6	127.3	127.0
中部平均	100	93.8	88.7	85.5	84.7	89.5	95.9	101.2	102.1	100.2	103.3	108.2	105.8	106.0

续表

地区\年份	1990	1991	1992	1993	1994	1995	1996	1997	1998	1999	2000	2001	2002	2003
内蒙古	100	91.5	98.4	92.7	91.3	97.4	102.8	111.4	116.0	112.9	121.2	118.7	113.2	113.9
广西	100	94.3	88.4	89.6	90.7	91.9	93.0	110.0	126.9	132.2	132.3	138.4	132.8	146.4
重庆	100	111.7	104.3	111.4	116.4	136.1	155.8	175.5	195.2	188.3	199.4	198.2	185.9	173.7
四川	100	113.9	108.2	110.2	114.6	111.8	118.7	127.0	134.1	137.1	143.8	143.8	143.6	141.4
贵州	100	94.6	88.3	82.1	75.8	76.9	78.2	89.0	99.7	109.9	113.3	121.0	122.9	139.5
云南	100	100.0	92.7	85.0	77.4	80.5	79.2	90.1	101.0	111.7	117.8	107.2	96.6	89.8
陕西	100	99.1	93.3	95.1	93.4	97.1	99.3	113.3	116.5	112.6	108.7	114.9	120.6	122.8
甘肃	100	100.8	100.5	103.8	107.6	107.5	113.0	126.4	139.7	141.0	150.7	158.2	163.7	162.4
青海	100	91.0	87.7	91.7	89.2	84.0	80.4	91.7	93.9	105.3	98.5	91.8	94.6	95.0
宁夏	100	98.4	94.3	97.1	92.9	95.3	107.0	114.4	121.8	116.0	117.5	117.1	117.2	125.4
新疆	100	98.4	94.3	87.9	81.6	75.3	85.3	89.3	88.9	85.8	82.8	80.4	86.7	92.4
西部平均	100	98.4	95.1	94.1	92.1	93.0	98.2	108.5	115.4	116.7	118.6	118.1	117.8	120.3
全国平均	100	96.7	93.9	91.7	90.2	93.6	99.6	106.6	110.1	110.6	113.5	115.8	115.1	117.1

地区\年份	2004	2005	2006	2007	2008	2009	2010	2011	2012	2013	2014	2015	2016
北京	114.1	119.3	125.5	127.3	129.8	141.8	147.1	149.5	153.9	156.8	147.6	151.1	160.1
天津	116.6	117.1	125.3	128.5	129.5	136.2	145.4	160.4	170.7	181.2	186.8	199.8	217.6
河北	138.1	145.1	157.1	171.0	194.5	217.9	241.4	259.8	271.9	285.2	246.8	254.5	274.4
辽宁	122.3	134.7	141.0	141.0	143.9	172.1	180.4	190.6	197.0	203.3	207.5	216.6	228.6
上海	101.2	104.6	108.5	114.1	115.2	123.9	129.2	136.2	146.9	156.7	151.7	158.3	165.1
江苏	118.8	125.9	137.2	145.6	145.7	165.6	176.5	201.8	214.7	229.1	233.3	239.6	253.2
浙江	142.8	151.9	163.7	173.0	176.3	196.1	216.1	231.7	247.4	260.5	238.4	255.5	272.6
福建	134.1	137.7	151.9	149.7	158.1	185.8	213.5	237.6	252.1	268.0	250.8	274.5	298.7
山东	151.4	160.5	171.9	180.3	203.3	226.3	249.3	274.4	298.3	321.8	294.4	313.8	331.8

续表

年份 地区	2004	2005	2006	2007	2008	2009	2010	2011	2012	2013	2014	2015	2016
广 东	148.3	156.6	163.4	167.9	173.1	194.3	216.2	246.4	258.3	273.7	248.5	259.5	272.6
海 南	103.6	106.1	115.5	121.6	125.4	142.5	155.3	180.7	195.1	207.2	192.5	208.7	220.3
东部平均	121.9	127.6	136.0	140.9	146.0	162.9	175.6	190.9	202.2	213.3	203.1	213.9	227.4
山 西	100.1	105.1	116.4	120.9	139.9	158.8	177.7	183.8	197.2	205.6	186.9	201.1	220.2
吉 林	98.4	102.7	116.2	119.7	125.4	146.4	154.8	168.6	186.6	198.7	181.1	197.5	211.2
黑龙江	105.7	120.6	125.7	134.4	144.1	169.9	174.6	177.0	185.5	189.6	169.1	172.5	177.0
安 徽	120.9	130.3	143.2	157.4	165.8	190.8	215.9	229.8	252.6	268.0	240.2	259.5	279.2
江 西	96.3	101.0	104.8	119.8	134.7	149.7	158.0	179.7	189.0	199.7	178.2	185.5	196.3
河 南	137.0	147.2	166.0	176.3	205.0	233.6	262.3	282.4	298.7	315.2	318.5	333.6	356.0
湖 北	102.1	108.1	116.4	122.7	140.1	157.6	175.0	193.6	206.1	219.9	229.9	246.2	265.5
湖 南	125.8	138.4	146.6	151.9	175.2	198.4	221.7	243.1	251.9	265.5	234.8	250.8	273.9
中部平均	107.9	115.9	125.8	133.8	148.7	170.1	185.4	199.1	212.6	223.8	208.2	221.3	237.0
内蒙古	117.5	125.8	133.4	140.6	155.0	169.4	183.7	197.2	206.6	212.9	191.6	207.8	228.0
广 西	146.8	147.2	153.6	160.9	185.4	210.0	234.5	264.5	281.5	300.3	243.9	258.4	278.4
重 庆	185.3	199.2	204.3	219.8	257.1	294.3	331.6	363.0	395.4	427.4	347.5	364.7	393.2
四 川	150.3	163.0	172.7	179.9	214.2	248.5	282.8	310.9	334.4	353.6	313.3	335.6	363.2
贵 州	160.1	180.8	201.4	222.0	242.7	263.3	283.9	311.5	346.1	375.1	365.1	394.6	435.6
云 南	99.7	108.4	124.6	137.4	153.9	170.5	187.1	209.5	222.9	238.5	243.4	264.0	289.0
陕 西	115.5	120.0	131.1	142.4	163.3	184.1	205.0	229.9	248.2	267.0	264.5	282.5	308.4
甘 肃	166.4	182.2	188.1	198.8	229.4	259.9	290.5	314.7	338.2	358.7	308.4	322.0	343.0
青 海	95.4	106.0	114.0	121.3	140.5	159.6	178.7	195.3	211.3	222.9	214.9	225.8	239.6
宁 夏	133.7	134.9	141.9	146.6	161.7	176.8	191.9	200.2	218.1	230.4	210.8	228.4	249.7
新 疆	93.9	97.3	101.5	106.5	104.8	125.0	136.5	150.0	160.8	171.7	172.1	184.2	187.8
西部平均	124.5	132.4	141.0	149.9	168.0	189.6	209.8	229.7	247.2	262.7	242.3	258.8	278.9
全国平均	119.1	126.0	134.8	141.6	152.8	172.1	187.6	203.8	217.4	229.7	215.3	228.2	244.1

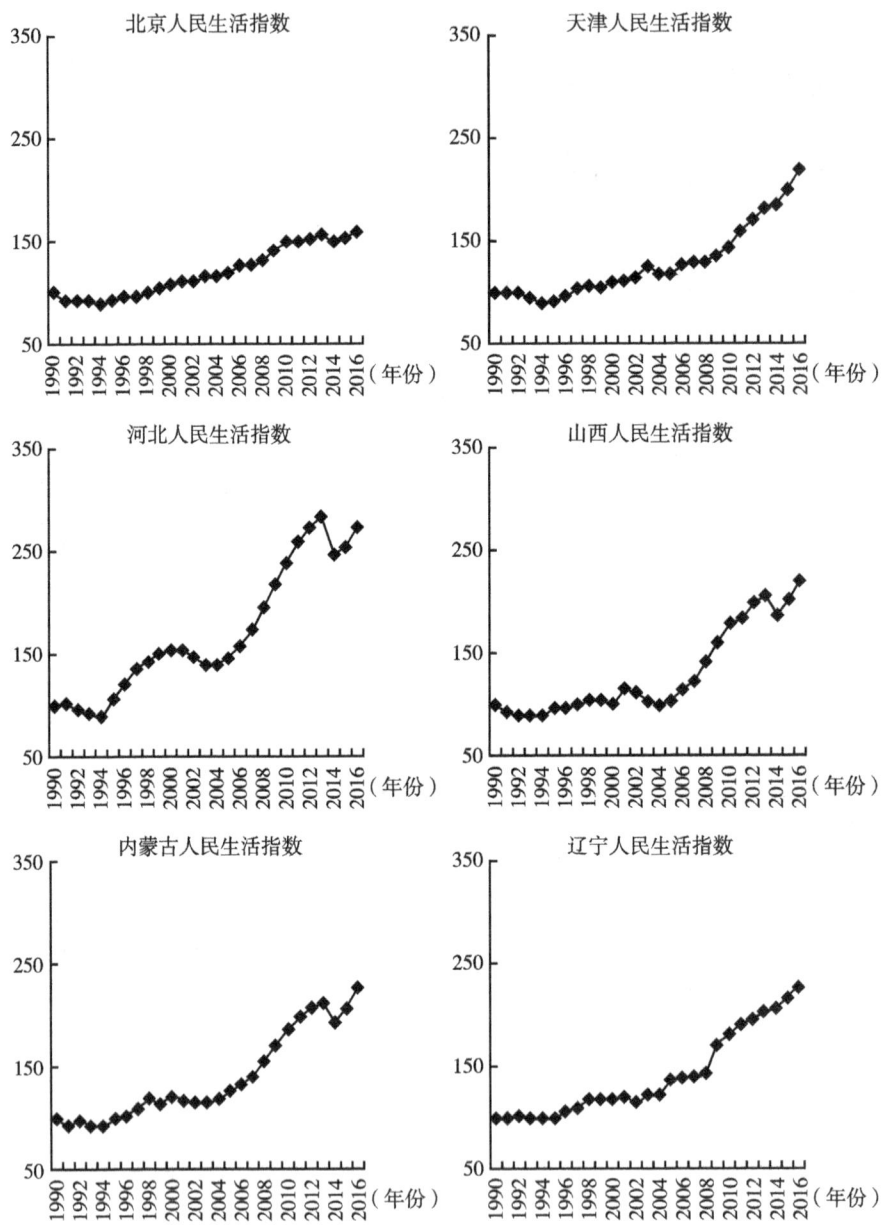

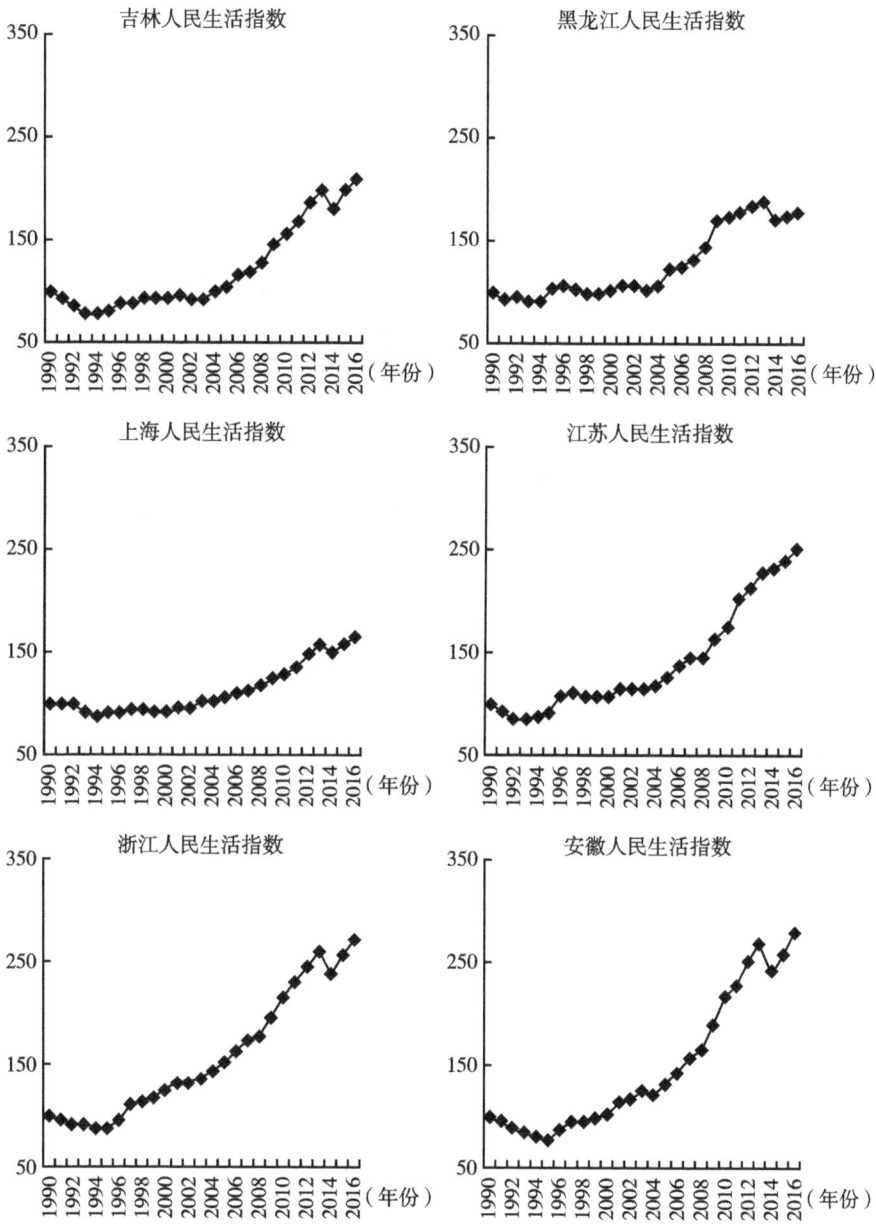

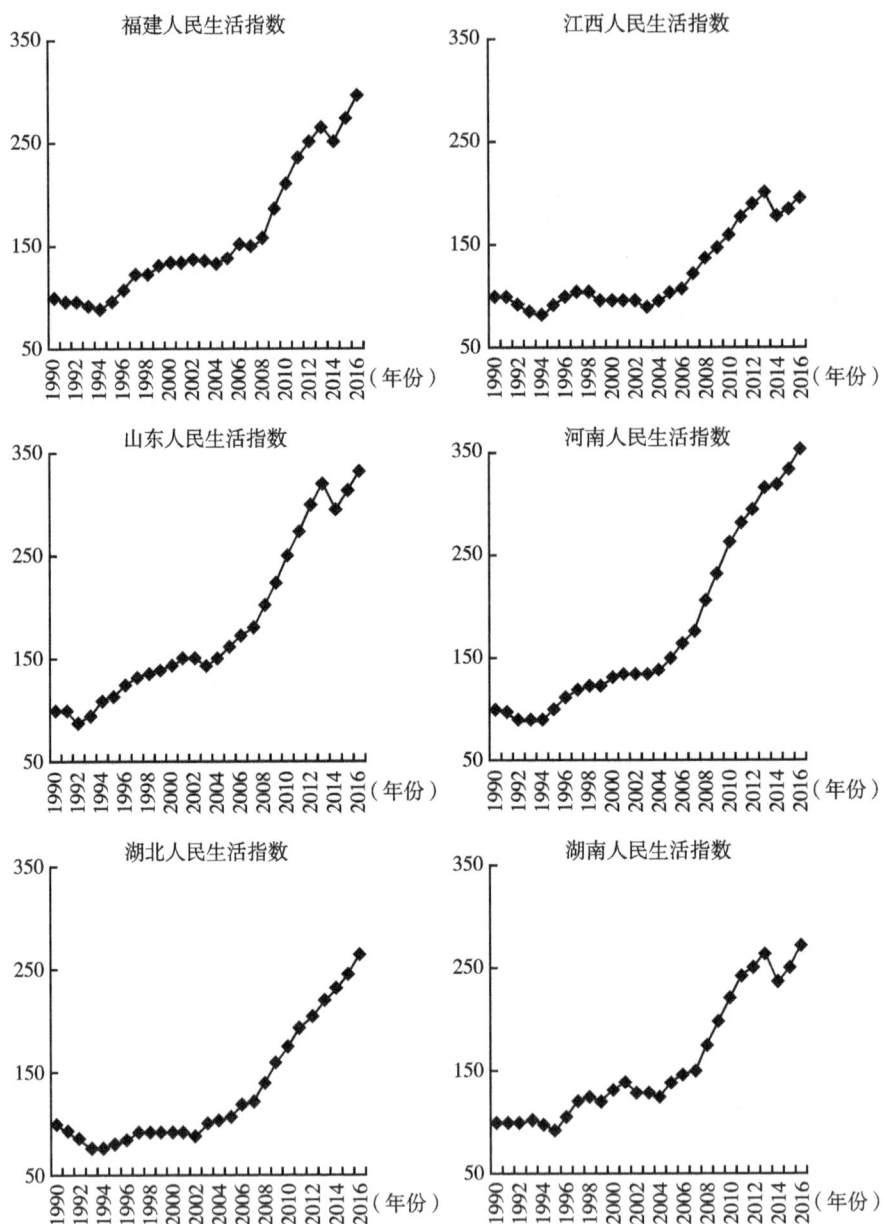

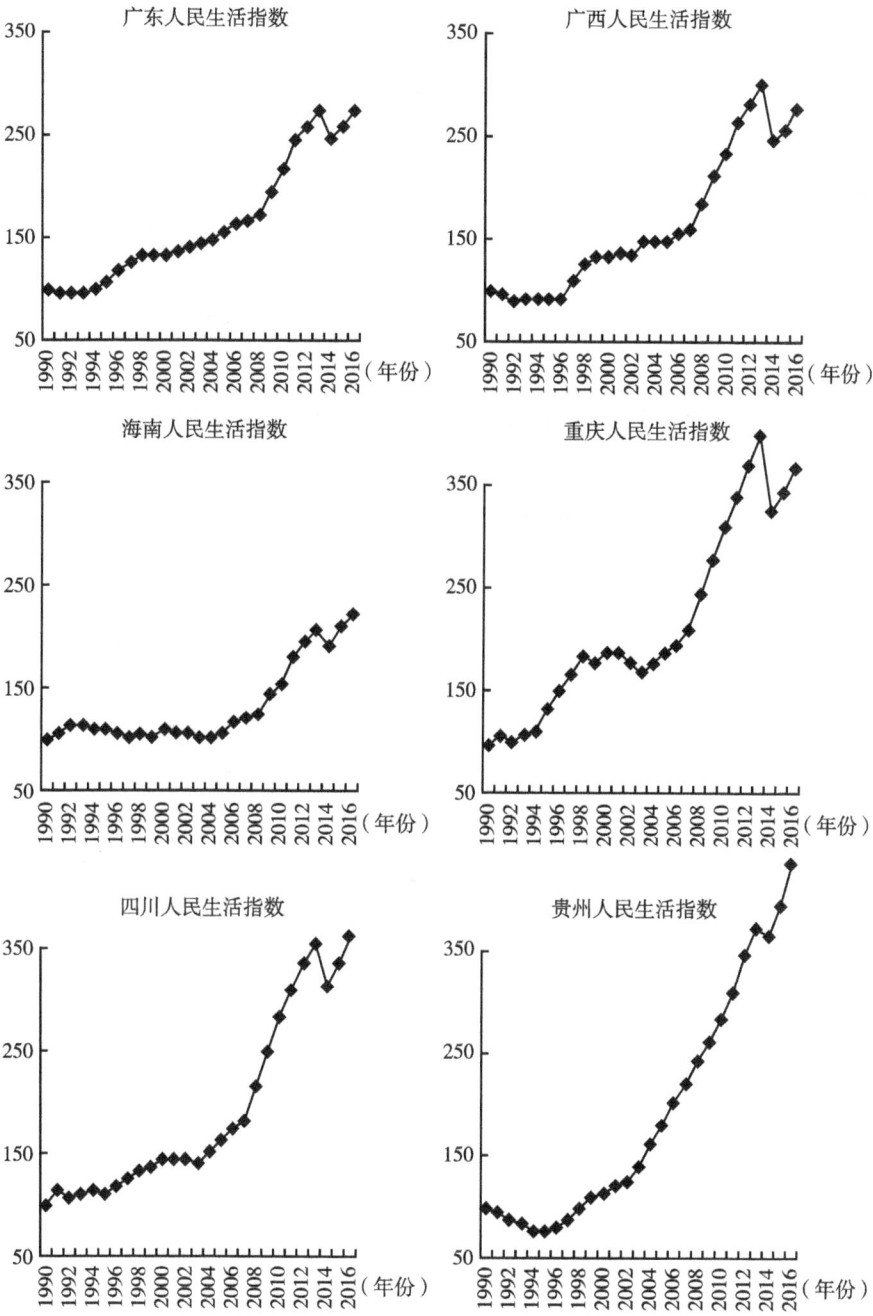

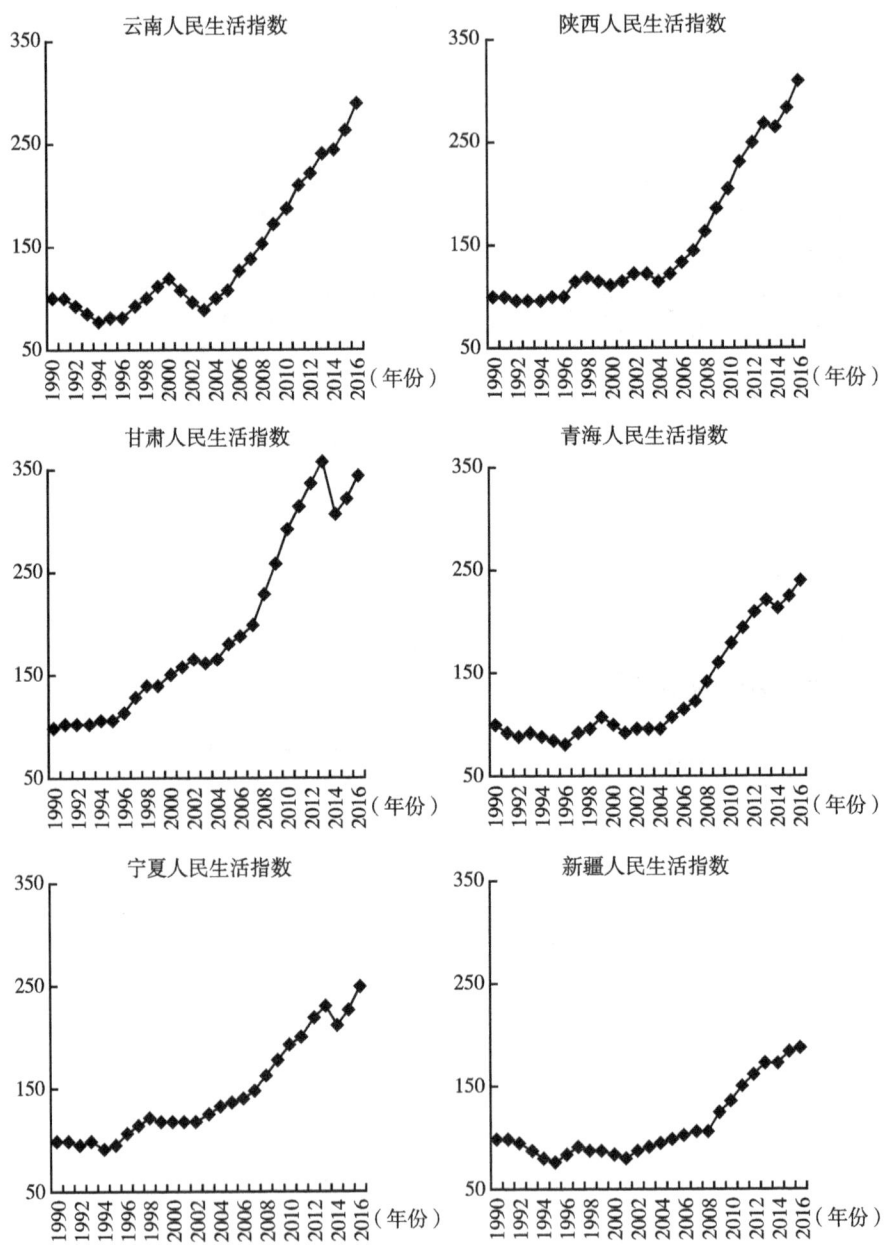

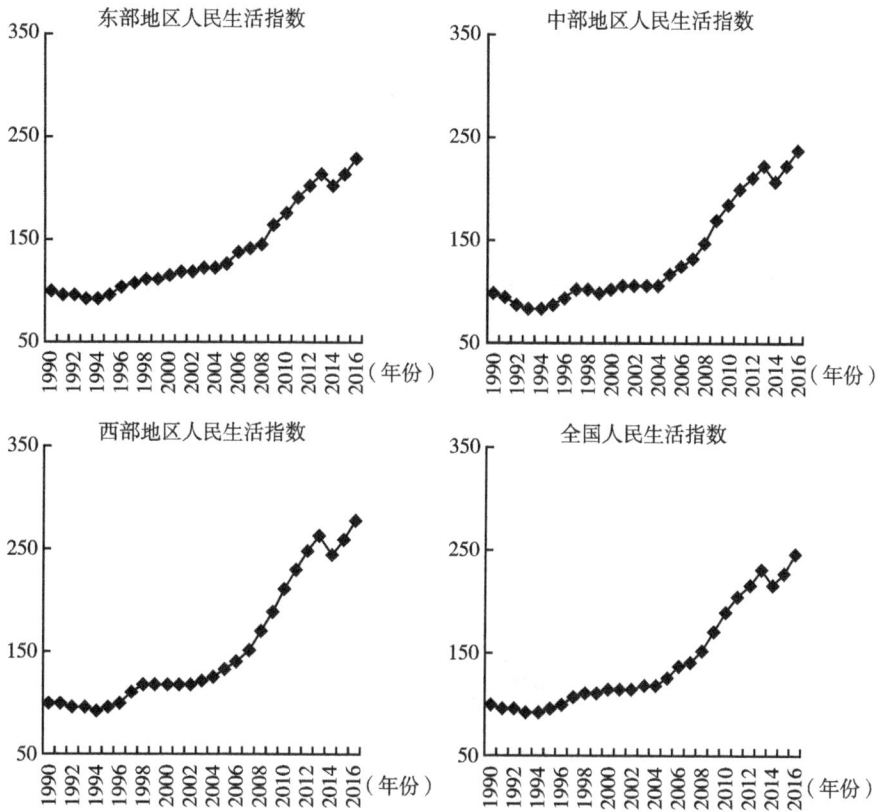

图68 30个省区市以及东部、中部、西部地区与全国1990~2016年人民生活指数（以1990年为基期）

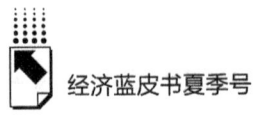

八 附录2——指标设计及数据处理

(一) 发展前景评价指标设计

本报告拟将发展前景评价指标分为三级,其中一级指标包括经济增长、增长可持续性、政府效率、人民生活。每个一级指标包含若干二级指标。其中,经济增长包括产出效率、经济结构、经济稳定3个二级指标;增长可持续性包括产出消耗、增长潜力、环境质量3个二级指标;政府效率包括公共服务效率和社会保障2个二级指标;人民生活仅包括人民生活1个二级指标。二级指标下设相应的三级指标。以期通过完整的指标体系来了解各省区市的发展前景(见表80)。

表80 中国各省区市发展前景评价指标设计

一级指标	二级指标	三级指标
经济增长	产出效率	全要素生产率(TFP)
		全社会劳动生产率
		资本产出率
		投资效果系数
	经济结构	GDP2(第二产业增加值占GDP比重)
		GDP3(第三产业增加值占GDP比重)
		城市化率
	经济稳定	经济增长波动率指标
		对外开放稳定性
		人均GDP增长率
		通货膨胀率指标
		失业率指标
增长可持续性	产出消耗	劳动投入弹性指标
		资本投入弹性指标
		能源消耗弹性指标
		万元GDP能耗指标
		万元GDP电力消耗指标

续表

一级指标	二级指标	三级指标
增长可持续性	增长潜力	专利授权量
		地方财政教育事业费支出
		劳动力受教育水平(用人力资本表示)
		人口增长率
		地方财政科学事业费支出
		有效劳动力比例
		人均邮电业务量
	环境质量	人均水资源量
		万人耕地面积
		工业废水排放达标率
		工业废气处理率
		工业"三废"综合利用产品产值比
		治理工业污染项目投资额占GDP比重
		产品质量
		自然保护区面积
		万人城市园林绿地面积
政府效率	公共服务效率	市场化程度
		城镇社区服务设施数
		交通事故指标
		火灾事故指标
		反贪腐情况
		城市设施水平(包括城市人口用水普及率、城市每万人拥有公共厕所数、城市每万人拥有公共交通车辆数、城市燃气普及率、城市人均公共绿地面积、城市人均拥有铺装道路面积)
	社会保障	城镇基本养老保险覆盖率
		城镇基本医疗保险覆盖率
		城镇失业保险覆盖率
		农村社会养老保险覆盖率
人民生活	人民生活	人均GDP
		城镇居民家庭人均可支配收入
		农村居民家庭人均年纯收入
		城乡人均纯收入比指标
		地方财政卫生事业费支出
		城镇居民恩格尔系数
		农村居民恩格尔系数
		个人资产(用人均储蓄存款额表示)
		万人拥有医生数
		万人拥有床位数
		万人拥有卫生机构数
		城乡消费水平比指标
		消费水平

（二）数据来源及处理

1. 数据来源

本报告数据均来源于《中国统计年鉴》（1985～2015年）、各省区市统计年鉴（相关年份）、各省区市2013年、2014年和2015年《国民经济和社会发展统计公报》，2016年数据由2016年上半年数据和2015年上半年数据的比例关系得到。能源消费总量数据来源于《中国能源统计年鉴》（1997～1999年）、《中国能源统计年鉴》（2000～2002年）和《中国能源统计年鉴》（2006～2011年）。反贪腐情况数据来源于《中国检察年鉴》（1993～2011年）、新华网和人民网。

由于重庆于1997年设立直辖市，1990～1996年重庆的数据基本上是通过查询历年《重庆统计年鉴》获得的，并根据实际情况对四川相应年份的数据进行调减。其他数据来源说明如下。

（1）城市化率

城市化率数据采用各省区市1990～2013年非农人口与总人口的比值。1993～2004年的初始城市化率数据来自中宏数据库。江苏2008年的农业人口数据来源于《江苏统计年鉴》（2009年），宁夏2001～2007年的农业人口数据来源于《宁夏统计年鉴》（2008年），北京2007年的农业人口数据来源于《北京统计年鉴》（2008年），贵州2005～2007年的农业人口数据来源于《贵州统计年鉴》（2008年），浙江、山东、新疆2002～2007年的农业人口数据来源于对应省份2008年的统计年鉴，甘肃和陕西2002～2004年的农业人口数据分别来源于《甘肃统计年鉴》（2005年）和《陕西统计年鉴》（2005年），重庆总人口和农业人口数据来源于相关年份《重庆统计年鉴》。天津、江西、四川、广东、青海、上海、海南、河南、甘肃、吉林、福建、内蒙古、黑龙江、湖北和广西等省份的城市化率数据来源于对应省份2008年的统计年鉴。城市化率的其他数据均来源于相关年份《中国统计年鉴》、各省份统计年鉴及各省份《国民经济和社会发展统计公报》。

（2）人均国内生产总值指数

湖北1990～1999年的人均国内生产总值指数数据来源于《湖北统计年

鉴》（2008年），重庆1990~1995年的人均国内生产总值指数数据采用《重庆统计年鉴》（2008年）中重庆的国内生产总值指数，陕西1990年、1993~1999年的人均国内生产总值指数数据采用《陕西统计年鉴》（2008年）中陕西的国内生产总值指数。

（3）城市登记失业率

重庆1990~1996年的城市登记失业率数据来源于《重庆统计年鉴》（2006年）。

（4）能源消费总量

1999年和2001年的能源消费总量数据来源于"中国经济统计数据查询与辅助决策系统"，其他能源消费总量数据来源于《中国能源统计年鉴》（1996~2012年）。其中，1996~1998年的数据来源于《中国能源统计年鉴》（1997~1999年）；2002年的数据来源于《中国能源统计年鉴》（2007年）；1990年、1995年、2000年、2004~2008年的数据来源于《中国能源统计年鉴》（2008~2009年）。重庆1990~1994年的能源消费总量数据来源于《重庆统计年鉴》（1996年），1995年和1996年的数据来源于《重庆统计年鉴》（2000年）。

（5）电力消耗量

电力消耗量数据来源于相关年份《中国统计年鉴》和《中国能源统计年鉴》。

（6）专利授权量

重庆1990~1996年的专利授权量数据用1997年重庆与四川专利授权量的比乘以对应年份四川的专利授权量来表示。海南1990~1992年的专利授权量数据用1993年海南与广东专利授权量的比乘以对应年份广东的专利授权量来表示。

（7）人力资本

人力资本涉及的各级毕业生及招生数数据来源于相关年份《中国统计年鉴》。重庆1990~1995年的各级毕业生及招生数数据来源于《重庆统计年鉴》（1996年），1996年的数据来源于《重庆统计年鉴》（1997年）。

（8）工业"三废"综合利用产品产值

重庆1990~1996年的工业"三废"综合利用产品产值数据来源于《重

庆统计年鉴》（1991年、1992年、1996年、1997年）。

（9）市场化程度

国有及国有控股企业工业总产值和工业总产值初期数据来源于中经网。

（10）城镇社区服务设施数

城镇社区服务设施数据来源于《中国统计年鉴》（1992~2012年），2013~2015年的数据来源于各省区市2013~2015年《国民经济和社会发展统计公报》。

（11）产品质量

产品质量数据来源于相关年份《中国统计年鉴》。

（12）反贪腐情况

反贪腐情况数据来源于相关年份《中国检察年鉴》、新华网和人民网。

（13）城镇居民家庭人均可支配收入

重庆1990年和1993年的城镇居民家庭人均可支配收入数据分别用《重庆统计年鉴》（1991年、1993年）中的城镇居民人均生活费收入数据来表示，1995年的数据来源于《重庆统计年鉴》（1997年），2013~2015年的数据来源于各省区市2013~2015年《国民经济和社会发展统计公报》。

（14）农村居民家庭人均年纯收入

重庆1990年、1993年和1994年的农村居民家庭人均年纯收入数据来源于《重庆统计年鉴》（1996年），1995年和1996年的数据来源于《重庆统计年鉴》（1997年），2013~2015年的数据来源于各省区市2013~2015年《国民经济和社会发展统计公报》。

（15）人均储蓄存款

重庆1990年、1993~1995年的城乡居民储蓄存款年底余额数据来源于《重庆统计年鉴》（1996年）。重庆2013~2015年的居民储蓄存款数据来源于各省区市2013~2015年《国民经济和社会发展统计公报》。

（16）城镇基本养老保险覆盖率

2000~2011年的城镇基本养老保险覆盖率数据来源于《中国统计年鉴》（2001~2012年），2013~2015年的数据来源于各省区市2013~2015年《国民经济和社会发展统计公报》。

（17）城镇基本医疗保险覆盖率

2002~2011年的城镇基本医疗保险覆盖率数据来源于《中国统计年鉴》（2003~2012年），2013~2015年的数据来源于各省区市2013~2015年《国民经济和社会发展统计公报》。

（18）城镇失业保险覆盖率

2000~2011年的城镇失业保险覆盖率数据来源于《中国统计年鉴》（2001~2012年），2013~2015年的数据来源于各省区市2013~2015年《国民经济和社会发展统计公报》。

（19）农村社会养老保险覆盖率

2006~2011年的农村社会养老保险覆盖率数据来源于《中国统计年鉴》（2009~2012年），2013~2015年的数据来源于各省区市2013~2015年《国民经济和社会发展统计公报》。

2. 指标的处理

全要素生产率（TFP）采用Malmquist指数方法根据1978~2016年30个省区市的不变价格GDP、固定资本存量和年末就业人员数计算得到，其中各省区市就业人员数按全国总的就业人员数进行调整。2015年及以前的数据来源于相关年份《中国统计年鉴》和各省区市《国民经济和社会发展统计公报》。2016年GDP、固定资产投资由2016年上半年GDP和固定资产投资与2015年上半年GDP和固定资产投资与全年的比例关系推得。TFP指标采用TFP指数，所得结果和采用TFP增长率完全一致。

全社会劳动生产率 = 不变价格GDP/从业人员数；

资本产出率 = 不变价格GDP/不变价格固定资本存量；

投资效果系数 = 不变价格GDP/不变价格全社会固定资产投资完成额；

GDP2 = 第二产业增加值（现价）/国内生产总值（现价）；

GDP3 = 第三产业增加值（现价）/国内生产总值（现价）；

城市化率 = 非农人口数量/总人口数量；

经济增长波动率 =（当年经济增长率 – 上年经济增长率）/上年经济增

长率，经济增长波动率指标=1/（1+|经济增长波动率|）；

对外开放稳定性=1/（1+|进出口总额变化率|）；

人均GDP增长率=（上一年=100）人均GDP指数-100；

GDP增长率=（上一年=100）GDP指数-100；

通货膨胀率指标=1/（1+|居民消费价格变动率|）；

失业率指标=1/城市登记失业率；

劳动投入弹性系数=劳动投入增长率/经济增长率，劳动投入弹性指标=1/（1+|劳动投入弹性系数|）；

资本投入弹性系数=资本投入增长率/经济增长率，资本投入弹性指标=1/（1+|资本投入弹性系数|）；

能源消耗弹性系数=能源消费总量增长率/GDP增长率，能源消耗弹性指标=1/（1+|能源消耗弹性系数|）；

万元GDP能耗=能源消费总量/GDP，万元GDP能耗指标=1/万元GDP能耗；

万元GDP电力消耗量=电力消费总量/GDP，万元GDP电力消耗指标=1/万元GDP电力消耗量；

专利授权量=（国内发明专利申请授权量×3+国内实用新型专利申请授权量×2+国内外观设计专利申请授权量×1）/6；

地方财政教育事业费支出=不变价格的人均地方财政教育事业费支出；

人力资本=［特殊教育毕业生数×1+（小学H）×1+（初中H）×1.7+（中等职业学校毕业生数）×3.4+（高中H）×3.4+高校毕业生数×22］/［特殊教育毕业生数+（小学H）+（初中H）+（中等职业学校毕业生数）+（高中H）+高校毕业生数］①；

地方财政科学事业费支出=不变价格的人均地方财政科学事业费支出；

有效劳动力比例=15~64岁人口数/年末总人口数；

---

① 小学H=小学毕业生人数-小学升入初中的毕业生人数；初中H=初中毕业生人数-初中升入高中的毕业生人数；高中H=高中毕业生人数-高中升入大学的毕业生人数。

人均邮电业务量 = 不变价格人均邮电业务总量；

人均水资源量 = 水资源量/年底总人口数；

万人耕地面积 = 耕地面积/年底总人口数；

工业废水排放达标率 = 工业废水排放达标量/工业废水排放量；

工业废气处理率 =（二氧化硫处理率 + 工业烟尘处理率 + 工业粉尘处理率）/3；

二氧化硫处理率 = 工业二氧化硫去除量/工业二氧化硫排放量；

工业烟尘处理率 = 工业烟尘去除量/工业烟尘排放量；

工业粉尘处理率 = 工业粉尘去除量/工业粉尘排放量；

工业"三废"综合利用产品产值比 = 工业"三废"综合利用产品产值/国内生产总值（现价）；

治理工业污染项目投资额占 GDP 比重 = 治理工业污染项目投资额/国内生产总值（现价）；

产品质量 =（优等品率×3 + 一等品率×2 + 合格品率×1）/6 – 损失率；

万人城市园林绿地面积 = 城市园林绿地面积/年底总人口数；

市场化程度 = 1 – 国有及国有控股企业工业总产值/工业总产值；

交通事故指标 = 1/POWER［发生起数×（死亡人数×2 + 受伤人数×1），1/2］×100；

火灾事故指标 = 1/POWER［发生起数×（死亡人数×2 + 受伤人数×1）×发生概率/100，1/3］；

反贪腐情况 = POWER（查处案件数×挽回经济损失，1/2）；

城市设施水平 = POWER（城市人均拥有铺装道路面积×城市人均公共绿地面积×城市燃气普及率×城市每万人拥有公共交通车辆数×城市每万人拥有公共厕所数×城市人口用水普及率，1/6）；

城镇基本养老保险覆盖率 = 城镇基本养老保险年末参保人数/年底总人口数；

城镇基本医疗保险覆盖率 = 城镇基本医疗保险年末参保人数/年底总人

口数；

城镇失业保险覆盖率＝城镇失业保险年末参保人数/年底总人口数；

农村社会养老保险覆盖率＝农村社会养老保险年末参保人数/年底农业人口数；

城镇居民家庭人均可支配收入是以不变价格表示的城镇居民家庭人均可支配收入；

农村居民家庭人均年纯收入是以不变价格表示的农村居民家庭人均年纯收入；

城乡人均纯收入比＝城镇居民家庭人均可支配收入/农村居民家庭人均年纯收入，城乡人均纯收入比指标＝1/城乡人均纯收入比；

地方财政卫生事业费支出＝不变价格人均地方财政卫生事业费支出；

城镇居民恩格尔系数＝城镇居民家庭人均食品消费支出/城镇居民家庭人均消费支出，城镇居民恩格尔系数指标＝1/城镇居民恩格尔系数；

农村居民恩格尔系数＝农村居民人均食品总支出/农村居民人均生活消费总支出，农村居民恩格尔系数指标＝1/农村居民恩格尔系数；

人均储蓄存款＝城乡居民储蓄存款年底余额/年底总人口数，人均储蓄存款额用固定资产投资价格指数进行折算；

万人拥有医生数＝医生人数/年底总人口数；

万人拥有床位数＝卫生机构床位数/年底总人口数；

万人拥有卫生机构数＝卫生机构数/年底总人口数；

城乡消费水平比＝城镇居民消费水平（现价）/农村居民消费水平（现价）；城乡消费水平比指标＝1/城乡消费水平比。

（三）中国各省区市发展前景评价过程

发展前景的评价方法主要有德尔菲法、主成分分析法、因子分析法、层次分析法等。德尔菲法和层次分析法评价结果的可靠性主要依赖建模人所建的概念模型的水平和打分人的专业水平，主观性较强。而主成分分析法和因子分析法评价结果的可靠性主要依赖分析过程和结果的可解释性以及主成分和公因子的方差贡献率，分析结果较为客观。本报告采用主成分分析法来评价中国各省区市的发展前景。

主成分分析法包括以下七个步骤：第一步，选取指标，建立评价的指标体系；第二步，收集和整理数据；第三步，将数据进行正向化处理（并对数据进行标准化处理，标准化过程由 SPSS 软件自动执行）；第四步，进行指标数据之间的 KMO 和 Bartlett 球形检验；第五步，确定主成分个数；第六步，确定权重；第七步，计算主成分综合评价值。最后得出各省区市的发展前景指数和排名。

主成分分析法采用 SPSS 16.0 软件进行分析。按特征值大于1，只能提取11个主成分，此时主成分的累计贡献率小于80%，效果不太理想。当提取22个主成分时，累计贡献率约为90%，足以对所选择变量进行解释，达到主成分分析法的要求。

（1）KMO 和 Bartlett 球形检验结果

KMO 检验用于检查变量间的偏相关性，本报告的 KMO 统计量为 0.880，检验效果良好，适合进行主成分分析（见表81）。

表81　KMO 和 Bartlett 球形检验结果

KMO 抽样适度测定值		0.880
Bartlett 球形检验	近似卡方	57393.070
	自由度	1540
	显著性水平	0.000

Bartlett 球形检验用于判断相关阵是否为单位阵。从 Bartlett 球形检验可以看出，应拒绝各变量独立的假设，即变量间具有较强的相关性。

（2）变量共同度

变量共同度是各变量中所含原始信息能被提取的公因子所表示的程度，从表82可以看出所有变量共同度都在80%以上，提取的公因子对各变量的解释能力非常强。

表82 变量共同度

变量	变量名称	提取比例	变量	变量名称	提取比例
TFP	全要素生产率	0.877	ind3deposeVal	工业"三废"综合利用产品产值比	0.953
productivity	全社会劳动生产率	0.947	polluteInvest	治理工业污染项目投资额占GDP比重	0.969
Koutput	资本产出率	0.893	productQuality	产品质量	0.882
invEff	投资效果系数	0.928	protectArea	自然保护区面积	0.873
GDP2	GDP2	0.920	parkVirescence	万人城市园林绿地面积	0.806
GDP3	GDP3	0.926	marketDegree	市场化程度	0.868
urban	城市化率	0.930	serviceEstablishment	城镇社区服务设施数	0.863
gdpVolatility	经济增长波动率指标	0.976	traffic	交通事故指标	0.845
foreignVolatility	对外开放稳定性	0.923	fire	火灾事故指标	0.922
pgdpi	人均GDP增长率	0.900	antiCorruption	反贪腐情况	0.833
inflation	通货膨胀率指标	0.905	establishmentLevel	城市设施水平	0.838
unemployment	失业率指标	0.885	urbanEndowmentInsurance	城镇基本养老保险覆盖率	0.937
LaborE	劳动投入弹性指标	0.927	urbanMedicare	城镇基本医疗保险覆盖率	0.820
KE	资本投入弹性指标	0.838	unemploymentInsurance	城镇失业保险覆盖率	0.906
energyE	能源消耗弹性指标	0.965	countryEndowmentInsurance	农村社会养老保险覆盖率	0.899
energyExp	万元GDP能耗指标	0.917	pgdp	人均GDP	0.962
eleExp	万元GDP电力消耗指标	0.912	urbanIncome	城镇居民家庭人均可支配收入	0.959
patent	专利授权量	0.909	countryIncome	农村居民家庭人均年纯收入	0.955
eduFin	地方财政教育事业费支出	0.948	urbanCountry	城乡人均纯收入比指标	0.915

续表

变量	变量名称	提取比例	变量	变量名称	提取比例
HC	人力资本	0.910	sanitationFin	地方财政卫生事业费支出	0.953
populationIncRate	人口增长率	0.887	urbanEngel	城镇居民恩格尔系数	0.865
sciFin	地方财政科学事业费支出	0.895	countryEngel	农村居民恩格尔系数	0.848
population15_64	有效劳动力比例	0.943	save	人均储蓄存款额	0.944
postCount	人均邮电业务量	0.870	doctors	万人拥有医生数	0.841
water	人均水资源量	0.898	beds	万人拥有床位数	0.862
infield	万人耕地面积	0.910	sanitaryInstitution	万人拥有卫生机构数	0.738
wasteWaterEligible	工业废水排放达标率	0.854	urbanCountryConsume	城乡消费水平比指标	0.832
exhaustGasDisposal	工业废气处理率	0.819	consumeLevel	消费水平	0.955

注：初始值均为1。以上是通过主成分分析法提取的。

(3) 碎石图

碎石图用来表示各因子的重要程度。从碎石图可以直观地看出前面陡峭部分对应较大的特征值，其作用明显；后面平缓部分对应较小的特征值，其影响相对要小（见图69）。

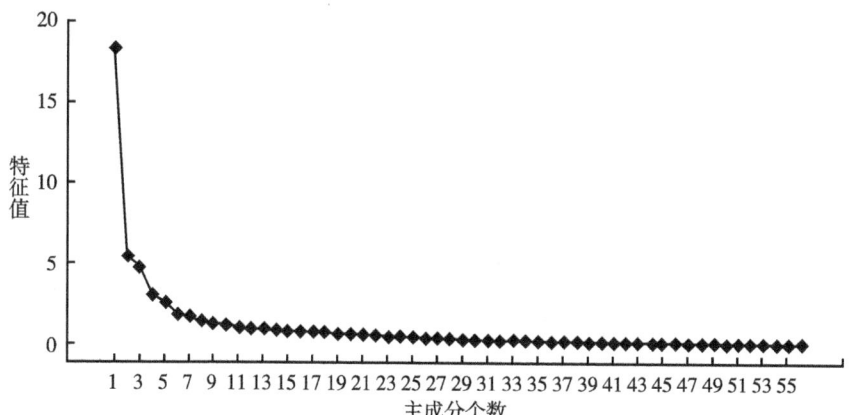

图69 碎石图

B.6
参考文献

边雅静、沈利生:《人力资本对我国东西部经济增长影响的实证分析》,《数量经济技术经济研究》2004年第12期。

蔡昉:《坚持在结构调整中扩大就业》,《求是》2009年第5期。

蔡昉:《理解中国经济发展的过去、现在和将来——基于一个贯通的增长理论框架》,《经济研究》2013年第11期。

蔡昉:《中国经济增长如何转向全要素生产率驱动型》,《中国社会科学》2013年第1期。

陈昌兵:《城市化与投资率和消费率间的关系研究》,《经济学动态》2010年第9期。

陈志勇、陈思霞:《制度质量、地方政府投资冲动与财政预算软约束》,《经济研究》2014年第3期。

黄群慧:《"新常态"、工业化后期与工业增长新动力》,《中国工业经济》2014年第10期。

丁任重、陈姝兴:《区域协调:新时期我国区域经济政策的趋向分析——兼论区域经济政策"碎片化"现象》,《经济学动态》2015年第5期。

干春晖、郑若谷、余典范:《中国产业结构变迁对经济增长和波动的影响》,《经济研究》2011年第5期。

龚敏、李文溥:《中国高资本报酬率与低消费率的一个解释——基于动态一般均衡模型的分析与校准》,《学术月刊》2013年第9期。

黄志钢:《构建经济带:区域经济协调发展的新格局》,《江西社会科学》2016年第4期。

蒋震：《工业化水平、地方政府努力与土地财政：对中国土地财政的一个分析视角》，《中国工业经济》2014年第10期。

靳涛、陶新宇：《中国持续经济增长的阶段性动力解析与比较》，《数量经济技术经济研究》2015年第11期。

李静、楠玉：《中国经济增长减缓与稳定增长动力》，《中国人口科学》2015年第3期。

李猛：《中国经济减速之源：1952～2011年》，《中国人口科学》2013年第1期。

李扬主编《中国经济增长报告（2014～2015）》，社会科学文献出版社，2015。

联合国环境规划署：《21世纪议程》，中国环境科学出版社，1994。

刘树成主编《现代经济词典》，凤凰出版社、江苏人民出版社，2004。

刘霞辉：《供给侧结构性改革助推中国经济增长——2015年宏观经济分析及思考》，《学术月刊》2016年第4期。

刘霞辉：《深刻认识和理解供给侧结构性改革》，《求知》2016年第6期。

马先标：《区域经济政策若干基本理论要素研究》，《区域经济评论》2016年第1期。

马颖、陈波：《改革开放以来中国经济体制改革、金融发展与经济增长》，《经济评论》2009年第1期。

马颖、李静、陈波：《中国财政分权、金融发展、工业化与经济增长的省际差异》，《经济理论与经济管理》2015年第2期。

聂华林、王成用：《区域经济学通论》，中国社会科学出版社，2006。

沈坤荣、滕永乐：《"结构性"减速下的中国经济增长》，《经济学家》2013年第8期。

孙波：《可持续发展评价指标体系述评》，《中国可持续发展》2003年第6期。

习近平：《关于〈中共中央关于全面深化改革若干重大问题的决定〉的

说明》,《人民日报》2013年11月16日。

徐梅:《当代西方区域经济理论评析》,《经济评论》2002年第3期。

叶文虎、仝川:《联合国可持续发展指标体系述评》,《中国人口·资源与环境》1997年第9期。

袁富华、张平:《中国经济二次转型的理论分析》,《中国特色社会主义研究》2016年第4期。

袁富华、张平、陆明涛:《长期经济增长过程中的人力资本结构——兼论中国人力资本梯度升级问题》,《经济学动态》2015年第5期。

袁富华:《长期增长过程的"结构性加速"与"结构性减速":一种解释》,《经济研究》2012年第3期。

张德荣:《中等收入陷阱发生机理与中国经济增长的阶段性动力》,《经济研究》2013年第9期。

张军:《资本形成、工业化与经济增长:中国的转轨特征》,《经济研究》2002年第6期。

张平:《"十三五"中国经济二次转型——2016年中国经济展望》,《现代经济探讨》2016年第1期。

张平:《中等收入陷阱的经验特征、理论解释和政策选择》,《国际经济评论》2015年第6期。

张自然:《考虑人力资本的中国生产性服务业的技术进步》,《经济学(季刊)》2010年第10期。

张自然、陆明涛:《全要素生产率对中国地区经济增长与波动的影响》,《金融评论》2013年第1期。

张自然、张平、刘霞辉:《中国城市化模式、演进机制和可持续发展研究》,《经济学动态》2014年第2期。

中国经济增长前沿课题组:《中国经济转型的结构性特征、风险与效率提升路径》,《经济研究》2013年第10期。

中国经济增长前沿课题组:《中国经济增长的低效率冲击与减速治理》,《经济研究》2014年第12期。

中国经济增长前沿课题组：《突破经济增长减速的新要素供给理论、体制与政策选择》，《经济研究》2015年第11期。

中国经济增长前沿课题组：《中国经济长期增长路径、效率与潜在增长水平》，《经济研究》2012年第11期。

中国经济增长与宏观稳定课题组：《城市化、产业效率与经济增长》，《经济研究》2009年第10期。

中国科学院可持续发展战略研究组：《中国可持续发展战略报告——探索中国特色的低碳道路》，科学出版社，2009。

周黎安、陶靖：《政府规模、市场化与地区腐败问题研究》，《经济研究》2009年第9期。

Aiyar, S., Romain, D., Damien, P., Yiqun Wu and Longmei Zhang, "Growth Slowdown and the Middle Income Trap", International Monetary Fund Working Paper, 2013.

Aoki, Masahiko, "The Five-Phases of Economic Development and Institutional Evolution in China and Japan", In Masahiko Aoki and Jinglian Wu (eds.), *The Chinese Economy: A New Transition*, Basingstoke: Palgrave Macmillan, 2012.

Arin, K. P., Viera, C., Eberhard, F. and Ansgaer, W., "Why are Corrupt Countries Less Successful in Consolidating Their Budgets", *Journal of Public Economics*, 2011, 95.

Barro, Robert, "Government Spending in a Simple Model of Endogenous Growth", *Journal of Political Economy*, 1990, Vol. 98 (5).

Benhabib, Jess, Perla, Jesse and Tonetti, Christopher, "The Growth Dynamics of Innovation, Diffusion, and the Technology Frontier", Meeting Papers 818, Society for Economic Dynamics, 2015.

Charles I. Jones, "The Fiscal Problem of the 21st Century", FRBSF Economic Letter, Federal Reserve Bank of San Francisco, Sep. 19, 2003.

Chenery, H. B., S. Robinson and M. Syrquin, "Industrialization and

Growth, A Comparative Study", *Journal of Comparative Economics*, 1989, 13.

Eichengreen, B. , D. Park, K. Shin, "When Fast Economies Slow Down: International Evidence and Implication for China", *Asian Economic Papers*, 2012, 11 (1).

Fan, P. H. , Wong, T. J. and Tianyu Zhang, "Institutions and Organizational Structure: The Case of State-owned Corporate Pyramids", *Journal of Law, Economics and Organization*, 2013, 29 (6).

Fernando, García – Belenguer and Manuel S. Santos, "Investment Rates and the Aggregate Production Function", *European Economic Review*, Vol. 63, Oct. 2013.

Felipe J. , Abdon A. M. , Kumar U. , "Tracking the Middle-income Trap: What is It, Who is in It, and Why?", Levy Economics Institute Working Paper, 2012 (715).

Gill, I. S. and H. J. Kharas, "An East Asian Renaissance: Ideas for Economic Growth", World Bank, No. 39986, 2007.

Herrendorf, B. , Rogerson, R. and Valentinyi, A. , "Growth and Structural Transformation", NBER 18996, 2013.

Jones Larry, Manuelli Rodolfo and Rossi Peter, "Optimal Taxation in Models of Endogenous Growth", *Journal of Political Economy*, 1993, Vol. 101.

Kaufmann, D. and Kraay, A. , "Governance Indicators: Where are We, Where should We be Going?" *World Bank Research Observer*, 2008, 23 (1).

Kenichi Ohno, "Avoiding the Middle – Income Trap – Renovating Industrial Policy Formulation in Vietnam", *ASEAN Economic Bulletin*, Vol. 26, No. 1, 2009.

Lee, Murtaza Syed, and Liu Xueyan, "Is China Over – Investing and Does it Matter", IMF Working Paper, Working Paper, No. 12/277, Nov. 27, 2012.

Lucas, Robert and Moll, Benjamin, "Knowledge Growth and the Allocation of Time", *Journal of Political Economy*, 2014, 122 (1).

Lucas, Robert, "On the Mechanics of Economic Development", *Journal of Monetary Economics*, 1988, 22 (1).

Lucas, Robert, "Supply – Side Economies: An Analytical Review", Oxford Economic Papers, 1990, Vol. 42.

Perez – Sebastian, F., "Public Support to Innovation and Imitation in a Non – Scale Growth Model", *Journal of Economic Dynamics and Control*, 2007, 31 (2).

Rebelo, Sergio and Stokey, Nancy, "Growth Effects of Flat Tax Rates", *Journal of Political Economy*, 1995, Vol. 103.

Rebelo, Sergio, "Long Run Policy Analysis and Long Run Growth", *Journal of Political Economy*, 1991, Vol. 99.

Romer, Paul, "Endogenous Technical Change", *Journal of Political Economy*, 1990, Vol. 98.

UNIDO, "Breaking in and Moving up: New Industrial Challenges for the Bottom Billion and the Middle – Income Countries", Industrial Development Report, United Nations, 2009.

United Nations Development Programme, *Human Development Report*, Oxford University Press, 1999.

World Bank, "The World Bank Public Information Center Annual Report FY95", World Bank, Washington, DC, 1995.

权威报告·热点资讯·特色资源

皮书数据库
ANNUAL REPORT(YEARBOOK) DATABASE

当代中国与世界发展高端智库平台

所获荣誉

- 2016年,入选"国家'十三五'电子出版物出版规划骨干工程"
- 2015年,荣获"搜索中国正能量 点赞2015""创新中国科技创新奖"
- 2013年,荣获"中国出版政府奖·网络出版物奖"提名奖
- 连续多年荣获中国数字出版博览会"数字出版·优秀品牌"奖

成为会员

通过网址www.pishu.com.cn或使用手机扫描二维码进入皮书数据库网站,进行手机号码验证或邮箱验证即可成为皮书数据库会员(建议通过手机号码快速验证注册)。

会员福利

- 使用手机号码首次注册会员可直接获得100元体验金,不需充值即可购买和查看数据库内容(仅限使用手机号码快速注册)。
- 已注册用户购书后可免费获赠100元皮书数据库充值卡。刮开充值卡涂层获取充值密码,登录并进入"会员中心"—"在线充值"—"充值卡充值",充值成功后即可购买和查看数据库内容。

社会科学文献出版社 皮书系列
卡号:5237421083348997
密码:

数据库服务热线:400-008-6695
数据库服务QQ:2475522410
数据库服务邮箱:database@ssap.cn
图书销售热线:010-59367070/7028
图书服务QQ:1265056568
图书服务邮箱:duzhe@ssap.cn

子库介绍
Sub-Database Introduction

中国经济发展数据库

涵盖宏观经济、农业经济、工业经济、产业经济、财政金融、交通旅游、商业贸易、劳动经济、企业经济、房地产经济、城市经济、区域经济等领域，为用户实时了解经济运行态势、把握经济发展规律、洞察经济形势、做出经济决策提供参考和依据。

中国社会发展数据库

全面整合国内外有关中国社会发展的统计数据、深度分析报告、专家解读和热点资讯构建而成的专业学术数据库。涉及宗教、社会、人口、政治、外交、法律、文化、教育、体育、文学艺术、医药卫生、资源环境等多个领域。

中国行业发展数据库

以中国国民经济行业分类为依据，跟踪分析国民经济各行业市场运行状况和政策导向，提供行业发展最前沿的资讯，为用户投资、从业及各种经济决策提供理论基础和实践指导。内容涵盖农业，能源与矿产业，交通运输业，制造业，金融业，房地产业，租赁和商务服务业，科学研究，环境和公共设施管理，居民服务业，教育，卫生和社会保障，文化、体育和娱乐业等100余个行业。

中国区域发展数据库

对特定区域内的经济、社会、文化、法治、资源环境等领域的现状与发展情况进行分析和预测。涵盖中部、西部、东北、西北等地区，长三角、珠三角、黄三角、京津冀、环渤海、合肥经济圈、长株潭城市群、关中—天水经济区、海峡经济区等区域经济体和城市圈，北京、上海、浙江、河南、陕西等34个省份及中国台湾地区。

中国文化传媒数据库

包括文化事业、文化产业、宗教、群众文化、图书馆事业、博物馆事业、档案事业、语言文字、文学、历史地理、新闻传播、广播电视、出版事业、艺术、电影、娱乐等多个子库。

世界经济与国际关系数据库

以皮书系列中涉及世界经济与国际关系的研究成果为基础，全面整合国内外有关世界经济与国际关系的统计数据、深度分析报告、专家解读和热点资讯构建而成的专业学术数据库。包括世界经济、国际政治、世界文化与科技、全球性问题、国际组织与国际法、区域研究等多个子库。

法律声明

"皮书系列"(含蓝皮书、绿皮书、黄皮书)之品牌由社会科学文献出版社最早使用并持续至今,现已被中国图书市场所熟知。"皮书系列"的LOGO( )与"经济蓝皮书""社会蓝皮书"均已在中华人民共和国国家工商行政管理总局商标局登记注册。"皮书系列"图书的注册商标专用权及封面设计、版式设计的著作权均为社会科学文献出版社所有。未经社会科学文献出版社书面授权许可,任何使用与"皮书系列"图书注册商标、封面设计、版式设计相同或者近似的文字、图形或其组合的行为均系侵权行为。

经作者授权,本书的专有出版权及信息网络传播权为社会科学文献出版社享有。未经社会科学文献出版社书面授权许可,任何就本书内容的复制、发行或以数字形式进行网络传播的行为均系侵权行为。

社会科学文献出版社将通过法律途径追究上述侵权行为的法律责任,维护自身合法权益。

欢迎社会各界人士对侵犯社会科学文献出版社上述权利的侵权行为进行举报。电话:010-59367121,电子邮箱:fawubu@ssap.cn。

社会科学文献出版社